四書

章句集注 上

[宋] 朱 熹 撰　金良年 今译

上 海 古 籍 出 版 社

丙戌季冬月上海

古籍出版社重刊

出版说明

　　"四书"是儒家的四部经典,即《大学》、《中庸》、《论语》、《孟子》。其中《论语》、《孟子》是后人编撰的关于孔子、孟子言行的记录,《大学》、《中庸》则是《礼记》中的两篇。宋代理学家极为重视这四部经典,纷纷对其进行注释讲解,其中以朱熹的《四书章句集注》(《大学章句》、《中庸章句》、《论语集注》、《孟子集注》)最为著名。朱熹此书去取诸家之说,推敲注释文字,倾注了其大半生的心血。宋代以后,《四书章句集注》被列为钦定的教科书,成为科举考试的标准读本,与"五经"具有同等的地位,对中国社会产生了极大的影响。为便于读者阅读,我们此次出版《四书章句集注》,不仅原文经过精心校理,堪称"善本",而且对版式作了重新设计,使之更加醒目、美观。同时,我们还将著名学者金良年先生对"四书"原文所作的翻译,用蓝色字体附在一旁,以帮助读者理解。

上海古籍出版社

目录

四书章句集注

大学章句

大学章句序 .... 三
大学章句 .... 五

中庸章句

中庸章句序 .... 二一
中庸章句 .... 二三

论语集注

读论语孟子法 .... 五三
论语序说 .... 五五
卷第一 .... 五八
　学而第一 .... 五八
　为政第二 .... 六六
卷第二 .... 七六
　八佾第三 .... 七六
　里仁第四 .... 八七
卷第三 .... 九五

公冶长第五　　　　　　九五

雍也第六　　　　　　　一〇六

卷第四　　　　　　　一一八

述而第七　　　　　　　一一八

泰伯第八　　　　　　　一三一

卷第五　　　　　　　一三九

子罕第九　　　　　　　一三九

乡党第十　　　　　　　一四九

卷第六　　　　　　　一五九

先进第十一　　　　　　一五九

颜渊第十二　　　　　　一七〇

卷第七　　　　　　　一八二

子路第十三　　　　　　一八二

宪问第十四　　　　　　一九二

卷第八　　　　　　　二〇九

卫灵公第十五　　　　　二〇九

季氏第十六　　　　　　二一一

卷第九　　　　　　　二二八

阳货第十七　　　　　　二二八

微子第十八　　　　　　二三八

卷第十　　　　　　　二四五

子张第十九　　　　　　二四五

尧曰第二十　　　　　　二五三

孟子集注

孟子序说　　　　　　　二五九

卷第一　　　　　　　二六三

梁惠王章句上　　　　　二六三

卷第二　　　　　　　二七七

梁惠王章句下　　　　　二七七

卷第三　　　　　　　二九三

公孙丑章句上　　　　　二九三

卷第四　　　　　　　　　三〇九

　　公孙丑章句下　　　　三〇九

卷第五　　　　　　　　　三二二

　　滕文公章句上　　　　三二二

卷第六　　　　　　　　　三三六

　　滕文公章句下　　　　三三六

卷第七　　　　　　　　　三四九

　　离娄章句上　　　　　三四九

卷第八　　　　　　　　　三六六

　　离娄章句下　　　　　三六六

卷第九　　　　　　　　　三八二

　　万章章句上　　　　　三八二

卷第十　　　　　　　　　三九五

　　万章章句下　　　　　三九五

卷第十一　　　　　　　　四〇八

　　告子章句上　　　　　四〇八

卷第十二　　　　　　　　四二四

　　告子章句下　　　　　四二四

卷第十三　　　　　　　　四三八

　　尽心章句上　　　　　四三八

卷第十四　　　　　　　　四五八

　　尽心章句下　　　　　四五八

四书
章句集注

大学章句

大学章句序

　　《大学》之书，古之大学所以教人之法也。盖自天降生民，则既莫不与之以仁义礼智之性矣。然其气质之禀或不能齐，是以不能皆有以知其性之所有而全之也。一有聪明睿智能尽其性者出于其间，则天必命之以为亿兆之君师，使之治而教之，以复其性。此伏羲、神农、黄帝、尧、舜所以继天立极，而司徒之职、典乐之官所由设也。

　　三代之隆，其法寖备，然后王宫、国都以及闾巷，莫不有学。人生八岁，则自王公以下，至于庶人之子弟，皆入小学，而教之以洒扫、应对、进退之节，礼乐、射御、书数之文。及其十有五年，则自天子之元子、众子，以至公、卿、大夫、元士之适子，与凡民之俊秀，皆入大学，而教之以穷理、正心、修己、治人之道。此又学校之教、大小之节所以分也。

　　夫以学校之设，其广如此，教之之术，其次第节目之详又如此，而其所以为教，则又皆本之人君躬行心得之余，不待求之民生日用彝伦之外，是以当世之人无不学。其学焉者，无不有以知其性分之所固有，职分之所当为，而各俛焉以尽其力。此古昔盛时所以治隆于上，俗美于下，而非后世之所能及也！

及周之衰，贤圣之君不作，学校之政不修，教化陵夷，风俗颓败，时则有若孔子之圣，而不得君师之位以行其政教，于是独取先王之法，诵而传之，以诏后世。若《曲礼》、《少仪》、《内则》、《弟子职》诸篇，固小学之支流余裔，而此篇者，则因小学之成功以著大学之明法，外有以极其规模之大，而内有以尽其节目之详者也。三千之徒，盖莫不闻其说，而曾氏之传独得其宗，于是作为传义，以发其意。及孟子没而其传泯焉，则其书虽存，而知者鲜矣！

自是以来，俗儒记诵词章之习，其功倍于小学而无用；异端虚无寂灭之教，其高过于大学而无实。其他权谋术数，一切以就功名之说，与夫百家众技之流，所以惑世诬民、充塞仁义者，又纷然杂出乎其间。使其君子不幸而不得闻大道之要，其小人不幸而不得蒙至治之泽，晦盲否塞，反复沈痼，以及五季之衰，而坏乱极矣！

天运循环，无往不复。宋德隆盛，治教休明。于是河南程氏两夫子出，而有以接乎孟氏之传，实始尊信此篇而表章之，既又为之次其简编，发其归趣，然后古者大学教人之法、圣经贤传之指，粲然复明于世。虽以熹之不敏，亦幸私淑而与有闻焉。顾其为书犹颇放失，是以忘其固陋，采而辑之，间亦窃附己意，补其阙略，以俟后之君子。极知僭逾，无所逃罪，然于国家化民成俗之意、学者修己治人之方，则未必无小补云。淳熙己酉二月甲子，新安朱熹序。

大学章句

大,旧音泰,今读如字。

子程子曰:"《大学》,孔氏之遗书,而初学入德之门也。"于今可见古人为学次第者,独赖此篇之存,而《论》、《孟》次之。学者必由是而学焉,则庶乎其不差矣。

大学之道,在明明德,在亲民,在止于至善。[①]知止而後有定,定而後能静,静而後能安,安而後能虑,虑而後能得。[②]物有本末,事有终始,知所先後,则近道矣。[③]古之欲明明德于天下者,先治其国;欲治其国者,先齐其家;欲齐其家者,先修其身;欲修其身者,先正其心;欲正其心者,先诚其意;欲诚其意者,先致其知;致知在格物。[④]物格而後知至,知至而后意诚,意诚而后心正,心正而后身修,身修而后家齐,家齐而后国治,国治而后天下平。[⑤]自天子以至于庶人,壹是皆以修身为本。[⑥]其本乱而末治者否矣。其所厚者薄,而其所薄者厚,未之有也![⑦]

右经一章,盖孔子之言,而曾子述之。凡二百五字。其传十章,则曾子之意而门人

译文 大学的宗旨,在于彰明内心的光明之德,在于使民众自新,在于达到至善的境界而不动摇。知道了该达到的境界才能确定志向,志向确定了才能心意宁静,心意宁静才能随处而安,随处而安才能虑事周详,虑事周详才能达到至善。每样东西都有本末,每件事情都有始终,知道了本末始终的先后次序,便接近宗旨了。古时候要把彰明内心的光明之德推及天下的人,先治理自己的国家;要治理自己的国家,先整顿自己的家族;要整顿自己的家族,先修饬自身;要修饬自身,先端正内心;要端正内心,先使意念真诚;要使意念真诚,先提高

识见;提高识见的途径是探究事物的原理。探究了事理的原理才能使识见提高,识见提高了才能使意念真诚,意念真诚了才能使内心端正,内心端正了才能使自身修饬,自身修饬了才能使家族整顿,家族整顿了才能使国家治理,国家治理了才能使天下安定。从天子直到平民,所有人都应该把修饬自身作为根本。若这个根本被扰乱了,家族、国家、天下要治理好是不可能的。化力气的地方不见成效,而不化力气的地方反而有成效,这样的事是没有的。

记之也。旧本颇有错简,今因程子所定,而更考经文,别为序次如左。凡千五百四十六字。○凡传文,杂引经传,若无统纪,然文理接续,血脉贯通,深浅始终,至为精密。熟读详味,久当见之,今不尽释也。

朱子章句

①程子曰:"亲,当作新。"○大学者,大人之学也。明,明之也。明德者,人之所得乎天,而虚灵不昧,以具众理而应万事者也。但为气禀所拘,人欲所蔽,则有时而昏;然其本体之明,则有未尝息者。故学者当因其所发而遂明之,以复其初也。新者,革其旧之谓也,言既自明其明德,又当推以及人,使之亦有以去其旧染之污也。止者,必至于是而不迁之意。至善,则事理当然之极也。言明明德、新民,皆当止于至善之地而不迁。盖必其有以尽夫天理之极,而无一毫人欲之私也。此三者,大学之纲领也。

②後,与后同,后放此。○止者,所当止之地,即至善之所在也。知之,则志有定向。静,谓心不妄动。安,谓所处而安。虑,谓处事精详。得,谓得其所止。

③明德为本,新民为末。知止为始,能得为终。本始所先,末终所后。此结上文两节之意。

④治,平声,后放此。○明明德于天下者,使天下之人皆有以明其明德也。心者,身之所主也。诚,实也。意者,心之所发也。实其心之所发,欲其一于善而无自欺也。致,推极也。知,犹识也。推极吾之知识,欲其所知无不尽也。格,至也。物,犹事也。穷至事物之理,欲其极处无不到也。此八者,《大学》之条目也。

⑤治,去声,后放此。○物格者,物理之极处无不到也。知至者,吾心之所知无不尽也。知既尽,则意可得而实矣,意既实,则心可得而正矣。修身以上,明明德之事也。齐家以下,新民之事也。物格知至,则知所止矣。"意诚"以下,则皆得所止之序也。

⑥壹是,一切也。正心以上,皆所以修身也。齐家以下,则举此而错之耳。

⑦本,谓身也。所厚,谓家也。此两节结上文两节之意。

《康诰》曰:"克明德。"①《大甲》曰:"顾谖天之明命。"②《帝典》曰:"克明峻德。"③皆自明也。④

　　　　右传之首章。释明明德。此通下三章至止于信,旧本误在没世不忘之下。

朱子章句 ①《康诰》,《周书》。克,能也。
②大,读作泰。谖,古是字。〇《大甲》,《商书》。顾,谓常目在之也。谖,犹此也,或曰审也。天之明命,即天之所以与我,而我之所以为德者也。常目在之,则无时不明矣。
③峻,《书》作俊。〇《帝典》,《尧典》,《虞书》。峻,大也。
④结所引书,皆言自明己德之意。

汤之《盘铭》曰:"苟日新,日日新,又日新。"①《康诰》曰:"作新民。"②《诗》曰:"周虽旧邦,其命惟新。"③是故君子无所不用其极。④
　　右传之二章。释新民。

译文 商汤水盘上的箴铭说:"如能一日自新,就能日日自新,每日自新。"《康诰》说:"激励民众自新。"《诗·大雅·文王》说:"姬周虽旧国,天命乃新受。"所以,君子在任何方面都尽可能自新。

朱子章句 ①盘,沐浴之盘也。铭,名其器以自警之辞也。苟,诚也。汤以人之洗濯其心以去恶,如沐浴其身以去垢。故铭其盘,言诚能一日有以涤其旧染之污而自新,则当因其已新者,而日日新之,又日新之,不可略有间断也。
②鼓之舞之之谓作。言振起其自新之民也。
③《诗》,《大雅·文王》之篇。言周国虽旧,至于文王,能新其德以及于民,而始受天命也。
④自新、新民,皆欲止于至善也。

译文 《诗·商颂·玄鸟》说："天子辖千里,民众居于此。"《诗·小雅·绵蛮》说："鸣叫的黄鸟,停留在山麓。"孔子说:"鸟止息时,知道该停留的地方,难道人反而不如鸟吗?"《诗·大雅·文王》说:"德行深厚的文王啊!光明磊落,安于所处,无所不敬。"当国君的,要达到仁的境界;当臣子的,要达到敬的境界;当子女的,要达到孝的境界;当父母的,要达到慈的境界;与国人交往,要达到信的境界。《诗·卫风·淇奥》说:"看那淇水弯曲的岸边,绿竹葱葱郁郁。有位文雅君子,如切磋过的象牙,像琢磨过的美玉。庄严而又刚毅,显赫而又坦荡。有位文雅君子啊,真是教人难忘。"如切磋过的象牙,指学问的研治;像琢磨过的美玉,指修养的功夫;庄严而又刚毅,指谨慎的态度;显赫而又坦荡,指威严的仪表;文雅君子使人难忘,指盛大的德行尽善尽美,民众不能忘怀。《诗·周颂·烈文》说:"啊!先王使人难忘。"君子推崇其遵行的贤德而继承他的业绩,小人享受其开创的安乐而得到他的恩泽,因此他们去世之后仍难以使人忘怀。

《诗》云:"邦畿千里,惟民所止。"[①]《诗》云:"缗蛮黄鸟,止于丘隅。"子曰:"于止,知其所止,可以人而不如鸟乎!"[②]《诗》云:"穆穆文王,於缉熙敬止!"为人君,止于仁;为人臣,止于敬;为人子,止于孝;为人父,止于慈;与国人交,止于信。[③]《诗》云:"瞻彼淇澳,菉竹猗猗。有斐君子,如切如磋,如琢如磨。瑟兮僴兮,赫兮喧兮。有斐君子,终不可諠兮!"如切如磋者,道学也。如琢如磨者,自修也。瑟兮僴兮者,恂栗也。赫兮喧兮者,威仪也。有斐君子,终不可諠兮者,道盛德至善,民之不能忘也。[④]《诗》云:"於戏,前王不忘!"君子贤其贤而亲其亲,小人乐其乐而利其利,此以没世不忘也。[⑤]

右传之三章。释止于至善。此章内自引《淇澳》诗以下,旧本误在诚意章下。

朱子章句 ①《诗》,《商颂·玄鸟》之篇。邦畿,王者之都也。止,居也,言物各有所当止之处也。

②缗,《诗》作绵。○《诗》,《小雅·绵蛮》之篇。缗蛮,鸟声。丘隅,岑蔚之处。子曰以下,孔子说《诗》之辞。言人当知所当止之处也。

③於缉之於,音乌。○《诗》,《文王》之篇。穆穆,深远之意。於,叹美辞。缉,继续也。熙,光明也。敬止,言其无不敬而安所止也。引此而言圣人之止,无非至善。五者乃其目之大者也。学者于此,究其精微之蕴,而又推类以尽其余,则于天下之事,皆有以知其所止而无疑矣。

④澳,於六反。菉,《诗》作绿。猗,叶韵,音阿。僴,下版反。喧,《诗》作咺;諠,《诗》作諼,并况晚反。恂,郑氏读作峻。○《诗》,《卫风·淇澳》之篇。淇,水名。澳,隈也。猗猗,美盛貌。兴也。斐,文貌。切以刀锯,琢以椎凿,皆裁物使成形质也。磋以镈锡,磨以沙石,皆治物使其滑泽也。治骨角者,既切而复磋之。治玉石者,既琢而复磨之。皆言其

治之有绪，而益致其精也。瑟，严密之貌。僴，武毅之貌。赫喧，宣著盛大之貌。諠，忘也。道，言也。学，谓讲习讨论之事。自修者，省察克治之功。恂栗，战惧也。威，可畏也。仪，可象也。引《诗》而释之，以明明明德者之止于至善。道学、自修，言其所以得之之由。恂栗、威仪，言其德容表里之盛。卒乃指其实而叹美之也。

⑤於戏，音呜呼。乐，音洛。○《诗》，《周颂·烈文》之篇。於戏，叹辞。前王，谓文、武也。君子，谓其后贤后王。小人，谓后民也。此言前王所以新民者止于至善，能使天下后世无一物不得其所，所以既没世而人思慕之，愈久而不忘也。此两节咏叹淫泆，其味深长，当熟玩之。

子曰："听讼，吾犹人也，必也使无讼乎！"无情者不得尽其辞。大畏民志，此谓知本。①

　　　右传之四章。释本末。此章旧本误在止于信下。

朱子章句 ①犹人，不异于人也。情，实也。引夫子之言，而言圣人能使无实之人不敢尽其虚诞之辞。盖我之明德既明，自然有以畏服民之心志，故讼不待听而自无也。观于此言，可以知本末之先后矣。

此谓知本。①此谓知之至也。②

　　　右传之五章。盖释格物、致知之义，而今亡矣。此章旧本通下章，误在经文之下。闲尝窃取程子之意以补之曰："所谓致知在格物者，言欲致吾之知，在即物而穷其理也。盖人心之灵莫不有知，而天下之物莫不有理，惟于理有未穷，故其知有不尽也。是以《大学》始教，必使学者即凡天下之物，莫不

译文 孔子说："审理案件，我和别人一样，一定要使纠纷不发生。"要使没有实情的人不敢花言巧语，德行彰显到使民众从内心畏服，这就叫做知道了本原。

因其已知之理而益穷之，以求至乎其极。至于用力之久，而一旦豁然贯通焉，则众物之表里精粗无不到，而吾心之全体大用无不明矣。此谓物格，此谓知之至也。"

朱子章句 ①程子曰：衍文也。
②此句之上别有阙文，此特其结语耳。

所谓诚其意者，毋自欺也。如恶恶臭，如好好色，此之谓自谦。故君子必慎其独也！① 小人闲居为不善，无所不至，见君子而后厌然，掩其不善，而著其善。人之视己，如见其肺肝然，则何益矣。此谓诚于中，形于外，故君子必慎其独也。② 曾子曰："十目所视，十手所指，其严乎！"③ 富润屋，德润身，心广体胖，故君子必诚其意。④

右传之六章。释诚意。经曰："欲诚其意，先致其知。"又曰："知至而后意诚。"盖心体之明有所未尽，则其所发必有不能实用其力，而苟焉以自欺者。然或己明而不谨乎此，则其所明又非己有，而无以为进德之基。故此章之指，必承上章而通考之，然后有以见其用力之始终，其序不可乱而功不可阙如此云。

朱子章句 ①恶、好，上字皆去声。谦，读为慊，苦劫反。○诚其意者，自修之首也。毋者，禁止之辞。自欺云者，知为善以去恶，而心之所发有未实也。慊，快也，足也。独者，人所不知而己所独知之地也。言欲自修者知为善以去其恶，则当实用其力，而禁止其自欺。使其恶恶则如恶恶臭，好善则如好好色，皆务决去，而求必得之，以自快足于己，不可徒苟且以徇外而为人也。然其实与不实，盖有他人所不及知而已独知之者，故必谨之于此以审其几焉。

②閒，音闲。厌，郑氏读为黶。○閒居，独处也。厌然，消沮闭藏之貌。此言小人阴为不善，而阳欲掩之，则是非不知善之当为与恶之当去也，但不能实用其力以至此耳。然欲掩其恶而卒不可掩，欲诈为善而卒不可诈，则亦何益之有哉！此君子所以重以为戒，而必谨其独也。

③引此以明上文之意。言虽幽独之中，而其善恶之不可掩如此，可畏之甚也。

④胖，步丹反。○胖，安舒也。言富则能润屋矣，德则能润身矣，故心无愧怍，则广大宽平，而体常舒泰，德之润身者然也。盖善之实于中而形于外者如此，故又言此以结之。

　　所谓修身在正其心者：身有所忿懥，则不得其正；有所恐惧，则不得其正；有所好乐，则不得其正；有所忧患，则不得其正。① 心不在焉，视而不见，听而不闻，食而不知其味。② 此谓修身在正其心。

　　　　右传之七章。释正心、修身。此亦承上章以起下章。盖意诚则真无恶而实有善矣，所以能存是心以检其身。然或但知诚意，而不能密察此心之存否，则又无以直内而修身也。○自此以下，并以旧文为正。

朱子章句 ①程子曰："身有之身，当作心。"忿，弗粉反。懥，敕值反。好、乐，并去声。○忿懥，怒也。盖是四者，皆心之用，而人所不能无者。然一有之而不能察，则欲动情胜，而其用之所行，或不能不失其正矣。

②心有不存，则无以检其身，是以君子必察乎此而敬以直之，然后此心常存而身无不修也。

　　所谓齐其家在修其身者：人之其所亲爱而辟

译文 修饬自身的途径是端正内心，是指自身有所愤恨，内心就不能端正；有所恐惧，内心就不能端正；有所喜乐，内心就不能端正；有所忧虑，内心就不能端正。心不在焉，就会视而不见，听而不闻，吃东西不知道滋味。这是说，修饬自身的途径是端正内心。

译文 整顿家族的途径是修

焉,之其所贱恶而辟焉,之其所畏敬而辟焉,之其所哀矜而辟焉,之其所敖惰而辟焉。故好而知其恶,恶而知其美者,天下鲜矣![1] 故谚有之曰:"人莫知其子之恶,莫知其苗之硕。"[2] 此谓身不修不可以齐其家。

　　右传之八章。释修身齐家。

朱子章句

[1]辟,读为僻。恶而之恶、敖、好,并去声。鲜,上声。〇人,谓众人。之,犹于也。辟,犹偏也。五者,在人本有当然之则,然常人之情惟其所向而不加审焉,则必陷于一偏而身不修矣。

[2]谚,音彦。硕,叶韵,时若反。〇谚,俗语也。溺爱者不明,贪得者无厌,是则偏之为害,而家之所以不齐也。

译文 饬自身,是指人们对于自己所亲爱的人会有所偏颇,对于自己所厌恶的人会有所偏颇,对于自己所敬畏的人会有所偏颇,对于自己所怜悯的人会有所偏颇,对于自己所轻视的人会有所偏颇。所以,喜爱一个人而能知道他的缺点,厌恶一个人而能知道他的优点,世间少有。因此有句俗话说:"人都不知道自己孩子的缺点,不知道自己禾苗的肥壮。"这是说,自身不修饬就不能整顿自己的家族。

所谓治国必先齐其家者,其家不可教而能教人者,无之。故君子不出家而成教于国:孝者,所以事君也;弟者,所以事长也;慈者,所以使众也。[1]《康诰》曰"如保赤子",心诚求之,虽不中,不远矣。未有学养子而后嫁者也![2]一家仁,一国兴仁;一家让,一国兴让;一人贪戾,一国作乱;其机如此。此谓一言偾事,一人定国。[3]尧、舜帅天下以仁,而民从之;桀、纣帅天下以暴,而民从之;其所令反其所好,而民不从。是故君子有诸己而后求诸人,无诸己而后非诸人。所藏乎身不恕,而能喻诸人者,未之有也。[4]故治国在齐其家。[5]《诗》云:"桃之夭夭,其叶蓁蓁;之子于归,宜其家人。"宜其家人,而后可以教国人。[6]《诗》云:"宜兄宜弟。"宜兄宜弟,而后可以教国人。[7]《诗》云:"其仪不忒,正是四国。"其为父子兄弟足法,而后民法之也。[8]此谓治国在齐其家。[9]

译文 治理国家必须先整顿自己的家族,是指自己的家人都不能管教却能管教他人,是没有的事。所以君子不超出家族的范围而能在国中成就教化。孝,是用来侍奉君主的;悌,是用来侍奉尊长的;慈,是用来遣使民众的。《康诰》说:"如同爱护婴儿那样。"内心真诚地去追求,即使不能做到也相差不远了。没有学会了养育孩子之后才出嫁。君主的家族仁爱,整个国家就盛行仁爱;君主的家族礼让,整个国家就盛行礼让;君主一个人贪暴,整个国家就发生动乱:事情的关键就是这样。这是说,君主一句话就能败坏事情,一个人就能安定国家。尧、舜用仁爱来统御天下,民众随之仁爱;桀、纣用贪

朱子章句

①弟,去声。长,上声。○身修,则家可教矣;孝、弟、慈,所以修身而教于家者也;然而国之所以事君、事长、使众之道,不外乎此。此所以家齐于上,而教成于下也。

②中,去声。○此引《书》而释之,又明立教之本不假强为,在识其端而推广之耳。

③偾,音奋。○一人,谓君也。机,发动所由也。偾,覆败也。此言教成于国之效。

④好,去声。○此又承上文一人定国而言。有善于己,然后可以责人之善;无恶于己,然后可以正人之恶。皆推己以及人,所谓恕也。不如是,则所令反其所好,而民不从矣。喻,晓也。

⑤通结上文。

⑥夭,平声。蓁,音臻。○《诗》,《周南·桃夭》之篇。夭夭,少好貌。蓁蓁,美盛貌。兴也。之子,犹言是子,此指女子之嫁者而言也。妇人谓嫁曰归。宜,犹善也。

⑦《诗》,《小雅·蓼萧》篇。

⑧《诗》,《曹风·鸤鸠》篇。忒,差也。

⑨此三引《诗》,皆以咏叹上文之事,而又结之如此。其味深长,最宜潜玩。

所谓平天下在治其国者:上老老而民兴孝,上长长而民兴弟,上恤孤而民不倍,是以君子有絜矩之道也。①所恶于上,毋以使下;所恶于下,毋以事上;所恶于前,毋以先后;所恶于后,毋以从前;所恶于右,毋以交于左;所恶于左,毋以交于右:此之谓絜矩之道。②《诗》云:"乐只君子,民之父母。"民之所好好之,民之所恶恶之,此之谓民之父母。③《诗》云:"节彼南山,维石岩岩。赫赫师尹,民具尔瞻。"有国者不可以不慎,辟则为天下

暴来统御天下,民众随之贪暴。如果他们的命令违背了自己所倡导的东西,民众就不听从了。因此,君子自己具备的,才能去要求他人;自己不沾染的,才能禁止他人。自己的内心不以仁爱待人,却能教育好他人,是从来没有的。所以,治理国家的途径是整顿自己的家族。《诗·周南·桃夭》说:"桃树如此娇美,枝叶多么茂盛。这位女子出嫁,定会和睦家人。"自己的家人和睦了,才能教育国人。《诗·小雅·蓼萧》说:"兄弟相和睦。"兄弟之间和睦了,才能教育国人。《诗·曹风·尸鸠》说:"威仪没有差错,端正四方各国。"自身作为父、兄弟时足以被效法,民众才会效法他。这是说,治理国家的途径是整顿自己的家族。

译文 安定天下的途径是治理自己的国家,是指在位者敬礼老人,民众就会盛行孝;在位者尊重长者,民众就会盛行悌;在位者怜恤孤幼,民众就不会遗弃孤幼。因此,君子要有絜矩之道。所厌恶于在上者的行为,不用来对待在下者;所厌恶于在下者的行为,不用来对待在上者;所厌恶于在前者的行为不用来对待在后者;所厌恶于在后者的行

为,不用来对待在前者;所厌恶于在右者的行为,不用来对待在左者;所厌恶于在左者的行为,不用来对待在右者,这就叫做絜矩之道。《诗·小雅·南山有台》说:"喜悦的君子,民众的父母。"喜好民众所喜好的,厌恶民众所厌恶的,这就叫做民众的父母。《诗·小雅·节南山》说:"巍峨的南山啊,岩石簇立;显赫的太师啊,民众瞩目。"执掌政权者不可以不谨慎,有所偏颇就会被天下所离弃。《诗·大雅·文王》说:"尚未丧失民心的殷商,还能得到上天的保佑。应该以它的灭亡为鉴戒,天命不容易长久保有。"这是说,得到民众就能得到国家,失去民众就会失去国家。因此君子首先要在德行上谨慎。有了德行这就有了民众,有了民众这就有了土地,有了土地这就有了财富,有了财富这就有了国家的用度。德行是本,财富是末。重本轻末,就会争夺民众的财富,因此,聚敛财货民众就离散,散施财富民众就归聚。所以,说出违背情理的话,也会听进违背情理的话;不正当得来的财富,也会不正当的失去。《康诰》说:"天命是不常在的。"是说有好的德行就能得到它,没有好的德行就会失去它。《楚语》说:"楚国没有什么作为珍宝,只把好的德行作为珍宝。"跟随晋文公出亡的舅犯说:"流亡者没有什么作为珍宝,把亲属仁爱当做珍宝。"《秦誓》说:"有位

僇矣。④《诗》云:"殷之未丧师,克配上帝。仪监于殷,峻命不易。"道得众则得国,失众则失国。⑤是故君子先慎乎德。有德此有人,有人此有土,有土此有财,有财此有用。⑥德者,本也;财者,末也。⑦外本内末,争民施夺。⑧是故财聚则民散,财散则民聚。⑨是故言悖而出者,亦悖而入;货悖而入者,亦悖而出。⑩《康诰》曰:"惟命不于常!"道善则得之,不善则失之矣。⑪楚书曰:"楚国无以为宝,惟善以为宝。"⑫舅犯曰:"亡人无以为宝,仁亲以为宝。"⑬《秦誓》曰:"若有一个臣,断断兮无他技,其心休休焉,其如有容焉。人之有技,若己有之,人之彦圣,其心好之,不啻若自其口出,实能容之,以能保我子孙黎民,尚亦有利哉。人之有技,媢疾以恶之,人之彦圣,而违之俾不通,实不能容,以不能保我子孙黎民,亦曰殆哉。"⑭唯仁人放流之,迸诸四夷,不与同中国。此谓唯仁人为能爱人,能恶人。⑮见贤而不能举,举而不能先,命也;见不善而不能退,退而不能远,过也。⑯好人之所恶,恶人之所好,是谓拂人之性,菑必逮夫身。⑰是故君子有大道,必忠信以得之,骄泰以失之。⑱生财有大道,生之者众,食之者寡,为之者疾,用之者舒,则财恒足矣。⑲仁者以财发身,不仁者以身发财。⑳未有上好仁而下不好义者也,未有好义其事不终者也,未有府库财非其财者也。㉑孟献子曰:"畜马乘,不察于鸡豚;伐冰之家,不畜牛羊;百乘之家,不畜聚敛之臣。与其有聚敛之臣,宁有盗臣。"此谓国不以利为利,以义为利也。㉒

长国家而务财用者,必自小人矣。彼为善之,小人之使为国家,灾害并至。虽有善者,亦无如之何矣!此谓国不以利为利,以义为利也。㉓

右传之十章。释治国、平天下。

此章之义，务在与民同好恶而不专其利，皆推广絜矩之意也。能如是，则亲贤乐利各得其所，而天下平矣。

凡传十章：前四章统论纲领指趣，后六章细论条目功夫。其第五章乃明善之要，第六章乃诚身之本，在初学尤为当务之急，读者不可以其近而忽之也。

朱子章句 ①长，上声。弟，去声。倍与背同。絜，胡结反。〇老老，所谓老吾老也。兴，谓有所感发而兴起也。孤者，幼而无父之称。絜，度也。矩，所以为方也。言此三者，上行下效，捷于影响，所谓家齐而国治也。亦可以见人心之所同，而不可使有一夫之不获矣。是以君子必当因其所同，推以度物，使彼我之间各得分愿，则上下四旁均齐方正，而天下平矣。

②恶、先，并去声。〇此复解上文"絜矩"二字之义。如不欲上之无礼于我，则必以此度下之心，而亦不敢以此无礼使之。不欲下之不忠于我，则必以此度上之心，而亦不敢以此不忠事之。至于前后左右，无不皆然，则身之所处，上下四旁，长短广狭，彼此如一，而无不方矣。彼同有是心而兴起焉者，又岂有一夫之不获哉？所操者约，而所及者广，此平天下之要道也。故章内之意，皆自此而推之。

③乐，音洛。只，音纸。好、恶，并去声，下并同。〇《诗》，《小雅·南山有台》之篇。只，语助辞。言能絜矩而以民心为己心，则是爱民如子，而民爱之如父母矣。

④节，读为截。辟，读为僻。儳与戮同。〇《诗》，《小雅·节南山》之篇。节，截然高大貌。师尹，周太师尹氏也。具，俱也。辟，偏也。言在上者人所瞻仰，不可不谨。若不能絜矩而好恶徇于一己之偏，则身弑国亡，为天下之大戮矣。

⑤丧，去声。仪，《诗》作宜。峻，《诗》作骏。易，去声。

耿介的臣子，诚实专一而没有其他技能，他心地宽广，这样就有所包容。他人具有技能，就好像自己具有的一样；他人俊美聪明，就由衷地感到喜好，无异是自己口中说出的那样。这种人能包容他人，因而可以守护我的子孙和民众，也有利于国家。他人具有技能，感到嫉妒憎恶；他人俊美聪明，就从中作梗使之不能进用。这种人不能包容他人，因而无法守护我的子孙和民众，这就危险了。"仁人会放逐这种人，把他们驱赶到四夷之地，不和他们同居国中。这是说，唯有仁人才能亲近人，才能憎恶人。遇到贤才而不能选拔，选拔了而不能重用，是怠慢；遇到恶人而不能贬斥，贬斥了而不能远逐，是过错。喜好他人所厌恶的，厌恶他人所喜好的，叫做违背人的本性，灾难必定会降临到身上。因此，君子有一条大道，一定要忠信才能得到它，而骄傲放纵就会失去它。生财也有大道，生产者多，消费者少，创造快而耗用慢，财富就经常充裕了。仁者拿财富来发展自身，不仁者拿自身来发财。没有上面喜好仁而下面不喜好义的，没有喜好义而任事不尽忠到底的，国库中的财富就不会不成其为财富了。孟献子说："士一做了大夫，出行有车马，就不去管喂鸡养猪的小事；丧祭用冰的卿大夫之家，不需要畜养牛羊；有采地的百乘之家，不应该有聚敛财富的臣属。与其有聚敛百姓财富的臣属，还不如有盗窃主人财富的臣属。"这是说，治理国家不以财为利，而要以义为利。

　　拥有一国一家而专门注重财利的，必定出自小人的诱导。他们想要为善，但听从了小人的主张来治理国政、家政，灾难和祸害将一齐降临。即使有善人，对此也无可奈何了。这是说，治理国家不以财为利，而要以义为利。

〇《诗》，《文王》篇。师，众也。配，对也。配上帝，言其为天下君，而对乎上帝也。监，视也。峻，大也。不易，言难保也。道，言也。引《诗》而言此，以结上文两节之意。有天下者，能存此心而不失，则所以絜矩而与民同欲者，自不能已矣。

⑥先谨乎德，承上文不可不谨而言。德，即所谓明德。有人，谓得众。有土，谓得国。有国，则不患无财用矣。

⑦本上文而言。

⑧人君以德为外，以财为内，则是争斗其民，而施之以劫夺之教也。盖财者人之所同欲，不能絜矩而欲专之，则民亦起而争夺矣。

⑨外本内末故财聚，争民施夺故民散。反是，则有德而有人矣。

⑩悖，布内反。〇悖，逆也。此以言之也入，明货之出入也。自先谨乎德以下至此，又因财货以明能絜矩与不能者之得失也。

⑪道，言也。因上文引《文王》诗之意而申言之，其丁宁反复之意益深切矣。

⑫《楚书》，《楚语》。言不宝金玉而宝善人也。

⑬舅犯，晋文公舅狐偃，字子犯。亡人，文公时为公子，出亡在外也。仁，爱也。事见《檀弓》。此两节又明不外本而内末之意。

⑭个，古贺反，《书》作介。断，丁乱反。媢，音冒。〇《秦誓》，《周书》。断断，诚一之貌。彦，美士也。圣，通明也。尚，庶几也。媢，忌也。违，拂戾也。殆，危也。

⑮进，读为屏，古字通用。〇进，犹逐也。言有此媢疾之人，妨贤而病国，则仁人必深恶而痛绝之。以其至公无私，故能得好恶之正如此也。

⑯命，郑氏云当作慢，程子云当作怠，未详孰是。远，去声。〇若此者，知所爱恶矣，而未能尽爱恶之道，盖君子而未仁者也。

⑰菑，古灾字。夫，音扶。〇拂，逆也。好善而恶恶，人之性也。至于拂人之性，则不仁之甚者也。自《秦誓》至此，又

皆以申言好恶公私之极，以明上文所引《南山有台》、《节南山》之意。

⑱君子，以位言之。道，谓居其位而修己治人之术。发己自尽为忠，循物无违谓信。骄者矜高，泰者侈肆。此因上所引《文王》、《康诰》之意而言。章内三言得失，而语益加切，盖至此而天理存亡之几决矣。

⑲恒，胡登反。○吕氏曰："国无游民，则生者众矣；朝无幸位，则食者寡矣；不夺农时，则为之疾矣；量入为出，则用之舒矣。"愚按：此因有土有财而言，以明足国之道在乎务本而节用，非必外本内末而后财可聚也。自此以至终篇，皆一意也。

⑳发，犹起也。仁者散财以得民，不仁者亡身以殖货。

㉑上好仁以爱其下，则下好义以忠其上。所以事必有终，而府库之财无悖出之患也。

㉒畜，许六反。乘、敛，并去声。○孟献子，鲁之贤大夫仲孙蔑也。畜马乘，士初试为大夫者也。伐冰之家，卿大夫以上，丧祭用冰者也。百乘之家，有采地者也。君子宁亡己之财，而不忍伤民之力，故宁有盗臣，而不畜聚敛之臣。此谓以下，释献子之言也。

㉓长，上声。"彼为善之"，此句上下，疑有阙文误字。○自，由也，言由小人导之也。此一节，深明以利为利之害，而重言以结之，其丁宁之意切矣。

中庸章句

中庸章句序

　　《中庸》何为而作也？子思子忧道学之失其传而作也。盖自上古圣神继天立极，而道统之传有自来矣。其见于经，则"允执厥中"者，尧之所以授舜也；"人心惟危，道心惟微，惟精惟一，允执厥中"者，舜之所以授禹也。尧之一言，至矣，尽矣！而舜复益之以三言者，则所以明夫尧之一言，必如是而后可庶几也。

　　盖尝论之，心之虚灵知觉，一而已矣。而以为有人心、道心之异者，则以其或生于形气之私，或原于性命之正，而所以为知觉者不同，是以或危殆而不安，或微妙而难见耳。然人莫不有是形，故虽上智不能无人心，亦莫不有是性，故虽下愚不能无道心。二者杂于方寸之间，而不知所以治之，则危者愈危，微者愈微，而天理之公卒无以胜夫人欲之私矣。精则察夫二者之间而不杂也，一则守其本心之正而不离也。从事于斯，无少间断，必使道心常为一身之主，而人心每听命焉，则危者安，微者著，而动静云为自无过不及之差矣。

　　夫尧、舜、禹，天下之大圣也。以天下相传，天下之大事也。以天下之大圣,行天下之大事,而其授受之际,丁宁告戒,不过如此,则天下之理,岂有以加于此哉?自是以来,圣圣相承,若成汤、文、武之为君,皋陶、伊、傅、周、召之为臣,既皆以此而接夫道统之传,若吾夫子,则虽不得其位,而所以继往圣、开来学,其功反有贤于尧、舜者。然当是时,见而知之者,惟颜氏、曾氏之传得其宗。及曾氏之再传,而复得夫子之孙子思,则去圣远而异端起矣。子思惧夫愈久而愈失其真也,于是推本尧、舜以来相传之意,质以平日所闻父师之言,更互演绎,作为此书,以诏后之学者。盖其忧之也深,故其言之也切;其虑之也远,故其说之也详。其曰"天命率性",则道心之谓也;其曰"择善固执",则精一之谓也;其曰"君子时中",则执中之谓也。世之相后,千有余年,而其言之不异,如合符节。历选前圣之书,所以提挈纲维,开示缊奥,未有若是之明且尽者也。自是而又再传以得孟氏,为能推明是书,以承先圣之统,及其没而遂失其传焉。则吾道之所寄,不越乎言语文字之间,而异端之说日新月盛,以至于老、佛之徒出,则弥近理而大乱真矣。然而尚幸此书之不泯,故程夫子兄弟者出,得有所考,以续夫千载不传之绪;得有所据,以斥夫二家似是之非。盖子思之功于是为大,而微程夫子,则亦莫能因其语而得其心也。惜乎其所以为说者不传,而凡石氏之所辑录,仅出于其门人之所记,是以大义虽明,而微言未析。至其门人所自为说,则虽颇详尽而多所发明,然倍其师说而淫于老、佛者,亦有之矣。

熹自蚤岁即尝受读而窃疑之,沉潜反复,盖亦有年,一旦恍然似有以得其要领者,然后乃敢会众说而折其中,既为定著章句一篇,以俟后之君子。而一二同志复取石氏书,删其繁乱,名以《辑略》,且记所尝论辩取舍之意,别为《或问》,以附其后。然后此书之旨,支分节解,脉络贯通,详略相因,巨细毕举,而凡诸说之同异得失,亦得以曲畅旁通,而各极其趣。虽于道统之传,不敢妄议,然初学之士,或有取焉,则亦庶乎行远升高之一助云尔。淳熙己酉春三月戊申,新安朱熹序。

中庸章句

中者,不偏不倚、无过不及之名。庸,平常也。

子程子曰:"不偏之谓中,不易之谓庸。中者,天下之正道;庸者,天下之定理。"此篇乃孔门传授心法,子思恐其久而差也,故笔之于书,以授孟子。其书始言一理,中散为万事,末复合为一理,"放之则弥六合,卷之则退藏于密",其味无穷,皆实学也。善读者玩索而有得焉,则终身用之,有不能尽者矣。

天命之谓性,率性之谓道,修道之谓教。① 道也者,不可须臾离也,可离非道也。是故君子戒慎乎其所不睹,恐惧乎其所不闻。② 莫见乎隐,莫显乎微,故君子慎其独也。③ 喜怒哀乐之未发,谓之中;发而皆中节,谓之和。中也者,天下之大本也;和也者,天下之达道也。④ 致中和,天地位焉,万物育焉。⑤

右第一章。子思述所传之意以立言:首明道之本原出于天而不可易,其实体备于己而不可离,次言存养省察之要,终言圣神功化之极。盖欲学者于此反求诸身而自得之,以去夫外诱之私,而充其本然之善,杨氏所谓一篇之体要是也。其下十章,盖子思引夫子之言,以终此章之义。

译文 上天赋予人的叫做性,依顺本性行事叫做道,修饬道行叫做教。道,是不可片刻离弃的,可以离弃就不是道了。所以,君子在人们看不见的场合谨慎戒备,在人们不知道的场合担心害怕。暗处什么都会表露,细节什么都会显示,所以君子谨慎自己的独处。喜怒哀乐尚未表现出来叫做中,表现出来而都符合规范叫做和。中是天下的基本原则,和是天下的普遍规律。达到了中和,天地秩序井然,万物生长繁育。

①命，犹令也。性，即理也。天以阴阳五行化生万物，气以成形，而理亦赋焉，犹命令也。于是人物之生，因各得其所赋之理，以为健顺五常之德，所谓性也。率，循也。道，犹路也。人物各循其性之自然，则其日用事物之间，莫不各有当行之路，是则所谓道也。修，品节之也。性道虽同，而气禀或异，故不能无过不及之差，圣人因人物之所当行者而品节之，以为法于天下，则谓之教，若礼、乐、刑、政之属是也。盖人之所以为人，道之所以为道，圣人之所以为教，原其所自，无一不本于天而备于我。学者知之，则其于学，知所用力而自不能已矣。故子思于此首发明之，读者所宜深体而默识也。

②离，去声。○道者，日用事物当行之理，皆性之德而具于心，无物不有，无时不然，所以不可须臾离也。若其可离，则为外物而非道矣。是以君子之心常存敬畏，虽不见闻，亦不敢忽，所以存天理之本然，而不使离于须臾之顷也。

③见，音现。○隐，暗处也。微，细事也。独者，人所不知而己所独知之地也。言幽暗之中，细微之事，迹虽未形而几则已动，人虽不知而己独知之，则是天下之事无有著见明显而过于此者。是以君子既常戒惧，而于此尤加谨焉，所以遏人欲于将萌，而不使其滋长于隐微之中，以至离道之远也。

④乐，音洛。中节之中，去声。○喜怒哀乐，情也。其未发，则性也，无所偏倚，故谓之中。发皆中节，情之正也，无所乖戾，故谓之和。大本者，天命之性，天下之理皆由此出，道之体也。达道者，循性之谓，天下古今之所共由，道之用也。此言性情之德，以明道不可离之意。

⑤致，推而极之也。位者，安其所也。育者，遂其生也。自戒惧而约之，以至于至静之中无少偏倚，而其守不失，则极其中而天地位矣。自谨独而精之，以至于应物之处无少差谬，而无适不然，则极其和而万物育矣。盖天地万物，本吾一体，吾之心正，则天地之心亦正矣；吾之气顺，则天地之气亦顺矣，故其效验至于如此。此学问之极功、圣人之能事，初非有待于外，而修道之教亦在其中矣。是其一体一用虽有动静之殊，然必其体立而后用有以行，则其实亦非有两事

也。故于此合而言之，以结上文之意。

仲尼曰："君子中庸，小人反中庸。^①君子之中庸也，君子而时中；小人之中庸也，小人而无忌惮也。"^②

　　右第二章。此下十章，皆论中庸以释首章之义。文虽不属，而意实相承也。变和言庸者，游氏曰"以性情言之，则曰中和；以德行言之，则曰中庸"是也。然中庸之中，实兼中和之义。

①中庸者，不偏不倚、无过不及而平常之理，乃天命所当然，精微之极致也。唯君子为能体之，小人反是。
②王肃本作"小人之反中庸也"，程子亦以为然。今从之。○君子之所以为中庸者，以其有君子之德，而又能随时以处中也。小人之所以反中庸者，以其有小人之心，而又无所忌惮也。盖中无定体，随时而在，是乃平常之理也。君子知其在我，故能戒谨不睹、恐惧不闻，而无时不中。小人不知有此，则肆欲妄行，而无所忌惮矣。

子曰："中庸其至矣乎！民鲜能久矣！"^①
　　右第三章。

①鲜，上声，下同。○过则失中，不及则未至，故惟中庸之德为至。然亦人所同得，初无难事，但世教衰，民不兴行，故鲜能之，今已久耳。《论语》无能字。

子曰："道之不行也，我知之矣，知者过之，愚者不及也；道之不明也，我知之矣，贤者过之，不

<译文> 孔子说："君子中庸，小人违背中庸。君子之所以中庸，是因为身为君子而随时遵循中；小人之所以违背中庸，是因为身为小人而没有顾忌畏惧。"

<译文> 孔子说："中庸大概是最高的德行了，民众缺乏它很久了。"

<译文> 孔子说："道不能奉行，我知道原因了，聪明者过了头，愚蠢者达不到它；道不能

彰明,我知道原因了,贤德者过了头,不肖者达不到。人没有不吃饭的,但很少能品尝出滋味。"

肖者不及也。^①人莫不饮食也,鲜能知味也。"^②

　　右第四章。

朱子章句 ①知者之知,去声。○道者,天理之当然,中而已矣。知愚贤不肖之过不及,则生禀之异而失其中也。知者知之过,既以道为不足行;愚者不及知,又不知所以行,此道之所以常不行也。贤者行之过,既以道为不足知;不肖者不及行,又不求所以知,此道之所以常不明也。
②道不可离,人自不察,是以有过不及之弊。

译文 孔子说:"道大概不能被奉行了吧!"

子曰:"道其不行矣夫!"^①

　　右第五章。此章承上章而举其不行之端,以起下章之意。

朱子章句 ①夫,音扶。○由不明,故不行。

译文 孔子说:"舜大概是最明智的人了。他喜好询问而且善于明察浅近的话,隐恶扬善,把握住两个极端,取其折中施行于民众,这是所以成为舜的原因吧!"

子曰:"舜其大知也与!舜好问而好察迩言,隐恶而扬善,执其两端,用其中于民,其斯以为舜乎!"^①

　　右第六章。

朱子章句 ①知,去声。与,平声。好,去声。○舜之所以为大知者,以其不自用而取诸人也。迩言者,浅近之言,犹必察焉,其无遗善可知。然于其言之未善者则隐而不宣,其善者则播而不匿,其广大光明又如此,则人孰不乐告以善哉?两端,谓众论不同之极致。盖凡物皆有两端,如小大、厚薄之类。于善之中又执其两端而量度以取中,然后用之,则其择之审而行之至矣。然非在我这权度精切不差,何以与此?此知之所以无过不及,而道之所以行也。

子曰：“人皆曰‘予知’，驱而纳诸罟擭陷阱之中，而莫之知辟也。人皆曰‘予知’，择乎中庸而不能期月守也。”①

　　右第七章。承上章大知而言，又举不明之端，以起下章也。

朱子章句①予知之知，去声。罟，音古。擭，胡化反。阱，才性反。辟避同。期，居之反。○罟，网也；擭，机槛也；陷阱，坑坎也，皆所以掩取禽兽者也。择乎中庸，辨别众理，以求所谓中庸，即上章好问、用中之事也。期月，匝一月也。言知祸而不知辟，以况能择而不能守，皆不得为知也。

译文 孔子说：“人们都说自己聪明，被利欲驱赶到罗网、机关、陷阱之中却不知道躲避；人们都说自己聪明，寻求到了中庸却连个把月都不能坚持。”

子曰：“回之为人也，择乎中庸，得一善，则拳拳服膺而弗失之矣。”①

　　右第八章。

朱子章句①回，孔子弟子颜渊名。拳拳，奉持之貌。服，犹著也。膺，胸也。奉持而著之心胸之间，言能守也。颜子盖真知之，故能择能守如此，此行之所以无过不及，而道之所以明也。

译文 孔子说：“颜回这个人，寻求到了中庸，有一点进步就牢牢地把握在心间而不失掉它。”

子曰：“天下国家可均也，爵禄可辞也，白刃可蹈也，中庸不可能也。”①

　　右第九章。亦承上章以起下章。

朱子章句①均，平治也。三者亦知、仁、勇之事，天下之至难也，然不必其合于中庸，则质之近似者皆能以力为之。若中庸，则虽不必皆如三者之难，然非义精仁熟而无一毫人欲之私者，不能及也。三者难而易，中庸易而难，此民之所以鲜能也。

译文 孔子说：“天下国家可以治理，官爵利禄可以推辞，刀锋枪刃可以承受，中庸则不容易做到。”

译文 子路询问强,孔子说:"是南方的强呢,还是北方的强?抑或是你的强?用宽弘柔和来教诲,不报复蛮横无理,这是南方的强,君子具备这种秉性。用甲胄刀剑来包裹,战死了不感到遗憾,这是北方的强,强悍者具备这种秉性。所以,君子和顺而不迁就,这才是真正的强。中立而不偏倚,这才是真正的强。国家有道,不放弃穷困时的操守,这才是真正的强。国家无道,至死不改变志向,这才是真正的强。"

子路问强。①子曰:"南方之强与? 北方之强与? 抑而强与?②宽柔以教,不报无道,南方之强也,君子居之。③衽金革,死而不厌,北方之强也,而强者居之。④故君子和而不流,强哉矫! 中立而不倚,强哉矫! 国有道,不变塞焉,强哉矫! 国无道,至死不变,强哉矫!"⑤

右第十章。

朱子章句 ①子路,孔子弟子仲由也。子路好勇,故问强。

②与,平声。○抑,语辞。而,汝也。

③宽柔以教,谓含容巽顺以诲人之不及也。不报无道,谓横逆之来,直受之而不报也。南方风气柔弱,故以含忍之力胜人为强,君子之道也。

④衽,席也。金,戈兵之属。革,甲胄之属。北方风气刚劲,故以果敢之力胜人为强,强者之事也。

⑤此四者,汝之所当强也。矫,强貌。《诗》曰"矫矫虎臣"是也。倚,偏著也。塞,未达也。国有道,不变未达之所守;国无道,不变平生之所守也。此则所谓中庸之不可能者,非有以自胜其人欲之私,不能择而守也。君子之强,孰大于是? 夫子以是告子路者,所以抑其血气之刚,而进之以德义之勇也。

译文 孔子说:"找寻隐僻的理由,做出怪诞的行为,后世会有所称道,我不做这样的事。君子循道而行,若半途而废,我是不能停止的。君子按照中庸行事,避世不被人知而不后悔,这只有圣人才能做到。"

子曰:"素隐行怪,后世有述焉,吾弗为之矣。①君子遵道而行,半涂而废,吾弗能已矣。②君子依乎中庸,遁世不见知而不悔,唯圣者能之。"③

右第十一章。子思所引夫子之言,以明首章之义者止此。盖此篇大旨,以知、仁、勇三达德为入道之门。故于篇首,即以大舜、颜渊、子路之事明之。舜,知也;颜渊,仁也;子路,勇也。三者废其一,则无以造道而成德矣。余见第二十章。

朱子章句 ①素，按《汉书》当作索，盖字之误也。索隐行怪，言深求隐僻之理，而过为诡异之行也。然以其足以欺世而盗名，故后世或有称述之者。此知之过而不择乎善，行之过而不用其中，不当强而强者也，圣人岂为之哉！

②遵道而行，则能择乎善矣；半涂而废，则力之不足也。此其知虽足以及之，而行有不逮，当强而不强者也。已，止也。圣人于此，非勉焉而不敢废，盖至诚无息，自有所不能止也。

③不为索隐行怪，则依乎中庸而已。不能半涂而废，是以遁世不见知而不悔也。此中庸之成德，知之尽、仁之至、不赖勇而裕如者，正吾夫子之事，而犹不自居也。故曰"唯圣者能之"而已。

君子之道费而隐。① 夫妇之愚，可以与知焉，及其至也，虽圣人亦有所不知焉；夫妇之不肖，可以能行焉，及其至也，虽圣人亦有所不能焉。天地之大也，人犹有所憾。故君子语大，天下莫能载焉；语小，天下莫能破焉。②《诗》云："鸢飞戾天，鱼跃于渊。"言其上下察也。③ 君子之道，造端乎夫妇，及其至也，察乎天地。④

右第十二章。子思之言，盖以申明首章道不可离之意也。其下八章，杂引孔子之言以明之。

朱子章句 ①费，符味反。○费，用之广也。隐，体之微也。

②与，去声。○君子之道，近自夫妇居室之间，远而至于圣人天地之所不能尽，其大无外，其小无内，可谓费矣。然其理之所以然，则隐而莫之见也。盖可知可能者，道中之一事，及其至而圣人不知不能。则举全体而言，圣人固有所不能尽。侯氏曰："圣人所不知，如孔子问礼、问官之类；所不能，如孔子不得位、尧舜病博施之类。"愚谓人所憾于天地，如覆载生成之偏，及寒暑灾祥之不得其正者。

译文 君子的道，广大而又精微。匹夫匹妇这样的愚人也能知晓，但它的高深境界，即使圣人也有不知晓的；匹夫匹妇这样的不肖者也能实行，但它的高深境界，即使圣人也有做不到的。天地如此之大，人们尚且感到有所缺憾。所以，君子所说的大，整个天下都无法承载；所说的小，整个天下都不能例外。《诗·大雅·旱麓》说："鹰在高空翱翔，鱼在深渊跃游。"是说大道昭著于天地。君子的道，从匹夫匹妇开始，但它的高深境界，则昭著于天地。

③鸢,余专反。○《诗》,《大雅·旱麓》之篇。鸢,鸱类。戾,至也。察,著也。子思引此诗以明化育流行,上下昭著,莫非此理之用,所谓费也。然其所以然者,则非见闻所及,所谓隐也。故程子曰:"此一节,子思吃紧为人处,活泼泼地。"读者其致思焉。

④结上文。

子曰:"道不远人。人之为道而远人,不可以为道。①《诗》云:'伐柯伐柯,其则不远。'执柯以伐柯,睨而视之,犹以为远。故君子以人治人,改而止。②忠恕违道不远,施诸己而不愿,亦勿施于人。③君子之道四,丘未能一焉:所求乎子,以事父,未能也;所求乎臣,以事君,未能也;所求乎弟,以事兄,未能也;所求乎朋友,先施之,未能也。庸德之行,庸言之谨,有所不足,不敢不勉,有余不敢尽。言顾行,行顾言,君子胡不慥慥尔!"④

右第十三章。"道不远人"者,夫妇所能,丘未能一者,圣人所不能,皆费也。而其所以然者,则至隐存焉。下章放此。

朱子章句

①道者,率性而已,固众人之所能知能行者也,故常不远于人。若为道者,厌其卑近以为不足为,而反务为高远难行之事,则非所以为道矣。

②睨,研计反。○《诗》,《豳风·伐柯》之篇。柯,斧柄。则,法也。睨,邪视也。言人执柯伐木以为柯者,彼柯长短之法,在此柯耳。然犹有彼此之别,故伐者视之犹以为远也。若以人治人,则所以为人之道,各在当人之身,初无彼此之别。故君子之治人也,即以其人之道,还治其人之身。其人能改,即止不治。盖责之以其所能知能行,非欲其远人以为道也。张子所谓"以众人望人,则易从"是也。

译文 孔子说:"道不远离人。人所施行的道却远离了人,那就不能作为道了。《诗·豳风·伐柯》说:'砍啊砍斧柄,式样并不远。'握着斧柄来削斧柄,一斜眼就能看到式样,尚且觉得远。所以,君子依据人来治理人,纠正了便作罢。忠、恕离道不远,施加于自身感到不愿意的事,也不要施加于他人。君子之道有四个方面,我一个方面也没能做到:用要求儿女该做到的来侍候父母,我没能做到;用要求臣仆该做到的来事奉君主,我没能做到;用要求弟弟该做到的来尊敬兄长,我没能做到;用要求朋友该做到的自己先来实行,我没能做到。平常的德行要去实践,平常的言论要谨慎,有不足之处不敢不努力,能够做到的则不敢骄傲自满。言论要顾及行为,行为要顾及言论,君子怎么会不忠厚诚实呢!"

③尽己之心为忠,推己及人为恕。违,去也,如《春秋传》齐师"违谷七里"之违。言自此至彼,相去不远,非背而去之之谓也。道,即其不远人者是也。施诸己而不愿,亦勿施于人,忠恕之事也。以己之心度人之心,未尝不同,则道之不远于人者可见。故己之所不欲,则勿以施之于人,亦不远人以为道之事。张子所谓"以爱己之心爱人,则尽仁"是也。

④子、臣、弟、友,四字绝句。○求,犹责也。道不远人,凡己之所以责人者,皆道之所当然也,故反之以自责而自修焉。庸,平常也。行者,践其实。谨者,择其可。德不足而勉,则行益力;言有余而讱,则谨益至。谨之至则言顾行矣,行之力则行顾言矣。慥慥,笃实貌。言君子之言行如此,岂不慥慥乎!赞美之也。凡此皆不远人以为道之事。张子所谓"以责人之心责己,则尽道"是也。

君子素其位而行,不愿乎其外。①素富贵,行乎富贵;素贫贱,行乎贫贱;素夷狄,行乎夷狄;素患难,行乎患难,君子无入而不自得焉。②在上位不陵下,在下位不援上,正己而不求于人则无怨。上不怨天,下不尤人。③故君子居易以俟命,小人行险以徼幸。④子曰:"射有似乎君子,失诸正鹄,反求诸其身。"⑤

　　右第十四章。子思之言也。凡章首无"子曰"字者放此。

朱子章句 ①素,犹见在也。言君子但因见在所居之位而为其所当为,无慕乎其外之心也。

②难,去声。○此言素其位而行也。

③援,平声。○此言不愿乎其外也。

④易,去声。○易,平地也。居易,素位而行也。俟命,不愿乎外也。徼,求也。幸,谓所不当得而得者。

⑤正,音征。鹄,工毒反。○画布曰正,栖皮曰鹄,皆侯之中、射之的也。子思引此孔子之言,以结上文之意。

译文 君子依据所处的地位而行事,不越出它以外去企求。处于富贵,行为就合乎富贵身分;处于贫贱,行为就合乎贫贱身分;处于夷狄,行为就合乎夷狄身分;处于患难,行为就合乎患难身分。这样,君子无论处于什么境地都能安然自得。地位高的不欺凌地位低的,地位低的不攀附地位高的,端正自身而无求于他人就没有怨恨了。上不埋怨老天,下不责怪他人。所以,君子安然自处来顺从天命,小人铤而走险来寻求徼幸。孔子说:"射艺有点类似于君子的作为,射不中靶子,就转而检讨自身。"

君子之道，辟如行远必自迩，辟如登高必自卑。[1]《诗》曰："妻子好合，如鼓瑟琴。兄弟既翕，和乐且耽。宜尔室家，乐尔妻帑。"[2]子曰："父母其顺矣乎！"[3]

右第十五章。

[1]辟譬同。

[2]好，去声。耽，《诗》作湛，亦音耽。乐，音洛。〇《诗》，《小雅·常棣》之篇。鼓瑟琴，和也。翕，亦合也。耽，亦乐也。帑，子孙也。

[3]夫子诵此诗而赞之曰：人能和于妻子、宜于兄弟如此，则父母其安乐之矣。子思引《诗》及此语，以明行远自迩、登高自卑之意。

子曰："鬼神之为德，其盛矣乎！[1]视之而弗见，听之而弗闻，体物而不可遗。[2]使天下之人齐明盛服，以承祭祀。洋洋乎！如在其上，如在其左右。[3]《诗》曰：'神之格思，不可度思，矧可射思！'[4]夫微之显，诚之不可掩如此夫！"[5]

右第十六章。不见不闻，隐也。体物如在，则亦费矣。此前三章，以其费之小者而言。此后三章，以其费之大者而言。此一章，兼费隐、包大小而言。

[1]程子曰："鬼神，天地之功用，而造化之迹也。"张子曰："鬼神者，二气之良能也。"愚谓以二气言，则鬼者阴之灵也，神者阳之灵也。以一气言，则至而伸者为神，反而归者为鬼，其实一物而已。为德，犹言性情功效。

[2]鬼神无形与声，然物之终始，莫非阴阳合散之所为，是其为物之体，而物所不能遗也。其言体物，犹《易》所谓"干事"。

③齐,侧皆反。○齐之为言齐也,所以齐不齐而致其齐也。明,犹洁也。洋洋,流动充满之意。能使人畏敬奉承,而发见昭著如此,乃其"体物而不可遗"之验也。孔子曰:"其气发扬于上为昭明,焄蒿凄怆。此百物之精也,神之著也。"正谓此尔。

④度,待洛反。射,音亦,《诗》作斁。○《诗》,《大雅·抑》之篇。格,来也。矧,况也。射,厌也,言厌怠而不敬也。思,语辞。

⑤夫,音扶。○诚者,真实无妄之谓。阴阳合散,无非实者。故其发见之不可掩如此。

子曰:"舜其大孝也与!德为圣人,尊为天子,富有四海之内,宗庙飨之,子孙保之。①故大德必得其位,必得其禄,必得其名,必得其寿。②故天之生物,必因其材而笃焉。故栽者培之,倾者覆之。③《诗》曰:'嘉乐君子,宪宪令德。宜民宜人,受禄于天。保佑命之,自天申之。'④故大德者必受命。"⑤

右第十七章。此由庸行之常,推之以极其至,见道之用广也。而其所以然者,则为体微矣。后二章亦此意。

朱子章句 ①与,平声。○子孙,谓虞思、陈胡公之属。
②舜年百有十岁。
③材,质也。笃,厚也。栽,植也。气至而滋息为培,气反而游散则覆。
④《诗》,《大雅·假乐》之篇。假,当依此作嘉。宪,当依《诗》作显。申,重也。
⑤受命者,受天命为天子也。

译文 孔子说:"舜该是大孝的人了吧!德行上是圣人,地位上是天子,财富拥有整个天下,宗庙里祭祀他,子孙保有他的功业。"所以,大德者必定得到他的地位,必定得到他的财富,必定得到他的名声,必定得到他的年寿。因此,上天生养万物,必定根据它们的资质加以深化。所以,能成材的得到培植,不能成材的遭到淘汰。《诗·大雅·嘉乐》说:"赞美喜爱那君子,优异显著的德行。和睦百姓安民众,接受福禄自天庭。保佑他啊拥戴他,这是天降的命令。"所以,大德者必定会承受天命。

子曰:"无忧者,其惟文王乎!以王季为父,

译文 孔子说:"没有忧虑的

人，大概只有周文王吧！王季是他的父亲，武王是他的儿子，父亲开创了基业，儿子遵循了遗志。武王继承了太王、王季、文王未竟的业绩，一战灭殷而得到了天下，自身在四海之内享有盛名，地位上是天子，财富上拥有整个天下，宗庙里祭祀他，子孙保有他的功业。武王在晚年才承受天命，周公成就了文王、武王的事业，追封太王、王季为王，用天子之礼来祭祀先公。这样的礼，通用于诸侯、大夫、士、庶人。父亲是大夫，儿子是士，父亲用大夫之礼安葬而儿子用士之礼来祭祀他；父亲是士，儿子是大夫，父亲用士之礼安葬而儿子用大夫之礼来祭祀他。服丧一年通行到大夫，服丧三年通行到天子，为父母服丧无论贵贱都一样。"

译文 孔子说："武王、周公该是天下都认为孝的人了吧！"所谓孝，就是继承好先人的遗志、完成好先人的事业。春秋季整修祖宗的祀庙，陈列祭奠的礼器，摆设先人穿过的衣服，进献应时的祭品。祭祀宗庙的礼仪，是为了区分世系；助祭按爵位排列，是为了区分

以武王为子，父作之，子述之。① 武王缵大王、王季、文王之绪，壹戎衣而有天下，身不失天下之显名。尊为天子，富有四海之内，宗庙飨之，子孙保之。② 武王末受命，周公成文、武之德，追王大王、王季，上祀先公以天子之礼。斯礼也，达乎诸侯、大夫，及士、庶人。父为大夫，子为士，葬以大夫，祭以士。父为士，子为大夫，葬以士，祭以大夫。期之丧，达乎大夫。三年之丧，达乎天子。父母之丧，无贵贱，一也。"③

右第十八章。

朱子章句 ①此言文王之事。《书》言"王季其勤王家"，盖其所作，亦积功累仁之事也。

②大，音泰，下同。〇此言武王之事。缵，继也。大王，王季之父也。《书》云："大王肇基王迹。"《诗》云"至于大王，实始翦商"。绪，业也。戎衣，甲胄之属。壹戎衣，《武成》文，言一著戎衣以伐纣也。

③追王之王，去声。〇此言周公之事。末，犹老也。追王，盖推文、武之意，以及乎王迹之所起也。先公，组绀以上至后稷也。上祀先公以天子之礼，又推大王、王季之意，以及于无穷也。制为礼法，以及天下，使葬用死者之爵，祭用生者之禄。丧服自期以下，诸侯绝，大夫降；而父母之丧，上下同之，推己以及人也。

子曰："武王、周公，其达孝矣乎！① 夫孝者，善继人之志，善述人之事者也。② 春秋修其祖庙，陈其宗器，设其裳衣，荐其时食。③ 宗庙之礼，所以序昭穆也。序爵，所以辨贵贱也；序事，所以辨贤也。旅酬，下为上，所以逮贱也；燕毛，所以序齿也。④ 践其位，行其礼，奏其乐，敬其所尊，爱其所亲，事死如事生，事亡如事存，孝之至也。⑤ 郊社之

礼,所以事上帝也,宗庙之礼,所以祀乎其先也。明乎郊社之礼、禘尝之义,治国其如示诸掌乎!"⑥

右第十九章。

朱子章句

① 达,通也。承上章而言武王、周公之孝,乃天下之人通谓之孝,犹孟子之言达尊也。

② 上章言武王缵大王、王季、文王之绪以有天下,而周公成文、武之德以追崇其先祖,此继志、述事之大者也。下文又以其所制祭祀之礼,通于上下者言之。

③ 祖庙:天子七,诸侯五,大夫三,适士二,官师一。宗器,先世所藏之重器,若周之赤刀、大训、天球、河图之属也。裳衣,先祖之遗衣服,祭则设之以授尸也。时食,四时之食,各有其物,如春行羔、豚、膳、膏、香之类是也。

④ 昭,如字。为,去声。〇宗庙之次:左为昭,右为穆,而子孙亦以为序。有事于太庙,则子姓、兄弟、群昭、群穆咸在而不失其伦焉。爵,公、侯、卿、大夫也。事,宗祝有司之职事也。旅,众也。酬,导饮也。旅酬之礼,宾弟子、兄弟之子各举觯于其长而众相酬。盖宗庙之中,以有事为荣,故逮及贱者,使亦得以申其敬也。燕毛,祭毕而燕,则以毛发之色别长幼,为坐次也。齿,年数也。

⑤ 践,犹履也。其,指先王也。所尊、所亲,先王之祖考、子孙、臣庶也。始死谓之死,既葬则曰反而亡焉,皆指先王也。此结上文两节,皆继志、述事之意也。

⑥ 郊,祀天。社,祭地。不言后土者,省文也。禘,天子宗庙之大祭,追祭太祖之所自出于太庙,而以太祖配之也。尝,秋祭也。四时皆祭,举其一耳。礼必有义,对举之,互文也。示,与视同。视诸掌,言易见也。此与《论语》文意大同小异,记有详略耳。

哀公问政。① 子曰:"文、武之政,布在方策。其人存,则其政举;其人亡,则其政息。② 人道敏政,地道敏树。夫政也者,蒲卢也。③ 故为政在人,

贵贱;进献祭品按职事排列,是为了区分才能;祭祀结尾由晚辈向长辈敬酒,是为了使晚辈也能尽责;宴饮按须发的黑白定座次,是为了区分年岁。就先王之位,行先王之礼,奏先王之乐,敬崇先王所尊重的人,爱慕先王所亲近的人,事奉去世者如同他们活着一样,事奉亡故者如同他们健在一样,这是孝行的极点。祭祀天地之礼是用来事奉上帝的,宗庙之礼是用来祭祀祖先的。明白了祭祀天地、祖先的意义,治国大概就像观察自己手掌一样了吧!

译文 鲁哀公询问政事。孔子说:"周文王、周武王的政事,都记载在典籍上。他们在世,这些政事就实施;他们亡

取人以身，修身以道，修道以仁。④仁者，人也，亲亲为大。义者，宜也，尊贤为大。亲亲之杀，尊贤之等，礼所生也。⑤在下位不获乎上，民不可得而治矣！⑥故君子不可以不修身；思修身，不可以不事亲；思事亲，不可以不知人；思知人，不可以不知天。⑦天下之达道五，所以行之者三。曰君臣也，父子也，夫妇也，昆弟也，朋友之交也，五者天下之达道也。知、仁、勇三者，天下之达德也。所以行之者一也。⑧或生而知之，或学而知之，或困而知之，及其知之，一也。或安而行之，或利而行之，或勉强而行之，及其成功，一也。⑨子曰："好学近乎知，力行近乎仁，知耻近乎勇。"⑩知斯三者，则知所以修身；知所以修身，则知所以治人；知所以治人，则知所以治天下国家矣。⑪凡为天下国家有九经，曰修身也，尊贤也，亲亲也，敬大臣也，体群臣也，子庶民也，来百工也，柔远人也，怀诸侯也。⑫修身则道立，尊贤则不惑，亲亲则诸父昆弟不怨，敬大臣则不眩，体群臣则士之报礼重，子庶民则百姓劝，来百工则财用足，柔远人则四方归之，怀诸侯则天下畏之。⑬齐明盛服，非礼不动，所以修身也；去谗远色，贱货而贵德，所以劝贤也；尊其位，重其禄，同其好恶，所以劝亲亲也；官盛任使，所以劝大臣也；忠信重禄，所以劝士也；时使薄敛，所以劝百姓也；日省月试，既禀称事，所以劝百工也；送往迎来，嘉善而矜不能，所以柔远人也；继绝世，举废国，治乱持危，朝聘以时，厚往而薄来，所以怀诸侯也。⑭凡为天下国家有九经，所以行之者一也。⑮凡事豫则立，不豫则废。言前定则不跲，事前定则不困，行前定则不疚，道前定则不穷。⑯在下位不获乎上，民不可得而治矣；获

故，这些政事就废弛。治人的途径是努力施政，治地的途径是努力种植。政事这种东西，就像是蒲苇。所以，政事的施行在于人才，选取人才取决于君王自身，修饬自身要有准则，拟订准则应依据仁。仁就是爱人，以亲近亲族最重要；义就是得体，以尊敬贤人最重要。亲近亲族的差别，尊敬贤人的等次，就是礼产生的原因。所以，君子不能不修饬自身；要想修饬自身，不能不事奉双亲；要想事奉双亲，不能不了解他人；要想了解他人，不能不知道天理。"天下共通的准则有五项，用来实施它们的德行有三种。君臣、父子、夫妇、兄弟、朋友的交往，这五项是天下共通的准则；智、仁、勇，这三项是天下共通的德行，用来实施的准则是古今不变的。有的人生来就知道，有的人学了才知道，有的人遇到困境刚刚知道，而他们所知道的东西则是一样的；有的人自觉地实施它们，有的人为了牟取利益实施它们，有的人在督促强迫下实施它们，而他们因实施而成功则是一致的。孔子说："喜好学习接近于智，努力实行接近于仁，懂得羞耻接近于勇。知道这三条，就知道怎样修饬自身，知道怎样修饬自身，就知道怎样管理民众，知道怎样管理民众，就知道怎样整治天下和国家了。"整治天下和国家大体有九条原则，这就是修饬自身、尊崇贤人、亲近亲族、敬重大臣、体恤群

乎上有道，不信乎朋友，不获乎上矣；信乎朋友有道，不顺乎亲，不信乎朋友矣；顺乎亲有道，反诸身不诚，不顺乎亲矣；诚身有道，不明乎善，不诚乎身矣。[17]诚者，天之道也；诚之者，人之道也。诚者，不勉而中，不思而得，从容中道，圣人也。诚之者，择善而固执之者也。[18]博学之，审问之，慎思之，明辨之，笃行之。[19]有弗学，学之弗能弗措也；有弗问，问之弗知弗措也；有弗思，思之弗得弗措也；有弗辨，辨之弗明弗措也；有弗行，行之弗笃弗措也。人一能之，己百之；人十能之，己千之。[20]果能此道矣，虽愚必明，虽柔必强。[21]

右第二十章。此引孔子之言，以继大舜、文、武、周公之绪，明其所传之一致，举而措之，亦犹是耳。盖包费隐，兼小大，以终十二章之意。章内语诚始详，而所谓诚者，实此篇之枢纽也。又按：《孔子家语》亦载此章，而其文尤详。成功一也之下，有“公曰：子之言美矣！至矣！寡人实固，不足以成之也。”故其下复以子曰起答辞。今无此问词，而犹有“子曰”二字，盖子思删其繁文以附于篇，而所删有不尽者，今当为衍文也。博学之以下，《家语》无之，意彼有阙文，抑此或子思所补也欤？

朱子章句 ①哀公，鲁君，名蒋。
②方，版也。策，简也。息，犹灭也。有是君，有是臣，则有是政矣。
③夫，音扶。〇敏，速也。蒲卢，沈括以为蒲苇是也。以人立政，犹以地种树，其成速矣，而蒲苇又易生之物，其成尤速也。言人存政举，其易如此。
④此承上文人道敏政而言也。为政在人，《家语》作“为政

臣、爱护民众、招徕匠师、优待来客、安抚诸侯。修饬自身就树立了准则，尊崇贤人就不会迷惑，亲近亲族就使伯叔兄弟没有怨恨，敬重大臣就能临事不乱，体恤群臣能使他们倾心报效，爱护民众能使百姓尽力，招徕匠师能使财用充足，优待来客能使四方归顺，安抚诸侯能使天下敬畏。穿戴整齐鲜明的盛装，不符合礼仪的事情不做，是为了修饬自身；驱除谗臣、远离女色，轻视钱财而注重德行，是为了尊崇贤人；尊之以高爵，加之以厚禄，与之爱憎相一致，是为了勉励亲族亲近；有众多的官属听任使用，是为了勉励大臣；提高忠信者的俸禄，是为了勉励士；使役有时，减轻赋税，是为了勉励百姓；定时检核，多劳多得，是为了勉励匠师；送往迎来，嘉奖友好而照顾无能者，是为了勉励来客；延续断绝的世系，恢复灭亡的国家，平定祸乱，扶持危难，按时接受朝聘，赐送的礼物丰盛而收纳的贡品菲薄，是为了勉励诸侯。整治天下和国家共有九条原则，而用来实行它们的方法是一样的。任何事情，预先有准备就成功，没有准备就失败。说话预先准备好就不会无序，做事预先准备好就不会受窘，行动预先准备好就不会失误，道路预先准备好就不会走上绝路。身为臣仆不能得到君主的信任，民众就无法得到整治。得到君主的信任有途径，不能取信于朋友就不能

得到君主的信任;取信于朋友有途径,不能孝顺双亲就不能取信于朋友;孝顺双亲有途径,自身不真诚就不能孝顺双亲;使自身真诚有途径,不懂得善恶就不能使自身真诚。诚是上天的准则,做到诚是为人的准则。天生诚的人,不用努力就达到,不用思考就具备,举止行动符合中庸之道,这是圣人。做到诚的人,是选择了善行而牢牢把握住它的人。广泛地学习,详细地求教,慎密地思考,明晰地辨别,切实地实行。除非不学,学不会就不停止;除非不问,问不懂就不停止;除非不想,想不出结果就不停止;除非不分辨,分辨得不明晰就不停止;除非不实行,实行得不切实就不停止。他人用一分功夫能办到的,自己就用一百倍功夫;他人化十倍精力能办到的,自己就用一千倍精力。果真能这样做了,即使是愚昧的人也一定会聪明,即使是软弱的人也一定会刚强。

在于得人",语意尤备。人,谓贤臣。身,指君身。道者,天下之达道。仁者,天地生物之心,而人得以生者,所谓"元者善之长"也。言人君为政在于得人,而取人之则又在修身。能仁其身,则有君有臣,而政无不举矣。

⑤杀,去声。○人,指人身而言。具此生理,自然便有恻怛慈爱之意,深体味之可见。宜者,分别事理,各有所宜也。礼,则节文斯二者而已。

⑥郑氏曰:"此句在下,误重在此。"

⑦"为政在人,取人以身",故不可以不修身。"修身以道,修道以仁",故思修身,不可以不事亲。欲尽亲亲之仁,必由尊贤之义,故又当知人。亲亲之杀,尊贤之等,皆天理也,故又当知天。

⑧知,去声。○达道者,天下古今所共由之路,即《书》所谓五典,《孟子》所谓"父子有亲,君臣有义,夫妇有别,长幼有序,朋友有信"是也。知,所以知此也。仁,所以体此也。勇,所以强此也。谓之达德者,天下古今所同得之理也。一,则诚而已矣。达道虽人所共由,然无是三德,则无以行之。达德虽人所同得,然一有不诚,则人欲间之,而德非其德矣。程子曰:"所谓诚者,止是诚实此三者。三者之外,更别无诚。"

⑨强,上声。○知之者之所知,行之者之所行,谓达道也。以其分而言,则所以知者知也,所以行者仁也,所以至于知之、成功而一者勇也。以其等而言,则生知、安行者知也,学知、利行者仁也,困知、勉行者勇也。盖人性虽无不善,而气禀有不同者,故闻道有蚤莫,行道有难易,然能自强不息,则其至一也。吕氏曰:"所入之涂虽异,而所至之域则同,此所以为中庸。若乃企生知、安行之资为不可几及,轻困知、勉行谓不能有成,此道之所以不明不行也。"

⑩"子曰"二字,衍文。好、近乎知之知,并去声。○此言未及乎达德而求以入德之事。通上文三知为知,三行为仁,则此三近者,勇之次也。吕氏曰:"愚者自是而不求,自私者徇人欲而忘反,懦者甘为人下而不辞。故好学非知,然足以破愚;力行非仁,然足以忘私;知耻非勇,然足以起懦。"

⑪斯三者,指三近而言。人者,对己之称。天下国家,则尽乎人矣。言此以结上文修身之意,起下文九经之端也。

⑫经,常也。体,谓设以身处其地而察其心也。子,如父母之爱其子也。柔远人,所谓无忘宾旅者也。此列九经之目也。吕氏曰:"天下国家之本在身,故修身为九经之本。然必亲师友,然后修身之道进,故尊贤次之。道之所进,莫先其家,故亲亲次之。由家以及朝廷,故敬大臣、体群臣次之。由朝廷以及其国,故子庶民、来百工次之。由其国以及天下,故柔远人、怀诸侯次之。此九经之序也。"视群臣犹吾四体,视百姓犹吾子,此视臣、视民之别也。

⑬此言九经之效也。道立,谓道成于己而可为民表,所谓"皇建其有极"是也。不惑,谓不疑于理。不眩,谓不迷于事。敬大臣,则信任专,而小臣不得以间之,故临事而不眩也。来百工,则通功易事,农末相资,故财用足。柔远人,则天下之旅皆悦而愿出于其涂,故四方归。怀诸侯,则德之所施者博,而威之所制者广矣,故曰"天下畏之"。

⑭齐,侧皆反。去,上声。远、好、恶、敛,并去声。既,许气反。禀,彼锦、力锦二反。称,去声。朝,音潮。○此言九经之事也。官盛任使,谓官属众盛,足任使令也,盖大臣不当亲细事,故所以优之者如此。忠信重禄,谓待之诚而养之厚,盖以身体之,而知其所赖乎上者如此也。既,读曰饩。饩禀,稍食也。称事,如《周礼·稿人》职曰"考其弓弩,以上下其食"是也。往则为之授节以送之,来则丰其委积以迎之。朝,谓诸侯见于天子。聘,谓诸侯使大夫来献。《王制》:"比年一小聘,三年一大聘,五年一朝。"厚往薄来,谓燕赐厚而纳贡薄。

⑮一者,诚也。一有不诚,则是九者皆为虚文矣。此九经之实也。

⑯跲,其劫反。行,去声。○凡事,指达道、达德、九经之属。豫,素定也。跲,踬也。疚,病也。此承上文,言凡事皆欲先立乎诚,如下文所推是也。

⑰此又以在下位者,推言素定之意。反诸身不诚,谓反求诸身而所存所发未能真实而无妄也。不明乎善,谓未能察于

人心天命之本然,而真知至善之所在也。

⑱中,并去声。从,七容反。○此承上文"诚身"而言。诚者,真实无妄之谓,天理之本然也。诚之者,未能真实无妄,而欲其真实无妄之谓,人事之当然也。圣人之德,浑然天理,真实无妄,不待思勉而从容中道,则亦天之道也。未至于圣,则不能无人欲之私,而其为德不能皆实。故未能不思而得,则必择善,然后可以明善;未能不勉而中,则必固执,然后可以诚身,此则所谓人之道也。不思而得,生知也。不勉而中,安行也。择善,学知以下之事。固执,利行以下之事也。

⑲此"诚之"之目也。学、问、思、辨,所以择善而为知,学而知也。笃行,所以固执而为仁,利而行也。程子曰:"五者废其一,非学也。"

⑳君子之学,不为则已,为则必要其成,故常百倍其功。此困而知、勉而行者也,勇之事也。

㉑明者,择善之功。强者,固执之效。吕氏曰:"君子所以学者,为能变化气质而已。德胜气质,则愚者可进于明,柔者可进于强。不能胜之,则虽有志于学,亦愚不能明,柔不能立而已矣。盖均善而无恶者,性也,人所同也;昏明强弱之禀不齐者,才也,人所异也。诚之者,所以反其同而变其异也。夫以不美之质,求变而美,非百倍其功,不足以致之。今以卤莽灭裂之学,或作或辍,以变其不美之质,及不能变,则曰天质不美,非学所能变。是果于自弃,其为不仁甚矣!"

译文 由诚而明白道理的,叫做性;由明白道理而诚的,叫做教。诚就明白道理了,明白道理就诚了。

自诚明,谓之性;自明诚,谓之教。诚则明矣,明则诚矣。①

右第二十一章。子思承上章夫子天道、人道之意而立言也。自此以下十二章,皆子思之言,以反复推明此章之意。

朱子章句 ①自,由也。德无不实而明无不照者,圣人之德,所性而有者也,天道也。先明乎善而后能实其善者,贤人之学,由教而入者也,人道也。诚则无不明矣,明则可以至于诚矣。

唯天下至诚,为能尽其性;能尽其性,则能尽人之性;能尽人之性,则能尽物之性;能尽物之性,则可以赞天地之化育;可以赞天地之化育,则可以与天地参矣。①

右第二十二章。言天道也。

译文 唯有天下至诚的人,才能完全发挥自己的性;能完全发挥自己的性,才能完全发挥他人的性;能完全发挥他人的性,才能完全发挥万物的性;能完全发挥万物的性,就可以助长天地的演化繁育;助长天地的演化繁育,就可以和天地并立为三了。

朱子章句 ①天下至诚,谓圣人之德之实,天下莫能加也。尽其性者,德无不实,故无人欲之私,而天命之在我者,察之由之,巨细精粗,无毫发之不尽也。人物之性,亦我之性,但以所赋形气不同而有异耳。能尽之者,谓知之无不明而处之无不当也。赞,犹助也。与天地参,谓与天地并立为三也。此自诚而明者之事也。

其次致曲。曲能有诚,诚则形,形则著,著则明,明则动,动则变,变则化。唯天下至诚为能化。①

右第二十三章。言人道也。

译文 次一等的贤人致力于某一方面,致力于某一方面也能达到诚。达到了诚就会表现出来,表现出来了就会逐渐显著,逐渐显著了就会明白道理,明白道理了就会带动他人,带动他人了就会引起转变,引起转变了就会潜移默化。唯有天下至诚的人,才能使人潜移默化。

朱子章句 ①其次,通大贤以下凡诚有未至者而言也。致,推致也。曲,一偏也。形者,积中而发外。著,则又加显矣。明,则又有光辉发越之盛也。动者,诚能动物。变者,物从而变。化,则有不知其所以然者。盖人之性无不同,而气则有异,故惟圣人能举其性之全体而尽之。其次,则必自其善端发见之偏,而悉推致之,以各造其极也。曲无不致,则德无不实,而形、著、动、变之功自不能已。积而至于能化,则其至诚之妙,亦不异于圣人矣。

译文 至诚之道能够预知未来。国家将要兴盛，必定有吉祥的预兆；国家将要败亡，必定有妖异的前征。反映在占卜的蓍草、龟甲中，体现在人们的形貌、仪态上。祸福将要来临时，好的必定能预先得知，不好的也必定能预先得知。所以，至诚就如同神明一样。

至诚之道，可以前知。国家将兴，必有祯祥；国家将亡，必有妖孽；见乎蓍龟，动乎四体。祸福将至：善，必先知之；不善，必先知之。故至诚如神。[①]

右第二十四章。言天道也。

朱子章句 [①]见，音现。○祯祥者，福之兆。妖孽者，祸之萌。蓍，所以筮。龟，所以卜。四体，谓动作威仪之间，如执玉高卑，其容俯仰之类。凡此皆理之先见者也。然唯诚之至极，而无一毫私伪留于心目之间者，乃能有以察其几焉。神，谓鬼神。

译文 诚是自我的完善，道则是自我的指导。诚是事物的发端和归宿，不诚就没有事物了。因此，君子以诚为贵。诚并不是自我完善就行了，它是用来成就事物的。完善自身是仁，成就事物是智。仁和智是性的固有属性，是使事物与自身相融合的准则，所以任何时候用它都是适宜的。

诚者自成也，而道自道也。[①]诚者物之终始，不诚无物。是故君子诚之为贵。[②]诚者非自成己而已也，所以成物也。成己，仁也；成物，知也。性之德也，合外内之道也，故时措之宜也。[③]

右第二十五章。言人道也。

朱子章句 [①]道也之道，音导。○言诚者物之所以自成，而道者人之所当自行也。诚以心言，本也；道以理言，用也。[②]天下之物，皆实理之所为，故必得是理，然后有是物。所得之理既尽，则是物亦尽而无有矣。故人之心一有不实，则虽有所为，亦如无有，而君子必以诚为贵也。盖人之心能无不实，乃为有以自成，而道之在我者亦无不行矣。[③]知，去声。○诚虽所以成己，然既有以自成，则自然及物，而道亦行于彼矣。仁者体之存，智者用之发，是皆吾性之固有，而无内外之殊。既得于己，则见于事者以时措之，而皆得其宜也。

译文 所以，至诚是没有止息的。没有止息就常存于内心，

故至诚无息。[①]不息则久，久则征，[②]征则悠远，悠远则博厚，博厚则高明。[③]博厚，所以载物

也；高明，所以覆物也；悠久，所以成物也。④博厚配地，高明配天，悠久无疆。⑤如此者，不见而章，不动而变，无为而成。⑥天地之道，可一言而尽也：其为物不贰，则其生物不测。⑦天地之道：博也，厚也，高也，明也，悠也，久也。⑧今夫天，斯昭昭之多，及其无穷也，日月星辰系焉，万物覆焉。今夫地，一撮土之多，及其广厚，载华岳而不重，振河海而不泄，万物载焉。今夫山，一卷石之多，及其广大，草木生之，禽兽居之，宝藏兴焉。今夫水，一勺之多，及其不测，鼋鼍、蛟龙、鱼鳖生焉，货财殖焉。⑨《诗》云："维天之命，於穆不已！"盖曰天之所以为天也。"於乎不显，文王之德之纯！"盖曰文王之所以为文也，纯亦不已。⑩

右第二十六章。言天道也。

朱子章句
①既无虚假，自无间断。
②久，常于中也。征，验于外也。
③此皆以其验于外者言之。郑氏所谓"至诚之德，著于四方"者是也。存诸中者既久，则验于外者益悠远而无穷矣。悠远，故其积也广博而深厚。博厚，故其发也高大而光明。
④悠久，即悠远，兼内外而言之也。本以悠远致高厚，而高厚又悠久也。此言圣人与天地同用。
⑤此言圣人与天地同体。
⑥见，音现。○见，犹示也。不见而章，以配地而言也。不动而变，以配天而言也。无为而成，以无疆而言也。
⑦此以下，复以天地明至诚无息之功用。天地之道，可一言而尽，不过曰"诚"而已。不贰，所以诚也。诚故不息，而生物之多，有莫知其所以然者。
⑧言天地之道，诚一不贰，故能各极其盛，而有下文生物之功。
⑨夫，音扶。华、藏，并去声。卷，平声。勺，市若反。○昭昭，犹耿耿，小明也。此指其一处而言之。及其无穷，犹十

常存于内心就显露于外，显露于外就悠远，悠远就广博深厚，广博深厚就高明。广博深厚能用来承载万物，高明能用来涵盖万物，悠远能用来成就万物。广博深厚媲美于地，高明媲美于天，悠远则无边无际。达到这样的境界，不去表现就能昭著，不必动作就会改变，无所作为就有成就。天地之道，可以用一句话来概括：它本身专一不二，所以生育万物多得不可估量。天地之道，就是广博、深厚、高大、光明、悠远、长久。现在这个天，是由一小点光明积聚起来的，达到了无穷无尽的程度时，日月星辰靠它维系，世间万物由它涵盖。现在这个地，是由一小撮土积聚起来的，达到了广博深厚的程度时，承载高山峻岭而不嫌重，收容江河湖海而不觉满，世间万物由它负载。现在这个山，是由一小块石头积聚起来的，达到了广阔高大的程度时，花草树木依傍它生长，飞禽走兽凭借它居留，各种宝藏由它孕育。现在这个水，是由一小勺水液积聚起来的，达到了深远莫测的程度时，蛟龙鱼鳖由它生养，各种财富由它繁殖。《诗·周颂·维天之命》说"想那天道在运行，庄严肃穆永不停"，说的是天之所以成为天；"多么显赫光明，文王品德真纯正"，说的是文王之所以称为"文"。纯粹也是没有止息的。

二章"及其至也"之意,盖举全体而言也。振,收也。卷,区也。此四条,皆以发明由其不贰不息,以致盛大而能生物之意。然天、地、山、川,实非由积累而后大,读者不以辞害意可也。

⑩於,音乌。乎,音呼。○《诗》,《周颂·维天之命》篇。於,叹辞。穆,深远也。不显,犹言岂不显也。纯,纯一不杂也。引此以明至诚无息之意。程子曰:"天道不已,文王纯于天道,亦不已。纯则无二无杂,不已则无间断先后。"

大哉圣人之道!①洋洋乎!发育万物,峻极于天。②优优大哉!礼仪三百,威仪三千。③待其人而后行。④故曰:苟不至德,至道不凝焉。⑤故君子尊德性而道问学,致广大而尽精微,极高明而道中庸,温故而知新,敦厚以崇礼。⑥是故居上不骄,为下不倍。国有道,其言足以兴;国无道,其默足以容。《诗》曰:"既明且哲,以保其身。"其此之谓与!⑦

右第二十七章。言人道也。

①包下文两节而言。

②峻,高大也。此言道之极于至大而无外也。

③优优,充足有余之意。礼仪,经礼也。威仪,曲礼也。此言道之入于至小而无间也。

④总结上两节。

⑤至德,谓其人。至道,指上两节而言也。凝,聚也,成也。

⑥尊者,恭敬奉持之意。德性者,吾所受于天之正理。道,由也。温,犹焊温之温,谓故学之矣,复时习之也。敦,加厚也。尊德性,所以存心而极乎道体之大也。道问学,所以致知而尽乎道体之细也。二者,修德凝道之大端也。不以一毫私意自蔽,不以一毫私欲自累,涵泳乎其所已知,敦笃乎其所已能,此皆存心之属也。析理则不使有毫厘之差,处事则不使有过不及之谬,理义则日知其所未知,节文则日谨其

所未谨,此皆致知之属也。盖非存心无以致知,而存心者又不可以不致知。故此五句,大小相资,首尾相应,圣贤所示入德之方,莫详于此,学者宜尽心焉。

⑦倍,与背同。与,平声。○兴,谓兴起在位也。《诗》,《大雅·烝民》之篇。

子曰:"愚而好自用,贱而好自专,生乎今之世,反古之道。如此者,烖及其身者也。"①非天子,不议礼,不制度,不考文。②今天下车同轨,书同文,行同伦。③虽有其位,苟无其德,不敢作礼乐焉;虽有其德,苟无其位,亦不敢作礼乐焉。④子曰:"吾说夏礼,杞不足征也;吾学殷礼,有宋存焉;吾学周礼,今用之,吾从周。"⑤

右第二十八章。承上章为下不倍而言,亦人道也。

朱子章句 ①好,去声。烖,古灾字。○以上孔子之言,子思引之。反,复也。

②此以下,子思之言。礼,亲疏贵贱相接之体也。度,品制。文,书名。

③行,去声。○今,子思自谓当时也。轨,辙迹之度。伦,次序之体。三者皆同,言天下一统也。

④郑氏曰:"言作礼乐者,必圣人在天子之位。"

⑤此又引孔子之言。杞,夏之后。征,证也。宋,殷之后。三代之礼,孔子皆尝学之而能言其意,但夏礼既不可考证,殷礼虽存,又非当世之法,惟周礼乃时王之制,今日所用。孔子既不得位,则从周而已。

王天下有三重焉,其寡过矣乎!①上焉者虽善无征,无征不信,不信民弗从;下焉者虽善不尊,

译文 孔子说:"愚昧而喜好自以为是,卑贱而喜好自作主张,生活在现今的时世却违背自古以来的准则。像这样,灾祸就会降临到身上。"不是天子,不讨论礼仪,不制订法规,不规范文字。现今天下车轮的轨距等宽,书写的字体一律,行为的规范相同。虽然有相应的地位,如果没有相应的德行,是不敢制礼作乐的;虽然有相应的德行,没有相应的地位,也是不敢制礼作乐的。孔子说:"我谈论夏礼,夏的后裔杞国不足以验证它;我学过殷礼,殷的后裔宋国还保存着它;我学过周礼,当今正在实行它,我依从周礼。"

译文 统治天下有了三种规制,错误大概比较少了吧!前代的规制,虽然好却无法验

证，无法验证就不可信，不可信则民众不会依从；在野的君子，虽然好却不在尊位，不在尊位就不可信，不可信则民众不会依从。所以，君子之道应该根植于自身，验证于民众，稽考于上古三王而没有谬误，树立于天地而没有悖逆，质询于鬼神而没有疑问，留待于百世以后的圣人而没有疑惑。质询于鬼神而没有疑问，是知晓了天；留待于百世以后的圣人而没有疑惑，是知晓了人。因此，君子的举止世代成为天下的榜样，君子的行为世代成为天下的榜样，君子的言论世代成为天下的典范。远离了会萌生仰慕，接近了并不感到满足。《诗·周颂·振鹭》说："在那里没有人憎恶，在这儿没有人厌烦。几乎是从早到晚啊，声誉永在众口赞。"君子没有不这样做而早就扬名天下的。

不尊不信，不信民弗从。[2] 故君子之道，本诸身，征诸庶民，考诸三王而不缪，建诸天地而不悖，质诸鬼神而无疑，百世以俟圣人而不惑。[3] 质诸鬼神而无疑，知天也；百世以俟圣人而不惑，知人也。[4] 是故君子动而世为天下道，行而世为天下法，言而世为天下则。远之则有望，近之则不厌。[5]《诗》曰："在彼无恶，在此无射。庶几夙夜，以永终誉！"君子未有不如此而蚤有誉于天下者也。[6]

右第二十九章。承上章居上不骄而言，亦人道也。

朱子章句

[1] 王，去声。○吕氏曰："三重，谓议礼、制度、考文。惟天子得以行之，则国不异政，家不殊俗，而人得寡过矣。"

[2] 上焉者，谓时王以前，如夏、商之礼虽善，而皆不可考。下焉者，谓圣人在下，如孔子虽善于礼，而不在尊位也。

[3] 此君子，指王天下者而言。其道，即议礼、制度、考文之事也。本诸身，有其德也。征诸庶民，验其所信从也。建，立也，立于此而参于彼也。天地者，道也。鬼神者，造化之迹也。百世以俟圣人而不惑，所谓圣人复起，不易吾言者也。

[4] 知天、知人，知其理也。

[5] 动，兼言、行而言。道，兼法、则而言。法，法度也。则，准则也。

[6] 恶，去声。射，音妒，《诗》作斁。○《诗》，《周颂·振鹭》之篇。射，厌也。所谓此者，指本诸身以下六事而言。

译文 孔子继承尧、舜，效法文王、武王，上遵循天时，下符合地理。犹如天地那样没有什么不承载、没有什么不涵盖，犹如四季交替运行、日月更迭辉耀。万物共同繁育而

仲尼祖述尧、舜，宪章文、武，上律天时，下袭水土。[1] 辟如天地之无不持载，无不覆帱，辟如四时之错行，如日月之代明。[2] 万物并育而不相害，道并行而不相悖，小德川流，大德敦化，此天地之所以为大也。[3]

右第三十章。言天道也。

朱子章句 ①祖述者，远宗其道。宪章者，近守其法。律天时者，法其自然之运。袭水土者，因其一定之理。皆兼内外该本末而言也。

②辟，音譬。帱，徒报反。○错，犹迭也。此言圣人之德。

③悖，犹背也。天覆地载，万物并育于其间而不相害；四时日月，错行代明而不相悖。所以不害不悖者，小德之川流；所以并育并行者，大德之敦化。小德者，全体之分；大德者，万殊之本。川流者，如川之流，脉络分明而往不息也。敦化者，敦厚其化，根本盛大而出无穷也。此言天地之道，以见上文取辟之意也。

唯天下至圣，为能聪明睿知，足以有临也；宽裕温柔，足以有容也；发强刚毅，足以有执也；齐庄中正，足以有敬也；文理密察，足以有别也。①溥博渊泉，而时出之。②溥博如天，渊泉如渊。见而民莫不敬，言而民莫不信，行而民莫不说。③是以声名洋溢乎中国，施及蛮貊。舟车所至，人力所通，天之所覆，地之所载，日月所照，霜露所队，凡有血气者，莫不尊亲，故曰配天。④

右第三十一章。承上章而言小德之川流，亦天道也。

朱子章句 ①知，去声。齐，侧皆反。别，彼列反。○聪明睿知，生知之质。临，谓居上而临下也。其下四者，乃仁、义、礼、知之德。文，文章也。理，条理也。密，详细也。察，明辩也。

②溥博，周遍而广阔也。渊泉，静深而有本也。出，发见也。言五者之德，充积于中，而以时发见于外也。

③见，音现。说，音悦。○言其充积极其盛，而发见当其可

不相侵害，各行其道而不相冲突。小德川流不息，大德敦厚化育，这就是天地所以伟大的地方。

译文 唯有天下的至圣，才能够聪明睿智，足以居高临下；宽厚温柔，足以包容万物；刚强坚毅，足以决断一切；端庄公正，足以使人敬佩；思虑周密，足以辨别是非。弘大深沉而时时有所表现。弘大如同天，深沉如同渊，其表现民众无不敬佩，其言论民众无不信任，其行为民众无不喜爱。因此，其声名洋溢于中土，播及于远方。车船所到达之处，人力所通往之处，苍天所涵盖之处，大地所承载之处，日月所临照之处，霜露所降落之处，凡是有血气的人，无不尊崇亲近。所以说，他能与天媲美。

也。

④施,去声。队,音坠。○舟车所至以下,盖极言之。配天,言其德之所及,广大如天也。

唯天下至诚,为能经纶天下之大经,立天下之大本,知天地之化育。夫焉有所倚?① 肫肫其仁! 渊渊其渊! 浩浩其天!② 苟不固聪明圣知达天德者,其孰能知之?③

右第三十二章。承上章而言大德之敦化,亦天道也。前章言至圣之德,此章言至诚之道。然至诚之道,非至圣不能知;至圣之德,非至诚不能为,则亦非二物矣。此篇言圣人天道之极致,至此而无以加矣。

朱子章句 ①夫,音扶。焉,於虔反。○经、纶,皆治丝之事。经者,理其绪而分之;纶者,比其类而合之也。经,常也。大经者,五品之人伦。大本者,所性之全体也。惟圣人之德极诚无妄,故于人伦各尽其当然之实,而皆可以为天下后世法,所谓经纶之也。其于所性之全体,无一毫人欲之伪以杂之,而天下之道千变万化皆由此出,所谓立之也。其于天地之化育,则亦其极诚无妄者有默契焉,非但闻见之知而已。此皆至诚无妄,自然之功用,夫岂有所倚著于物而后能哉?

②肫,之纯反。○肫肫,恳至貌,以经纶而言也。渊渊,静深貌,以立本而言也。浩浩,广大貌,以知化而言也。其渊、其天,则非特如之而已。

③圣知之知,去声。○固,犹实也。郑氏曰:"唯圣人能知圣人也。"

《诗》曰"衣锦尚絅",恶其文之著也。故君子之道,暗然而日章;小人之道,的然而日亡。君子之道，淡而不厌，简而文，温而理，知远之近，知风之自，知微之显，可与入德矣。①《诗》云："潜虽伏矣，亦孔之昭！"故君子内省不疚，无恶于志。君子之所不可及者，其唯人之所不见乎。《诗》云："相在尔室，尚不愧于屋漏。"故君子不动而敬，不言而信。②《诗》曰："奏假无言，时靡有争。"是故君子不赏而民劝，不怒而民威于铁钺。③《诗》曰："不显惟德！百辟其刑之。"是故君子笃恭而天下平。④《诗》云："予怀明德，不大声以色。"子曰："声色之于以化民，末也。"《诗》曰"德輶如毛"，毛犹有伦。"上天之载，无声无臭"，至矣！⑤

　　右第三十三章。子思因前章极致之言，反求其本，复自下学为己谨独之事推而言之，以驯致乎笃恭而天下平之盛。又赞其妙，至于无声无臭而后已焉。盖举一篇之要而约言之，其反复丁宁示人之意，至深切矣，学者其可不尽心乎！

朱子章句 ①衣，去声。絅，口迥反。恶，去声。闇，於感反。○前章言圣人之德，极其盛矣。此复自下学立心之始言之，而下文又推之以至其极也。《诗》，《国风·卫·硕人》、《郑》之《丰》，皆作"衣锦褧衣"。褧，絅同，禅衣也。尚，加也。古之学者为己，故其立心如此。尚絅，故闇然；衣锦，故有日章之实。淡、简、温，絅之袭于外也，不厌而文且理焉，锦之美在中也。小人反是，则暴于外而无实以继之，是以的然而日亡也。远之近，见于彼者由于此也。风之自，著乎外者本乎内也。微之显，有诸内者形诸外也。有为己之心，而又知此三者，则知所谨而可入德矣。故下文引《诗》言谨独之事。恶，去声。○《诗》，《小雅·正月》之篇。承上文言莫见乎隐、莫显乎微也。疚，病也。无恶于志，犹言无愧于心，此君子谨独之事也。

道，含蓄而日益彰明；小人的道，显露而日益消亡。君子的道，冲淡而不可厌，简约而有文采，温和而有道理，由近而知远，由源而知流，由显而知微，可以随之进入道德的境界。《诗·小雅·正月》说："潜藏虽然很深，依旧昭然若揭。"所以君子自我省察没有愧疚，没有恶念存在于心中。君子所不可企及的，大概就在人们所看不见的地方。《诗·大雅·抑》说："看你独自处室内，还能无愧于神明。"所以，君子不动就能令人崇敬，不说就能令人信从。《诗·商颂·烈祖》说："静穆地进行祭祷，没有任何的争纷。"因此，君子不赏赐就能勉励民众，不发怒就比刑罚更能使民众畏惧。《诗·周颂·烈文》说："显扬那德行啊，诸侯们都来效法。"因此，君子笃实恭敬就能使天下整治。《诗·大雅·皇矣》说："令人向往啊，美善的德行，它从不疾言厉色。"孔子说："用疾言厉色来教化民众，是最拙劣的。"《诗·大雅·烝民》说"德行轻如毫毛"，毫毛尚且有可比拟的东西，而《诗·大雅·文王》所谓"上天的意向难猜测，无声无息真渺茫"，这才是至高无上的境界。

②相,去声。〇《诗》,《大雅·抑》之篇。相,视也。屋漏,室西北隅也。承上文又言君子之戒谨恐惧,无时不然,不待言动而后敬信,则其为己之功益加密矣。故下文引《诗》并言其效。

③假,格同。铁,音夫。〇《诗》,《商颂·烈祖》之篇。奏,进也。承上文而遂及其效,言进而感格于神明之际,极其诚敬,无有言说而人自化之也。威,畏也。铁,莝斫刀也。钺,斧也。

④《诗》,《周颂·烈文》之篇。不显,说见二十六章,此借引以为幽深玄远之意。承上文言天子有不显之德,而诸侯法之,则其德愈深而效愈远矣。笃,厚也。笃恭,言不显其敬也。笃恭而天下平,乃圣人至德渊微,自然之应,中庸之极功也。

⑤辑,由、酉二音。〇《诗》,《大雅·皇矣》之篇。引之以明上文所谓不显之德者,正以其不大声与色也。又引孔子之言,以为声色乃化民之末务。今但言不大之而已,则犹有声色者存,是未足以形容不显之妙。不若《烝民》之诗所言"德辑如毛",则庶乎可以形容矣。而又自以为谓之毛,则犹有可比者,是亦未尽其妙。不若《文王》之诗所言"上天之事,无声无臭",然后乃为不显之至耳。盖声臭有气无形,在物最为微妙,而犹曰无之,故唯此可以形容不显、笃恭之妙。非此德之外,又别有是三等,然后为至也。

论语集注

读论语孟子法

程子曰："学者当以《论语》、《孟子》为本。《论语》、《孟子》既治，则《六经》可不治而明矣。读书者当观圣人所以作经之意，与圣人所以用心，圣人之所以至于圣人，而吾之所以未至者，所以未得者。句句而求之，昼诵而味之，中夜而思之，平其心，易其气，阙其疑，则圣人之意可见矣。"

程子曰："凡看文字，须先晓其文义，然后可以求其意。未有不晓文义而见意者也。"

程子曰："学者须将《论语》中诸弟子问处便作自己问，圣人答处便作今日耳闻，自然有得。虽孔、孟复生，不过以此教人。若能于《语》、《孟》中深求玩味，将来涵养成甚生气质！"

程子曰："凡看《语》、《孟》，且须熟读玩味。须将圣人言语切己，不可只作一场话说。人只看得此二书切己，终身尽多也。"

程子曰："《论》、《孟》只剩读着，便自意足。学者须是玩味。若以语言解着，意便不足。"

或问："且将《论》、《孟》紧要处看，如何？"程子曰："固是好，但终是不浃洽耳。”

程子曰:“孔子言语句句是自然,孟子言语句句是事实。”

程子曰:“学者先读《论语》、《孟子》,如尺度权衡相似,以此去量度事物,自然见得长短轻重。”

程子曰:“读《论语》、《孟子》而不知道,所谓‘虽多,亦奚以为’。”

论语序说

《史记·世家》曰："孔子名丘，字仲尼。其先宋人。父叔梁纥，母颜氏。以鲁襄公二十二年庚戌之岁，十一月庚子，生孔子于鲁昌平乡陬邑。为儿嬉戏，常陈俎豆，设礼容。及长，为委吏，料量平；①为司职吏，畜蕃息。②适周，问礼于老子。既反，而弟子益进。昭公二十五年甲申，孔子年三十五，而昭公奔齐，鲁乱。于是适齐，为高昭子家臣，以通乎景公。③公欲封以尼谿之田，晏婴不可，公惑之。④孔子遂行，反乎鲁。定公元年壬辰，孔子年四十三，而季氏强僭，其臣阳虎作乱专政。故孔子不仕，而退修《诗》、《书》、《礼》、《乐》，弟子弥众。九年庚子，孔子年五十一。公山不狃以费畔季氏，召孔子，欲往，而卒不行。⑤定公以孔子为中都宰，一年，四方则之，遂为司空，又为大司寇。十年辛丑，相定公会齐侯于夹谷，齐人归鲁侵地。十二年癸卯，使仲由为季氏宰，堕三都，收其甲兵。孟氏不肯堕成，围之不克。十四年乙巳，孔子年五十六，摄行相事，诛少正卯，与闻国政。三月，鲁国大治。齐人归女乐以沮之，季桓子受之。郊又不致膰俎于大夫，孔子行。⑥适卫，主于子路妻兄颜浊邹家。⑦适陈，过匡，匡人以为阳虎而拘之。⑧既解，还卫,主蘧伯玉家,见南子。[9]去,适宋,司马桓魋欲杀之。[10]又去,适陈,主司城贞子家。居三岁而反于卫,灵公不能用。[11]晋赵氏家臣佛肸以中牟畔,召孔子,孔子欲往,亦不果。[12]将西见赵简子,至河而反,又主蘧伯玉家。灵公问陈,不对而行,复如陈。[13]季桓子卒,遗言谓康子必召孔子,其臣止之,康子乃召冉求。[14]孔子如蔡及叶。[15]楚昭王将以书社地封孔子,令尹子西不可,乃止。[16]又反乎卫,时灵公已卒,卫君辄欲得孔子为政。[17]而冉求为季氏将,与齐战有功,康子乃召孔子,而孔子归鲁,实哀公之十一年丁巳,而孔子年六十八矣。[18]然鲁终不能用孔子,孔子亦不求仕,乃叙《书传》、《礼记》,[19]删《诗》正《乐》,[20]序《易》、《彖》、《系》、《象》、《说卦》、《文言》。[21]弟子盖三千焉,身通六艺者七十二人。[22]十四年庚申,鲁西狩获麟,[23]孔子作《春秋》。[24]明年辛酉,子路死于卫。十六年壬戌四月己丑,孔子卒,年七十三,葬鲁城北泗上。弟子皆服心丧三年而去,唯子贡庐于冢上,凡六年。孔子生鲤,字伯鱼,先卒。伯鱼生伋,字子思,作《中庸》。"[25]

何氏曰:"《鲁论语》二十篇。《齐论语》别有《问王》、《知道》,凡二十二篇,其二十篇中章句,颇多于《鲁论》。《古论》出孔氏壁中,分《尧曰》下章子张问以为一篇,有两《子张》,凡二十一篇,篇次不与《齐》、《鲁论》同。"

程子曰:"《论语》之书,成于有子、曾子之门人,故其书独二子以子称。"

程子曰:"读《论语》,有读了全然无事者,有读了后其中得一两句喜者,有读了后知好之者,有读了后直有不知手之舞之足之蹈之者。"

程子曰:"今人不会读书。如读《论语》,未读时是此等人,读了后又只是此等人,便是不曾读。"

程子曰:"颐自十七八读《论语》,当时已晓文义。读之愈久,但觉意味深长。"

①委吏,本作季氏史。《索隐》云:"一本作委吏,与《孟子》合。"今从之。

②职,见《周礼·牛人》,读为枳,义与牴同,盖系养牺牲之所。此官即《孟子》所谓乘田。

③有闻《韶》、问政二事。

④有季孟、吾老之语。

⑤有答子路东周语。

⑥《鲁世家》以此以上皆为十二年事。

⑦《孟子》作颜雠由。

⑧有颜渊后及文王既没之语。

⑨有矢子路及未见好德之语。

⑩有天生德语及微服过宋事。

⑪有三年有成之语。

⑫有答子路坚白语及荷蒉过门事。

⑬据《论语》,则绝粮当在此时。

⑭《史记》以《论语》归与之叹为在此时,又以《孟子》所记叹词为主司城贞子时语,疑不然。盖《语》、《孟》所记,本皆此一时语,而所记有异同耳。

⑮有叶公问答,子路不对,沮、溺耦耕,荷蓧丈人等事。《史记》云:"于是楚昭王使人聘孔子,孔子将往拜礼,而陈、蔡大夫发徒围之,故孔子绝粮于陈、蔡之间。"有愠见及告子贡一贯之语。按:是时陈、蔡臣服于楚,若楚王来聘孔子,陈、蔡大夫安敢围之?且据《论语》,绝粮当在去卫如陈之时。

⑯《史记》云"书社地七百里",恐无此理。时则有接舆之歌。

⑰有鲁、卫兄弟及答子贡夷齐、子路正名之语。

⑱有对哀公及康子语。

⑲有杞宋、损益、从周等语。

⑳有语太师及乐正等语。

㉑有假我数年之语。

㉒弟子颜回最贤,蚤死,后唯曾参得传孔子之道。

㉓有莫我知之叹。

㉔有知我、罪我等语,《论语》请讨陈恒事亦在是年。

㉕子思学于曾子,而孟子受业子思之门人。

论语集注卷第一

学 而 第 一

此为书之首篇,故所记多务本之意,乃入道之门、积德之基、学者之先务也。凡十六章。

子曰:"学而时习之,不亦说乎?① 有朋自远方来,不亦乐乎?② 人不知而不愠,不亦君子乎?"③

译文 孔子说:"学了能按时温习,不也很快乐吗?有共同见解的人从远方来,不也很快乐吗?不为他人所理解而不怨恨,不也是君子吗?"

朱子集注 ①说,悦同。○学之为言效也。人性皆善,而觉有先后,后觉者必效先觉之所为,乃可以明善而复其初也。习,鸟数飞也。学之不已,如鸟数飞也。悦,喜意也。既学而又时时习之,则所学者熟,而中心喜说,其进自不能已矣。○程子曰:"习,重习也。时复思绎,浃洽于中,则说也。"又曰:"学者,将以行之也。时习之,则所学者在我,故说。"○谢氏曰:"时习者,无时而不习。坐如尸,坐时习也;立如齐,立时习也。"

②乐,音洛。〇朋,同类也。自远方来,则近者可知。〇程子曰:"以善及人,而信从者众,故可乐。"又曰:"悦在心,乐主发散在外。"

③愠,纡问反。〇愠,含怒意。君子,成德之名。〇尹氏曰:"学在己,知不知在人,何愠之有?"〇程子曰:"虽乐于及人,不见是而无闷,乃所谓君子。"愚谓及人而乐者顺而易,不知而不愠者逆而难,故惟成德者能之。然德之所以成,亦曰学之正、习之熟、说之深而不已焉耳。〇程子曰:"乐由说而后得,非乐不足以语君子。"

有子曰:"其为人也孝弟,而好犯上者,鲜矣;不好犯上,而好作乱者,未之有也。①君子务本,本立而道生。孝弟也者,其为仁之本与!②

朱子集注 ①弟、好,皆去声。鲜,上声,下同。〇有子,孔子弟子,名若。善事父母为孝,善事兄长为弟。犯上,谓干犯在上之人。鲜,少也。作乱,则为悖逆争斗之事矣。此言人能孝弟,则其心和顺,少好犯上,必不好作乱也。

②与,平声。〇务,专力也。本,犹根也。仁者,爱之理,心之德也。为仁,犹曰行仁。与者,疑词,谦退不敢质言也。言君子凡事专用力于根本,根本既立,则其道自生。若上文所谓孝弟,乃是为仁之本,学者务此,则仁道自此而生也。〇程子曰:"孝弟,顺德也,故不好犯上,岂复有逆理乱常之事? 德有本,本立则其道充大。孝弟行于家,而后仁爱及于物,所谓亲亲而仁民也。故为仁以孝弟为本。论性,则以仁为孝弟之本。"或问:"孝弟为仁之本,此是由孝弟可以至仁否?"曰:"非也。谓行仁自孝弟始,孝弟是仁之一事。谓之行仁之本则可,谓是仁之本则不可。盖仁是性也,孝弟是用也,性中只有个仁、义、礼、智四者而已,曷尝有孝弟来? 然仁主于爱,爱莫大于爱亲,故曰:'孝弟也者,其为仁之本与!'"

译文 有子说:"为人孝顺悌爱而喜好冒犯在上者的,很少见;不喜好冒犯在上者而喜好作乱的人,还从未有过。君子致力于根本,根本确立了,事物的基本道理就形成了。孝顺悌爱大概是实行仁的根本要点吧!"

子曰:"巧言令色,鲜矣仁!"①

译文 孔子说:"花言巧语、仪容伪善,几乎就不具备仁了。"

朱子集注 ①巧,好。令,善也。好其言,善其色,致饰于外,务以悦人,则人欲肆而本心之德亡矣。圣人词不迫切,专言鲜,则绝无可知,学者所当深戒也。○程子曰:"知巧言令色之非仁,则知仁矣。"

曾子曰:"吾日三省吾身:为人谋而不忠乎? 与朋友交而不信乎? 传不习乎?"①

译文 曾子说:"我每天多次省察自身:替他人谋事是否忠诚? 与朋友交往是否守信? 传授他人的学业是否熟习了?"

朱子集注 ①省,悉井反。为,去声。传,平声。○曾子,孔子弟子,名参,字子舆。尽己之谓忠。以实之谓信。传谓受之于师,习谓熟之于己。曾子以此三者日省其身,有则改之,无则加勉,其自治诚切如此,可谓得为学之本矣。而三者之序,则又以忠信为传习之本也。○尹氏曰:"曾子守约,故动必求诸身。"○谢氏曰:"诸子之学,皆出于圣人,其后愈远而愈失其真。独曾子之学,专用心于内,故传之无弊,观于子思、孟子可见矣。惜乎其嘉言善行,不尽传于世也。其幸存而未泯者,学者其可不尽心乎!"

子曰:"道千乘之国,敬事而信,节用而爱人,使民以时。"①

译文 孔子说:"治理具有千乘兵车的国家,谨慎处事而守信,节约用度而爱护他人,按时令来役使民众。"

朱子集注 ①道、乘,皆去声。○道,治也。马氏云:"八百家出车一乘。"千乘,诸侯之国,其地可出兵车千乘者也。敬者,主一无适之谓。敬事而信者,敬其事而信于民也。时,谓农隙之时。言治国之要,在此五者,亦务本之意也。○程子曰:"此言至浅,然当时诸侯果能此,亦足以治其国矣。圣人言虽至近,上下皆通。此三言者,若推其极,尧、舜之治亦不过此。若常人之言近,则浅近而已矣。"○杨氏曰:"上不敬则下慢,不信则下疑,下慢而疑,事不立矣。敬事而信,以身先之也。《易》曰:'节以制度,不伤财,不害民。'盖侈用则伤财，伤财必至于害民，故爱民必先于节用。然使之不以其时，则力本者不获自尽，虽有爱人之心，而人不被其泽矣。然此特论其所存而已，未及为政也。苟无是心，则虽有政，不行焉。"○胡氏曰："凡此数者，又皆以敬为主。"愚谓五者反复相因，各有次第，读者宜细推之。

子曰："弟子入则孝，出则弟，谨而信，泛爱众，而亲仁。行有余力，则以学文。"①

朱子集注 ①弟子之弟，上声。则弟之弟，去声。○谨者，行之有常也。信者，言之有实也。泛，广也。众，谓众人。亲，近也。仁，谓仁者。余力，犹言暇日。以，用也。文，谓《诗》《书》六艺之文。○程子曰："为弟子之职，力有余则学文，不修其职而先文，非为己之学也。"○尹氏曰："德行，本也。文艺，末也。穷其本末，知所先后，可以入德矣。"○洪氏曰："未有余力而学文，则文灭其质；有余力而不学文，则质胜而野。"愚谓力行而不学文，则无以考圣贤之成法，识事理之当然，而所行或出于私意，非但失之于野而已。

子夏曰："贤贤易色，事父母能竭其力，事君能致其身，与朋友交言而有信。虽曰未学，吾必谓之学矣。"①

朱子集注 ①子夏，孔子弟子，姓卜，名商。贤人之贤，而易其好色之心，好善有诚也。致，犹委也。委致其身，谓不有其身也。四者皆人伦之大者，而行之必尽其诚，学求如是而已。故子夏言有能如是之人，苟非生质之美，必其务学之至，虽或以为未尝为学，我必谓之已学也。○游氏曰："三代之学，皆所以明人伦也。能是四者，则于人伦厚矣。学之为道，何以加此？子夏以文学名，而其言如此，则古人之所谓学者可知矣。故《学而》一篇，大抵皆在于务本。"○吴氏

译文 孔子说："后辈小子在家孝顺、出外悌爱，谨慎而守信，泛爱众人而亲近仁者。做到这些还有余力，就用来学习技艺。"

译文 子夏说："敬重德行而不看重容貌，事奉父母能竭尽其力，事奉君主能献出自己的生命，与朋友交往言而有信。即使自称未曾学习，我必定说他学了。"

曰:"子夏之言,其意善矣。然词气之间,抑扬太过 其流之弊,将或至于废学。必若上章夫子之言,然后为无弊也。"

子曰:"君子不重则不威,学则不固。① 主忠信。② 无友不如己者。③ 过则勿惮改。" ④

朱子集注 ①重,厚重。威,威严。固,坚固也。轻乎外者,必不能坚乎内,故不厚重则无威严,而所学亦不坚固也。②人不忠信,则事皆无实,为恶则易,为善则难,故学者必以是为主焉。〇程子曰:"人道唯在忠信,不诚则无物,且出入无时,莫知其乡者,人心也。若无忠信,岂复有物乎?"③无,毋通,禁止辞也。友所以辅仁,不如己,则无益而有损。④勿,亦禁止之辞。惮,畏难也。自治不勇,则恶日长,故有过则当速改,不可畏难而苟安也。〇程子曰:"学问之道无他也,知其不善,则速改以从善而已。"〇程子曰:"君子自修之道当如是也。"〇游氏曰:"君子之道,以威重为质,而学以成之。学之道,必以忠信为主,而以胜己者辅之。然或吝于改过,则终无以入德,而贤者亦未必乐告以善道,故以过勿惮改终焉。"

译文 孔子说:"君子不庄重就不威严,所学就不稳固。以忠诚守信为主,不要与不如自己的人交往,有了过错就不要怕改正。"

曾子曰:"慎终追远,民德归厚矣。" ①

朱子集注 ①谨终者,丧尽其礼。追远者,祭尽其诚。民德归厚,谓下民化之,其德亦归于厚。盖终者,人之所易忽也,而能谨之;远者,人之所易忘也,而能追之,厚之道也。故以此自为,则己之德厚,下民化之,则其德亦归于厚也。

译文 曾子说:"谨慎送终、追念远祖,民众的德行就归于淳厚了。"

子禽问于子贡曰:"夫子至于是邦也,必闻其政。求之与? 抑与之与?" ① 子贡曰:"夫子温、良、恭、俭、让以得之。夫子之求之也,其诸异乎人之

译文 子禽问子贡说:"夫子来到一个国家,必定知悉它的政务,是特意去打听的呢,还是人家告诉他的呢?"子贡说:

求之与?"②

四书 章句集注

朱子集注 ①之与之与,平声,下同。○子禽,姓陈,名亢。子贡,姓端木,名赐。皆孔子弟子。或曰:"亢,子贡弟子。"未知孰是。抑,反语辞。

②温,和厚也。良,易直也。恭,庄敬也。俭,节制也。让,谦逊也。五者,夫子之盛德光辉接于人者也。其诸,语辞也。人,他人也。言夫子未尝求之,但其德容如是,故时君敬信,自以其政就而问之耳,非若他人必求之而后得也。圣人过化存神之妙,未易窥测,然即此而观,则其德盛礼恭而不愿乎外,亦可见矣。学者所当潜心而勉学也。○谢氏曰:"学者观于圣人威仪之间,亦可以进德矣。若子贡亦可谓善观圣人矣,亦可谓善言德行矣。今去圣人千五百年,以此五者想见其形容,尚能使人兴起,而况于亲炙之者乎?"张敬夫曰:"夫子至是邦必闻其政,而未有能委国而授之以政者。盖见圣人之仪形而乐告之者,秉彝好德之良心也,而私欲害之,是以终不能用耳。"

"夫子凭藉温顺、和善、恭敬、节制、谦逊而得知的。即使夫子特意去打听,恐怕也不同于别人的打听吧。"

子曰:"父在,观其志;父没,观其行;三年无改于父之道,可谓孝矣。"①

朱子集注 ①行,去声。○父在,子不得自专,而志则可知。父没,然后其行可见,故观此足以知其人之善恶。然又必能三年无改于父之道,乃见其孝。不然,则所行虽善,亦不得为孝矣。○尹氏曰:"如其道,虽终身无改可也。如其非道,何待三年?然则三年无改者,孝子之心有所不忍故也。"○游氏曰:"三年无改,亦谓在所当改而可以未改者耳。"

译文 孔子说:"父亲在世,观察他的志向;父亲去世,观察他的行为。三年不改变父亲的准则,可以说是孝了。"

有子曰:"礼子用,和为贵。先王之道,斯为美,小大由之。①有所不行,知和而和,不以礼节

译文 有子说:"礼的作用,和谐为重。先王的准则,以此为美。大小事情都遵循它,有的

地方不照办,是因为知道和谐虽然是和谐了,但如果不用礼来节制也是行不通的。"

之,亦不可行也。"②

朱子集注 ①礼者,天理之节文,人事之仪则也。和者,从容不迫之意。盖礼之为体虽严,而皆出于自然之理,故其为用,必从容而不迫,乃为可贵。先王之道,此其所以为美,而小事大事无不由之也。

②承上文而言,如此而复有所不行者,以其徒知和之为贵而一于和,不复以礼节之,则亦非复理之本然矣,所以流荡忘反,而亦不可行也。〇程子曰:"礼胜则离,故礼之用和为贵。先王之道以斯为美,而小大由之。乐胜则流,故有所不行者,知和而和,不以礼节之,亦不可行。"〇范氏曰:"凡礼之体主于敬,而其用则以和为贵。敬者,礼之所以立也;和者,乐之所由生也。若有子可谓达礼乐之本矣。"愚谓严而泰,和而节,此理之自然,礼之全体也。毫厘有差,则失其中正,而各倚于一偏,其不可行均矣。

译义 有子说:"守信接近义,是说的话经得起检验的缘故。恭敬接近礼,是远离耻辱的缘故。所依藉的不离开自己的亲人,也是能效法的。"

有子曰:"信近于义,言可复也;恭近于礼,远耻辱也;因不失其亲,亦可宗也。"①

朱子集注 ①近、远,皆去声。〇信,约信也。义者,事之宜也。复,践言也。恭,致敬也。礼,节文也。因,犹依也。宗,犹主也。言约信而合其宜,则言必可践矣。致恭而中其节,则能远耻辱矣。所依者不失其可亲之人,则亦可以宗而主之矣。此言人之言行交际,皆当谨之于始而虑其所终。不然,则因仍苟且之间,将有不胜其自失之悔者矣。

译义 孔子说:"君子饮食不要求饱,居住不要求舒适,敏捷处事而谨慎言语,请求有道者匡正,可以说是好学了。"

子曰:"君子食无求饱,居无求安,敏于事而慎于言,就有道而正焉,可谓好学也已。"①

朱子集注 ①好,去声。〇不求安饱者,志有在而不暇及也。敏于事者,勉其所不足。谨于言者,不敢尽其所有余也。然犹不敢自是,而必就有道之人,以正其是非,则可谓好学矣。凡言道者,皆谓事物当然之理,人之所共由者也。〇尹氏曰:"君子之学,能是四者,可谓笃志力行者矣。然不取正于有道,未免有差,如杨、墨学仁义而差者也,其流至于无父无君,谓之好学,可乎?"

子贡曰:"贫而无谄,富而无骄,何如?"子曰:"可也。未若贫而乐,富而好礼者也。"① 子贡曰:"《诗》云:'如切如磋,如琢如磨。'其斯之谓与?"② 子曰:"赐也,始可与言《诗》已矣! 告诸往而知来者。"③

朱子集注 ①乐,音洛。好,去声。〇谄,卑屈也。骄,矜肆也。常人溺于贫富之中,而不知所以自守,故必有二者之病。无谄无骄,则知自守矣,而未能超乎贫富之外也。凡曰"可"者,仅可而有所未尽之辞也。乐则心广体胖而忘其贫,好礼则安处善,乐循理,亦不自知其富矣。子贡货殖,盖先贫后富,而尝用力于自守者,故以此为问。而夫子答之如此,盖许其所已能,而勉其所未至也。

②磋,七多反。与,平声。〇《诗·卫风·淇澳》之篇。言治骨角者,既切之而复磋之;治玉石者,既琢之而复磨之。治之已精,而益求其精也。子贡自以无谄无骄为至矣,闻夫子之言,又知义理之无穷,虽有得焉,而未可遽自足也,故引是诗以明之。

③往者,其所已言者。来者,其所未言者。〇愚按:此章问答,其浅深高下,固不待辨说而明矣。然不切则磋无所施,不琢则磨无所措。故学者虽不可安于小成而不求造道之极致,亦不可骛于虚远而不察切己之实病也。

子曰:"不患人之不己知,患不知人也。"①

朱子集注 ①尹氏曰:"君子求在我者,故不患人之不己知。不知人,则是非邪正或不能辨,故以为患也。"

译文 子贡说:"贫困而不谄媚,富有而不傲慢,怎么样?"孔子说:"可以啊,但不如贫困而快乐,富有而喜好礼。"子贡说:"《诗·卫风·淇奥》说'切割锉削,琢磨打光',就是这个意思吧!"孔子说:"赐啊,可以开始和你谈《诗》了,告诉你道理就能知道其他的东西了。"

译文 孔子说:"不担心别人不了解我,担心我不了解别人。"

为 政 第 二

凡二十四章。

子曰:"为政以德,譬如北辰,居其所而众星共之。"①

译文 孔子说:"用德行来治理国政,如同北极星处在自己的位置上而众多的星辰拱卫它。"

朱子集注 ①共,音拱,亦作拱。○政之为言正也,所以正人之不正也。德之为言得也,得于心而不失之谓也。北辰,北极,天之枢也。居其所,不动也。共,向也,言众星四面旋绕而归向之也。为政以德,则无为而天下归之,其象如此。○程子曰:"为政以德,然后无为。"○范氏曰:"为政以德,则不动而化,不言而信,无为而成。所守者至简而能御烦,所处者至静而能制动,所务者至寡而能服众。"

子曰:"《诗》三百,一言以蔽之,曰思无邪。"①

译文 孔子说:"《诗》三百篇,用一句话来概括,就是思虑没有偏激。"

朱子集注 ①《诗》三百十一篇,言三百者,举大数也。蔽,犹盖也。思无邪,《鲁颂·驹》篇之辞。凡《诗》之言,善者可以感发人之善心,恶者可以惩创人之逸志,其用归于使人得其情性之正而已。然其言微婉,且或各因一事而发,求其直指全体,则未有若此之明且尽者。故夫子言《诗》三百篇,而惟此一言足以尽盖其义,其示人之意亦深切矣。○程子曰:"思无邪者,诚也。"○范氏曰:"学者必务知要,知要则能守约,守约则足以尽博矣。经礼三百,曲礼三千,亦可以一言蔽之,曰毋不敬。"

子曰:"道之以政,齐之以刑,民免而无耻。^①道之以德,齐之以礼,有耻且格。"^②

译文 孔子说:"用政令来教导,用刑法来整治,民众苟免刑罚但缺乏廉耻;用德行来教导,用礼仪来整治,民众有廉耻而且敬服。"

朱子集注 ①道,音导,下同。○道,犹引导,谓先之也。政,谓法制禁令也。齐,所以一之也。道之而不从者,有刑以一之也。免而无耻,谓苟免刑罚而无所羞愧,盖虽不敢为恶,而为恶之心未尝亡也。

②礼,谓制度品节也。格,至也。言躬行以率之,则民固有所观感而兴起矣,而其浅深厚薄之不一者,又有礼以一之,则民耻于不善,而又有以至于善也。一说:格,正也。《书》曰:"格其非心。"○愚谓政者为治之具,刑者辅治之法,德、礼则所以出治之本,而德又礼之本也。此其相为终始,虽不可以偏废,然政、刑能使民远罪而已,德、礼之效,则有以使民日迁善而不自知。故治民者不可徒恃其末,又当深探其本也。

子曰:"吾十有五而志于学,^①三十而立,^②四十而不惑,^③五十而知天命,^④六十而耳顺^⑤,七十而从心所欲,不逾矩。"^⑥

译文 孔子说:"我十五岁有志于学习,三十岁自立,四十岁不疑惑,五十岁了解天命,六十岁听到什么都能领悟,七十岁随心所欲而不逾越法度。"

朱子集注 ①古者十五而入大学。心之所之谓之志。此所谓学,即大学之道也。志乎此,则念念在此而为之不厌矣。

②有以自立,则守之固而无所事志矣。

③于事物之所当然,皆无所疑,则知之明而无所事守矣。

④天命,即天道之流行而赋于物者,乃事物所以当然之故也。知此则知极其精,而不惑又不足言矣。

⑤声入心通，无所违逆，知之之至，不思而得也。

⑥从，如字。〇从，随也。矩，法度之器，所以为方者也。随其心之所欲，而自不过于法度，安而行之，不勉而中也。〇程子曰："孔子生而知之也，言亦由学而至，所以勉进后人也。立，能自立于斯道也。不惑，则无所疑矣。知天命，穷理尽性也。耳顺，所闻皆通也。从心所欲，不逾矩，则不勉而中矣。"又曰："孔子自言其进德之序如此者，圣人未必然，但为学者立法，使之盈科而后进，成章而后达耳。"〇胡氏曰："圣人之教亦多术，然其要，使人不失其本心而已。欲得此心者，惟志乎圣人所示之学，循其序而进焉。至于一疵不存、万理明尽之后，则其日用之间，本心莹然，随所意欲，莫非至理。盖心即体，欲即用，体即道，用即义，声为律而身为度矣。"又曰："圣人言此，一以示学者当优游涵泳，不可躐等而进。二以示学者当日就月将，不可半途而废也。"愚谓圣人生知安行，固无积累之渐，然其心未尝自谓已至此也。是其日用之间，必有独觉其进而人不及知者。故因其近似以自名，欲学者以是为则而自勉，非心实自圣而姑为是退托也。后凡言谦词之属，意皆放此。

孟懿子询问孝，孔子说："不违背。"樊迟为孔子驾车，孔子告诉他说："孟孙向我询问孝，我答复说'不违背'。"樊迟说："什么意思呢？"孔子说："活着，以礼事奉；死了，以礼安葬，以礼祭祀。"

孟懿子问孝。子曰："无违。"①樊迟御，子告之曰："孟孙问孝于我，我对曰无违。"②樊迟曰："何谓也？"子曰："生，事之以礼；死，葬之以礼，祭之以礼。"③

①孟懿子，鲁大夫仲孙氏，名何忌。无违，谓不背于理。

②樊迟，孔子弟子，名须。御，为孔子御车也。孟孙，即仲孙也。夫子以懿子未达而不能问，恐其失指，而以从亲之令为孝，故语樊迟以发之。

③生事葬祭，事亲之始终具矣。礼，即理之节文也。人之事亲，自始至终，一于礼而不苟，其尊亲也至矣。是时三家僭礼，故夫子以是警之。然语意浑然，又若不专为三家发者，

所以为圣人之言也。○胡氏曰:"人之欲孝其亲,心虽无穷,而分则有限。得为而不为,与不得为而为之,均于不孝。所谓以礼者,为其所得为者而已矣。"

　　孟武伯问孝。子曰:"父母唯其疾之忧。"①

朱子集注 ①武伯,懿子之子,名彘。言父母爱子之心,无所不至,惟恐其有疾病,常以为忧也。人子体此,而以父母之心为心,则凡所以守其身者,自不容于不谨矣,岂不可以为孝乎? 旧说人子能使父母不以其陷于不义为忧,而独以其疾为忧,乃可谓孝。亦通。

译文 孟武伯询问孝,孔子说:"不令父母亲为子女担忧。"

　　子游问孝。子曰:"今之孝者,是谓能养。至于犬马,皆能有养;不敬,何以别乎?"①

朱子集注 ①养,去声。别,彼列反。○子游,孔子弟子,姓言,名偃。养,谓饮食供奉也。犬马待人而食,亦若养然。言人畜犬马,皆能有以养之,若能养其亲而敬不至,则与养犬马者何异? 甚言不敬之罪,所以深警之也。○胡氏曰:"世俗事亲,能养足矣。狃恩恃爱,而不知其渐流于不敬,则非小失也。子游圣门高弟,未必至此,圣人直恐其爱逾于敬,故以是深警发之也。"

译文 子游询问孝,孔子说:"现今的孝是指能奉养,人们对狗马都能有所饲养,不恭敬,以什么来区别呢?"

　　子夏问孝。子曰:"色难。有事,弟子服其劳;有酒食,先生馔,曾是以为孝乎?"①

朱子集注 ①食,音嗣。○色难,谓事亲之际,惟色为难也。食,饭也。先生,父兄也。馔,饮食之也。曾,犹尝也。盖孝子之有深爱者必有和气,有和气者必有愉色,有愉色者必有婉容。故事亲之际,惟色为难耳,服劳奉养,未足为孝也。旧说承顺父母之色为难。亦通。○程子曰:"告懿子,

译文 子夏询问孝,孔子说:"难在容色。有了事情由子女去效劳,有了酒食让长辈来享用,这就可认为是孝了吗?"

告众人者也。对武伯者,以其人多可忧之事。子游能养而或失于敬,子夏能直义而或少温润之色。各因其材之高下,与其所失而告之,故不同也。"

子曰:"吾与回言终日,不违如愚。退而省其私,亦足以发。回也不愚。"①

朱子集注 ①回,孔子弟子,姓颜,字子渊。不违者,意不相背,有听受而无问难也。私,谓燕居独处,非进见请问之时。发,谓发明所言之理。愚闻之师曰:"颜子深潜淳粹,其于圣人体段已具。其闻夫子之言,默识心融,触处洞然,自有条理。故终日言,但见其不违如愚人而已。及退省其私,则见其日用动静语默之间,皆足以发明夫子之道,坦然由之而无疑,然后知其不愚也。"

子曰:"视其所以,①观其所由,②察其所安。③人焉廋哉? 人焉廋哉?"④

朱子集注 ①以,为也。为善者为君子,为恶者为小人。
②观,比视为详矣。由,从也。事虽为善,而意之所从来者有未善焉,则亦不得为君子矣。或曰:"由,行也。谓所以行其所为者也。"
③察,则又加详矣。安,所乐也。所由虽善,而心所乐者不在于是,则亦伪耳,岂能久而不变哉?
④焉,於虔反。廋,所留反。○焉,何也。廋,匿也。重言以深明之。○程子曰:"在己者能知言穷理,则能以此察人如圣人也。"

子曰:"温故而知新,可以为师矣。"①

知识,了解新的知识,就能成
为老师了。"

　　子曰:"君子不器。"①

译文 孔子说:"君子不是器
皿。"

①器者,各适其用而不能相通。成德之士,体无不
具,故用无不周,非特为一才一艺而已。

　　子贡问君子。子曰:"先行其言而后从之。"①

译文 子贡询问君子,孔子
说:"先做,然后再说并且贯彻
到底。"

①周氏曰:"先行其言者,行之于未言之前;而后从
之者,言之于既行之后。"〇范氏曰:"子贡之患,非
言之艰而行之艰,故告之以此。"

　　子曰:"君子周而不比,小人比而不周。"①

译文 孔子说:"君子忠信而
不勾结,小人勾结而不忠信。"

①周,普遍也。比,偏党也。皆与人亲厚之意,但周
公而比私耳。〇君子小人所为不同,如阴阳昼夜,每
每相反。然究其所以分,则在公私之际,毫厘之差耳。故圣
人于周比、和同、骄泰之属,常对举而互言之,欲学者察乎两
间,而审其取舍之几也。

　　子曰:"学而不思则罔,思而不学则殆。"①

译文 孔子说:"学习而不思
考就迷茫,思考而不学习就危
险。"

①不求诸心,故昏而无得。不习其事,故危而不安。
〇程子曰:"博学、审问、谨思、明辨、笃行五者,废其
一,非学也。"

子曰:"攻乎异端,斯害也已!"

译文 孔子说:"学习异端邪说,这才是祸害啊!"

朱子集注 ①范氏曰:"攻,专治也,故治木石金玉之工曰攻。异端,非圣人之道,而别为一端,如杨、墨是也。其率天下至于无父无君,专治而欲精之,为害甚矣!"○程子曰:"佛氏之言,比之杨、墨,尤为近理,所以其害为尤甚。学者当如淫声美色以远之,不尔,则骎骎然入于其中矣。"

子曰:"由! 诲女知之乎! 知之为知之,不知为不知,是知也。"①

译文 孔子说:"由,我来告诉你什么是知吧! 知道就是知道,不知道就是不知道,这就是知。"

朱子集注 ①女,音汝。○由,孔子弟子,姓仲,字子路。子路好勇,盖有强其所不知以为知者。故夫子告之曰:我教女以知之之道乎! 但所知者则以为知,所不知者则以为不知。如此,则虽或不能尽知,而无自欺之蔽,亦不害其为知矣。况由此而求之,又有可知之理乎?

子张学干禄。①子曰:"多闻阙疑,慎言其余,则寡尤;多见阙殆,慎行其余,则寡悔。言寡尤,行寡悔,禄在其中矣。"②

译文 子张学习干求禄位,孔子说:"多听,保留疑问,慎重地谈其余的,就会减少错误;多看,避开危险,慎重地实行其余的,就能减少悔恨。言语减少了错误,行为减少了悔恨,俸禄就在其中了。"

朱子集注 ①子张,孔子弟子,姓颛孙,名师。干,求也。禄,仕者之奉也。
②行寡之行,去声。○吕氏曰:"疑者,所未信。殆者,所未安。"○程子曰:"尤,罪自外至者也。悔,理自内出者也。"愚谓多闻见者学之博,阙疑殆者择之精,谨言行者守之约。凡言"在其中"者,皆不求而自至之辞。言此以救子张之失而进之也。○程子曰:"修天爵则人爵至,君子言行能谨,得禄之道也。子张学干禄,故告之以此,使定其心而不为利禄动,若颜、闵则无此问矣。或疑如此亦有不得禄者,孔子盖曰'耕也馁在其中',惟理可为者为之而已矣。"

哀公问曰:"何为则民服?"孔子对曰:"举直错诸枉,则民服;举枉错诸直,则民不服。"①

①哀公,鲁君,名蒋。凡君问,皆称"孔子对曰"者,尊君也。错,舍置也。诸,众也。〇程子曰:"举错得义,则人心服。"〇谢氏曰:"好直而恶枉,天下之至情也。顺之则服,逆之则去,必然之理也。然或无道以照之,则以直为枉、以枉为直者多矣。是以君子大居敬而贵穷理也。"

季康子问:"使民敬、忠以劝,如之何?"子曰:"临之以庄则敬,孝慈则忠,举善而教不能则劝。"①

①季康子,鲁大夫季孙氏,名肥。庄,谓容貌端严也。临民以庄,则民敬于己。孝于亲,慈于众,则民忠于己。善者举之,而不能者教之,则民有所劝而乐于为善。〇张敬夫曰:"此皆在我所当为,非为欲使民敬、忠以劝而为之也。然能如是,则其应盖有不期然而然者矣。"

或谓孔子曰:"子奚不为政?"①子曰:"《书》云:'孝乎! 惟孝,友于兄弟,施于有政。'是亦为政,奚其为为政?"②

①定公初年,孔子不仕,故或人疑其不为政也。②《书》,《周书·君陈》篇。《书》云孝乎者,言《书》之言孝如此也。善兄弟曰友。《书》言君陈能孝于亲,友于兄弟,又能推广此心,以为一家之政。孔子引之,言如此则是亦为政矣,何必居位乃为为政乎? 盖孔子之不仕,有难以语或人者,故托此以告之,要之至理亦不外是。

鲁哀公问道:"怎样做才能使民众服从?"孔子说:"将正直者置于邪恶者之上,民众就服从;将邪恶者置于正直者之上,民众就不服从。"

季康子问道:"使民众恭敬、忠诚并努力,怎样做呢?"孔子说:"用庄重来对待他们,他们就恭敬;孝顺长者、爱抚幼小,他们就忠诚;举用善者而教诲无能的人,他们就努力。"

有人对孔子说:"你为什么不去治理国政?"孔子说:"《书》说:'孝是什么? 所谓孝就是友爱兄弟,并推孝而及国政。'这也是治理国政,此外什么是治理国政呢?"

译文 孔子说:"作为人而没有信用,不知他怎么可以。大车没有輗,小车没有軏,凭藉什么来行驶呢?"

子曰:"人而无信,不知其可也。大车无輗,小车无軏,其何以行之哉?"①

朱子集注 ①輗,五兮反。軏,音月。○大车,谓平地任载之车。輗,辕端横木,缚轭以驾牛者。小车,谓田车、兵车、乘车。軏,辕端上曲,钩衡以驾马者。车无此二者,则不可以行,人而无信,亦犹是也。

译文 子张问道:"十世以后的事能知晓吗?"孔子说:"殷代沿袭夏代的礼制,所增减的能知晓;周代沿袭殷代的礼制,所增减的能知晓。如果有谁继承周代,即使一百世也能知晓。"

子张问:"十世可知也?"①子曰:"殷因于夏礼,所损益,可知也;周因于殷礼,所损益,可知也;其或继周者,虽百世可知也。"②

朱子集注 ①陆氏曰:"也,一作乎。"○王者易姓受命为一世。子张问自此以后十世之事,可前知乎?

②马氏曰:"所因,谓三纲五常。所损益,谓文质三统。"愚按:三纲,谓君为臣纲,父为子纲,夫为妻纲。五常,谓仁、义、礼、智、信。文质,谓夏尚忠,商尚质,周尚文。三统,谓夏正建寅为人统,商正建丑为地统,周正建子为天统。三纲五常,礼之大体,三代相继,皆因之而不能变。其所损益,不过文章制度小过不及之间,而其已然之迹,今皆可见。则自今以往,或有继周而王者,虽百世之远,所因所革,亦不过此,岂但十世而已乎!圣人所以知来者盖如此,非若后世谶纬术数之学也。○胡氏曰:"子张之问,盖欲知来,而圣人言其既往者以明之也。夫自修身以至于为天下,不可一日而无礼。天叙天秩,人所共由,礼之本也。商不能改乎夏,周不能改乎商,所谓天地之常经也。若乃制度文为,或太过则当损,或不足则当益。益之损之,与时宜之,而所因者不坏,是古今之通义也。因往推来,虽百世之远,不过如此而已矣。"

译文 孔子说:"不是自己的

子曰:"非其鬼而祭之,谄也。①见义不为,无勇也。"②

①非其鬼,谓非其所当祭之鬼。谄,求媚也。
②知而不为,是无勇也。

八佾 第三

凡二十六章。通前篇末二章,皆论礼乐之事。

孔子谓季氏:"八佾舞于庭,是可忍也,孰不可忍也?"①

译文 孔子谈到季氏,说"他使用八八行列的舞队在厅堂上乐舞,这样的事情能容忍,还有什么不能容忍呢?"

朱子集注 ①佾,音逸。〇季氏,鲁大夫季孙氏也。佾,舞列也,天子八、诸侯六、大夫四、士二。每佾人数,如其佾数。或曰:"每佾八人。"未详孰是。季氏以大夫而僭用天子之乐,孔子言其此事尚忍为之,则何事不可忍为。或曰:"忍,容忍也。"盖深疾之之辞。〇范氏曰:"乐舞之数,自上而下,降杀以两而已,故两之间,不可以毫发僭差也。孔子为政,先正礼乐,则季氏之罪不容诛矣。"〇谢氏曰:"君子于其所不当为不敢须臾处,不忍故也。而季氏忍此矣,则虽弑父与君,亦何所惮而不为乎?"

三家者以《雍》彻。子曰："'相维辟公，天子穆穆'，奚取于三家之堂？"①

朱子集注 ①彻，直列反。相，去声。○三家，鲁大夫孟孙、叔孙、季孙之家也。《雍》，《周颂》篇名。彻，祭毕而收其俎也。天子宗庙之祭，则歌《雍》以彻，是时三家僭而用之。相，助也。辟公，诸侯也。穆穆，深远之意，天子之容也。此《雍》诗之词，孔子引之，言三家之堂非有此事，亦何取于此义而歌之乎？讥其无知妄作，以取僭窃之罪。○程子曰："周公之功固大矣，皆臣子之分所当为，鲁安得独用天子礼乐哉？成王之赐，伯禽之受，皆非也。其因袭之弊，遂使季氏僭八佾，三家僭《雍》彻，故仲尼讥之。"

译文 仲孙、叔孙、孟孙三家用《雍》来撤除祭品，孔子说："《雍》说：'诸侯恭敬助祭，天子肃穆主祭。'怎么拿它用在这三家的厅堂上呢？"

子曰："人而不仁，如礼何？人而不仁，如乐何？"①

朱子集注 ①游氏曰："人而不仁，则人心亡矣，其如礼乐何哉？言虽欲用之，而礼乐不为之用也。"○程子曰："仁者，天下之正理。失正理，则无序而不和。"○李氏曰："礼乐待人而后行，苟非其人，则虽玉帛交错，钟鼓铿锵，亦将如之何哉？然记者序此于八佾、《雍》彻之后，疑其为僭礼乐者发也。"

译文 孔子说："作为人却不仁，怎么来对待礼呢？作为人却不仁，怎么来对待乐呢？"

林放问礼之本。①子曰："大哉问！②礼，与其奢也，宁俭；丧，与其易也，宁戚。"③

朱子集注 ①林放，鲁人。见世之为礼者专事繁文，而疑其本之不在是也，故以为问。

②孔子以时方逐末，而放独有志于本，故大其问。盖得其本，则礼之全体无不在其中矣。

③易，去声。○易，治也。孟子曰："易其田畴。"在丧礼，则

译文 林放询问礼的要义，孔子说："问得重要啊！礼与其奢侈，不如俭约；丧葬与其周全，不如尽哀。"

节文习熟,而无哀痛惨怛之实者也。戚则一于哀,而文不足耳。礼贵得中,奢、易则过于文,俭、戚则不及而质,二者皆未合礼。然凡物之理,必先有质而后有文,则质乃礼之本也。○范氏曰:"夫祭,与其敬不足而礼有余也,不若礼不足而敬有余也。丧,与其哀不足而礼有余也,不若礼不足而哀有余也。礼失之奢,丧失之易,皆不能反本而随其末故也。礼奢而备,不若俭而不备之愈也。丧易而文,不若戚而不文之愈也。俭者物之质,戚者心之诚,故为礼之本。"○杨氏曰:"礼始诸饮食,故污尊而抔饮,为之簠簋笾豆罍爵之饰,所以文之也,则其本俭而已。丧不可以径情而直行,为之衰麻哭踊之数,所以节之也,则其本戚而已。周衰,世方以文灭质,而林放独能问礼之本,故夫子大之,而告之以此。"

子曰:"夷狄之有君,不如诸夏之亡也。"①

译文 孔子说:"边地蛮族有君主,不如中土没有君主。"

朱子集注 ①吴氏曰:"亡,古无字,通用。"○程子曰:"夷狄且有君长,不如诸夏之僭乱,反无上下之分也。"○尹氏曰:"孔子伤时之乱而叹之也。亡,非实亡也,虽有之,不能尽其道尔。"

季氏旅于泰山。子谓冉有曰:"女弗能救与?"对曰:"不能。"子曰:"呜呼!曾谓泰山,不如林放乎?"①

译文 季氏祭泰山,孔子对冉求说:"你不能挽回吗?"冉求答道:"不能。"孔子说:"呜呼!难道泰山居然还不如林放吗?"

朱子集注 ①女,音汝。与,平声。○旅,祭名。泰山,山名,在鲁地。礼,诸侯祭封内山川,季氏祭之,僭也。冉有,孔子弟子,名求,时为季氏宰。救,谓救其陷于僭窃之罪。呜呼,叹辞。言神不享非礼,欲季氏知其无益而自止,又进林放以厉冉有也。○范氏曰:"冉有从季氏,夫子岂不知其不可告也,然而圣人不轻绝人,尽己之心,安知冉有之不能救、季氏之不可谏也？既不能正，则美林放以明泰山之不可诬，是亦教诲之道也。”

子曰：“君子无所争，必也射乎！揖让而升，下而饮，其争也君子。”[1]

朱子集注 [1]饮，去声。○揖逊而升者，《大射》之礼，耦进三揖而后升堂也。下而饮，谓射毕揖降，以俟众耦皆降，胜者乃揖，不胜者升，取觯立饮也。言君子恭逊不与人争，惟于射而后有争。然其争也，雍容揖逊乃如此，则其争也君子，而非若小人之争矣。

译文 孔子说：“君子没有什么可争的，要是有争的话，那必定就是射了！作揖谦让而上场比试，射毕下来饮酒，但那种争也是君子式的。”

子夏问曰：“‘巧笑倩兮，美目盼兮，素以为绚兮’，何谓也？”[1]子曰：“绘事后素。”[2]曰：“礼后乎？”子曰：“起予者商也！始可与言《诗》已矣。”[3]

译文 子夏问道：“‘巧笑倩丽，美目流盼，在白绢上着上绚丽的色彩’，这是什么意思呢？”孔子说：“先以白色打底，再上颜色。”子夏说：“要以礼为后盾吗？”孔子说：“商啊，你悟到我的用意了！能开始和你谈论《诗》了。”

朱子集注 [1]倩，七练反。盼，普苋反。绚，呼县反。○此逸诗也。倩，好口辅也。盼，目黑白分也。素，粉地，画之质也。绚，采色，画之饰也。言人有此倩盼之美质，而又加以华采之饰，如有素地而加采色也。子夏疑其反谓以素为饰，故问之。

[2]绘，胡对反。○绘事，绘画之事也。后素，后于素也。《考工记》曰：“绘画之事后素功。”谓先以粉地为质，而后施五采，犹人有美质，然后可加文饰。

[3]礼必以忠信为质，犹绘事必以粉素为先。起，犹发也。起予，言能起发我之志意。○谢氏曰：“子贡因论学而知《诗》，子夏因论《诗》而知学，故皆可与言《诗》。”○杨氏曰：“‘甘受和，白受采，忠信之人，可以学礼。苟无其质，礼不虚行。’此绘事后素之说也。孔子曰绘事后素，而子夏曰礼后乎，可谓能继其志矣。非得之言意之表者能之乎？商、

赐可与言《诗》者以此。若夫玩心于章句之末,则其为《诗》也固而已矣。所谓起予,则亦相长之义也。"

子曰:"夏礼,吾能言之,杞不足征也;殷礼,吾能言之,宋不足征也。文献不足故也。足,则吾能征之矣。"①

译文 孔子说:"夏代的礼我能述说,但杞国不足以证明它;殷代的礼我能述说,但宋国不足以证明它。这是典籍和熟悉掌故的人不足的缘故,足了我就能证明它们。"

朱子集注 ①杞,夏之后。宋,商之后。征,证也。文,典籍也。献,贤也。言二代之礼,我能言之,而二国不足取以为证,以其文献不足故也。文献若足,则我能取之以证吾言矣。

子曰:"禘,自既灌而往者,吾不欲观之矣。"①

译文 孔子说:"禘祭从酌酒以后的节目,我就不想观看了。"

朱子集注 ①禘,大计反。○赵伯循曰:"禘,王者之大祭也。王者既立始祖之庙,又推始祖所自出之帝,祀之于始祖之庙,而以始祖配之也。成王以周公有大勋劳,赐鲁重祭。故得禘于周公之庙,以文王为所出之帝,而周公配之,然非礼矣。"灌者,方祭之始,用郁鬯之酒灌地,以降神也。鲁之君臣,当此之时,诚意未散,犹有可观,自此以后,则浸以懈怠而无足观矣。盖鲁祭非礼,孔子本不欲观,至此而失礼之中又失礼焉,故发此叹也。○谢氏曰:"夫子尝曰:'我欲观夏道,是故之杞,而不足证也;我欲观商道,是故之宋,而不足证也。'又曰:'我观周道,幽、厉伤之,吾舍鲁何适矣?鲁之郊禘非礼也,周公其衰矣!'考之杞、宋已如彼,考之当今又如此,孔子所以深叹也。"

或问禘之说。子曰:"不知也。知其说者于天下也,其如示诸斯乎!"指其掌。①

译文 有人询问禘祭的涵义,孔子说:"不知道啊,知道它涵

①先王报本追远之意，莫深于禘。非仁孝诚敬之至，不足以与此，非或人之所及也。而不王不禘之法，又鲁之所当讳者，故以不知答之。示，与视同。指其掌，弟子记夫子言此而自指其掌，言其明且易也。盖知禘之说，则理无不明，诚无不格，而治天下不难矣。圣人于此，岂真有所不知也哉？

义的人看待天下，就如同看这里。"说着指着自己的手掌。

祭如在，祭神如神在。①子曰："吾不与祭，如不祭。"②

译文 祭祖如同先祖在世，祭神如同神存在。孔子说："我没有参与祭祀，就如同不祭祀。"

①程子曰："祭，祭先祖也。祭神，祭外神也。祭先主于孝，祭神主于敬。"愚谓此门人记孔子祭祀之诚意。

②与，去声。○又记孔子之言以明之。言己当祭之时，或有故不得与，而使它人摄之，则不得致其如在之诚。故虽已祭，而此心缺然，如未尝祭也。○范氏曰："君子之祭，七日戒，三日斋，必见所祭者，诚之至也。是故郊则天神格，庙则人鬼享，皆由己以致之也。有其诚则有其神，无其诚则无其神，可不谨乎？吾不与祭，如不祭，诚为实，礼为虚也。"

王孙贾问曰："'与其媚于奥，宁媚于灶'，何谓也？"①子曰："不然，获罪于天，无所祷也。"②

译文 王孙贾问道："'与其讨好奥神，不如讨好灶神'，是什么意思呢？"孔子说："不是这样的，得罪了上天，连所祷的地方也没有。"

①王孙贾，卫大夫。媚，亲顺也。室西南隅为奥。灶者，五祀之一，夏所祭也。凡祭五祀，皆先设主而祭于其所，然后迎尸而祭于奥，略如祭宗庙之仪。如祀灶，则设主于灶陉，祭毕，而更设馔于奥，以迎尸也。故时俗之语，因以奥有常尊，而非祭之主；灶虽卑贱，而当时用事。喻自结于君，不如阿附权臣也。贾，卫之权臣，故以讽孔子。

②天，即理也，其尊无对，非奥、灶之可比也。逆理，则获罪于天矣，岂媚于奥、灶所能祷而免乎？言但当顺理，非特不

当媚灶,亦不可媚于奥也。○谢氏曰:"圣人之言,逊而不迫。使王孙贾而知此意,不为无益;使其不知,亦非所以取祸。"

译文 孔子说:"周借鉴了夏、殷两代,多么丰富的典制啊!我遵循周代的。"

子曰:"周监于二代,郁郁乎文哉! 吾从周。"①

朱子集注 ①郁,於六反。○监,视也。二代,夏、商也。言其视二代之礼而损益之。郁郁,文盛貌。○尹氏曰:"三代之礼,至周大备,夫子美其文而从之。"

译文 孔子进了太庙,每件事情都询问。有人说:"谁说叔梁纥的儿子了解礼呢? 进了太庙,每件事情都询问。"孔子听说了,说:"这就是礼。"

子入大庙,每事问。或曰:"孰谓鄹人之子知礼乎? 入大庙,每事问。"子闻之,曰:"是礼也。"①

朱子集注 ①大,音泰。鄹,侧留反。○大庙,鲁周公庙。此盖孔子始仕之时,入而助祭也。鄹,鲁邑名。孔子父叔梁纥尝为其邑大夫。孔子自少以知礼闻,故或人因此而讥之。孔子言是礼者,敬谨之至,乃所以为礼也。○尹氏曰:"礼者,敬而已矣。虽知亦问,谨之至也,其为敬莫大于此。谓之不知礼者,岂足以知孔子哉?"

译文 孔子说:"'射不以穿透皮靶为主',射艺的力度有不同的等级,是古时候的规矩。"

子曰:"'射不主皮',为力不同科,古之道也。"①

朱子集注 ①为,去声。○射不主皮,《乡射礼》文。为力不同科,孔子解礼之意如此也。皮,革也。布侯而栖革于其中以为的,所谓鹄也。科,等也。古者射以观德,但主于中,而不主于贯革,盖以人之力有强弱,不同等也。《记》曰:"武王克商,散军郊射,而贯革之射息。"正谓此也。周衰礼废,列国兵争,复尚贯革,故孔子叹之。○杨氏曰:"中可以学而能,力不可以强而至。圣人言古之道,所以正今之失。"

子贡欲去告朔之饩羊。① 子曰:"赐也,尔爱其羊,我爱其礼。"②

朱子集注 ①去,起吕反。告,古笃反。饩,许气反。○告朔之礼:古者天子常以季冬颁来岁十二月之朔于诸侯,诸侯受而藏之祖庙。月朔,则以特羊告庙,请而行之。饩,生牲也。鲁自文公始不视朔,而有司犹供此羊,故子贡欲去之。

②爱,犹惜也。子贡盖惜其无实而妄费。然礼虽废,羊存,犹得以识之而可复焉。若并去其羊,则此礼遂亡矣。孔子所以惜之。○杨氏曰:"告朔,诸侯所以禀命于君亲,礼之大者。鲁不视朔矣,然羊存则告朔之名未泯,而其实因可举。此夫子所以惜之也。"

译文 子贡打算去掉向祖庙告朔所用的活羊,孔子说:"赐啊,你爱惜这只羊,我爱惜这项礼仪。"

子曰:"事君尽礼,人以为谄也。"①

朱子集注 ①黄氏曰:"孔子于事君之礼,非有所加也,如是而后尽尔。时人不能,反以为谄,故孔子言之,以明礼之当然也。"○程子曰:"圣人事君尽礼,当时以为谄。若他人言之,必曰我事君尽礼,小人以为谄,而孔子之言止于如此。圣人道大德宏,此亦可见。"

译文 孔子说:"事奉君主礼数周到,人们会认为是谄媚。"

定公问:"君使臣,臣事君,如之何?"孔子对曰:"君使臣以礼,臣事君以忠。"①

朱子集注 ①定公,鲁君,名宋。二者皆理之当然,各欲自尽而已。○吕氏曰:"使臣不患其不忠,患礼之不至;事君不患其无礼,患忠之不足。"○尹氏曰:"君臣,以义合者也。故君使臣以礼,则臣事君以忠。"

译文 鲁定公问道:"君主差使臣子、臣子事奉君主,该怎么样呢?"孔子说:"君主以礼差使臣子,臣子以忠事奉君主。"

子曰:"《关雎》,乐而不淫,哀而不伤。"①

译文 孔子说:"《关雎》快乐而不放纵,哀怨而不伤感。"

朱子集注 ①乐,音洛。○《关雎》,《周南·国风》,《诗》之首篇也。淫者,乐之过而失其正者也。伤者,哀之过而害于和者也。《关雎》之诗,言后妃之德,宜配君子。求之未得,则不能无寤寐反侧之忧;求而得之,则宜其有琴瑟钟鼓之乐。盖其忧虽深而不害于和,其乐虽盛而不失其正,故夫子称之如此。欲学者玩其辞,审其音,而有以识其性情之正也。

译文 鲁哀公向宰我询问社主,宰我答道:"夏人用松木,殷人用柏木,周人用栗木。"并说,这是要使得民众颤栗的意思。孔子听说了,说:"已成的事情不述说,结束的事情不劝谏,过去的事情不怪罪。"

哀公问社于宰我。宰我对曰:"夏后氏以松,殷人以柏,周人以栗,曰使民战栗。"① 子闻之,曰:"成事不说,遂事不谏,既往不咎。"②

朱子集注 ①宰我,孔子弟子,名予。三代之社不同者,古者立社,各树其土之所宜木以为主也。战栗,恐惧貌。宰我又言周所以用栗之意如此。岂以古者戮人于社,故附会其说与?

②遂事,谓事虽未成而势不能已者。孔子以宰我所对,非立社之本意,又启时君杀伐之心,而其言已出,不可复救,故历言此以深责之,欲使谨其后也。○尹氏曰:"古者各以所宜木名其社,非取义于木也。宰我不知而妄对,故夫子责之。"

译文 孔子说:"管仲的器度狭小啊!"有人问:"管仲俭约吗?"孔子说:"管仲收取市租,家臣不兼职,怎么能俭约呢?"那人说:"那么,管仲通晓礼吗?"孔子说:"国君设立照壁,管仲也设立照壁;国君为了邀结他国君主,有放置酒杯的站台,管仲也有放置酒杯的站台。如果管仲通晓礼,谁不通晓礼呢?"

子曰:"管仲之器小哉!"① 或曰:"管仲俭乎?"曰:"管氏有三归,官事不摄,焉得俭?"②"然则管仲知礼乎?"曰:"邦君树塞门,管氏亦树塞门;邦君为两君之好,有反坫,管氏亦有反坫。管氏而知礼,孰不知礼?"③

朱子集注 ①管仲,齐大夫,名夷吾,相威公霸诸侯。器小,言其不知圣贤大学之道,故局量褊浅、规模卑狭,不能正身修德以致主于王道。

②焉，於虔反。○或人盖疑器小之为俭。三归，台名，事见《说苑》。摄，兼也。家臣不能具官，一人常兼数事，管仲不然。皆言其侈。

③好，去声。坫，丁念反。○或人又疑不俭为知礼。屏，谓之树。塞，犹蔽也。设屏于门，以蔽内外也。好，谓好会。坫，在两楹之间，献酬饮毕，则反爵于其上。此皆诸侯之礼，而管仲僭之，不知礼也。○愚谓孔子讥管仲之器小，其旨深矣。或人不知而疑其俭，故斥其奢以明其非俭。或又疑其知礼，故又斥其僭以明其不知礼。盖虽不复明言小器之所以然，而其所以小者，于此亦可见矣。故程子曰："奢而犯礼，其器之小可知。盖器大，则自知礼而无此失矣。"此言当深味也。○苏氏曰："自修身正家以及于国，则其本深，其及者远，是谓大器。扬雄所谓'大器犹规矩准绳，先自治而后治人'者是也。管仲三归、反坫，威公内嬖六人，而霸天下，其本固已浅矣。管仲死，威公薨，天下不复宗齐。"○杨氏曰："夫子大管仲之功而小其器。盖非王佐之才，虽能合诸侯、正天下，其器不足称也。道学不明，而王霸之略混为一途。故闻管仲之器小，则疑其为俭，以不俭告之，则又疑其知礼。盖世方以诡遇为功，而不知为之范，则不悟其小，宜矣。"

子语鲁大师乐，曰："乐其可知也：始作，翕如也；从之，纯如也，皦如也，绎如也，以成。"①

朱子集注①语，去声。大，音泰。从，音纵。○语，告也。大师，乐官名。时音乐废缺，故孔子教之。翕，合也。从，放也。纯，和也。皦，明也。绎，相续不绝也。成，乐之一终也。○谢氏曰："五音六律不具，不足以为乐。翕如，言其合也。五音合矣，清浊高下，如五味之相济而后和，故曰纯如。合而和矣，欲其无相夺伦，故曰皦如。然岂宫自宫而商自商乎？不相反而相连，如贯珠可也，故曰绎如也，以成。"

译文 孔子告诉鲁国太师奏乐之道，说："奏乐是能通晓的。开始演奏时，五音齐鸣；展开时，音律和谐，节奏明晰，连绵不断，以此成乐。"

仪封人请见，曰："君子之至于斯也，吾未尝不得见也。"从者见之。出曰："二三子，何患于丧乎？天下之无道也久矣，天将以夫子为木铎。"①

译文 仪邑的地方长官求见孔子，说："凡有君子来到敝邑，我从没有得不到接见的。"侍从的弟子使他见了孔子。他出来后说："你们何患不遇呢？天下无道很长久了，上天将要把夫子作为醒世的木铎。"

朱子集注 ①请见、见之之见，贤遍反。从、丧，皆去声。○仪，卫邑。封人，掌封疆之官，盖贤而隐于下位者也。君子，谓当时贤者。至此皆得见之，自言其平日不见绝于贤者，而求以自通也。见之，谓通使得见。丧，谓失位去国，《礼》曰"丧欲速贫"是也。木铎，金口木舌，施政教时所振，以警众者也。言乱极当治，天必将使夫子得位设教，不久失位也。封人一见夫子而遽以是称之，其所得于观感之间者深矣。或曰："木铎所以徇于道路，言天使夫子失位，周流四方以行其教，如木铎之徇于道路也。"

子谓《韶》："尽美矣，又尽善也。"谓《武》："尽美矣，未尽善也。"①

译文 孔子谈到《韶》乐，说它"极其美好，又极其完善"；谈到《武》乐，说它"极其美好，但并不极其完善"。

朱子集注 ①《韶》，舜乐。《武》，武王乐。美者，声容之盛。善者，美之实也。舜绍尧致治，武王伐纣救民，其功一也，故其乐皆尽美。然舜之德，性之也，又以揖逊而有天下；武王之德，反之也，又以征诛而得天下，故其实有不同者。○程子曰："成汤放桀，惟有惭德，武王亦然，故未尽善。尧、舜、汤、武，其揆一也。征伐非其所欲，所遇之时然尔。"

子曰："居上不宽，为礼不敬，临丧不哀，吾何以观之哉？"①

译文 孔子说："居于高位不宽厚，行礼不恭敬，临丧不悲哀，我为什么去观瞻呢？"

朱子集注 ①居上主于爱人，故以宽为本。为礼以敬为本，临丧以哀为本。既无其本，则以何者而观其所行之得失哉？

里 仁 第 四

凡二十六章。

子曰:"里仁为美。择不处仁,焉得知?"①

朱子集注 ①处,上声。焉,於虔反。知,去声。○里有仁厚之俗为美。择里而不居于是焉,则失其是非之本心,而不得为知矣。

译文 孔子说:"与仁相处是完美的,不选择与仁相处,怎么能明智呢?"

子曰:"不仁者不可以久处约,不可以长处乐。仁者安仁,知者利仁。"①

朱子集注 ①乐,音洛。知,去声。○约,穷困也。利,犹贪也,盖深知笃好而必欲得之也。不仁之人,失其本心,久约必滥,久乐必淫。惟仁者则安其仁而无适不然,知者则利于仁而不易所守,盖虽深浅之不同,然皆非外物所能夺矣。○谢氏曰:"仁者心无内外远近精粗之间,非有所存而自不亡,非有所理而自不乱,如目视而耳听,手持而足行也。知者谓之有所见则可,谓之有所得则未可。有所存斯不亡,有所理斯不乱,未能无意也。安仁则一,利仁则二。安仁者非颜、闵以上,去圣人为不远,不知此味也。诸子虽有卓越之才,谓之见道不惑则可,然未免于利之也。"

译文 孔子说:"不仁的人不能长久处于困窘,不能长久处于安乐。仁者安于仁,明智者利用仁。"

译文 孔子说:"如果有志于仁,就不会有恶行了。"

子曰:"唯仁者能好人,能恶人。"①

朱子集注 ①好、恶,皆去声。○唯之为言独也。盖无私心,然后好恶当于理,程子所谓得其公正是也。○游氏曰:"好善而恶恶,天下之同情,然人每失其正者,心有所系而不能自克也。惟仁者无私心,所以能好恶也。"

译文 孔子说:"只有仁者有能力喜好人、有能力憎恶人。"

子曰:"苟志于仁矣,无恶也。"①

朱子集注 ①恶,如字。○苟,诚也。志者,心之所之也。其心诚在于仁,则必无为恶之事矣。○杨氏曰:"苟志于仁,未必无过举也,然而为恶则无矣。"

译文 孔子说:"富有和显贵是人们所想望的,不通过正当途径达到目的,就不承受;贫困和微贱是人们所嫌恶的,不通过正当途径达到目的,就不抛弃。君子抛弃了仁,怎么成就名声呢?君子任何时候都不违背仁,匆忙时必定如此,颠沛时必定如此。"

子曰:"富与贵,是人之所欲也,不以其道得之,不处也。贫与贱,是人之所恶也,不以其道得之,不去也。①君子去仁,恶乎成名?②君子无终食之间违仁,造次必于是,颠沛必于是。"③

朱子集注 ①恶,去声。○不以其道得之,谓不当得而得之。然于富贵则不处,于贫贱则不去,君子之审富贵而安贫贱也如此。
②恶,平声。○言君子所以为君子,以其仁也。若贪富贵而厌贫贱,则是自离其仁,而无君子之实矣,何所成其名乎?
③造,七到反。沛,音贝。○终食者,一饭之顷。造次,急遽苟且之时。颠沛,倾覆流离之际。盖君子之不去乎仁如此,不但富贵、贫贱取舍之间而已也。○言君子为仁,自富贵、贫贱取舍之间,以至于终食、造次、颠沛之顷,无时无处而不用其力也。然取舍之分明,然后存养之功密;存养之功密,则其取舍之分益明矣。

译文 孔子说:"我未曾见到

子曰:"我未见好仁者、恶不仁者。好仁者,无以尚之;恶不仁者,其为仁矣,不使不仁者加乎其身。①有能一日用其力于仁矣乎? 我未见力不足者。②盖有之矣,我未之见也。"③

喜好仁的人、憎恶不仁的人。喜好仁的人,是无以复加了;憎恶不仁的人,他要是去行仁,是不让不仁的东西临加在自己的身上。有能一天致力于仁的吗? 我未曾见到力量不足的。大概是有的,我未曾见到。"

朱子集注 ①好、恶,皆去声。○夫子自言未见好仁者、恶不仁者。盖好仁者真知仁之可好,故天下之物无以加之。恶不仁者真知不仁之可恶,故其所以为仁者,必能绝去不仁之事,而不使少有及于其身。此皆成德之事,故难得而见之也。

②言好仁、恶不仁者,虽不可见,然或有人果能一旦奋然用力于仁,则我又未见其力有不足者。盖为仁在己,欲之则是,而志之所至,气必至焉。故仁虽难能,而至之亦易也。

③盖,疑词。有之,谓有用力而力不足者。盖人之气质不同,故疑亦容或有此昏弱之甚、欲进而不能者,但我偶未之见耳。盖不敢终以为易,而又叹人之莫肯用力于仁也。○此章言仁之成德,虽难其人,然学者苟能实用其力,则亦无不可至之理。但用力而不至者,今亦未见其人焉,此夫子所以反复而叹惜之也。

子曰:"人之过也,各于其党。观过,斯知仁矣。"①

译文 孔子说:"人们的过错,各属于一定的类别。观察过错,就知道仁不仁了。"

朱子集注 ①党,类也。○程子曰:"人之过也,各于其类。君子常失于厚,小人常失于薄;君子过于爱,小人过于忍。"○尹氏曰:"于此观之,则人之仁不仁可知矣。"○吴氏曰:"后汉吴祐谓'掾以亲故,受污辱之名',所谓观过知仁是也。"愚按:此亦但言人虽有过,犹可即此而知其厚薄,非谓必俟其有过,而后贤否可知也。

子曰:"朝闻道,夕死可矣。"①

译文 孔子说:"早上闻知大

道，那么晚上死去都没有遗憾。"

①道者，事物当然之理。苟得闻之，则生顺死安，无复遗恨矣。朝夕，所以甚言其时之近。○程子曰："言人不可以不知道，苟得闻道，虽死可也。"又曰："皆实理也，人知而信者为难。死生亦大矣！非诚有所得，岂以夕死为可乎？"

译文 孔子说："士人有志于道却以粗衣糙食为耻的，不足以与之相谋。"

子曰："士志于道，而耻恶衣恶食者，未足与议也。"①

朱子集注 ①心欲求道，而以口体之奉不若人为耻，其识趣之卑陋甚矣，何足与议于道哉？○程子曰："志于道而心役乎外，何足与议也？"

译文 孔子说："君子对于天下的事情，没有什么一定可以或不可以的成见，只依从义来行事。"

子曰："君子之于天下也，无适也，无莫也，义之与比。"①

朱子集注 ①适，丁历反。比，必二反。○适，专主也。《春秋传》曰"吾谁适从"是也。莫，不肯也。比，从也。○谢氏曰："适，可也。莫，不可也。无可无不可，苟无道以主之，不几于猖狂自恣乎？此佛、老之学，所以自谓心无所住而能应变，而卒得罪于圣人也。圣人之学不然，于无可无不可之间，有义存焉。然则君子之心，果有所倚乎？"

译文 孔子说："君子关注德行，小人关注田宅；君子关注刑法，小人关注恩惠。"

子曰："君子怀德，小人怀土；君子怀刑，小人怀惠。"①

朱子集注 ①怀，思念也。怀德，谓存其固有之善。怀土，谓溺其所处之安。怀刑，谓畏法。怀惠，谓贪利。君子、小人趣向不同，公私之间而已。○尹氏曰："乐善恶不善，所以为君子。苟安务得，所以为小人。"

子曰：“放于利而行，多怨。”①

 ①放，上声。〇孔氏曰：“放，依也。多怨，谓多取怨。”〇程子曰：“欲利于己，必害于人，故多怨。”

译文 孔子说：“依循利来行事，多招怨恨。”

子曰：“能以礼让为国乎？何有？不能以礼让为国，如礼何？”①

 ①逊者，礼之实也。何有，言不难也。言有礼之实以为国，则何难之有？不然，则其礼文虽具，亦且无如之何矣，而况于为国乎？

译文 孔子说：“能以礼让来治国吗？这有什么困难呢！不能以礼让来治国，礼用来干什么呢？”

子曰：“不患无位，患所以立；不患莫己知，求为可知也。”①

 ①所以立，谓所以立乎其位者。可知，谓可以见知之实。〇程子曰：“君子求其在己者而已矣。”

译文 孔子说：“不担心没有职位，担心用以任职的才学。不担心没有人了解自己，谋求能为他人所了解。”

子曰：“参乎！吾道一以贯之。”曾子曰：“唯。”①子出。门人问曰：“何谓也？”曾子曰：“夫子之道，忠恕而已矣。”②

 ①参，所金反。唯，上声。〇参乎者，呼曾子之名而告之。贯，通也。唯者，应之速而无疑者也。圣人之心，浑然一理，而泛应曲当，用各不同。曾子于其用处，盖已随事精察而力行之，但未知其体之一尔。夫子知其真积力久，将有所得，是以呼而告之。曾子果能默契其指，即应之速而无疑也。
②尽己之谓忠，推己之谓恕。而已矣者，竭尽而无余之词也。夫子之一理浑然而泛应曲当，譬则天地之至诚无息，而万物各得其所也。自此之外，固无余法，而亦无待于推矣。

译文 孔子说：“参啊，我的主张是用一个东西贯穿着的。”曾子说：“是的。”孔子出去后，门徒们问道：“是什么意思呢？”曾子说：“夫子的主张，只是忠、恕罢了。”

曾子有见于此而难言之，故借学者尽己、推己之目以著明之，欲人之易晓也。盖至诚无息者，道之体也，万殊之所以一本也；万物各得其所者，道之用也，一本之所以万殊也。以此观之，一以贯之之实可见矣。或曰："中心为忠，如心为恕。"于义亦通。○程子曰："以己及物，仁也；推己及物，恕也，违道不远是也。忠恕一以贯之：忠者天道，恕者人道；忠者无妄，恕者所以行乎忠也；忠者体，恕者用，大本达道也。此与违道不远异者，动以天尔。"又曰："'维天之命，於穆不已'，忠也；'乾道变化，各正性命'，恕也。"又曰："圣人教人各因其才，'吾道一以贯之'，惟曾子为能达此，孔子所以告之也。曾子告门人曰：'夫子之道，忠恕而已矣'，亦犹夫子之告曾子也。《中庸》所谓'忠恕违道不远'，斯乃下学上达之义。"

译文 孔子说："君子只知晓义，小人只知晓利。"

子曰："君子喻于义，小人喻于利。"①

朱子集注 ①喻，犹晓也。义者，天理之所宜。利者，人情之所欲。○程子曰："君子之于义，犹小人之于利也。唯其深喻，是以笃好。"杨氏曰："君子有舍生而取义者。以利言之，则人之所欲无甚于生，所恶无甚于死，孰肯舍生而取义哉？其所喻者义而已，不知利之为利故也。小人反是。"

译文 孔子说："见到有德行的想向他看齐，见到没有德行的就内心自我省察。"

子曰："见贤思齐焉，见不贤而内自省也。"①

朱子集注 ①省，悉井反。○思齐者，冀己亦有是善。内自省者，恐己亦有是恶。○胡氏曰："见人之善恶不同，而无不反诸身者，则不徒羡人而甘自弃，不徒责人而忘自责矣。"

译文 孔子说："事奉父母要婉转的劝谏，见到他们的意向

子曰："事父母几谏，见志不从，又敬不违，劳而不怨。"①

朱子集注 ①此章与《内则》之言相表里。幾，微也。微谏，所谓"父母有过，下气怡色，柔声以谏"也。见志不从，又敬不违，所谓"谏若不入，起敬起孝，悦则复谏"也。劳而不怨，所谓"与其得罪于乡党州闾，宁熟谏。父母怒不悦，而挞之流血，不敢疾怨，起敬起孝"也。

是不听从，仍然恭敬而不违背，虽然忧虑但不怨恨。"

子曰："父母在，不远游，游必有方。"①

译文 孔子说："父母在世不出远门，出游必须有定规。"

朱子集注 ①远游，则去亲远而为日久，定省旷而音问疏，不惟己之思亲不置，亦恐亲之念我不忘也。游必有方，如已告云之东，即不敢更适西，欲亲必知己之所在而无忧，召己则必至而无失也。范氏曰："子能以父母之心为心，则孝矣。"

子曰："三年无改于父之道，可谓孝矣。"①

译文 孔子说："三年不改变父亲的准则，可以说是孝了。"

朱子集注 ①胡氏曰："已见首篇，此盖复出而逸其半也。"

子曰："父母之年，不可不知也。一则以喜，一则以惧。"①

译文 孔子说："父母的年岁不能不记住，一则是因此喜悦，一则是因此担心。"

朱子集注 ①知，犹记忆也。常知父母之年，则既喜其寿，又惧其衰，而于爱日之诚，自有不能已者。

子曰："古者言之不出，耻躬之不逮也。"①

译文 孔子说："古时候言语不随便出口，是耻于自身的行为做不到。"

朱子集注 ①言古者，以见今之不然。逮，及也。行不及言，可耻之甚。古者所以不出其言，为此故也。○范氏曰："君子之于言也，不得已而后出之，非言之难，而行之难也。人唯其不行也，是以轻言之。言之如其所行，行之如其所言,则出诸其口必不易矣。"

子曰:"以约失之者鲜矣。"①

孔子说:"因为节制约束自己而失误的人是很少的。"

①鲜,上声。○谢氏曰:"不侈然以自放之谓约。"○尹氏曰:"凡事约则鲜失,非止谓俭约也。"

子曰:"君子欲讷于言而敏于行。"①

孔子说:"君子要言语谨慎、行动敏捷。"

①行,去声。○谢氏曰:"放言易,故欲讷;力行难,故欲敏。"○胡氏曰:"自吾道一贯至此十章,疑皆曾子门人所记也。"

子曰:"德不孤,必有邻。"①

孔子说:"有德行的人并不孤单,必定会有伙伴。"

①邻,犹亲也。德不孤立,必以类应。故有德者,必有其类从之,如居之有邻也。

子游曰:"事君数,斯辱矣;朋友数,斯疏矣。"①

子游说:"事奉君主过于性急会招致耻辱,结交友人过于性急会遭到疏远。"

①数,色角反。○程子曰:"数,烦数也。"○胡氏曰:"事君,谏不行,则当去;导友,善不纳,则当止。至于烦渎,则言者轻,听者厌矣,是以求荣而反辱,求亲而反疏也。"○范氏曰:"君臣朋友,皆以义合,故其事同也。"

公冶长第五

此篇皆论古今人物贤否得失,盖格物穷理之一端也。凡二十七章。胡氏以为疑多子贡之徒所记云。

子谓公冶长,"可妻也。虽在缧绁之中,非其罪也。"以其子妻之。① 子谓南容,"邦有道,不废;邦无道,免于刑戮。"以其兄之子妻之。②

译文 孔子谈到公冶长,说"能把女儿嫁给他,他虽曾被关押,却是无辜的",把自己的女儿嫁给了他。孔子谈到南容,说他"在国家清明时不被废弃,在国家无道时能免于刑罚",把自己的侄女嫁给了他。

朱子集注 ①妻,去声,下同。缧,力追反。绁,息列反。○公冶长,孔子弟子。妻,为之妻也。缧,黑索也。绁,挛也。古者狱中以黑索拘挛罪人。长之为人无所考,而夫子称其可妻,其必有以取之矣。又言其人虽尝陷于缧绁之中,而非其罪,则固无害于可妻也。夫有罪无罪,在我而已,岂以自外至者为荣辱哉?

②南容,孔子弟子,居南宫,名縚,又名括,字子容,谥敬叔,

孟懿子之兄也。不废,言必见用也。以其谨于言行,故能见用于治朝,免祸于乱世也。事又见第十一篇。○或曰:"公冶长之贤不及南容,故圣人以其子妻长,而以兄子妻容,盖厚于兄而薄于己也。"程子曰:"此以己之私心窥圣人也。凡人避嫌者,皆内不足也。圣人自至公,何避嫌之有?况嫁女必量其才而求配,尤不当有所避也。若孔子之事,则其年之长幼、时之先后皆不可知,唯以为避嫌则大不可。避嫌之事,贤者且不为,况圣人乎?"

子谓子贱,"君子哉若人!鲁无君子者,斯焉取斯?"①

译文 孔子谈到宓子贱,说"君子就像他这样的人啊!鲁国如果没有君子,这样的德行从哪儿汲取的呢?"

朱子集注 ①焉,于虔反。○子贱,孔子弟子,姓宓,名不齐。上斯斯此人,下斯斯此德。子贱盖能尊贤取友以成其德者,故夫子既叹其贤,而又言若鲁无君子,则此人何所取以成此德乎?因以见鲁之多贤也。○苏氏曰:"称人之善,必本其父兄师友,厚之至也。"

子贡问曰:"赐也何如?"子曰:"女,器也。"曰:"何器也?"曰:"瑚琏也。"①

译文 子贡问道:"我是怎样的人呢?"孔子说:"你是器皿。"子贡说:"什么器皿呢?"孔子说:"盛祭品的瑚琏。"

朱子集注 ①女,音汝。瑚,音胡。琏,力展反。○器者,有用之成材。夏曰瑚,商曰琏,周曰簠簋,皆宗庙盛黍稷之器而饰以玉,器之贵重而华美者也。子贡见孔子以君子许子贱,故以己为问,而孔子告之以此。然则子贡虽未至于不器,其亦器之贵者欤?

或曰:"雍也仁而不佞。"①子曰:"焉用佞?御人以口给,屡憎于人。不知其仁,焉用佞?"②

译文 有人说:"冉雍仁而没有口才。"孔子说:"要口才干什么呢?用快捷的口才来对

①雍,孔子弟子,姓冉,字仲弓。佞,口才也。仲弓为人重厚简默,而时人以佞为贤,故美其优于德,而病其短于才也。

②焉,于虔反。○御,当也,犹应答也。给,辨也。憎,恶也。言何用佞乎? 佞人所以应答人者,但以口取辨而无情实,徒多为人所憎恶尔。我虽未知仲弓之仁,然其不佞乃所以为贤,不足以为病也。再言焉用佞,所以深晓之。○或疑仲弓之贤而夫子不许其仁,何也? 曰:"仁道至大,非全体而不息者,不足以当之。如颜子亚圣,犹不能无违于三月之后,况仲弓虽贤,未及颜子,圣人固不得而轻许之也。"

付他人,常常为人憎恶,不能了解他的仁,要口才干什么呢?"

子使漆雕开仕。对曰:"吾斯之未能信。"子说。①

译文 孔子让漆雕开出去任职,他答道:"我对这事还没有完全的把握。"孔子很高兴。

①说,音悦。○漆雕开,孔子弟子,字子若。斯,指此理而言。信,谓真知其如此,而无毫发之疑也。开自言未能如此,未可以治人,故夫子悦其笃志。○程子曰:"漆雕开已见大意,故夫子说之。"又曰:"古人见道分明,故其言如此。"○谢氏曰:"开之学无可考。然圣人使之仕,必其材可以仕矣。至于心术之微,则一毫不自得,不害其为未信。此圣人所不能知,而开自知之。其材可以仕,而其器不安于小成,他日所就,其可量乎? 夫子所以说之也。"

子曰:"道不行,乘桴浮于海。从我者,其由与?"子路闻之喜。子曰:"由也好勇过我,无所取材。"①

译文 孔子说:"大道施行不了,就乘着木排漂洋过海,随从我的人大概是由吧!"子路听了很高兴,孔子说:"由这个人喜好勇,过于自信就没有东西可汲取了。"

①桴,音孚。从、好,并去声。与,平声。材,与裁同,古字借用。○桴,筏也。○程子曰:"浮海之叹,伤天下之无贤君也。子路勇于义,故谓其能从己,皆假设之言耳。子路以为实然,而喜夫子之与己,故夫子美其勇,而讥

其不能裁度事理,以适于义也。"

孟武伯问:"子路仁乎?"子曰:"不知也。"①又问。子曰:"由也,千乘之国,可使治其赋也,不知其仁也。"②"求也何如?"子曰:"求也,千室之邑,百乘之家,可使为之宰也,不知其仁也。"③"赤也何如?"子曰:"赤也,束带立于朝,可使与宾客言也,不知其仁也。"④

译文 孟武伯询问子路是否仁,孔子说:"不知道。"他又问,孔子说:"由这个人,千乘兵车的国家,能让他综理军务,我不知道他是否仁。"孟武伯说:"冉求怎么样呢?"孔子说:"求这个人,千户居民的城邑、百乘兵车的家族,能让他当总管,我不知道他是否仁。"孟武伯说:"公西赤怎么样呢?"孔子说:"赤这个人,穿着礼服站立在朝堂上,能让他与来宾交谈,我不知道他是否仁。"

朱子集注 ①子路之于仁,盖日月至焉者,或在或亡,不能必其有无,故以不知告之。

②乘,去声。○赋,兵也。古者以田赋出兵,故谓兵为赋,《春秋传》所谓"悉索敝赋"是也。言子路之才,可见者如此,仁则不能知也。

③千室,大邑。百乘,卿大夫之家。宰,邑长、家臣之通号。

④朝,音潮。○赤,孔子弟子,姓公西,字子华。

子谓子贡曰:"女与回也孰愈?"①对曰:"赐也何敢望回。回也闻一以知十,赐也闻一以知二。"②子曰:"弗如也!吾与女弗如也。"③

译文 孔子对子贡说:"你和颜回哪个强些?"子贡答道:"我怎么敢和颜回相比呢?颜回能闻一知十,我只能闻一知二。"孔子说:"不如啊,我和你都不如啊!"

朱子集注 ①女,音汝,下同。○愈,胜也。

②一,数之始。十,数之终。二者,一之对也。颜子明睿所照,即始而见终;子贡推测而知,因此而识彼。"无所不悦,告往知来",是其验矣。

③与,许也。○胡氏曰:"子贡方人,夫子既语以不暇,又问其与回孰愈,以观其自知之如何。闻一知十,上知之资,生知之亚也。闻一知二,中人以上之资,学而知之之才也。子贡平日以己方回,见其不可企及,故喻之如此。夫子以其自知之明,而又不难于自屈,故既然之,又重许之。此其所以终闻性与天道,不特闻一知二而已也。"

宰予昼寝。子曰："朽木不可雕也，粪土之墙不可杇也，于予与何诛？"① 子曰："始吾于人也，听其言而信其行；今吾于人也，听其言而观其行。于予与改是。"②

四书 章句集注

朱子集注 ①杇，许久反。杇，音污。与，平声，下同。○昼寝，谓当昼而寐。朽，腐也。雕，刻画也。杇，镘也。言其志气昏惰，教无所施也。与，语辞。诛，责也。言不足责，乃所以深责之。

②行，去声。○宰予能言而行不逮，故孔子自言于予之事而改此失，亦以重警之也。○胡氏曰："子曰疑衍文，不然，则非一日之言也。"○范氏曰："君子之于学，惟日孜孜，毙而后已，惟恐其不及也。宰予昼寝，自弃孰甚焉？故夫子责之。"○胡氏曰："宰予不能以志帅气，居然而倦。是宴安之气胜，儆戒之志惰也。古之圣贤未尝不以懈惰荒宁为惧，勤励不息自强，此孔子所以深责宰予也。听言观行，圣人不待是而后能，亦非缘此而尽疑学者。特因此立教，以警群弟子，使谨于言而敏于行耳。"

子曰："吾未见刚者。"或对曰："申枨。"子曰："枨也欲，焉得刚？"①

朱子集注 ①焉，于虔反。○刚，坚强不屈之意，最人所难能者，故夫子叹其未见。申枨，弟子姓名。欲，多嗜欲也。多嗜欲，则不得为刚矣。○程子曰："人有欲则无刚，刚则不屈于欲。"○谢氏曰："刚与欲正相反。能胜物之谓刚，故常伸于万物之上；为物掩之谓欲，故常屈于万物之下。自古有志者少，无志者多，宜夫子之未见也。枨之欲不可知，其为人得非悻悻自好者乎？故或者疑以为刚，然不知此其所以为欲尔。"

译文 子贡说："我不希望他人强加于我,我也希望不强加于他人。"孔子说："赐啊,这不是你所能做到的。"

子贡曰："我不欲人之加诸我也,吾亦欲无加诸人。"子曰："赐也,非尔所及也。"①

朱子集注 ①子贡言我所不欲人加于我之事,我亦不欲以此加之于人。此仁者之事,不待勉强,故夫子以为非子贡所及。○程子曰："我不欲人之加诸我,吾亦欲无加诸人,仁也。施诸己而不愿,亦勿施于人,恕也。恕则子贡或能勉之,仁则非所及矣。"愚谓无者自然而然,勿者禁止之谓,此所以为仁恕之别。

译文 子贡说："夫子的学问有机会听到,夫子关于本性与天道的见解却没有机会听到。"

子贡曰："夫子之文章,可得而闻也;夫子之言性与天道,不可得而闻也。"①

朱子集注 ①文章,德之见乎外者,威仪、文辞皆是也。性者,人所受之天理;天道者,天理自然之本体,其实一理也。言夫子之文章,日见乎外,固学者所共闻;至于性与天道,则夫子罕言之,而学者有不得闻者。盖圣门教不躐等,子贡至是始得闻之,而叹其美也。○程子曰："此子贡闻夫子之至论而叹美之言也。"

译文 子路在有所闻知而未能施行时,唯恐又有所闻知。

子路有闻,未之能行,唯恐有闻。①

朱子集注 ①前所闻者,既未及行,故恐复有所闻而行之不给也。○范氏曰："子路闻善,勇于必行,门人自以为弗及也,故著之。若子路,可谓能用其勇矣。"

译文 子贡问道："孔文子因为什么谥为'文'呢?"孔子说："聪明好学,不耻于向下求教,因此谥为文。"

子贡问曰："孔文子何以谓之'文'也?"子曰："敏而好学,不耻下问,是以谓之'文'也。"①

①好,去声。○孔文子,卫大夫,名圉。凡人性敏者多不好学,位高者多耻下问。故《谥法》有以"勤学

好问"为"文"者,盖亦人所难也。孔圉得谥为"文",以此而已。○苏氏曰:"孔文子使太叔疾出其妻而妻之。疾通于初妻之娣,文子怒,将攻之。访于仲尼,仲尼不对,命驾而行。疾奔宋,文子使疾弟遗室孔姞。其为人如此而谥曰'文',此子贡之所以疑而问也。孔子不没其善,言能如此,亦足以为'文'矣,非经天纬地之'文'也。"

子谓子产"有君子之道四焉:其行己也恭,其事上也敬,其养民也惠,其使民也义。"①

①子产,郑大夫公孙侨。恭,谦逊也。敬,谨恪也。惠,爱利也。使民义,如都鄙有章、上下有服、田有封洫、庐井有伍之类。○吴氏曰:"数其事而责之者,其所善者多也,臧文仲不仁者三、不知者三是也。数其事而称之者,犹有所未至也,子产有君子之道四焉是也。今或以一言盖一人,一事盖一时,皆非也。"

子曰:"晏平仲善与人交,久而敬之。"①

①晏平仲,齐大夫,名婴。○程子曰:"人交久则敬衰,久而能敬,所以为善。"

子曰:"臧文仲居蔡,山节藻棁,何如其知也?"①

①棁,章悦反。知,去声。○臧文仲,鲁大夫臧孙氏,名辰。居,犹藏也。蔡,大龟也。节,柱头斗拱也。藻,水草名。棁,梁上短柱也。盖为藏龟之室,而刻山于节、画藻于棁也。当时以文仲为知,孔子言其不务民义,而谄渎鬼神如此,安得为知?《春秋传》所谓"作虚器",即此事也。○张子曰:"山节藻棁为藏龟之室,祀爰居之义,同归于不

译文 子张问道:"楚国的令尹子文,三次出任令尹没有喜悦的神色,三次免职没有恼怒的神色,过去令尹任内的政措必定告诉新任令尹,怎么样啊?"孔子说:"忠诚。"子张说:"仁吗?"孔子说:"还没有达到知,怎么称得上仁呢?"子张说:"崔杼谋害了齐庄公,陈文子有十乘马车,放弃了它们离开齐国,来到他国,说'如同我国的大夫崔杼',就离开了;来到另一个国家,又说'如同我国的大夫崔杼',就离开了,怎么样啊?"孔子说:"清白。"子张说:"仁吗?"孔子说:"还没有达到知,怎么称得上仁呢?"

子张问曰:"令尹子文三仕为令尹,无喜色;三已之,无愠色。旧令尹之政,必以告新令尹。何如?"子曰:"忠矣。"曰:"仁矣乎?"曰:"未知,焉得仁?"①"崔子弑齐君,陈文子有马十乘,弃而违之。至于他邦,则曰:'犹吾大夫崔子也。'违之。之一邦,则又曰:'犹吾大夫崔子也。'违之。何如?"子曰:"清矣。"曰:"仁矣乎?"曰:"未知,焉得仁?"②

朱子集注 ①知,如字。焉,于虔反。○令尹,官名,楚上卿执政者也。子文,姓鬬,名穀於菟。其为人也,喜怒不形,物我无间,知有其国而不知有其身,其忠盛矣,故子张疑其仁。然其所以三仕三已而告新令尹者,未知其皆出于天理而无人欲之私也,是以夫子但许其忠,而未许其仁也。②乘,去声。○崔子,齐大夫,名杼。齐君,庄公,名光。陈文子,亦齐大夫,名须无。十乘,四十匹也。违,去也。文子洁身去乱,可谓清矣。然未知其心果见义理之当然,而能脱然无所累乎?抑不得已于利害之私,而犹未免于怨悔也。故孔子特许其清,而不许其仁。○愚闻之师曰:"当理而无私心,则仁矣。"今以是而观二子之事,虽其制行之高若不可及,然皆未有以见其必当于理而真无私心也。子张未识仁体,而悦于苟难,遂以小者信其大者,夫子之不许也宜哉。读者于此,更以上章不知其仁、后篇仁则吾不知之语并与三仁、夷、齐之事观之,则彼此交尽,而仁之为义可识矣。今以它书考之,子文之相楚,所谋者无非僭王猾夏之事。文子之仕齐,既失正君讨贼之义,又不数岁而复反于齐焉,则其不仁亦可见矣。

译文 季文子反复思虑以后

季文子三思而后行。子闻之,曰:"再,斯可矣。"①

朱子集注 ①三，去声。〇季文子，鲁大夫，名行父。每事必三思而后行，若使晋而求遭丧之礼以行，亦其一事也。斯，语词。〇程子曰："为恶之人，未尝知有思，有思则为善矣。然至于再则已审，三则私意起而反惑矣，故夫子讥之。"〇愚按：季文子虑事如此，可谓详审，而宜无过举矣。而宣公篡立，文子乃不能讨，反为之使齐而纳赂焉，岂非程子所谓私意起而反惑之验与？是以君子务穷理而贵果断，不徒多思之为尚。

子曰："宁武子，邦有道则知，邦无道则愚。其知可及也，其愚不可及也。"①

译文 孔子说："宁武子这个人，国家清平就显露才智，国家无道就表现愚笨。他的才智是及得上的，他的愚笨是及不上的。"

朱子集注 ①知，去声。〇宁武子，卫大夫，名俞。按《春秋传》，武子仕卫，当文公、成公之时。文公有道，而武子无事可见，此其知之可及也。成公无道，至于失国，而武子周旋其间，尽心竭力，不避艰险。凡其所处，皆智巧之士所深避而不肯为者，而能卒保其身以济其君，此其愚之不可及也。〇程子曰："邦无道，能沈晦以免患，故曰不可及也。亦有不当愚者，比干是也。"

子在陈，曰："归与！归与！吾党之小子狂简，斐然成章，不知所以裁之。"①

译文 孔子在陈国，说："回去吧！回去吧！我乡里的后生们狂放而粗略，成绩相当可观，但不知道用什么东西来裁处。"

朱子集注 ①与，平声。斐，音匪。〇此孔子周流四方，道不行而思归之叹也。吾党小子，指门人之在鲁者。狂简，志大而略于事也。斐，文貌。成章，言其文理成就，有可观者。裁，割正也。夫子初心，欲行其道于天下，至是而知其终不用也。于是始欲成就后学，以传道于来世。又不得中行之士而思其次，以为狂士志意高远，犹或可与进于道也。但恐其过中失正，而或陷于异端耳，故欲归而裁之也。

译文 孔子说:"伯夷、叔齐不念旧恶,怨恨因此就希少。"

子曰:"伯夷、叔齐,不念旧恶,怨是用希。"①

朱子集注 ①伯夷、叔齐,孤竹君之二子。孟子称其"不立于恶人之朝,不与恶人言","与乡人立,其冠不正,望望然去之,若将浼焉。"其介如此,宜若无所容矣;然其所恶之人,能改即止,故人亦不甚怨之也。○程子曰:"不念旧恶,此清者之量。"又曰:"二子之心,非夫子孰能知之?"

译文 孔子说:"谁说尾生高正直? 有人来要点儿醋,他从邻居那儿要来给人家。"

子曰:"孰谓微生高直? 或乞醯焉,乞诸其邻而与之。"①

朱子集注 ①醯,呼西反。○微生姓,高名,鲁人,素有直名者。醯,醋也。人来乞时,其家无有,故乞诸邻家以与之。夫子言此,讥其曲意徇物,掠美市恩,不得为直也。○程子曰:"微生高所枉虽小,害直为大。"○范氏曰:"是曰是,非曰非,有谓有,无谓无,曰直。圣人观人于其一介之取予,而千驷万钟从可知焉。故以微事断之,所以教人不可不谨也。"

译文 孔子说:"花言巧语、仪容伪善、过于谦恭,左丘明觉得可耻,我也觉得可耻;隐匿怨恨而邀结其人,左丘明觉得可耻,我也觉得可耻。"

子曰:"巧言、令色、足恭,左丘明耻之,丘亦耻之。匿怨而友其人,左丘明耻之,丘亦耻之。"①

朱子集注 ①足,将树反。○足,过也。○程子曰:"左丘明,古之闻人也。"○谢氏曰:"二者之可耻,有甚于穿窬也。左丘明耻之,其所养可知矣。夫子自言丘亦耻之,盖窃比老彭之意。又以深戒学者,使察乎此而立心以直也。"

译文 颜回、子路侍从,孔子说:"何不各自谈谈自己的志向。"子路说:"我愿把车马、衣裘与朋友共享,用坏了不遗

颜渊、季路侍。子曰:"盍各言尔志?"①子路曰:"愿车马、衣轻裘,与朋友共,敝之而无憾。"②颜渊曰:"愿无伐善,无施劳。"③子路曰:"愿闻子

之志。"子曰："老者安之，朋友信之，少者怀之。"④

朱子集注 ①盍，音合。○盍，何不也。
②衣，去声。○衣，服之也。裘，皮服。敝，坏也。憾，恨也。
③伐，夸也。善，谓有能。施，亦张大之意。劳，谓有功，《易》曰"劳而不伐"是也。或曰："劳，劳事也。劳事非己所欲，故亦不欲施之于人。"亦通。
④老者养之以安，朋友与之以信，少者怀之以恩。一说：安之，安我也；信之，信我也；怀之，怀我也。亦通。○程子曰："夫子安仁，颜渊不违仁，子路求仁。"又曰："子路、颜渊、孔子之志，皆与物共者也，但有小大之差尔。"又曰："子路勇于义者，观其志，岂可以势利拘之哉？亚于浴沂者也。颜子不自私己，故无伐善；知同于人，故无施劳。其志可谓大矣，然未免出于有意也。至于夫子，则如天地之化工，付与万物而己不劳焉，此圣人之所为也。今夫羁靮以御马而不以制牛，人皆知羁靮之作在乎人，而不知羁靮之生由于马。圣人之化，亦犹是也。先观二子之言，后观圣人之言，分明天地气象。凡看《论语》，非但欲理会文字，须要识得圣贤气象。"

子曰："已矣乎！吾未见能见其过而内自讼者也。"①

译文 孔子说："罢了！我未曾见到能发现自己的过失而在内心自责的人。"

朱子集注 ①已矣乎者，恐其终不得见而叹之也。内自讼者，口不言而心自咎也。人有过而能自知者鲜矣，知过而能内自讼者为尤鲜。能内自讼，则其悔悟深切而能改必矣。夫子自恐终不得见而叹之，其警学者深矣。

子曰："十室之邑，必有忠信如丘者焉，不如丘之好学也。"①

译文 孔子说："十户人家的城邑，必定有像我一样的忠信者，但不如我那样好学。"

朱子集注 ①焉,如字,属上句。好,去声。○十室,小邑也。忠信如圣人,生质之美者也。夫子生知,而未尝不好学,故言此以勉人。言美质易得,至道难闻,学之至则可以为圣人,不学则不免为乡人而已。可不勉哉?

雍 也 第 六

凡二十八章。篇内第十四章以前,大意与前篇同。

子曰:"雍也可使南面。"① 仲弓问子桑伯子。子曰:"可也简。"② 仲弓曰:"居敬而行简,以临其民,不亦可乎? 居简而行简,无乃大简乎?"③ 子曰:"雍之言然。"④

译文 孔子说:"雍这个人,能让他治理一国。"冉雍询问子桑伯子,孔子说:"为人可以,但处事简约。"冉雍说:"立身庄重而处事简约,以此来管理他的民众,不也可以吗? 立身简约而处事简约,不是太简约了吗?"孔子说:"你说得对。"

朱子集注 ①南面者,人君听治之位。言仲弓宽洪简重,有人君之度也。

②子桑伯子,鲁人,胡氏以为疑即庄周所称子桑户者是也。仲弓以夫子许己南面,故问伯子如何。可者,仅可而有所未尽之辞。简者,不烦之谓。

③大,音泰。○言自处以敬,则中有主而自治严,如是而行简以临民,则事不烦而民不扰,所以为可。若先自处以简,则中无主而自治疏矣,而所行又简,岂不失之大简,而无法度之可守乎?《家语》记伯子不衣冠而处,夫子讥其欲同人道于牛马。然则伯子盖大简者,而仲弓疑夫子之过许与?

④仲弓盖未喻夫子可字之意,而其所言之理,有默契焉者,

故夫子然之。○程子曰："子桑伯子之简，虽可取而未尽善，故夫子云可也。仲弓因言内主于敬而简，则为要直；内存乎简而简，则为疏略，可谓得其旨矣。"又曰："居敬则心中无物，故所行自简；居简则先有心于简，而多一简字矣，故曰大简。"

哀公问："弟子孰为好学？"孔子对曰："有颜回者好学，不迁怒，不贰过。不幸短命死矣！今也则亡，未闻好学者也。"①

朱子集注①好，去声。亡，与无同。○迁，移也。贰，复也。怒于甲者，不移于乙；过于前者，不复于后。颜子克己之功至于如此，可谓真好学矣。短命者，颜子三十二而卒也。既云今也则亡，又言未闻好学者，盖深惜之，又以见真好学者之难得也。○程子曰："颜子之怒，在物不在己，故不迁。有不善，未尝不知，知之未尝复行，不贰过也。"又曰："喜怒在事，则理之当喜怒者也，不在血气则不迁。若舜之诛四凶也，可怒在彼，己何与焉？如鉴之照物，妍媸在彼，随物应之而已，何迁之有？"又曰："如颜子地位，岂有不善？所谓不善，只是微有差失。才差失便能知之，才知之便更不萌作。"○张子曰："慊于己者，不使萌于再。"或曰："《诗》、《书》六艺，七十子非不习而通也，而夫子独称颜子为好学。颜子之所好，果何学欤？"○程子曰："学以至乎圣人之道也。""学之道奈何？"曰："天地储精，得五行之秀者为人。其本也真而静。其未发也，五性具焉，曰仁、义、礼、智、信。形既生矣，外物触其形而动于中矣。其中动而七情出焉，曰喜、怒、哀、惧、爱、恶、欲。情既炽而益荡，其性凿矣。故觉者约其情使合于中，正其心，养其性而已。然必先明诸心，知所往，然后力行以求至焉。若颜子之非礼勿视听言动，不迁怒、贰过者，则其好之笃而学之得其道也。然其未至于圣人者，守之也，非化之也。假之以年，则不日而化矣。今人乃谓圣本生知，非学可至，而所以为学者不过记诵

译文 鲁哀公问道："门徒中哪个好学？"孔子答道："有个叫颜回的好学，不迁怒于人、不重犯过错，不幸短命死去，现今没有了，未曾听说好学的人了。"

四书 章句集注

文辞之间,其亦异乎颜子之学矣。"

子华使于齐,冉子为其母请粟。子曰:"与之釜。"请益。曰:"与之庾。"冉子与之粟五秉。[1] 子曰:"赤之适齐也,乘肥马,衣轻裘。吾闻之也,君子周急不继富。"[2] 原思为之宰,与之粟九百,辞。[3] 子曰:"毋! 以与尔邻里乡党乎!"[4]

朱子集注 [1]使、为,并去声。○子华,公西赤也。使,为孔子使也。釜,六斗四升。庾,十六斗。秉,十六斛。

[2]衣,去声。○乘肥马、衣轻裘,言其富也。急,穷迫也。周者,补不足。继者,续有余。

[3]原思,孔子弟子,名宪。孔子为鲁司寇时,以思为宰。粟,宰之禄也。九百,不言其量,不可考。

[4]毋,禁止辞。五家为邻,二十五家为里,万二千五百家为乡,五百家为党。言常禄不当辞,有余自可推之以周贫乏,盖邻里乡党有相周之义。○程子曰:"夫子之使子华,子华之为夫子使,义也。而冉子乃为之请。圣人宽容,不欲直拒人,故与之少,所以示不当与也。请益,而与之亦少,所以示不当益也。求未达而自与之多,则已过矣,故夫子非之。盖赤苟至乏,则夫子必自周之,不待请矣。原思为宰,则有常禄。思辞其多,故又教以分诸邻里之贫者,盖亦莫非义也。"○张子曰:"于斯二者,可见圣人之用财矣。"

子谓仲弓,曰:"犁牛之子骍且角,虽欲勿用,山川其舍诸?"[1]

朱子集注 [1]犁,利之反。骍,息营反。舍,上声。○犁,杂文。骍,赤色。周人尚赤,牲用骍。角,角周正,中牺牲也。用,用以祭也。山川,山川之神也。言人虽不用,神必不舍也。仲弓父贱而行恶,故夫子以此譬之。言父之恶不

译文 公西赤出使齐国,冉有为赤的母亲求要粟米,孔子说:"给他六斗四升。"冉有要求多给些,孔子说:"给他十六斗。"冉有却给了他八十斛粟米。孔子说:"公西赤去齐国,乘坐壮马拉的车子,穿着轻暖的裘皮袍。我听说,君子周济急难而不襄助富有。"原宪担任孔子的家臣,孔子给粟米九百斗,原宪推辞。孔子说:"别推辞,拿去给你的邻里乡亲吧!"

译文 孔子谈到仲弓时说:"花牛的牛犊毛色纯赤而且牛角端正,即使祭祀不打算取用它,山川大地难道会舍弃它吗?"

能废其子之善,如仲弓之贤,自当见用于世也。然此论仲弓云尔,非与仲弓言也。○范氏曰:"以瞽瞍为父而有舜,以鲧为父而有禹,古之圣贤不系于世类,尚矣。子能改父之过,变恶以为美,则可谓孝矣。"

子曰:"回也,其心三月不违仁,其余则日月至焉而已矣。"①

译文 孔子说:"颜回这个人啊,他的内心长久不背离仁,其他人不过短暂地达到仁罢了。"

朱子集注 ①三月,言其久。仁者,心之德。心不违仁者,无私欲而有其德也。日月至焉者,或日一至焉,或月一至焉,能造其域而不能久也。○程子曰:"三月,天道小变之节,言其久也,过此则圣人矣。不违仁,只是无纤毫私欲。少有私欲,便是不仁。"○尹氏曰:"此颜子于圣人,未达一间者也,若圣人则浑然无间断矣。"张子曰:"始学之要,当知'三月不违'与'日月至焉'内外宾主之辨。使心意勉勉循循而不能已,过此几非在我者。"

季康子问:"仲由可使从政也与?"子曰:"由也果,于从政乎何有?"曰:"赐也可使从政也与?"曰:"赐也达,于从政乎何有?"曰:"求也可使从政也与?"曰:"求也艺,于从政乎何有?"①

译文 季康子问道:"仲由能让他从政吗?"孔子说:"仲由果断,从政有何不可呢?"季康子说:"端木赐能让他从政吗?"孔子说:"赐通达,从政有何不可呢?"季康子问道:"冉求能让他从政吗?"孔子说:"求有才能,从政有何不可呢?"

朱子集注 ①与,平声。○从政,谓为大夫。果,有决断。达,通事理。艺,多才能。○程子曰:"季康子问三子之才可以从政乎,夫子答以各有所长。非惟三子,人各有所长。能取其长,皆可用也。"

季氏使闵子骞为费宰。闵子骞曰:"善为我辞焉。如有复我者,则吾必在汶上矣。"①

译文 季氏让闵子骞当费邑的长官,闵子骞对使者说:"好好地为我推辞啊。如果再来找我，那我必定在汶水北面了。"

朱子集注 ①费，音秘。为，去声。汶，音问。○闵子骞，孔子弟子，名损。费，季氏邑。汶，水名，在齐南鲁北境上。闵子不欲臣季氏，令使者善为己辞，言若再来召我，则当去之齐。○程子曰："仲尼之门，能不仕大夫之家者，闵子、曾子数人而已。"○谢氏曰："学者能少知内外之分，皆可以乐道而忘人之势。况闵子得圣人为之依归，彼其视季氏不义之富贵，不啻犬彘。又从而臣之，岂其心哉？在圣人则有不然者，盖居乱邦、见恶人，在圣人则可；自圣人以下，刚则必取祸，柔则必取辱。闵子岂不能早见而豫待之乎？如由也不得其死，求也为季氏附益，夫岂其本心哉？盖既无先见之知，又无克乱之才故也。然则闵子其贤乎！"

译文 冉伯牛得了重病，孔子去慰问他，从窗口握着他的手说："去吧，是命啊！这样的人却得了这样的重病！这样的人却得了这样的重病！"

伯牛有疾，子问之，自牖执其手，曰："亡之，命矣夫！斯人也而有斯疾也！斯人也而有斯疾也！"①

朱子集注 ①夫，音扶。○伯牛，孔子弟子，姓冉，名耕。有疾，先儒以为癞也。牖，南牖也。礼，病者居北牖下。君视之，则迁于南牖下，使君得以南面视己。时伯牛家以此礼尊孔子，孔子不敢当，故不入其室，而自牖执其手，盖与之永诀也。命，谓天命。言此人不应有此疾，而今乃有之，是乃天之所命也。然则非其不能谨疾而有以致之，亦可见矣。○侯氏曰："伯牛以德行称，亚于颜、闵。故其将死也，孔子尤痛惜之。"

译文 孔子说："颜回贤能啊！一箪饭食、一瓢饮水，住在简陋的巷子里，他人受不了贫困的忧愁，颜回却不改变他的乐趣。颜回贤能啊！"

子曰："贤哉，回也！一箪食，一瓢饮，在陋巷。人不堪其忧，回也不改其乐。贤哉，回也！"①

朱子集注 ①食，音嗣。乐，音洛。○箪，竹器。食，饭也。瓢，瓠也。颜子之贫如此，而处之泰然，不以害其乐，故夫子再言"贤哉回也"以深叹美之。○程子曰："颜子之乐，非乐箪瓢陋巷也,不以贫窭累其心而改其所乐也,故夫子称其贤。"又曰:"箪瓢陋巷非可乐,盖自有其乐尔。'其'字当玩味,自有深意。"又曰:"昔受学于周茂叔,每令寻仲尼、颜子乐处,所乐何事?"愚按:程子之言,引而不发,盖欲学者深思而自得之。今亦不敢妄为之说。学者但当从事于博文约礼之诲,以至于欲罢不能而竭其才,则庶乎有以得之矣。

冉求曰:"非不说子之道,力不足也。"子曰:"力不足者,中道而废。今女画。"①

朱子集注 ①说,音悦。女,音汝。○力不足者,欲进而不能。画者,能进而不欲。谓之画者,如画地以自限也。○胡氏曰:"夫子称颜回不改其乐,冉求闻之,故有是言。然使求说夫子之道,诚如口之说刍豢,则必将尽力以求之,何患力之不足哉?画而不进,则日退而已矣,此冉求之所以局于艺也。"

译文 冉求说:"我不是不喜欢老师的学说,是能力不足。"孔子说:"能力不足的停歇在途中,现今你却尚未起步。"

子谓子夏曰:"女为君子儒,无为小人儒。"①

朱子集注 ①儒,学者之称。○程子曰:"君子儒为己,小人儒为人。"○谢氏曰:"君子、小人之分,义与利之间而已。然所谓利者,岂必殖货财之谓?以私灭公,适己自便,凡可以害天理者皆利也。子夏文学虽有余,然意其远者大者或昧焉,故夫子语之以此。"

译文 孔子对子夏说:"你要成为君子之儒,不要成为小人之儒。"

子游为武城宰。子曰:"女得人焉尔乎?"曰:"有澹台灭明者,行不由径,非公事,未尝至于偃之室也。"①

朱子集注 ①女,音汝。澹,徒甘反。○武城,鲁下邑。澹台姓,灭明名,字子羽。径,路之小而捷者。公事,如饮射

译文 子游当了武城邑的长官,孔子说:"你在那儿得到人才了吗?"子游说:"有个叫澹台灭明的人,行路不走小道,不是公事未曾到过我的住所。"

读法之类。不由径,则动必以正,而无见小欲速之意可知。非公事不见邑宰,则其有以自守,而无枉己徇人之私可见矣。○杨氏曰:"为政以人才为先,故孔子以得人为问。如灭明者,观其二事之小,而其正大之情可见矣。后世有不由径者,人必以为迂;不至其室,人必以为简。非孔氏之徒,其孰能知而取之?"愚谓持身以灭明为法,则无苟贱之羞;取人以子游为法,则无邪媚之惑。

子曰:"孟之反不伐,奔而殿,将入门,策其马,曰:'非敢后也,马不进也。'"①

译文 孔子说:"孟之反不夸耀自己。他在败退时殿后,即将进入城门时,鞭打着自己的马说:'不是我胆敢断后,是马跑不快。'"

朱子集注 ①殿,去声。○孟之反,鲁大夫,名侧。○胡氏曰:"反即庄周所称孟子反者是也。"伐,夸功也。奔,败走也。军后曰殿。策,鞭也。战败而还,以后为功。反奔而殿,故以此言自掩其功也。事在哀公十一年。○谢氏曰:"人能操无欲上人之心,则人欲日消,天理日明,而凡可以矜己夸人者,皆无足道矣。然不知学者欲上人之心无时而忘也,若孟之反,可以为法矣。"

子曰:"不有祝鮀之佞,而有宋朝之美,难乎免于今之世矣!"①

译文 孔子说:"没有祝鮀的口才,仅有公子朝的美貌,难以在现今的世上免祸。"

朱子集注 ①鮀,徒河反。○祝,宗庙之官。鮀,卫大夫,字子鱼,有口才。朝,宋公子,有美色。言衰世好谀悦色,非此难免,盖伤之也。

子曰:"谁能出不由户? 何莫由斯道也?"①

译文 孔子说:"谁能进出不经由门户? 为什么没人遵循这道路呢?"

朱子集注 ①言人不能出不由户,何故乃不由此道耶? 怪而叹之之辞。○洪氏曰:"人知出必由户,而不知行必由道。非道远人,人自远尔。"

子曰："质胜文则野，文胜质则史。文质彬彬，然后君子。"①

①野，野人，言鄙略也。史，掌文书，多闻习事，而诚或不足也。彬彬，犹班班，物相杂而适均之貌。言学者当损有余，补不足，至于成德，则不期然而然矣。○杨氏曰："文质不可以相胜。然质之胜文，犹言甘可以受和，白可以受采也。文胜而至于灭质，则其本亡矣。虽有文，将安施乎？然则与其史也，宁野。"

译文 孔子说："质朴胜于文彩就陋略，文彩胜于质朴就雕琢。文彩、质朴兼备，才是君子。"

子曰："人之生也直，罔之生也幸而免。"①

①程子曰："生理本直。罔，不直也，而亦生者，幸而免尔。"

译文 孔子说："人能活着由于正直，欺罔能活着的是幸免。"

子曰："知之者不如好之者，好之者不如乐之者。"①

①好，去声。乐，音洛。○尹氏曰："知之者，知有此道也。好之者，好而未得也。乐之者，有所得而乐之也。"○张敬夫曰："譬之五谷，知者知其可食者也，好者食而嗜之者也，乐者嗜之而饱者也。知而不能好，则是知之未至也；好之而未及于乐，则是好之未至也。此古之学者所以自强而不息者与？"

译文 孔子说："懂得的人不如喜好的人，喜好的人不如乐在其中的人。"

子曰："中人以上，可以语上也；中人以下，不可以语上也。"①

①以上之上，上声。语，去声。○语，告也。言教人者当随其高下而告语之，则其言易入而无躐等之弊也。○张敬夫曰："圣人之道，精粗虽无二致，但其施教，则

译文 孔子说："中等水平以上的人可以谈论高深的东西，中等水平以下的人不可以谈论高深的东西。"

必因其材而笃焉。盖中人以下之质，骤而语之太高，非惟不能以入，且将妄意躐等，而有不切于身之弊，亦终于下而已矣。故就其所及而语之，是乃所以使之切问近思，而渐进于高远也。"

樊迟问知。子曰："务民之义，敬鬼神而远之，可谓知矣。"问仁。曰："仁者先难而后获，可谓仁矣。"①

译文 樊迟询问知，孔子说："务使民众趋向于义，敬奉鬼神而远离它们，可以称为知了。"樊迟询问仁，孔子说："仁就是先承担责任后获取，可以称为仁了。"

朱子集注 ①知、远，皆去声。〇民，亦人也。获，谓得也。专用力于人道之所宜，而不惑于鬼神之不可知，知者之事也。先其事之所难，而后其效之所得，仁者之心也。此必因樊迟之失而告之。〇程子曰："人多信鬼神，惑也。而不信者又不能敬。能敬能远，可谓知矣。"又曰："先难，克己也。以所难为先，而不计所获，仁也。"吕氏曰："当务为急，不求所难知；力行所知，不惮所难为。"

子曰："知者乐水，仁者乐山；知者动，仁者静；知者乐，仁者寿。"①

译文 孔子说："知者喜好水，仁者喜好山；知者活跃，仁者娴静；知者优游，仁者长寿。"

朱子集注 ①知，去声。乐，上二字并五教反，下一字音洛。〇乐，喜好也。知者达于事理而周流无滞，有似于水，故乐水。仁者安于义理而厚重不迁，有似于山，故乐山。动静以体言，乐寿以效言也。动而不括故乐，静而有常故寿。〇程子曰："非体仁、知之深者，不能如此形容之。"

子曰："齐一变，至于鲁；鲁一变，至于道。"①

译文 孔子说："齐国变一下就达到鲁国的状况了，鲁国变一下就达到大道了。"

朱子集注 ①孔子之时，齐俗急功利，喜夸诈，乃霸政之余习。鲁则重礼教，崇信义，犹有先王之遗风焉，但人亡政息，不能无废坠尔。道，则先王之道也。言二国之政俗有美

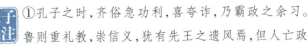

恶,故其变而之道有难易。〇程子曰:"夫子之时,齐强鲁弱,孰不以为齐胜鲁也,然鲁犹存周公之法制。齐由威公之霸,为从简尚功之治,太公之遗法变易尽矣,故一变乃能至鲁。鲁则修举废坠而已,一变则至于先王之道也。"愚谓二国之俗,惟夫子为能变之而不得试。然因其言以考之,则其施为缓急之序,亦略可见矣。

子曰:"觚不觚,觚哉? 觚哉?"①

朱子集注 ①觚,音孤。〇觚,棱也,或曰酒器,或曰木简,皆器之有棱者也。不觚者,盖当时失其制而不为棱也。觚哉觚哉,言不得为觚也。〇程子曰:"觚而失其形制,则非觚也。举一器,而天下之物莫不皆然。故君而失其君之道,则为不君;臣而失其臣之职,则为虚位。"〇范氏曰:"人而不仁则非人,国而不治则不国矣。"

译文 孔子说:"觚不像觚,是觚吗? 是觚吗?"

宰我问曰:"仁者,虽告之曰:'井有仁焉。'其从之也?"子曰:"何为其然也? 君子可逝也,不可陷也;可欺也,不可罔也。"①

朱子集注 ①刘聘君曰:"有仁之仁当作人。"今从之。从,谓随之于井而救之也。宰我信道不笃,而忧为仁之陷害,故有此问。逝,谓使之往救。陷,谓陷之于井。欺,谓诳之以理之所有。罔,谓昧之以理之所无。盖身在井上,乃可以救井中之人,若从之于井,则不复能救之矣。此理甚明,人所易晓。仁者虽切于救人而不私其身,然不应如此之愚也。

译文 宰予问道:"假如告诉仁者说:'井里有个人啊!'他会跳下去吗?"孔子说:"为什么会那样呢? 君子会去救人,却不会自己陷进去;可以欺骗他,却不可以愚弄他。"

子曰:"君子博学于文,约之以礼,亦可以弗畔矣夫!"①

译文 孔子说:"君子广泛地学习典制,用礼仪来制约,也就可以不背离大道了。"

朱子集注 ①夫,音扶。○约,要也。畔,背也。君子学欲其博,故于文无不考;守欲其要,故其动必以礼。如此,则可以不背于道矣。○程子曰:"博学于文而不约之以礼,必至于汗漫。博学矣,又能守礼而由于规矩,则亦可以不畔道矣。"

译文 孔子去见南子,子路不高兴,孔子发誓说:"我做得不对的话,上天嫌弃我! 上天嫌弃我!"

子见南子,子路不说。夫子矢之曰:"予所否者,天厌之! 天厌之!"①

朱子集注 ①说,音悦。否,方九反。○南子,卫灵公之夫人,有淫行。孔子至卫,南子请见,孔子辞谢,不得已而见之。盖古者仕于其国,有见其小君之礼。而子路以夫子见此淫乱之人为辱,故不悦。矢,誓也。所,誓辞也,如云"所不与崔、庆者"之类。否,谓不合于礼,不由其道也。厌,弃绝也。圣人道大德全,无可不可。其见恶人,固谓在我有可见之礼,则彼之不善,我何与焉。然此岂子路所能测哉? 故重言以誓之,欲其姑信此而深思以得之也。

译文 孔子说:"中庸作为一种德行,大概是最高的了,民众缺乏它很久了。"

子曰:"中庸之为德也,其至矣乎! 民鲜久矣。"①

朱子集注 ①鲜,上声。○中者,无过无不及之名也。庸,平常也。至,极也。鲜,少也。言民少此德,今已久矣。○程子曰:"不偏之谓中,不易之谓庸。中者天下之正道,庸者天下之定理。自世教衰,民不兴于行,少有此德久矣。"

译文 子贡说:"假如君主广泛施惠于民并且能赈济大众,怎么样啊? 能称为仁吗?"孔子说:"岂止是仁,该是圣人

子贡曰:"如有博施于民而能济众,何如? 可谓仁乎?"子曰:"何事于仁,必也圣乎! 尧、舜其犹病诸!"① 夫仁者,己欲立而立人,己欲达而达

人。^②能近取譬，可谓仁之方也已。"^③

【朱子集注】①施，去声。〇博，广也。仁以理言，通乎上下。圣以地言，则造其极之名也。乎者，疑而未定之辞。病，心有所不足也。言此何止终仁，必也圣人能之乎！则虽尧、舜之圣，其心犹有所不足于此也。以是求仁，愈难而愈远矣。

②夫，音扶。〇以己及人，仁者之心也。于此观之，可以见天理之周流而无间矣。状仁之体，莫切于此。

③譬，喻也。方，术也。近取诸身，以己所欲譬之他人，知其所欲亦犹是也。然后推其所欲以及于人，则恕之事而仁之术也。于此勉焉，则有以胜其人欲之私，而全其天理之公矣。〇程子曰："医书以手足痿痹为不仁，此言最善名状。仁者以天地万物为一体，莫非己也。认得为己，何所不至，若不属己，自与己不相干。如手足之不仁，气已不贯，皆不属己。故博施济众，乃圣人之功用。仁至难言，故止曰：'己欲立而立人，己欲达而达人，能近取譬，可谓仁之方也已。'欲令如是观仁，可以得仁之体。"又曰："《论语》言尧、舜其犹病诸者二。夫博施者，岂非圣人之所欲？然必五十乃衣帛，七十乃食肉。圣人之心，非不欲少者亦衣帛食肉也，顾其养有所不赡尔，此病其施之不博也。济众者，岂非圣人之所欲？然治不过九州。圣人非不欲四海之外亦兼济也，顾其治有所不及尔，此病其济之不众也。推此以求修己以安百姓，则为病可知。苟以吾治已足，则便不是圣人。"〇吕氏曰："子贡有志于仁，徒事高远，未知其方。孔子教以于己取之，庶近而可入。是乃为仁之方，虽博施济众，亦由此进。"

了！尧、舜大概还做不到呢！作为仁者，自己要立身从而使他人立身，自己要通达从而使他人通达。能近取己身为例，可以称为仁的途径了。"

论语集注 卷第四

述而第七

述 而 第 七

此篇多记圣人谦己诲人之辞及其容貌行事之实。凡三十七章。

子曰:"述而不作,信而好古,窃比于我老彭。"①

译义 孔子说:"继承传统而不创立新义,信奉并喜好古时候的准则,私下自比于我们的老彭。"

朱子集注 ①好,去声。○述,传旧而已。作,则创始也。故作非圣人不能,而述则贤者可及。窃比,尊之之辞。我,亲之之辞。老彭,商贤大夫,见《大戴礼》,盖信古而传述者也。孔子删《诗》、《书》,定《礼》、《乐》,赞《周易》,修《春秋》,皆传先王之旧,而未尝有所作也,故其自言如此。盖不唯不敢当作者之圣,而亦不敢显然自附于古之贤人。盖其德愈盛而心愈下,不自知其辞之谦也。然当是时,作者略备,夫子盖集群圣之大成而折衷之。其事虽述,而功则倍于作矣,此又不可不知也。

子曰:"默而识之,学而不厌,诲人不倦,何有于我哉?"①

译文 孔子说:"默记而悟想,学习不觉满足,教导他人不厌倦,哪一条是我所具备的呢?"

朱子集注 ①识,音志,又如字。〇识,记也。默识,谓不言而存诸心也。一说:识,知也,不言而心解也。前说近是。何有于我,言何者能有于我也。三者已非圣人之极至,而犹不敢当,则谦而又谦之辞也。

子曰:"德之不修,学之不讲,闻义不能徙,不善不能改,是吾忧也。"①

译文 孔子说:"道德不去修行,学问不去讲习,知晓了义理不能转变观念,不好的地方不能改正,这些是我所担忧的。"

朱子集注 ①尹氏曰:"德必修而后成,学必讲而后明,见善能徙,改过不吝,此四者,日新之要也。苟未能之,圣人犹忧,况学者乎?"

子之燕居,申申如也,夭夭如也。①

译文 孔子闲居时,仪态舒缓,神色和悦。

朱子集注 ①燕居,闲暇无事之时。〇杨氏曰:"申申,其容舒也。夭夭,其色愉也。"〇程子曰:"此弟子善形容圣人处也,为申申字说不尽,故更著夭夭字。今人燕居之时,不怠惰放肆,必太严厉。严厉时著此四字不得,怠惰放肆时亦著此四字不得,惟圣人便自有中和之气。"

子曰:"甚矣吾衰也! 久矣吾不复梦见周公!"①

译文 孔子说:"我衰老得多么厉害啊! 很久了,我没有再梦见过周公。"

朱子集注 ①复,扶又反。〇孔子盛时,志欲行周公之道,故梦寐之间,如或见之。至其老而不能行也,则无复是心,而亦无复是梦矣,故因此而自叹其衰之甚也。〇程子曰:"孔子盛时,寤寐常存行周公之道。及其老也,则志虑衰而不可以有为矣。盖存道者心,无老少之异;而行道者身,老则衰也。"

子曰:"志于道,①据于德,②依于仁,③游于艺。"④

孔子说:"立志于道,据守于德,依傍于仁,优游于六艺。"

朱子集注 ①志者,心之所之之谓。道,则人伦日用之间所当行者是也。知此而心必之焉,则所适者正,而无他歧之惑矣。

②据者,执守之意。德,则行道而有得于心而不失之谓也。得之于心而守之不失,则终始惟一,而有日新之功矣。

③依者,不违之谓。仁,则私欲尽去而心德之全也。功夫至此而无终食之违,则存养之熟,无适而非天理之流行矣。

④游者,玩物适情之谓。艺,则礼乐之文,射御书数之法,皆至理所寓,而日用之不可阙者也。朝夕游焉,以博其义理之趣,则应务有余,而心亦无所放矣。○此章言人之为学当如是也,盖学莫先于立志。志道,则心存于正而不他;据德,则道得于心而不失;依仁,则德性常用而物欲不行;游艺,则小物不遗而动息有养。学者于此,有以不失其先后之序、轻重之伦焉,则本末兼该,内外交养,日用之间,无少间隙,而涵泳从容,忽不自知其入于圣贤之域矣。

子曰:"自行束脩以上,吾未尝无诲焉。"①

孔子说:"从给予束脩的人开始,我从未不加教诲的。"

朱子集注 ①脩,脯也。十脡为束。古者相见,必执贽以为礼,束脩其至薄者。盖人之有生,同具此理,故圣人之于人,无不欲其入于善。但不知来学,则无往教之礼,故苟以礼来,则无不有以教之也。

子曰:"不愤不启,不悱不发,举一隅不以三隅反,则不复也。"①

孔子说:"不冥思苦想不启迪,不郁积难言不开导,

①愤，房粉反。悱，芳匪反。复，扶又反。〇愤者，心求通而未得之意。悱者，口欲言而未能之貌。启，谓开其意。发，谓达其辞。物之有四隅者，举一可知其三。反者，还以相证之义。复，再告也。上章已言圣人诲人不倦之意，因并记此，欲学者勉于用力，以为受教之地也。〇程子曰："愤、悱，诚意之见于色辞者也。待其诚至而后告之。既告之，又必待其自得，乃复告尔。"又曰："不待愤、悱而发，则知之不能坚固；待其愤、悱而后发，则沛然矣。"

举一个方面不能进而理解其他方面就不再讲解了。"

　　子食于有丧者之侧，未尝饱也。①子于是日哭，则不歌。②

译文 孔子在服丧者边上进食，未曾吃饱过。孔子在这一天哭泣过，就不歌咏了。

①临丧哀，不能甘也。
②哭，谓吊哭。一日之内，余哀未忘，自不能歌也。〇谢氏曰："学者于此二者，可见圣人情性之正也。能识圣人之情性，然后可以学道。"

　　子谓颜渊曰："用之则行，舍之则藏，唯我与尔有是夫！"①子路曰："子行三军，则谁与？"②子曰："暴虎冯河，死而无悔者，吾不与也。必也临事而惧，好谋而成者也。"③

译文 孔子对颜回说："举用就实行，舍弃就藏匿，唯有我和你能这样。"子路说："老师若统率三军，与谁同往呢？"孔子说："空手搏虎、徒涉渡河，因此死而无悔的人，我不和他同往，必须是临事忧惧、善于谋划而成事的人。"

①舍，上声。夫，音扶。〇尹氏曰："用舍无与于己，行藏安于所遇，命不足道也。颜子几于圣人，故亦能之。"
②万二千五百人为军，大国三军。子路见孔子独美颜渊，自负其勇，意夫子若行三军，必与己同。
③冯，皮冰反。好，去声。〇暴虎，徒搏。冯河，徒涉。惧，谓敬其事。成，谓成其谋。言此皆以抑其勇而教之，然行师之要实不外此，子路盖不知也。〇谢氏曰："圣人于行藏之间，无意无必。其行非贪位，其藏非独善也。若有欲心，则

不用而求行,舍之而不藏矣,是以惟颜子为可以与于此。子路虽非有欲心者,然未能无固必也,至以行三军为问,则其论益卑矣。夫子之言,盖因其失而救之。夫不谋无成,不惧必败,小事尚然,而况于行三军乎?"

子曰:"富而可求也,虽执鞭之士,吾亦为之。如不可求,从吾所好。"①

译文 孔子说:"富有若能求得,即使是下贱的差事,我也会去做。如果不能求得,就依从我所喜好的吧!"

朱子集注 ①好,去声。○执鞭,贱者之事。设言富若可求,则虽身为贱役以求之,亦所不辞。然有命焉,非求之可得也,则安于义理而已矣,何必徒取辱哉?○苏氏曰:"圣人未尝有意于求富也,岂问其可不可哉? 为此语者,特以明其决不可求尔。"○杨氏曰:"君子非恶富贵而不求,以其在天,无可求之道也。"

子之所慎:齐,战,疾。①

译文 孔子所慎重对待的事是斋戒、作战、疾病。

朱子集注 ①齐,侧皆反。○齐之为言齐也,将祭而齐其思虑之不齐者,以交于神明也。诚之至与不至,神之飨与不飨,皆决于此。战,则众之死生、国之存亡系焉。疾又吾身之所以死生存亡者,皆不可以不谨也。○尹氏曰:"夫子无所不谨,弟子记其大者耳。"

子在齐闻《韶》,三月不知肉味,曰:"不图为乐之至于斯也!"①

译文 孔子在齐国听到了《韶》乐,很长时间不觉得肉的美味,说:"想不到这乐曲竟达到了如此的境地。"

朱子集注 ①《史记》三月上有学之二字。不知肉味,盖心一于是而不及乎他也。曰不意舜之作乐至于如此之美,则有以极其情文之备,而不觉其叹息之深也。盖非圣人不足以及此。○范氏曰:"《韶》尽美又尽善,乐之无以加此也。故学之三月,不知肉味,而叹美之如此。诚之至,感之深也。"

冉有曰："夫子为卫君乎?"子贡曰："诺。吾将问之。"① 入,曰："伯夷、叔齐何人也?"曰："古之贤人也。"曰："怨乎?"曰："求仁而得仁,又何怨?"出,曰："夫子不为也。"②

朱子集注 ①为,去声。〇为,犹助也。卫君,出公辄也。灵公逐其世子蒯聩,公薨,而国人立蒯聩之子辄,于是晋纳蒯聩而辄拒之。时孔子居卫,卫人以蒯聩得罪于父,而辄嫡孙当立,故冉有疑而问之。诺,应辞也。
②伯夷、叔齐,孤竹君之二子。其父将死,遗命立叔齐。父卒,叔齐逊伯夷。伯夷曰:"父命也。"遂逃去。叔齐亦不立而逃之,国人立其中子。其后武王伐纣,夷、齐扣马而谏。武王灭商,夷、齐耻食周粟,去,隐于首阳山,遂饿而死。怨,犹悔也。君子居是邦,不非其大夫,况其君乎? 故子贡不斥卫君,而以夷、齐为问。夫子告之如此,则其不为卫君可知矣。盖伯夷以父命为尊,叔齐以天伦为重。其逊国也,皆求所以合乎天理之正,而即乎人心之安。既而各得其志焉,则视弃其国犹敝蹝尔,何怨之有? 若卫辄之据国拒父而惟恐失之,其不可同年而语明矣。〇程子曰:"伯夷、叔齐逊国而逃,谏伐而饿,终无怨悔,夫子以为贤,故知其不与辄也。"

子曰："饭疏食,饮水,曲肱而枕之,乐亦在其中矣。不义而富且贵,于我如浮云。"①

朱子集注 ①饭,符晚反。食,音嗣。枕,去声。乐,音洛。〇饭,食之也。疏食,粗饭也。圣人之心,浑然天理,虽处困极,而乐亦无不在焉。其视不义之富贵,如浮云之无有,漠然无所动于其中也。〇程子曰:"非乐疏食饮水也,虽疏食饮水不能改其乐也。不义之富贵,视之轻如浮云然。"又曰:"须知所乐者何事。"

译文 孔子说:"让我多活几年,到五十岁得以研习《易》,就能没有大的过失了。"

子曰:"加我数年,五十以学《易》,可以无大过矣。"①

朱子集注 ①刘聘君见元城刘忠定公,自言尝读他论加作假,五十作卒。盖加、假声相近而误读,卒与五十字相似而误分也。愚按:此章之言,《史记》作"假我数年,若是我于《易》则彬彬矣",加正作假,而无五十字。盖是时,孔子年已几七十矣,五十字误无疑也。学《易》,则明乎吉凶消长之理,进退存亡之道,故可以无大过。盖圣人深见《易》道之无穷,而言此以教人,使知其不可不学,而又不可以易而学也。

译文 孔子用规范言语的场合,是吟诵《诗》《书》、述说礼仪,都是规范的语言。

子所雅言,《诗》、《书》、执礼,皆雅言也。①

朱子集注 ①雅,常也。执,守也。《诗》以理情性,《书》以道政事,礼以谨节文,皆切于日用之实,故常言之。礼独言执者,以人所执守而言,非徒诵说而已也。○程子曰:"孔子雅素之言,止于如此。若性与天道,则有不可得而闻者,要在默而识之也。"○谢氏曰:"此因学《易》之语而类记之。"

译文 叶公向子路询问孔子,子路不回答。孔子说:"你怎么不说,他的为人啊,发愤起来忘记了吃饭,欢乐起来忘记了忧愁,不知道衰老即将来临。"

叶公问孔子于子路,子路不对。①子曰:"女奚不曰,其为人也,发愤忘食,乐以忘忧,不知老之将至云尔。"②

朱子集注 ①叶,舒涉反。○叶公,楚叶县尹沈诸梁,字子高,僭称公也。叶公不知孔子,必有非所问而问者,故子路不对。抑亦以圣人之德,实有未易名言者与?

②未得,则发愤而忘食;已得,则乐之而忘忧。以是二者俯焉日有孳孳,而不知年数之不足,但自言其好学之笃耳。然深味之,则见其全体至极纯亦不已之妙,有非圣人不能及者。盖凡夫子之自言类如此,学者宜致思焉。

子曰:"我非生而知之者,好古,敏以求之者也。"①

朱子集注 ①好,去声。○生而知之者,气质清明,义理昭著,不待学而知也。敏,速也,谓汲汲也。○尹氏曰:"孔子以生知之圣,每云好学者,非惟勉人也,盖生而可知者义理尔,若夫礼乐名物、古今事变,亦必待学而后有以验其实也。"

译文 孔子说:"我不是生来就懂得的人,是喜好古代典制、勉力以求的人。"

子不语怪、力、乱、神。①

朱子集注 ①怪异、勇力、悖乱之事,非理之正,固圣人所不语。鬼神造化之迹,虽非不正,然非穷理之至,有未易明者,故亦不轻以语人也。○谢氏曰:"圣人语常而不语怪,语德而不语力,语治而不语乱,语人而不语神。"

译文 孔子不谈论怪异、勇力、悖乱、神鬼。

子曰:"三人行,必有我师焉。择其善者而从之,其不善者而改之。"①

朱子集注 ①三人同行,其一我也。彼二人者,一善一恶,则我从其善而改其恶焉。是二人者,皆我师也。○尹氏曰:"见贤思齐,见不贤而内自省,则善恶皆我之师,进善其有穷乎?"

译文 孔子说:"三个人同行,必定有我足以师法的东西。择取其中好的地方依从,不好的地方改正。"

子曰:"天生德于予,桓魋其如予何?"①

译文 孔子说:"上天把德行

赋予我，桓魋能把我怎么样呢？"

①魋，徒雷反。○威魋，宋司马向魋也。出于威公，故又称威氏。魋欲害孔子，孔子言天既赋我以如是之德，则威魋其奈我何？言必不能违天害己。

译文 孔子说："你们这些后生认为我有隐瞒吗？我没有隐瞒啊！我没有什么事不和你们一起去做，这就是我啊。"

子曰："二三子以我为隐乎？吾无隐乎尔。吾无行而不与二三子者，是丘也。"①

朱子集注 ①诸弟子以夫子之道高深不可几及，故疑其有隐，而不知圣人作止语默无非教也，故夫子以此言晓之。与，犹示也。○程子曰："圣人之道犹天然，门弟子亲炙而冀及之，然后知其高且远也。使诚以为不可及，则趋向之心不几于怠乎？故圣人之教，常俯而就之如此，非独使资质庸下者勉思企及，而才气高迈者亦不敢躐易而进也。"○吕氏曰："圣人体道无隐，与天象昭然，莫非至教。常以示人，而人自不察。"

译文 孔子用四项内容教诲：典制、德行、忠诚、守信。

子以四教：文、行、忠、信。①

朱子集注 ①行，去声。○程子曰："教人以学文修行而存忠信也。忠信，本也。"

译文 孔子说："圣人，我是不能见到了，能见到君子就行了。"孔子说："善人，我是不能见到了，能见到守常有素的人就行了。没有却充作拥有，空虚却充作盈实，贫困却充作奢泰，是难以守常有素的。"

子曰："圣人，吾不得而见之矣；得见君子者，斯可矣。"①子曰："善人，吾不得而见之矣；得见有恒者，斯可矣。"②亡而为有，虚而为盈，约而为泰，难乎有恒矣。"③

 ①圣人，神明不测之号。君子，才德出众之名。
②恒，胡登反。○"子曰"字，疑衍文。恒，常久之意。○张子曰："有常者，不贰其心。善人者，志于仁而无恶。"
③亡，读为无。○三者皆虚夸之事，凡若此者，必不能守其

常也。○张敬夫曰："圣人、君子以学言，善人、有恒者以质言。"愚谓有恒者之与圣人，高下固悬绝矣，然未有不自有恒而能至于圣者也。故章末申言有恒之义，其示人入德之门，可谓深切而著明矣。

子钓而不纲，弋不射宿。①

朱子集注 ①射，食亦反。○纲，以大绳属网，绝流而渔者也。弋，以生丝系矢而射也。宿，宿鸟。○洪氏曰："孔子少贫贱，为养与祭，或不得已而钓弋，如猎较是也。然尽物取之，出其不意，亦不为也。此可见仁人之本心矣。待物如此，待人可知；小者如此，大者可知。"

译文 孔子钓鱼，但不截流网鱼；射鸟，但不猎击鸟巢。

子曰："盖有不知而作之者，我无是也。多闻择其善者而从之，多见而识之，知之次也。"①

朱子集注 ①识，音志。○不知而作，不知其理而妄作也。孔子自言未尝妄作，盖亦谦辞，然亦可见其无所不知也。识，记也。所从不可不择，记则善恶皆当存之，以备参考。如此者虽未能实知其理，亦可以次于知之者也。

译文 孔子说："大概有不懂得就妄作的人，我不是这样的。多听，择善而从；多看，择善而记，那比生来就懂的差一点。"

互乡难与言，童子见，门人惑。①子曰："与其进也，不与其退也，唯何甚？人洁己以进，与其洁也，不保其往也。"②

朱子集注 ①见，贤遍反。○互乡，乡名。其人习于不善，难与言善。惑者，疑夫子不当见之也。
②疑此章有错简。"人洁"至"往也"十四字，当在"与其进也"之前。洁，修治也。与，许也。往，前日也。言人洁己而来，但许其能自洁耳，固不能保其前日所为之善恶也；但许其进而来见耳，非许其既退而为不善也。盖不追其既往，

译文 互乡的人难以进言，孔子却见了那儿的一个少年，门徒感到困惑，孔子说："我鼓励他的进步，不赞同他的退步，你们为何如此过分呢？别人洁身而来，应该鼓励他的行为，不追究他的以往。"

不逆其将来,以是心至,斯受之耳。"唯"字上下,疑又有阙文,大抵亦不为已甚之意。○程子曰:"圣人待物之洪如此。"

译文 孔子说:"仁遥远吗?我想望仁,仁就来到了。"

子曰:"仁远乎哉? 我欲仁,斯仁至矣。"①

朱子集注 ①仁者,心之德,非在外也。放而不求,故有以为远者。反而求之,则即此而在矣,夫岂远哉? ○程子曰:"为仁由己,欲之则至,何远之有?"

译文 陈司败询问鲁昭公是否知礼,孔子说:"知礼。"孔子退出来,陈司败把巫马期请了进去,说:"我听说君子不偏袒,难道君子也会偏袒吗? 我们的国君娶了吴国的女子,是同姓,称为吴孟子。我们的国君知礼,谁不知礼呢?"巫马期把这些话告诉了孔子,孔子说:"我很幸运,如有过错,别人必定知道。"

陈司败问:"昭公知礼乎?"孔子曰:"知礼。"①孔子退,揖巫马期而进之,曰:"吾闻君子不党,君子亦党乎? 君取于吴为同姓,谓之吴孟子。君而知礼,孰不知礼?"②巫马期以告。子曰:"丘也幸,苟有过,人必知之。"③

朱子集注 ①陈,国名。司败,官名,即司寇也。昭公,鲁君,名稠。习于威仪之节,当时以为知礼。故司败以为问,而孔子答之如此。

②取,七住反。○巫马,姓;期,字,孔子弟子,名施。司败揖而进之也。相助匿非曰党。礼不娶同姓,而鲁与吴皆姬姓。谓之吴孟子者,讳之,使若宋女子姓者然。

③孔子不可自谓讳君之恶,又不可以娶同姓为知礼,故受以为过而不辞。○吴氏曰:"鲁盖夫子父母之国。昭公,鲁之先君也。司败又未尝显言其事,而遽以知礼为问,其对之宜如此也。及司败以为有党,而夫子受以为过,盖夫子之盛德,无所不可也。然其受以为过也,亦不正言其所以过,初若不知孟子之事者,可以为万世之法矣。"

译文 孔子与他人一起唱歌,

子与人歌而善,必使反之,而后和之。①

①和，去声。○反，复也。必使复歌者，欲得其详而取其善也。而后和之者，喜得其详而与其善也。此见圣人气象从容，诚意恳至，而其谦逊审密，不掩人善又如此。盖一事之微，而众善之集，有不可胜既者焉，读者宜详味之。

如果好，必定让那人再唱一遍，然后再应和他。

子曰："文，莫吾犹人也。躬行君子，则吾未之有得。"①

译文 孔子说："文事方面，或许我与他人差不多。作为躬行实践的君子，那么我还没有达到。"

①莫，疑辞。犹人，言不能过人，而尚可以及人。未之有得，则全未有得，皆自谦之词。而足以见言行之难易缓急，欲人之勉其实也。○谢氏曰："文，虽圣人，无不与人同，故不逊；能躬行君子，斯可以入圣，故不居。犹言君子道者三，我无能焉。"

子曰："若圣与仁，则吾岂敢？抑为之不厌，诲人不倦，则可谓云尔已矣。"公西华曰："正唯弟子不能学也。"①

译文 孔子说："要说圣和仁，我怎么敢当呢？倘说实行而不满足，教导他人不厌倦，那就可说是差不多了。"公西赤说："这正是我们做学生的难以学到的。"

①此亦夫子之谦辞也。圣者，大而化之。仁，则心德之全而人道之备也。为之，谓为仁圣之道。诲人，亦谓以此教人也。然不厌不倦，非己有之则不能，所以弟子不能学也。○晁氏曰："当时有称夫子圣且仁者，以故夫子辞之。苟辞之而已焉，则无以进天下之材，率天下之善，将使圣与仁为虚器，而人终莫能至矣。故孔子虽不居仁圣，而必以为之不厌、诲人不倦自处也。"可谓云尔已矣者，无他之辞也。公西华仰而叹之，其亦深知夫子之意矣。

子疾病，子路请祷。子曰："有诸？"子路对曰："有之。诔曰：'祷尔于上下神祇。'"子曰：

译文 孔子患了重病，子路请求祈祷。孔子说："有这样做的吗？"子路答道："有的，诔文说:'为你向上下神灵祈祷。'"孔子说:"我祈祷很久了。"

"丘之祷久矣。"①

①诔,力轨反。○祷,谓祷于鬼神。有诸,问有此理否。诔者,哀死而述其行之词也。上下,谓天地。天曰神,地曰祇。祷者,悔过迁善,以祈神之佑也。无其理则不必祷,既曰有之,则圣人未尝有过,无善可迁。其素行固已合于神明,故曰:"丘之祷久矣。"又《士丧礼》,疾病行祷五祀,盖臣子迫切之至情,有不能自已者,初不请于病者而后祷也。故孔子之于子路,不直拒之,而但告以无所事祷之意。

译文 孔子说:"奢侈就不恭顺,俭朴就简陋。与其不恭顺,宁可简陋。"

子曰:"奢则不孙,俭则固。与其不孙也,宁固。"①

①孙,去声。○孙,顺也。固,陋也。奢、俭俱失中,而奢之害大。○晁氏曰:"不得已而救时之弊也。"

译文 孔子说:"君子心地坦荡,小人经常忧戚。"

子曰:"君子坦荡荡,小人长戚戚。"①

①坦,平也。荡荡,宽广貌。○程子曰:"君子循理,故常舒泰;小人役于物,故多忧戚。"○程子曰:"君子坦荡荡,心广体胖。"

译文 孔子温和而严厉,威严却不粗暴,谦恭而安详。

子温而厉,威而不猛,恭而安。①

①厉,严肃也。人之德性本无不备,而气质所赋,鲜有不偏。惟圣人全体浑然,阴阳合德,故其中和之气见于容貌之间者如此。门人熟察而详记之,亦可见其用心之密矣。抑非知足以知圣人而善言德行者不能记,故程子以为曾子之言。学者所宜反复而玩心也。

泰 伯 第 八

凡二十一章。

子曰:"泰伯,其可谓至德也已矣! 三以天下让,民无得而称焉。"①

朱子集注 ①泰伯,周大王之长子。至德,谓德之至极,无以复加者也。三让,谓固逊也。无得而称,其逊隐微,无迹可见也。盖大王三子:长泰伯,次仲雍,次季历。大王之时,商道寖衰,而周日强大。季历又生子昌,有圣德。大王因有翦商之志,而泰伯不从,大王遂欲传位季历以及昌。泰伯知之,即与仲雍逃之荆蛮。于是大王乃立季历,传国至昌,而三分天下有其二,是为文王。文王崩,子发立,遂克商而有天下,是为武王。夫以泰伯之德,当商、周之际,固足以朝诸侯有天下矣,乃弃不取而又泯其迹焉,则其德之至极为何如哉! 盖其心即夷、齐扣马之心,而事之难处有甚焉者,宜夫子之叹息而赞美之也。泰伯不从,事见《春秋传》。

译文 孔子说:"泰伯,可以说达到德行的顶峰了。他多次把天下让出,民众几乎无从称颂。"

子曰:"恭而无礼则劳,慎而无礼则葸,勇而无礼则乱,直而无礼则绞。①君子笃于亲,则民兴于仁,故旧不遗,则民不偷。"②

译文 孔子说:"恭顺而无礼就劳累,谨慎而无礼就懦弱,勇敢而无礼就莽撞,直爽而无礼就尖刻。君子对亲人厚道,民众就致力于仁；不遗弃故人、旧族，民众就不会淡薄无情。"

①蒽，丝里反。绞，古卯反。○蒽，畏惧貌。绞，急切也。无礼则无节文，故有四者之弊。

②君子，谓在上之人也。兴，起也。偷，薄也。○张子曰："人道知所先后，则恭不劳、谨不蒽、勇不乱、直不绞，民化而德厚矣。"○吴氏曰："君子以下，当自为一章，乃曾子之言也。"愚按：此一节与上文不相蒙，而与首篇谨终追远之意相类，吴说近是。

译文 曾子患了重病，召唤门下的弟子说："掀开被子看看我的脚，掀开被子看看我的手。《诗·小雅·小旻》说'战战兢兢，如同面临深渊，如同践履薄冰'，从今以后，我才知道能免于祸难了，后生们！"

曾子有疾，召门弟子曰："启予足！启予手！《诗》云'战战兢兢，如临深渊，如履薄冰。'而今而后，吾知免夫！小子！"①

①夫，音扶。○启，开也。曾子平日以为身体受于父母，不敢毁伤，故于此使弟子开其衾而视之。《诗·小旻》之篇。战战，恐惧。兢兢，戒谨。临渊，恐坠；履冰，恐陷也。曾子以其所保之全示人，而言其所以保之之难如此，至于将死，而后知其得免于毁伤也。小子，门人也。语毕而又呼之，以致反复丁宁之意，其警之也深矣。○程子曰："君子曰终，小人曰死。君子保其身以没，为终其事也，故曾子以全归为免矣。"○尹氏曰："父母全而生之，子全而归之。曾子临终而启手足，为是故也。非有得于道，能如是乎？"○范氏曰："身体犹不可亏也，况亏其行以辱其亲乎？"

译文 曾子患了重病，孟敬子去慰问他。曾子对他说："鸟快要死去时，它的叫声悲哀；人快要死去时，他的话语善和。君子所看重的礼仪准则有三项：严肃礼容外貌，就避免了粗悖傲慢；端正仪态神色，就近于诚实守信；注意言辞声调，就避免了鄙陋背理。陈设礼器之类的事，自有有关部门照管。"

曾子有疾，孟敬子问之。①曾子言曰："鸟之将死，其鸣也哀；人之将死，其言也善。②君子所贵乎道者三：动容貌，斯远暴慢矣；正颜色，斯近信矣；出辞气，斯远鄙倍矣。笾豆之事，则有司存。"③

①孟敬子，鲁大夫仲孙氏，名捷。问之者，问其疾也。②言，自言也。鸟畏死，故鸣哀。人穷反本，故言善。此曾子之谦辞，欲敬子知其所言之善而识之也。

③远、近,并去声。○贵,犹重也。容貌,举一身而言。暴,粗厉也。慢,放肆也。信,实也。正颜色而近信,则非色庄也。辞,言语。气,声气也。鄙,凡陋也。倍,与背同,谓背理也。笾,竹豆。豆,木豆。言道虽无所不在,然君子所重者,在此三事而已。是皆修身之要,为政之本,学者所当操存省察,而不可有造次颠沛之违者也。若夫笾豆之事,器数之末,道之全体固无不该,然其分则有司之守,而非君子之所重矣。○程子曰:"动容貌,举一身而言也。周旋中礼,暴慢斯远矣。正颜色则不妄,斯近信矣。出辞气,正由中出,斯远鄙倍。三者正身而不外求,故曰笾豆之事则有司存。"○尹氏曰:"养于中则见于外,曾子盖以修己为为政之本。若乃器用事物之细,则有司存焉。"

曾子曰:"以能问于不能,以多问于寡;有若无,实若虚,犯而不校,昔者吾友尝从事于斯矣。"①

朱子集注 ①校,计校也。友,马氏以为颜渊是也。颜子之心,惟知义理之无穷,不见物我之有间,故能如此。○谢氏曰:"不知有余在我,不足在人,不必得为在己,失为在人,非几于无我者不能也。"

译文 曾子说:"有才能的向没有才能的求教,知识多的向知识少的求教,有如同没有,充实如同空虚,受到冒犯却不计较,过去我的朋友曾在这些方面作过努力。"

曾子曰:"可以托六尺之孤,可以寄百里之命,临大节而不可夺也,君子人与? 君子人也。"①

朱子集注 ①与,平声。○其才可以辅幼君、摄国政,其节至于死生之际而不可夺,可谓君子矣。与,疑词。也,决词。设为问答,所以深著其必然也。○程子曰:"节操如是,可谓君子矣。"

译文 曾子说:"能够托付未成年的幼君,能够代理百里之国的政务,面临生死存亡的关头不动摇。君子是这样的人吗? 君子是这样的人啊!"

曾子曰:"士不可以不弘毅,任重而道远。①仁

译文 曾子说:"士人不能不

宽弘坚毅,因为责任重大而道途遥远。把仁作为自己的责任,不重大吗?直到死才可停歇,不遥远吗?"

以为己任,不亦重乎? 死而后已,不亦远乎?"②

 ①洪,宽广也。毅,强忍也。非洪不能胜其重,非毅无以致其远。

②仁者,人心之全德,而必欲以身体而力行之,可谓重矣。一息尚存,此志不容少懈,可谓远矣。○程子曰:"洪而不毅,则无规矩而难立;毅而不洪,则隘陋而无以居之。"又曰:"洪大刚毅,然后能胜重任而远到。"

译文 孔子说:"以《诗》来起步,以礼仪来立身,以音乐来完善。"

子曰:"兴于诗,①立于礼,②成于乐。"③

 ①兴,起也。诗本性情,有邪有正,其为言既易知,而吟咏之间,抑扬反复,其感人又易入。故学者之初,所以兴起其好善恶恶之心,而不能自已者,必于是而得之。

②礼以恭敬辞逊为本,而有节文度数之详,可以固人肌肤之会、筋骸之束。故学者之中,所以能卓然自立,而不为事物之所摇夺者,必于此而得之。

③乐有五声十二律,更唱迭和,以为歌舞八音之节,可以养人之情性,而荡涤其邪秽,消融其渣滓。故学者之终,所以至于义精仁熟而自和顺于道德者,必于此而得之,是学之成也。○按《内则》,十年学幼仪,十三学乐诵《诗》,二十而后学礼。则此三者,非小学传授之次,乃大学终身所得之难易、先后、浅深也。○程子曰:"天下之英才不为少矣,特以道学不明,故不得有所成就。夫古人之诗,如今之歌曲,虽闾里童稚,皆习闻之而知其说,故能兴起。今虽老师宿儒,尚不能晓其义,况学者乎? 是不得兴于诗也。古人自洒扫应对,以至冠昏丧祭,莫不有礼。今皆废坏,是以人伦不明,治家无法,是不得立于礼也。古人之乐,声音所以养其耳,采色所以养其目,歌咏所以养其性情,舞蹈所以养其血脉。今皆无之,是不得成于乐也。是以古之成材也易,今之成材也难。"

子曰:"民可使由之,不可使知之。"①

朱子集注 ①民可使之由于是理之当然,而不能使之知其所以然也。○程子曰:"圣人设教,非不欲人家喻而户晓也,然不能使之知,但能使之由之尔。若曰圣人不使民知,则是后世朝四暮三之术也,岂圣人之心乎?"

译文 孔子说:"民众能在使用中遵行,不能在使用中理解。"

子曰:"好勇疾贫,乱也。人而不仁,疾之已甚,乱也。"①

朱子集注 ①好,去声。○好勇而不安分,则必作乱。恶不仁之人而使之无所容,则必致乱。二者之心,善恶虽殊,然其生乱则一也。

译文 孔子说:"喜好勇武而厌恶贫困,是祸乱;作为人而不仁,对其厌恶过甚,是祸乱。"

子曰:"如有周公之才之美,使骄且吝,其余不足观也已。"①

朱子集注 ①才美,谓智能技艺之美。骄,矜夸。吝,鄙啬也。○程子曰:"此甚言骄吝之不可也。盖有周公之德,则自无骄吝;若但有周公之才而骄吝焉,亦不足观矣。"又曰:"骄,气盈。吝,气歉。"愚谓骄吝虽有盈歉之殊,然其势常相因。盖骄者吝之枝叶,吝者骄之本根。故尝验之天下之人,未有骄而不吝,吝而不骄者也。

译文 孔子说:"如果具有像周公那样的完美才能,假如骄傲而且吝啬,其他方面就不足取了。"

子曰:"三年学,不至于穀,不易得也。"①

朱子集注 ①易,去声。○穀,禄也。至,疑当作志。为学之久而不求禄,如此之人,不易得也。○杨氏曰:"虽子张之贤,犹以干禄为问,况其下者乎?然则三年学而不至于穀,宜不易得也。"

译文 孔子说:"多年求学,不去想到谋取谷米,是不容易做到的。"

子曰:"笃信好学,守死善道。①危邦不入,乱邦不居。天下有道则见,无道则隐。②邦有道,贫且贱焉,耻也;邦无道,富且贵焉,耻也。"③

 孔子说:"信仰坚定而好学,守节至死完善大道。不进入将有危难的国家,不居留发生动乱的国家。天下清平就出仕,世道昏乱就隐居。国家有道,贫困、卑贱是耻辱;国家昏乱,富有、显贵是耻辱。"

①好,去声。○笃,厚而力也。不笃信,则不能好学;然笃信而不好学,则所信或非其正。不守死,则不能以善其道;然守死而不足以善其道,则亦徒死而已。盖守死者笃信之效,善道者好学之功。

②见,贤遍反。○君子见危授命,则仕危邦者无可去之义,在外则不入可也。乱邦未危,而刑政纪纲紊矣,故洁其身而去之。天下,举一世而言。无道,则隐其身而不见也。此惟笃信好学、守死善道者能之。

③世治而无可行之道,世乱而无能守之节,碌碌庸人,不足以为士矣,可耻之甚也。○晁氏曰:"有学有守,而去就之义洁,出处之分明,然后为君子之全德也。"

子曰:"不在其位,不谋其政。"①

孔子说:"不在这个职位上,就不谋划它的政务。"

①程子曰:"不在其位,则不任其事也。若君大夫问而告者,则有矣。"

子曰:"师挚之始,《关雎》之乱,洋洋乎!盈耳哉。"①

孔子说:"师挚奏乐之始,安排了《关雎》;演奏到末章,耳中充满了典雅的乐声。"

①挚,音至。雎,七余反。○师挚,鲁乐师,名挚也。乱,乐之卒章也。《史记》曰:"《关雎》之乱以为《风》始。"洋洋,美盛意。孔子自卫反鲁而正乐,适师挚在官之初,故乐之美盛如此。

孔子说:"狂放而不正

子曰:"狂而不直,侗而不愿,悾悾而不信,吾不知之矣。"①

朱子集注 ①侗,音通。悾,音空。○侗,无知貌。愿,谨厚也。悾悾,无能貌。吾不知之者,甚绝之之辞,亦不屑之教诲也。○苏氏曰:"天之生物,气质不齐。其中材以下,有是德则有是病,有是病必有是德,故马之蹄啮者必善走,其不善者必驯。有是病而无是德,则天下之弃才也。"

子曰:"学如不及,犹恐失之。"①

译文 孔子说:"学习总像及不上似的,尚且恐怕失去什么。"

朱子集注 ①言人之为学,既如有所不及矣,而其心犹竦然,惟恐其或失之,警学者当如是也。○程子曰:"学如不及,犹恐失之,不得放过。才说姑待明日,便不可也。"

子曰:"巍巍乎!舜、禹之有天下也,而不与焉。"①

译文 孔子说:"崇高啊!舜、禹拥有天下却不占有它。"

朱子集注 ①与,去声。○巍巍,高大之貌。不与,犹言不相关,言其不以位为乐也。

子曰:"大哉尧之为君也!巍巍乎!唯天为大,唯尧则之。荡荡乎!民无能名焉。①巍巍乎其有成功也!焕乎其有文章!"②

译文 孔子说:"尧作为君主伟大啊!崇高啊,唯有上天最高大,唯有尧能效法它。浩瀚啊,民众无法形容。他的功业崇高啊,他的礼仪典制灿烂啊。"

朱子集注 ①唯,犹独也。则,犹准也。荡荡,广远之称也。言物之高大,莫有过于天者,而独尧之德能与之准。故其德之广远,亦如天之不可以言语形容也。
②成功,事业也。焕,光明之貌。文章,礼乐法度也。尧之德不可名,其可见者此尔。○尹氏曰:"天道之大,无为而成。唯尧则之以治天下,故民无得而名焉。所可名者,其功业文章巍然焕然而已。"

舜有臣五人而天下治。① 武王曰："予有乱臣十人。"② 孔子曰："才难，不其然乎？唐、虞之际，于斯为盛。有妇人焉，九人而已。③ 三分天下有其二，以服事殷。周之德，其可谓至德也已矣。"④

译文 舜有五位贤臣而天下大治。武王说："我有十个治国的臣属。"孔子说："人才难得，不是吗？尧、舜以来，武王时人才最多，其中还有一位妇女，此外不过九人而已。他据有了天下的三分之二，仍然事奉殷商。周代的德行，可说是最高的德行了。"

朱子集注 ①治，去声。○五人，禹、稷、契、皋陶、伯益。
②《书·泰誓》之辞。○马氏曰："乱，治也。"十人，谓周公旦、召公奭、太公望、毕公、荣公、太颠、闳夭、散宜生、南宫适，其一人谓文母。刘侍读以为子无臣母之义，盖邑姜也。九人治外，邑姜治内。或曰："乱本作乿，古治字也。"
③称孔子者，上系武王君臣之际，记者谨之。才难，盖古语，而孔子然之也。才者，德之用也。唐、虞，尧、舜有天下之号。际，交会之间。言周室人才之多，惟唐、虞之际，乃盛于此。降自夏、商，皆不能及，然犹但有此数人尔，是才之难得也。
④《春秋传》曰：文王率商之畔国以事纣。盖天下归文王者六州，荆、梁、雍、豫、徐、扬也。惟青、兖、冀，尚属纣耳。○范氏曰："文王之德，足以代商。天与之，人归之，乃不取而服事焉，所以为至德也。孔子因武王之言而及文王之德，且与泰伯，皆以至德称之，其指微矣。"或曰："宜断三分以下，别以孔子曰起之，而自为一章。"

子曰："禹，吾无间然矣。菲饮食，而致孝乎鬼神；恶衣服，而致美乎黻冕；卑宫室，而尽力乎沟洫。禹，吾无间然矣。"①

译文 孔子说："对于禹，我无可指责。饮食菲薄而对祭祀极其虔诚，衣着粗恶而使礼服极其华丽，居室简陋而尽力量开挖沟渠。对于禹，我无可指责。"

朱子集注 ①间，去声。菲，音匪。黻，音弗。洫，呼域反。○间，罅隙也，谓指其罅隙而非议之也。菲，薄也。致孝鬼神，谓享祀丰洁。衣服，常服。黻，蔽膝也，以韦为之。冕，冠也。皆祭服也。沟洫，田间水道，以正疆界、备旱潦者也。或丰或俭，各适其宜，所以无罅隙之可议也，故再言以深美之。○杨氏曰："薄于自奉，而所勤者民之事，所致饰者宗庙朝廷之礼，所谓有天下而不与也，夫何间然之有？"

论语集注卷第五

子罕第九

凡三十章。

子罕言利与命与仁。①

译文 孔子很少谈论利、命运和仁。

朱子集注 ①罕，少也。〇程子曰："计利则害义，命之理微，仁之道大，皆夫子所罕言也。"

达巷党人曰："大哉孔子！博学而无所成名。"①子闻之，谓门弟子曰："吾何执？执御乎？执射乎？吾执御矣。"②

译文 有个居住在达巷的人说："孔子伟大啊！学问渊博却不成为专家。"孔子听到后，对门徒们说："我掌握了什么呢？掌握了驾车吗？掌握了射箭吗？我掌握了驾车啊！"

朱子集注 ①达巷，党名。其人姓名不传。博学无所成名，盖美其学之博而惜其不成一艺之名也。

②执，专执也。射、御皆一艺，而御为人仆，所执尤卑。言欲

使我何所执以成名乎？然则吾将执御矣。闻人誉己，承之以谦也。○尹氏曰："圣人道全而德备，不可以偏长目之也。达巷党人见孔子之大，意其所学者博，而惜其不以一善得名于世，盖慕圣人而不知者也。故孔子曰，欲使我何所执而得为名乎？然则吾将执御矣。"

译文 孔子说："麻布的冠冕是合乎礼的，现今用丝帛，比麻布俭省，我依从多数。在堂下跪拜是合乎礼的，现今在堂上跪拜，较为踞傲，即使违背多数，我依从在堂下跪拜。"

子曰："麻冕，礼也；今也纯，俭。吾从众。①拜下，礼也；今拜乎上，泰也。虽违众，吾从下。"②

朱子集注 ①麻冕，缁布冠也。纯，丝也。俭，谓省约。缁布冠，以三十升布为之，升八十缕，则其经二千四百缕矣。细密难成，不如用丝之省约。
②臣与君行礼，当拜于堂下。君辞之，乃升成拜。泰，骄慢也。○程子曰："君子处世，事之无害于义者，从俗可也；害于义，则不可从也。"

译文 孔子戒绝四项事情：不任意、不专断、不固执、不自大。

子绝四：毋意，毋必，毋固，毋我。①

朱子集注 ①绝，无之尽者。毋，《史记》作无，是也。意，私意也。必，期必也。固，执滞也。我，私己也。四者相为终始，起于意，遂于必，留于固，而成于我也。盖意、必常在事前，固、我常在事后，至于我又生意，则物欲牵引，循环不穷矣。○程子曰："此毋字，非禁止之辞。圣人绝此四者，何用禁止？"张子曰："四者有一焉，则与天地不相似。"○杨氏曰："非知足以知圣人，详视而默识之，不足以记此。"

译文 孔子在匡邑遇险，说："周文王逝世以后，礼乐典制不在我这里吗？上天将要使它们沦丧，我这后死的人就不

子畏于匡，①曰："文王既没，文不在兹乎？②天之将丧斯文也，后死者不得与于斯文也；天之未丧斯文也，匡人其如予何？"③

①畏者,有戒心之谓。匡,地名。《史记》云:"阳虎曾暴于匡,夫子貌似阳虎,故匡人围之。"

②道之显者谓之文,盖礼乐制度之谓。不曰道而曰文,亦谦辞也。兹,此也,孔子自谓。

③丧、与,皆去声。○马氏曰:"文王既没,故孔子自谓后死者。言天若欲丧此文,则必不使我得与于此文。今我既得与于此文,则是天未欲丧此文也。天既未欲丧此文,则匡人其奈我何?言必不能违天害己也。"

会掌握它们了;上天若不使它们沦丧,匡人能把我怎么样呢?

　　大宰问于子贡曰:"夫子圣者与? 何其多能也?"①子贡曰:"固天纵之将圣,又多能也。"②子闻之,曰:"大宰知我乎! 吾少也贱,故多能鄙事。君子多乎哉? 不多也。"③牢曰:"子云,'吾不试,故艺'。"④

译文 太宰问子贡说:"夫子是圣人吧,为什么这样多才多艺呢?"子贡说:"这本是上天使他成为圣人,又使他多才多艺。"孔子听到后说:"太宰了解我吗? 我小时候贫贱,所以学会了不少平常的技艺。君子须要这样多的技能吗? 是不要这样多的。"子牢说:"孔子说:'我不被取用,所以学会了技艺。'"

①大,音泰。与,平声。○孔氏曰:"大宰,官名。或吴或宋,未可知也。"与者,疑辞。大宰盖以多能为圣也。

②纵,犹肆也,言不为限量也。将,殆也,谦若不敢知之辞。圣无不通,多能乃其余事,故言又以兼之。

③言由少贱故多能,而所能者鄙事尔,非以圣而无不通也。且多能非所以率人,故又言君子不必多能以晓之。

④牢,孔子弟子,姓琴,字子开,一字子张。试,用也。言由不为世用,故得以习于艺而通之。○吴氏曰:"弟子记夫子此言之时,子牢因言昔之所闻有如此者,其意相近,故并记之。"

　　子曰:"吾有知乎哉? 无知也。有鄙夫问于我,空空如也,我叩其两端而竭焉。"①

译文 孔子说:"我有知识吗? 没有知识。有个乡下人问我,我一无所知,于是就正反终始两端推究,尽我所能回答。"

①叩,音口。〇孔子谦言己无知识,但其告人,虽于至愚,不敢不尽耳。叩,发动也。两端,犹言两头。言终始本末上下精粗,无所不尽。〇程子曰:"圣人之教人,俯就之若此,犹恐众人以为高远而不亲也。圣人之道,必降而自卑,不如此则人不亲。贤人之言,则引而自高,不如此则道不尊。观于孔子、孟子,则可见矣。"尹氏曰:"圣人之言,上下兼尽。即其近,众人皆可与知;极其至,则虽圣人亦无以加焉,是之谓两端。如答樊迟之问仁智,两端竭尽,无余蕴矣。若夫语上而遗下,语理而遗物,则岂圣人之言哉?"

译文 孔子说:"凤凰不来临,河图不出现,我没有指望了!"

子曰:"凤鸟不至,河不出图,吾已矣夫!"①

①夫,音扶。〇凤,灵鸟,舜时来仪,文王时鸣于岐山。河图,河中龙马负图,伏羲时出,皆圣王之瑞也。已,止也。〇张子曰:"凤至图出,文明之祥。伏羲、舜、文之瑞不至,则夫子之文章,知其已矣。"

译文 孔子看到服丧的人、穿礼服的人和盲人,所见者尽管是年轻人也必定站起身来,经过他们身边时必定走快步。

子见齐衰者、冕衣裳者与瞽者,见之,虽少必作;过之,必趋。①

①齐,音咨。衰,七雷反。少,去声。〇齐衰,丧服。冕,冠也。衣,上服。裳,下服。冕而衣裳,贵者之盛服也。瞽,无目者。作,起也。趋,疾行也。或曰:"少,当作坐。"〇范氏曰:"圣人之心,哀有丧,尊有爵,矜不成人。其作与趋,盖有不期然而然者。"〇尹氏曰:"此圣人之诚心,内外一者也。"

译文 颜回感叹地说:"仰望它更觉崇高,钻研它更觉坚厚,观望时在前面,忽然又到后面去了。夫子有步骤地善

颜渊喟然叹曰:"仰之弥高,钻之弥坚。瞻之在前,忽焉在后。①夫子循循然善诱人,博我以文,约我以礼。②欲罢不能,既竭吾才,如有所立卓尔。

虽欲从之，末由也已。"③

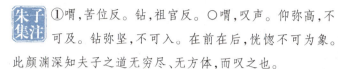①喟，苦位反。钻，祖官反。〇喟，叹声。仰弥高，不
可及。钻弥坚，不可入。在前在后，恍惚不可为象。
此颜渊深知夫子之道无穷尽、无方体，而叹之也。
②循循，有次序貌。诱，引进也。博文、约礼，教之序也。言
夫子道虽高妙，而教人有序也。侯氏曰："博我以文，致知
格物也。约我以礼，克己复礼也。"〇程子曰："此颜子称圣
人最切当处，圣人教人，惟此二事而已。"
③卓，立貌。末，无也。此颜子自言其学之所至也。盖悦之
深而力之尽，所见益亲，而又无所用其力也。〇吴氏曰：
"所谓卓尔，亦在乎日用行事之间，非所谓窈冥昏默者。"〇
程子曰："到此地位，功夫尤难，直是峻绝，又大段着力不
得。"〇杨氏曰："自可欲之谓善，充而至于大，力行之积也。
大而化之，则非力行所及矣，此颜子所以未达一间也。"〇
程子曰："此颜子所以为深知孔子而善学之者也。"〇胡氏
曰："无上事而喟然叹，此颜子学既有得，故述其先难之故、
后得之由，而归功于圣人也。高、坚、前、后，语道体也。仰、
钻、瞻、忽，未领其要也。惟夫子循循善诱，先博我以文，使
我知古今，达事变；然后约我以礼，使我尊所闻，行所知。如
行者之赴家，食者之求饱，是以欲罢而不能，尽心尽力，不少
休废。然后见夫子所立之卓然，虽欲从之，末由也已。是盖
不怠所从，必欲至乎卓立之地也。抑斯叹也，其在请事斯语
之后，三月不违之时乎？"

于引导他人，用典制来丰富
我，用礼仪来约束我。我欲罢
不能，已经竭尽了我的才力，
大道似乎卓然在前，即使想随
从它，却不知从何入手。"

子疾病，子路使门人为臣。①病间，曰："久矣
哉，由之行诈也！无臣而为有臣。吾谁欺？欺天
乎？②且予与其死于臣之手也，无宁死于二三子之
手乎！且予纵不得大葬，予死于道路乎？"③

①夫子时已去位，无家臣。子路欲以家臣治其丧，其
意实尊圣人，而未知所以尊也。

译文 孔子患了重病，子路让
门徒们担任家臣预备后事。
孔子病情好转，说："太过分
了，由这样弄虚作假的！没有
家臣却装做有家臣，我欺骗谁
呢？欺骗上天吗？我与其死
在这种家臣之手，还不如死在
你们这些后生之手呢？我即
使不能隆重安葬，我会死在道
路边上吗？"

②间,如字。○病间,少差也。病时不知,既差乃知其事,故言我之不当有家臣,人皆知之,不可欺也。而为有臣,则是欺天而已。人而欺天,莫大之罪。引以自归,其责子路深矣。

③无宁,宁也。大葬,谓君臣礼葬。死于道路,谓弃而不葬。又晓之以不必然之故。○范氏曰:"曾子将死,起而易箦,曰:'吾得正而毙焉,斯已矣。'子路欲尊夫子,而不知无臣之不可为有臣,是以陷于行诈,罪至欺天。君子之于言动,虽微不可不谨。夫子深惩子路,所以警学者也。"○杨氏曰:"非知至而意诚,则用智自私,不知行其所无事,往往自陷于行诈欺天而莫之知也。其子路之谓乎?"

译文 子贡说:"这儿有块美玉,是把它放在柜子里藏起来呢,还是找个好买主卖掉它呢?"孔子说:"卖掉它!卖掉它!我在等待买主。"

子贡曰:"有美玉于斯,韫匵而藏诸? 求善贾而沽诸?"子曰:"沽之哉! 沽之哉! 我待贾者也。"①

朱子集注 ①韫,纡粉反。匵,徒木反。贾,音嫁。○韫,藏也。匵,匮也。沽,卖也。子贡以孔子有道不仕,故设此二端以问也。孔子言固当卖之,但当待贾,而不当求之耳。○范氏曰:"君子未尝不欲仕也,又恶不由其道。士之待礼,犹玉之待贾也。若伊尹之耕于野,伯夷、太公之居于海滨,世无成汤、文王,则终焉而已,必不枉道以从人,衒玉而求售也。"

译文 孔子想住到夷人地区去。有人问道:"那儿粗陋,怎么行呢?"孔子说:"君子住在那儿,有什么粗陋的呢!"

子欲居九夷。①或曰:"陋,如之何?"子曰:"君子居之,何陋之有!"②

朱子集注 ①东方之夷有九种。欲居之者,亦乘桴浮海之意。
②君子所居则化,何陋之有!

译文 孔子说:"我从卫国回

子曰:"吾自卫反鲁,然后乐正,《雅》《颂》

各得其所。"①

到鲁国，才订正了乐章，使《雅》、《颂》各得其所。"

 ①鲁哀公十一年冬，孔子自卫反鲁。是时周礼在鲁，然《诗》、乐亦颇残缺失次。孔子周流四方，参互考订，以知其说。晚知道终不行，故归而正之。

子曰："出则事公卿，入则事父兄，丧事不敢不勉，不为酒困，何有于我哉？"①

译文 孔子说："出仕事奉公卿，在家事奉父兄，有丧事不敢不尽力，不因为酒而误事，哪一件我做到了呢？"

 ①说见第七篇，然此则其事愈卑而意愈切矣。

子在川上，曰："逝者如斯夫！不舍昼夜。"①

译文 孔子在河边，说："逝去的就像它那样啊！日夜不停息。"

 ①夫，音扶。舍，上声。○天地之化，往者过，来者续，无一息之停，乃道体之本然也。然其可指而易见者，莫如川流。故于此发以示人，欲学者时时省察，而无毫发之间断也。○程子曰："此道体也。天运而不已，日往则月来，寒往则暑来，水流而不息，物生而不穷，皆与道为体，运乎昼夜，未尝已也。是以君子法之，自强不息。及其至也，纯亦不已焉。"又曰："自汉以来，儒者皆不识此义。此见圣人之心，纯亦不已也。纯亦不已，乃天德也。有天德，便可语王道，其要只在谨独。"愚按：自此至篇终，皆勉人进学不已之辞。

子曰："吾未见好德如好色者也。"①

译文 孔子说："我从未见到喜好德行如同喜好美色的人。"

 ①好，去声。○谢氏曰："好好色，恶恶臭，诚也。好德如好色，斯诚好德矣，然民鲜能之。"○《史记》："孔子居卫，灵公与夫人同车，使孔子为次乘，招摇市过之。"孔子丑之，故有是言。

孔子说:"以堆土山作比,差一筐土就完成,却停下来了,那是自己半途而废;以平整土地作比,即使只倒下一筐土,却在进行,那是自己在不断前进。"

子曰:"譬如为山,未成一篑,止,吾止也。譬如平地,虽覆一篑,进,吾往也。"①

朱子集注 ①篑,求位反。覆,芳服反。○篑,土笼也。《书》曰:"为山九仞,功亏一篑。"夫子之言,盖出于此。言山成而但少一篑,其止者,吾自止耳。平地而方覆一篑,其进者,吾自往耳。盖学者自强不息,则积少成多;中道而止,则前功尽弃。其止其往,皆在我而不在人也。

 孔子说:"与之讲述而不懈怠的,大概就是颜回吧!"

子曰:"语之而不惰者,其回也与!"①

朱子集注 ①语,去声。与,平声。○惰,懈怠也。○范氏曰:"颜子闻夫子之言,而心解力行,造次颠沛,未尝违之。如万物得时雨之润,发荣滋长,何有于惰?此群弟子所不及也。"

 孔子谈到颜回,说:"可惜啊!我只见到他前进,从未见到他止步。"

子谓颜渊,曰:"惜乎!吾见其进也,未见其止也。"①

朱子集注 ①"进""止"二字,说见上章。颜子既死而孔子惜之,言其方进而未已也。

 孔子说:"庄稼发芽而不扬花的是有的,扬花而不结实的也是有的。"

子曰:"苗而不秀者有矣夫!秀而不实者有矣夫!"①

朱子集注 ①夫,音扶。○谷之始生曰苗,吐华曰秀,成谷曰实。盖学而不至于成,有如此者,是以君子贵自勉也。

 孔子说:"后生可畏,怎么知道将来不如现在呢?四

子曰:"后生可畏,焉知来者之不如今也?四十、五十而无闻焉,斯亦不足畏也已。"①

①焉知之焉，於虔反。○孔子言后生年富力强，足以积学而有待，其势可畏，安知其将来不如我之今日乎？然或不能自勉，至于老而无闻，则不足畏矣。言此以警人，使及时勉学也。曾子曰："五十而不以善闻，则不闻矣。"盖述此意。○尹氏曰："少而不勉，老而无闻，则亦已矣。自少而进者，安知其不至于极乎？是可畏也。"

子曰："法语之言，能无从乎？改之为贵。巽与之言，能无说乎？绎之为贵。说而不绎，从而不改，吾末如之何也已矣。"①

①法语者，正言之也。巽言者，婉而导之也。绎，寻其绪也。法言人所敬惮，故必从；然不改，则面从而已。巽言无所乖忤，故必说；然不绎，则又不足以知其微意之所在也。○杨氏曰："法言，若孟子论行王政之类是也。巽言，若其论好货、好色之类是也。语之而未达，拒之而不受，犹之可也。其或喻焉，则尚庶几其能改、绎矣。从且说矣，而不改、绎焉，则是终不改、绎也已，虽圣人其如之何哉？"

子曰："主忠信，毋友不如己者，过则勿惮改。"①

①重出而逸其半。

子曰："三军可夺帅也，匹夫不可夺志也。"①

①侯氏曰："三军之勇在人，匹夫之志在己。故帅可夺而志不可夺，如可夺，则亦不足谓之志矣。"

子曰："衣敝缊袍，与衣狐貉者立，而不耻者，其由也与？① '不忮不求，何用不臧？'"②子路终身诵之。子曰："是道也，何足以臧？"③

朱子集注 ①衣，去声。缊，纡粉反。貉，胡各反。与，平声。○敝，坏也。缊，枲著也。袍，衣有著者也，盖衣之贱者。狐貉，以狐貉之皮为裘，衣之贵者。子路之志如此，则能不以贫富动其心，而可以进于道矣，故夫子称之。

②忮，之豉反。○忮，害也。求，贪也。臧，善也。言能不忮不求，则何为不善乎？此《卫风·雄雉》之篇，孔子引之，以美子路也。吕氏曰："贫与富交，强者必忮，弱者必求。"

③终身诵之，则自喜其能，而不复求进于道矣，故夫子复言此以警之。○谢氏曰："耻恶衣恶食，学者之大病。善心不存，盖由于此。子路之志如此，其过人远矣。然以众人而能此，则可以为善矣。子路之贤，宜不止此，而终身诵之，则非所以进于日新也，故激而进之。"

译文 孔子说："穿着破旧的衣袍，和穿着狐皮袋衣的人站在一起而不感到羞耻的人，大概只有是由了吧！《诗·邶风·雄雉》说：'不妒忌、不贪求，为什么不好呢？'"子路老是吟诵它们，孔子说："像这个样子，怎么好得起来呢？"

子曰："岁寒，然后知松柏之后雕也。"①

朱子集注 ①范氏曰："小人之在治世，或与君子无异。惟临利害，遇事变，然后君子之所守可见也。"○谢氏曰："士穷见节义，世乱识忠臣。欲学者必周于德。"

译文 孔子说："天气寒冷了，才知道松柏是最后凋零的。"

子曰："知者不惑，仁者不忧，勇者不惧。"①

朱子集注 ①明足以烛理，故不惑。理足以胜私，故不忧。气足以配道义，故不惧。此学之序也。

译文 孔子说："明智者不疑惑，仁者不忧愁，勇敢者不畏惧。"

子曰："可与共学，未可与适道；可与适道，未可与立；可与立，未可与权。"①

译文 孔子说："能与之共同学习的，不一定能与之抵达大

①可与者,言其可与共为此事也。○程子曰:"可与共学,知所以求之也。可与适道,知所往也。可与立者,笃志固执而不变也。权,称锤也,所以称物而知轻重者也。可与权,谓能权轻重,使合义也。"○杨氏曰:"知为己,则可与共学矣。学足以明善,然后可与适道。信道笃,然后可与立。知时措之宜,然后可与权。"○洪氏曰:"《易》九卦,终于《巽》以行权。权者,圣人之大用。未能立而言权,犹人未能立而欲行,鲜不仆矣。"○程子曰:"汉儒以反经合道为权,故有权变、权术之论,皆非也。权只是经也。自汉以下,无人识权字。"愚按:先儒误以此章连下文偏其反而为一章,故有反经合道之说。程子非之,是矣。然以《孟子》嫂溺,援之以手之义推之,则权与经,亦当有辨。

道;能与之抵达大道的,不一定能与之坚守不移;能与之坚守不移的,不一定能与之通权达变。"

"唐棣之华,偏其反而。岂不尔思? 室是远而。"①子曰:"未之思也,夫何远之有?"②

译文 "唐棣树的花,翩翩地摆动;难道不思念吗? 因为住得遥远。"孔子说:"是未曾去思念啊,这有什么遥远的呢?"

①棣,大计反。○唐棣,郁李也。偏,《晋书》作翩。然则反亦当与翻同,言华之摇动也。而,语助也。此逸诗也,于六义属兴。上两句无意义,但以起下两句之辞耳。其所谓尔,亦不知其何所指也。

②夫,音扶。○夫子借其言而反之,盖前篇仁远乎哉之意。○程子曰:"圣人未尝言易以骄人之志,亦未尝言难以阻人之进。但曰未之思也,夫何远之有? 此言极有涵蓄,意思深远。"

乡 党 第 十

杨氏曰:"圣人之所谓道者,不离乎日用之间也。故夫子之平日,一动一静,门人皆审视而详记之。"〇尹氏曰:"甚矣,孔门诸子之嗜学也! 于圣人之容色言动,无不谨书而备录之,以贻后世。今读者书,即其事,宛然如圣人之在目也。虽然,圣人岂拘拘而为之者哉? 盖盛德之至,动容周旋,自中乎礼耳。学者欲潜心于圣人,宜于此求焉。"旧说凡一章,今分为十七节。

译文 孔子在乡里很恭顺,好像是个不会说话的人。

孔子于乡党,恂恂如也,似不能言者。①

朱子集注 ①恂,相伦反。〇恂恂,信实之貌。似不能言者,谦卑逊顺,不以贤知先人也。乡党,父兄宗族之所在,故孔子居之,其容貌词气如此。

译文 他在宗庙、朝堂则明白流畅地言谈,只是谨慎罢了。

其在宗庙朝廷,便便言,唯谨尔。①

朱子集注 ①朝,直遥反,下同。便,旁连反。〇便便,辩也。宗庙,礼法之所在;朝廷,政事之所出,言不可以不明辩。故必详问而极言之,但谨而不放尔。〇此一节,记孔子在乡党、宗庙、朝廷言貌之不同。

译文 上朝时,与下大夫交谈,安详从容;与上大夫交谈,温和正直。国君临朝,恭敬小心,仪态得体。

朝,与下大夫言,侃侃如也;与上大夫言,訚訚如也。①君在,踧踖如也,与与如也。②

朱子集注 ①侃,苦旦反。訚,鱼巾反。〇此君未视朝时也。《王制》:诸侯上大夫卿,下大夫五人。许氏《说文》:"侃侃,刚直也。訚訚,和悦而诤也。"
②踧,子六反。踖,子亦反。与,平声,或如字。〇君在,视朝也。踧踖,恭敬不宁之貌。与与,威仪中适之貌。〇张子曰:"与与,不忘向君也。"亦通。〇此一节,记孔子在朝廷

事上接下之不同也。

君召使擯，色勃如也，足躩如也。^①揖所与立，左右手，衣前后，襜如也。^②趋进，翼如也。^③宾退，必复命曰："宾不顾矣。"^④

①擯，必刃反。躩，驱若反。○擯，主国之君所使出接宾者。勃，变色貌。躩，盘辟貌。皆敬君命故也。
②襜，赤占反。○所与立，谓同为擯者也。擯用命数之半，如上公九命，则用五人，以次传命。揖左人，则左其手；揖右人，则右其手。襜，整貌。
③疾趋而进，张拱端好，如鸟舒翼。
④纾君敬也。○此一节，记孔子为君擯相之容。

入公门，鞠躬如也，如不容。^①立不中门，行不履阈。^②过位，色勃如也，足躩如也，其言似不足者。^③摄齐升堂，鞠躬如也，屏气似不息者。^④出，降一等，逞颜色，怡怡如也。没阶，趋，翼如也。复其位，踧踖如也。^⑤

①鞠躬，曲身也。公门高大而若不容，敬之至也。
②阈，于逼反。○中门，中于门也。谓当枨阈之间，君出入处也。阈，门限也。礼：士大夫出入君门，由阈右，不践阈。○谢氏曰："立中门则当尊，行履阈则不恪。"
③位，君之虚位。谓门屏之间，人君宁立之处，所谓宁也。君虽不在，过之必敬，不敢以虚位而慢之也。言似不足，不敢肆也。
④齐，音咨。○摄，抠也。齐，衣下缝也。礼：将升堂，两手抠衣，使去地尺，恐蹑之而倾跌失容也。屏，藏也。息，鼻息出入者也。近至尊，气容肃也。
⑤陆氏曰："趋下本无进字，俗本有之，误也。"○等，阶之级

译文 被国君召去接待贵宾，神色立即庄重起来，毫不懈怠地按礼仪走步。向同站在一起的人作揖时，分别向左右拱手，衣服前后整齐。快步前进时，如同鸟儿展翅。贵宾告退，必定回报国君说："宾客不再回头看了。"

译文 进入朝堂的大门时，像鞠躬似地弯下身来，如同不能容身一样。站立不挡在门中间，行走不踩着门槛。经过国君座位时，神色立即庄重起来，毫不懈怠地按礼仪走步，说话像是气力不足似的。提起衣襟走上朝堂时，像鞠躬似地弯下身来，屏住气像是停止呼吸似的。退下时，走下一级台阶，放松了神态，和颜悦色；走完了台阶，快步前进，如同鸟儿展翅一般；回到自己的位置，依然恭敬小心。

也。逞,放也。渐远所尊,舒气解颜。怡怡,和说也。没阶,下尽阶也。趋,走就位也。复位踧踖,敬之余也。○此一节,记孔子在朝之容。

译文 手执玉圭时,像鞠躬似地弯下身来,如同拿不动一样。上举时如同作揖,回下时如同授物。立即显出谨慎小心的神色,脚步急促,似乎沿着什么行走一样。献礼物时,仪容和悦。以私人身分拜见时,轻松愉快。

执圭,鞠躬如也,如不胜。上如揖,下如授。勃如战色,足蹜蹜,如有循。[1]享礼,有容色。[2]私觌,愉愉如也。[3]

朱子集注 [1]胜,平声。蹜,色六反。○圭,诸侯命圭。聘问邻国,则使大夫执以通信。如不胜,执主器,执轻如不克,敬谨之至也。上如揖,下如授,谓执圭平衡,手与心齐,高不过揖,卑不过授也。战色,战而色惧也。蹜蹜,举足促狭也。如有循,《记》所谓举前曳踵,言行不离地,如缘物也。

[2]享,献也。既聘而享,用圭璧,有庭实。有容色,和也。《仪礼》曰:"发气满容。"

[3]私觌,以私礼见也。愉愉,则又和矣。○此一节,记孔子为君聘于邻国之礼也。晁氏曰:"孔子,定公九年仕鲁,至十三年适齐,其间绝无朝聘往来之事。疑使摈、执圭两条,但孔子尝言其礼当如此尔。"

译文 君子不用天青色、黑红色镶边,绯色、紫色的布料不用来做便服。夏天穿着粗、细葛布单衫时,必须套上外衣才外出。黑衣配黑羊皮袄,白衣配白鹿皮袄,黄衣配黄狐皮袄。在家穿的皮袄较长,但缩短右袖。必须备有睡觉的小被,相当一个半体长。用狐、貉的厚毛皮做居家的便服。守丧结束,什么东西都能佩带。不是作为礼服的紫,必须

君子不以绀緅饰。[1]红紫不以为亵服。[2]当暑,袗絺绤,必表而出之。[3]缁衣,羔裘;素衣,麑裘;黄衣,狐裘。[4]亵裘长,短右袂。[5]必有寝衣,长一身有半。[6]狐貉之厚以居。[7]去丧,无所不佩。[8]非帷裳,必杀之。[9]羔裘玄冠不以吊。[10]吉月,必朝服而朝。

朱子集注 [1]绀,古暗反。緅,侧由反。○君子,谓孔子。绀,深青扬赤色,齐服也。緅,绛色。三年之丧,以饰练服也。饰,领缘也。

[2]红紫,间色不正,且近于妇人女子之服也。亵服,私居服

也。言此,则不以为朝祭之服可知。

③袗,单也。葛之精者曰绤,粗者曰绤。表而出之,谓先着里衣,表绤绤而出之于外,欲其不见体也。《诗》所谓"蒙彼绉绤"是也。

④麑,研奚反。○缁,黑色。羔裘,用黑羊皮。麑,鹿子,色白。狐,色黄。衣以裼裘,欲其相称。

⑤长,欲其温。短右袂,所以便作事。

⑥长,去声。○齐主于敬,不可解衣而寝,又不可著明衣而寝,故别有寝衣,其半盖以覆足。○程子曰:"此错简,当在'齐,必有明衣,布'之下。"愚谓如此则此条与明衣、变食既得以类相从,而亵裘、狐貉亦得以类相从矣。

⑦狐貉,毛深温厚,私居取其适体。

⑧去,上声。○君子无故,玉不去身。觽砺之属,亦皆佩也。

⑨杀,去声。○朝祭之服,裳用正幅如帷,要有襞积,而旁无杀缝。其余若深衣,要半下,齐倍要,则无襞积而有杀缝矣。

⑩丧主素,吉主玄。弔必变服,所以哀死。

⑪吉月,月朔也。孔子在鲁致仕时如此。○此一节,记孔子衣服之制。○苏氏曰:"此孔氏遗书,杂记曲礼,非特孔子事也。"

裁短一些。黑羊皮裘、红黑色的冠不穿戴着去吊丧。每逢朔日,必定穿戴朝服去朝拜。

　　齐,必有明衣,布。①**齐,必变食,居必迁坐。**②

朱子集注 ①齐,侧皆反。○齐,必沐浴,浴竟,即着明衣,所以明洁其体也,以布为之。此下脱前章"寝衣"一简。②变食,谓不饮酒,不茹荤。迁坐,易常处之。○此一节,记孔子谨齐之事。○杨氏曰:"齐所以交神,故致洁变常以尽敬。"

译文 斋戒必定备有沐浴后穿的明衣,是布的。斋戒时,必须改变往常的饮食,居处必须改换往常的寝室。

　　食不厌精,脍不厌细。①**食饐而餲,鱼馁而肉败,不食。色恶,不食。臭恶,不食。失饪,不食。不时,不食。**②**割不正,不食。不得其酱,不食。**③**肉**

译文 食物不嫌做得精,生脍不嫌切得细。食物放久变味,鱼臭肉烂,不食用;颜色难看,不食用;气味难闻,不食用;烹调不当,不食用;不合时令,不食用;切割不方正,不食用;没有该用的酱,不食用。肉即使很多,食用时不使它超过饭食。唯有酒不限量,但不喝到醉。打来的酒、买来的熟干肉,不食用。进食时不去除姜,但不多吃。参加官府祭祀,分得的祭肉不留过夜。祭祀用过的肉存放不超过三天,超过三天就不食用了。进食时不交谈,睡觉时不说话。即使是糙米饭、蔬菜羹,也必须在饭前向先祖献祭,必定像斋戒那样虔诚。

虽多,不使胜食气。惟酒无量,不及乱。④沽酒市脯,不食。⑤不撤姜食。⑥不多食。⑦祭于公,不宿肉。祭肉不出三日。出三日,不食之矣。⑧食不语,寝不言。⑨虽疏食菜羹,瓜祭,必齐如也。⑩

朱子集注

①食,音嗣。○食,饭也。精,凿也。牛羊与鱼之腥,聂而切之为脍。食精则能养人,脍粗则能害人。不厌,言以是为善,非谓必欲如是也。

②食馇之食,音嗣。馇,于冀反。餲,乌迈反。饪,而甚反。○馇,饭伤热湿也。餲,味变也。鱼烂曰馁。肉腐曰败。色恶、臭恶,未败而色、臭变也。饪,烹调生熟之节也。不时,五谷不成,果实未熟之类。此数者皆足以伤人,故不食。

③割肉不方正者不食,造次不离于正也。汉陆续之母,切肉未尝不方,断葱以寸为度,盖其质美,与此暗合也。食肉用酱,各有所宜,不得则不食,恶其不备也。此二者,无害于人,但不以嗜味而苟食耳。

④食,音嗣。量,去声。○食以谷为主,故不使肉胜食气。酒以为人合欢,故不为量,但以醉为节而不及乱耳。○程子曰:"不及乱者,非唯不使乱志,虽血气亦不可使乱,但浃洽而已可也。"

⑤沽、市,皆买也。恐不精洁,或伤人也。与不尝康子之药同意。

⑥姜,通神明,去秽恶,故不撤。

⑦适可而止,无贪心也。

⑧助祭于公,所得胙肉,归即颁赐。不俟经宿者,不留神惠也。家之祭肉,则不过三日,皆以分赐。盖过三日,则肉必败,而人不食之,是亵鬼神之余也。但比君所赐胙,可少缓耳。

⑨答述曰语。自言曰言。○范氏曰:"圣人存心不他,当食而食,当寝而寝,言语非其时也。"○杨氏曰:"肺为气主而声出焉,寝食则气窒而不通,语言恐伤之也。"亦通。

⑩食,音嗣。○陆氏曰:"《鲁论》瓜作必。"○古人饮食,每种各出少许,置之豆间之地,以祭先代始为饮食之人,不忘

本也。齐，严敬貌。孔子虽薄物必祭，其祭必敬，圣人之诚也。○此一节，记孔子饮食之节。○谢氏曰："圣人饮食如此，非极口腹之欲，盖养气、体，不以伤生，当如此。然圣人之所不食，穷口腹者或反食之，欲心胜而不暇择也。"

席不正，不坐。①

 ①谢氏曰："圣人心安于正，故于位之不正者，虽小不处。"

译文 座席不端正，就不坐。

乡人饮酒，杖者出，斯出矣。①乡人傩，朝服而立于阼阶。②

①杖者，老人也。六十杖于乡，未出不敢先，既出不敢后。

②傩，乃多反。○傩，所以逐疫，《周礼》方相氏掌之。阼阶，东阶也。傩虽古礼而近于戏，亦必朝服而临之者，无所不用其诚敬也。或曰："恐其惊先祖五祀之神，欲其依己而安也。"○此一节，记孔子居乡之事。

译文 与乡里人饮酒，拄杖的老人退出后，才退出来。乡里迎神驱鬼时，穿着朝服站在东面的台阶上。

问人于他邦，再拜而送之。①康子馈药，拜而受之。曰："丘未达，不敢尝。"②

①拜送使者，如亲见之，敬也。

②范氏曰："凡赐食，必尝以拜。药未达，则不敢尝。受而不饮，则虚人之赐，故告之如此。然则可饮而饮，不可饮而不饮，皆在其中矣。"○杨氏曰："大夫有赐，拜而受之，礼也。未达不敢尝，谨疾也。必告之，直也。"○此一节，记孔子与人交之诚意。

译文 托人向他国人士问候，再次拜谢后送别。季康子馈赠药物，拜谢后接受，说："我不了解，不敢尝试。"

厩焚。子退朝,曰:"伤人乎?"不问马。

①非不爱马,然恐伤人之意多,故未暇问。盖贵人贱畜,理当如此。

译文 马厩失火,孔子退朝回来,说:"伤了人吗?"不询问马的情况。

君赐食,必正席先尝之;君赐腥,必熟而荐之;君赐生,必畜之。①侍食于君,君祭,先饭。②疾,君视之,东首,加朝服,拖绅。③君命召,不俟驾行矣。④

译文 国君赐给食物,必定端正了座席先尝一点;国君赐给生肉,必定煮熟了才上供;国君赐给活物,必定畜养起来。陪同国君进食,国君在饭前向先祖献祭,就先吃饭。患了重病,国君来探望,就头朝东,加盖朝服,放上绅带。国君有命令召见,不等车辆驾好就动身。

①食恐或馂余,故不以荐。正席先尝,如对君也。言先尝,则余当以颁赐矣。腥,生肉。熟而荐之祖考,荣君赐也。畜之者,仁君之惠,无故不敢杀也。
②饭,扶晚反。○《周礼》:"王日一举,膳夫授祭品尝食,王乃食。"故侍食者,君祭,则己不祭而先饭,若为君尝食然,不敢当客礼也。
③首,去声。拖,徒我反。○东首,以受生气也。病卧不能着衣束带,又不可以亵服见君,故加朝服于身,又引大带于上也。
④急趋君命,行出而驾车随之。○此一节,记孔子事君之礼。

入太庙,每事问。①

译文 进了太庙,每件事情都询问。

①重出。

朋友死,无所归,曰:"于我殡。"①朋友之馈,虽车马,非祭肉,不拜。②

译文 朋友去世,没有人来安葬,就说:"让我来办理丧事吧。"朋友的馈赠,即使是车辆马匹,只要不是祭肉就不拜谢。

①朋友以义合,死无所归,不得不殡。
②朋友有通财之义,故虽车马之重,不拜。祭肉则拜

者,敬其祖考,同于己亲也。○此一节,记孔子交朋友之义。

　　寝不尸,居不容。①见齐衰者,虽狎,必变。见冕者与瞽者,虽亵,必以貌。②凶服者,式之。式负版者。③有盛馔,必变色而作。④迅雷风烈,必变。⑤升车,必正立执绥。⑥车中,不内顾,不疾言,不亲指。⑦

朱子集注 ①尸,谓偃卧似死人也。居,居家。容,从仪。范氏曰:"寝不尸,非恶其类于死也。惰慢之气不设于身体,虽舒布其四体,而亦未尝肆耳。居不容,非惰也。但不若奉祭祀、见宾客而已。申申、夭夭是也。"

②狎,谓素亲狎。亵,谓燕见。貌,谓礼貌。馀见前篇。

③式,车前横木。有所敬,则俯而凭之。负版,持邦国图籍者。式此二者,哀有丧,重民数也。人惟万物之灵,而王者之所天也,故《周礼》"献民数于王,王拜受之"。况其下者,敢不敬乎?

④敬主人之礼,非以其馔也。

⑤迅,疾也。烈,猛也。必变者,所以敬天之怒。《记》曰:"若有疾风、迅雷、甚雨则必变,虽夜必兴,衣服冠而坐。"○此一节,记孔子容貌之变。

⑥绥,挽以上车之索也。○范氏曰:"正立执绥,则心体无不正,而诚意肃恭矣。盖君子庄敬无所不在,升车则见于此也。"

⑦内顾,回视也。《礼》曰:"顾不过毂。"三者皆失容,且惑人。○此一节,记孔子升车之容。

　　色斯举矣,翔而后集。①曰:"山梁雌雉,时哉!时哉!"子路共之,三嗅而作。②

译文 睡觉不像死尸那样僵卧,家居不像做客那样端坐。见到服丧的人,即使是亲近者,也必定改变神色。见到戴冠冕的人、盲人,即使是熟人,也必定礼貌相待。乘车遇上穿丧服的人就扶着轼致礼,为传送文书的人扶轼。有丰盛的菜肴,必定改变神色并站起身来。遇上雷霆、大风,必定改变神色。上了车,必定端正地站立,拉着扶手的绳索。在车上不回顾车内,不高声说话,不指指点点。

译文 鸟见到人神色不善就飞了起来,盘旋飞翔后才落下来。孔子说:"这山岗上的鸟儿，真是动静得时啊!"子路向它们拱拱手，它们叫了三声飞去了。

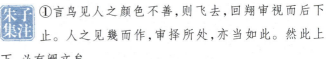

①言鸟见人之颜色不善，则飞去，回翔审视而后下止。人之见幾而作，审择所处，亦当如此。然此上下，必有阙文矣。

②共，九用反，又居勇反。嗅，许又反。○邢氏曰："梁，桥也。时哉，言雉之饮啄得其时。子路不达，以为时物而共具之。孔子不食，三嗅其气而起。"○晁氏曰："石经嗅作戛，谓雉鸣也。"刘聘君云："嗅，当作臭，古阒反。张两翅也。见《尔雅》。"愚按：如后两说，则"共"字当为拱执之义。然此必有阙文，不可强为之说。姑记所闻，以俟知者。

论语集注卷第六

先进第十一

此篇多评弟子贤否,凡二十五章。胡氏曰:"此篇记闵子骞言行者四,而其一直称闵子,疑闵氏门人所记也。"

子曰:"先进于礼乐,野人也;后进于礼乐,君子也。①如用之,则吾从先进。"②

朱子集注 ①先进、后进,犹言前辈、后辈。野人,谓郊外之民。君子,谓贤士大夫也。○程子曰:"先进于礼乐,文质得宜,今反谓之质朴,而以为野人。后进之于礼乐,文过其质,今反谓之彬彬,而以为君子。盖周末文胜,故时人之言如此,不自知其过于文也。"
②用之,谓用礼乐。孔子既述时人之言,又自言其如此,盖欲损过以就中也。

译文 孔子说:"前辈们在礼乐典制方面,是乡下人;后辈们在礼乐典制方面,是君子。要是让我来选择,我依从前辈们。"

译文 孔子说:"跟随我困在陈国、蔡国的人,现在都不在门下了。"德行见长的弟子是颜渊、闵子骞、冉伯牛、仲弓。言语见长的弟子是宰我、子贡。政务见长的弟子是冉有、季路。文事见长的弟子是子游、子夏。

子曰:"从我于陈、蔡者,皆不及门也。①德行:颜渊、闵子骞、冉伯牛、仲弓。言语:宰我、子贡。政事:冉有、季路。文学:子游、子夏。"②

朱子集注 ①从,去声。○孔子尝厄于陈、蔡之间,弟子多从之者,此时皆不在门。故孔子思之,盖不忘其相从于患难之中也。

②行,去声。○弟子因孔子之言,记此十人,而并目其所长,分为四科。孔子教人各因其材,于此可见。○程子曰:"四科乃从夫子于陈、蔡者尔,门人之贤者固不止此。曾子传道而不与焉,故知十哲世俗论也。"

译文 孔子说:"颜回不是对我有帮助的人,他对于我的话没有不感到喜悦的。"孔子说:"闵子骞真孝顺啊!他人不会怀疑他父母兄弟的话。"

子曰:"回也非助我者也,于吾言无所不说。"①子曰:"孝哉闵子骞!人不间于其父母昆弟之言。"②

朱子集注 ①说,音悦。○助我,若子夏之起予,因疑问而有以相长也。颜子于圣人之言,默识心通,无所疑问,故夫子云然。其辞若有憾焉,其实乃深喜之。○胡氏曰:"夫子之于回,岂真以助我望之。盖圣人之谦德,又以深赞颜氏云尔。"

②间,去声。○胡氏曰:"父母兄弟称其孝友,人皆信之无异词者,盖其孝友之实,有以积于中而著于外,故夫子叹而美之。"

译文 南容多次吟诵《诗》中关于白圭的诗句,孔子把自己的侄女嫁给了他。

南容三复白圭,孔子以其兄之子妻之。①

朱子集注 ①三、妻,并去声。○《诗·大雅·抑》之篇曰:"白圭之玷,尚可磨也;斯言之玷,不可为也。"南容一日三复此言,事见《家语》,盖深有意于谨言也。此邦有道所以不废,邦无道所以免祸,故孔子以兄子妻之。○范氏曰:

"言者行之表,行者言之实,未有易其言而能谨于行者。南容欲谨其言如此,则必能谨其行矣。"

季康子问:"弟子孰为好学?"孔子对曰:"有颜回者好学,不幸短命死矣!今也则亡。"①

 ①好,去声。○范氏曰:"哀公、康子问同而对有详略者,臣之告君,不可不尽。若康子者,必待其能问乃告之,此教诲之道也。"

译文 季康子问道:"门徒中哪个好学?"孔子答道:"有个叫颜回的好学,不幸短命死去,现今没有了。"

颜渊死,颜路请子之车以为之椁。①子曰:"才不才,亦各言其子也。鲤也死,有棺而无椁。吾不徒行以为之椁。以吾从大夫之后,不可徒行也。"②

 ①颜路,渊之父,名无繇。少孔子六岁,孔子始教而受学焉。椁,外棺也。请为椁,欲卖车以买椁也。②鲤,孔子之子伯鱼也,先夫子卒。言鲤之才虽不及颜渊,然己与颜路以父视之,则皆子也。孔子时已致仕,尚从大夫之列,言"后",谦辞。○胡氏曰:"孔子遇旧馆人之丧,尝脱骖以赙之矣。今乃不许颜路之请,何耶?葬可以无椁,骖可以脱而复求,大夫不可徒行,命车不可以与人而鬻诸市也。且为所识穷乏者得我,而勉强以副其意,岂诚心与直道哉?或者以为君子行礼,视吾之有无而已。夫君子之用财,视义之可否,岂独视有无而已哉?"

译文 颜回去世了,颜路要求孔子卖掉车子来为颜回置办椁。孔子说:"无论有无才能,就说各人自己的儿子吧。即使孔鲤去世,有棺而没有椁,我也不能徒步行走来为他置办椁。因为我曾经当过大夫,不可以徒步行走。"

颜渊死。子曰:"噫!天丧予!天丧予!"①

 ①丧,去声。○噫,伤痛声。悼道无传,若天丧己也。

译文 颜回去世了,孔子说:"啊!是上天惩罚我,是上天惩罚我。"

颜回去世了,孔子哭得很悲伤,随从的人说:"老师太悲伤了。"孔子说:"我太悲伤了吗? 不是为这样的人悲伤还为谁呢?"

颜渊死,子哭之恸。从者曰:"子恸矣。"① 曰:"有恸乎?② 非夫人之为恸而谁为!"③

朱子集注 ①从,去声。○恸,哀过也。
②哀伤之至,不自知也。
③夫,音扶。为,去声。○夫人,谓颜渊。言其死可惜,哭之宜恸,非他人之比也。○胡氏曰:"痛惜之至,施当其可,皆情性之正也。"

 颜回去世了,门徒们想厚葬他,孔子说:"不行。"门徒们厚葬了颜回,孔子说:"颜回对我像父亲一样看待,我却不能把他像儿子一样看待。这不能怪我,是那些后生们啊!"

颜渊死,门人欲厚葬之,子曰:"不可。"① 门人厚葬之。② 子曰:"回也视予犹父也,予不得视犹子也。非我也,夫二三子也。"③

朱子集注 ①丧具称家之有无,贫而厚葬,不循理也,故夫子止之。
②盖颜路听之。
③叹不得如葬鲤之得宜,以责门人也。

 子路询问事奉鬼神,孔子说:"还没能事奉好生人,怎么能事奉鬼神呢?"子路说:"请问怎样看待死?"孔子说:"还没了解生,怎么能了解死呢?"

季路问事鬼神。子曰:"未能事人,焉能事鬼?""敢问死。"曰:"未知生,焉知死?"①

朱子集注 ①焉,於虔反。○问事鬼神,盖求所以奉祭祀之意。而死者人之所必有,不可不知,皆切问也。然非诚敬足以事人,则必不能事神;非原始而知所以生,则必不能反终而知所以死。盖幽明始终,初无二理,但学之有序,不可躐等,故夫子告之如此。○程子曰:"昼夜者,死生之道也。知生之道,则知死之道。尽事人之道,则尽事鬼之道。死、生,人、鬼,一而二,二而一者也。或言夫子不告子路,不知此乃所以深告之也。"

译文 闵子骞侍立在孔子身

闵子侍侧,訚訚如也;子路,行行如也;冉有、子贡，侃侃如也。子乐。① "若由也，不得其死然。"②

①闿、侃，音义见前篇。行，胡浪反。乐，音洛。行行，刚强之貌。子乐者，乐得英材而教育之。
②尹氏曰："子路刚强，有不得其死之理，故因以戒之。其后子路卒死于卫孔悝之难。"○洪氏曰："《汉书》引此句，上有'曰'字。"或云："上文'乐'字，即'曰'字之误。"

边时，温和正直；子路则刚强英武；冉有、子贡是安详从容。孔子觉得很高兴，说："像由那样，是不得好死的样子。"

鲁人为长府。①闵子骞曰："仍旧贯，如之何？何必改作？"②子曰："夫人不言，言必有中。"③

①长府，藏名。藏货财曰府。为，盖改作之。
②仍，因也。贯，事也。○王氏曰："改作劳民伤财，在于得已，则不如仍旧贯之善。"
③夫，音扶。中，去声。○言不妄发，发必当理，惟有德者能之。

译文 鲁人改造长府，闵子骞说："按旧规制会如何呢？何必要改造呢？"孔子说："这个人除非不说，说了必定合乎道理。"

子曰："由之瑟，奚为于丘之门？"①门人不敬子路。子曰："由也升堂矣，未入于室也。"②

①程子曰："言其声之不和，与己不同也。"《家语》云："子路鼓瑟，有北鄙杀伐之声。"盖其气质刚勇，而不足于中和，故其发于声者如此。
②门人以夫子之言，遂不敬子路，故夫子释之。升堂入室，喻入道之次第。言子路之学，已造乎正大高明之域，特未深入精微之奥耳，未可以一事之失而遽忽之也。

译文 孔子说："仲由这样鼓瑟，为什么要到我的门下来呢？"门徒们因而不敬重子路，孔子说："由这个人已经登上殿堂，还没有进入内室。"

子贡问："师与商也孰贤？"子曰："师也过，商也不及。"①曰："然则师愈与？"②子曰："过犹不

译文 子贡问道："子张和子夏哪个能干？"孔子说："子张

过头了些,子夏不够了些。"子贡说:"那么是子张强一些了?"孔子说:"过头和不够不相上下。"

及。"③

 ①子张才高意广,而好为苟难,故常过中。子夏笃信谨守,而规模狭隘,故常不及。

②与,平声。○愈,犹胜也。

③道以中庸为至。贤智之过,虽若胜于愚不肖之不及,然其失中则一也。○尹氏曰:"中庸之为德也,其至矣乎!夫过与不及,均也。差之毫厘,缪以千里。故圣人之教,抑其过,引其不及,归于中道而已。"

译文 季氏的富有超过了周公,而冉求却为他搜刮来增加他的财富。孔子说:"他不是我的门徒,你们这些后生公开声讨他都没有关系。"

季氏富于周公,而求也为之聚敛而附益之。①子曰:"非吾徒也。小子鸣鼓而攻之,可也。"②

 ①为,去声。○周公以王室至亲,有大功,位冢宰,其富宜矣。季氏以诸侯之卿,而富过之,非攘夺其君、刻剥其民,何以得此?冉有为季氏宰,又为之急赋税以益其富。

②非吾徒,绝之也。小子鸣鼓而攻之,使门人声其罪以责之也。圣人之恶党恶而害民也如此。然师严而友亲,故己绝之,而犹使门人正之,又见其爱人之无已也。○范氏曰:"冉有以政事之才,施于季氏,故为不善至于如此,由其心术不明,不能反求诸身,而以仕为急故也。"

译文 高柴愚笨,曾参迟钝,颛孙师偏颇,仲由鲁莽。

柴也愚,①参也鲁,②师也辟,③由也喭。④

①柴,孔子弟子,姓高,字子羔。愚者,知不足而厚有余。《家语》记其"足不履影,启蛰不杀,方长不折。执亲之丧,泣血三年,未尝见齿。避难而行,不径不窦"。可以见其为人矣。

②鲁,钝也。○程子曰:"参也竟以鲁得之。"又曰:"曾子之学,诚笃而已。圣门学者,聪明才辨,不为不多,而卒传其道,乃质鲁之人尔。故学以诚实为贵也。"○尹氏曰:"曾子

之才鲁,故其学也确,所以能深造乎道也。"

③辟,婢亦反。〇辟,便辟也。谓习于容止,少诚实也。

④喭,五旦反。〇喭,粗俗也。传称喭者,谓俗论也。〇杨氏曰:"四者性之偏,语之使知自励也。"〇吴氏曰:"此章之首,脱'子曰'二字。或疑下章子曰当在此章之首,而通为一章。"

子曰:"回也其庶乎,屡空。①赐不受命,而货殖焉,亿则屡中。"②

译文 孔子说:"颜回大概差不多了吧,可是常常贫困。端木赐不安本分而去经商,猜度却常常得手。"

朱子集注 ①庶,近也。言近道也。屡空,数至空匮也。不以贫窭动心而求富,故屡至于空匮也。言其近道,又能安贫也。

②中,去声。〇命,谓天命。货殖,货财生殖也。亿,意度也。言子贡不如颜子之安贫乐道,然其才识之明,亦能料事而多中也。〇程子曰:"子贡之货殖,非若后人之丰财,但此心未忘耳。然此亦子贡少时事,至闻性与天道,则不为此矣。"〇范氏曰:"屡空者,箪食瓢饮屡绝而不改其乐也。天下之物,岂有可动其中者哉? 贫富在天,而子贡以货殖为心,则是不能安受天命矣。其言而多中者,亿而已,非穷理乐天者也。夫子尝曰'赐不幸言而中,是使赐多言也',圣人之不贵言也如是。"

子张问善人之道。子曰:"不践迹,亦不入于室。"①

译文 子张询问善人的作为,孔子说:"不践行已有的事迹,也达不到高深的境界。"

朱子集注 ①善人,质美而未学者也。〇程子曰:"践迹,如言循途守辙。善人虽不必践旧迹而自不为恶,然亦不能入圣人之室也。"〇张子曰:"善人欲仁而未志于学者也。欲仁,故虽不践成法,亦不蹈于恶,有诸己也。由不学,故无自而入圣人之室也。"

译文 孔子说:"言论笃实就赞许,但要区分他究竟是君子呢,还是装作庄重的人。"

子曰:"论笃是与,君子者乎? 色庄者乎?"①

朱子集注 ①与,如字。○言但以其言论笃实而与之,则未知其为君子者乎? 为色庄者乎? 言不可以言貌取人也。

译文 子路问道:"听说了就实行吗?"孔子说:"有父亲兄长在世,怎么能听说了就实行呢?"冉有问道:"听说了就实行吗?"孔子说:"听说了就实行。"公西华说:"仲由询问是否听说了就实行,老师说'有父亲兄长在世';冉求询问是否听说了就实行,老师说'听说了就实行'。我搞不懂,向老师请教。"孔子说:"冉求谦退,所以促进他;仲由好胜,所以抑制他。"

子路问:"闻斯行诸?"子曰:"有父兄在,如之何其闻斯行之?"冉有问:"闻斯行诸?"子曰:"闻斯行之。"公西华曰:"由也问'闻斯行诸',子曰'有父兄在';求也问'闻斯行诸',子曰'闻斯行之'。赤也惑,敢问。"子曰:"求也退,故进之;由也兼人,故退之。"①

朱子集注 ①兼人,谓胜人也。○张敬夫曰:"闻义固当勇为,然有父兄在,则有不可得而专者。若不禀命而行,则反伤于义矣。子路有闻,未之能行,惟恐有闻,则于所当为不患其不能为矣,特患为之之意或过,而于所当禀命者有阙耳。若冉求之资禀失之弱,不患其不禀命也,患其于所当为者逡巡畏缩,而为之不勇耳。圣人一进之,一退之,所以约之于义理之中,而使之无过不及之患也。"

译文 孔子在匡邑遇险,颜回落在后面。孔子说:"我以为你死了呢。"颜回说:"老师还在,我怎么敢死呢?"

子畏于匡,颜渊后。子曰:"吾以女为死矣。"曰:"子在,回何敢死?"①

朱子集注 ①女,音汝。○后,谓相失在后。何敢死,谓不赴斗而必死也。○胡氏曰:"先王之制,民生于三,事之如一。惟其所在,则致死焉。况颜渊之于孔子,恩义兼尽,又非他人之为师弟子者而已。即孔子不幸而遇难,回必捐生以赴之矣。捐生以赴之,幸而不死,则必上告天子,下告方伯,请讨以复仇,不但已也。夫子而在,则回何为而不爱其死,以犯匡人之锋乎?"

季子然问:"仲由、冉求可谓大臣与?"① 子曰:"吾以子为异之问,曾由与求之问。② 所谓大臣者,以道事君,不可则止。③ 今由与求也,可谓具臣矣。"④ 曰:"然则从之者与?"⑤ 子曰:"弑父与君,亦不从也。"⑥

朱子集注 ① 与,平声。○子然,季氏子弟。自多其家得臣二子,故问之。

② 异,非常也。曾,犹乃也。轻二子以抑季然也。

③ 以道事君者,不从君之欲。不可则止者,必行己之志。

④ 具臣,谓备臣数而已。

⑤ 与,平声。○意二子既非大臣,则从季氏之所为而已。

⑥ 言二子虽不足于大臣之道,然君臣之义则闻之熟矣,弑逆大故,必不从之。盖深许二子以死难不可夺之节,而又以阴折季氏不臣之心也。○尹氏曰:"季氏专权僭窃,二子仕其家而不能正也,知其不可而不能止也,可谓具臣矣。是时季氏已有无君之心,故自多其得人。意其可使从己也,故曰弑父与君,亦不从也,其庶乎二子可免矣。"

子路使子羔为费宰。① 子曰:"贼夫子之子。"② 子路曰:"有民人焉,有社稷焉,何必读书,然后为学?"③ 子曰:"是故恶夫佞者。"④

朱子集注 ① 子路为季氏宰而举之也。

② 夫,音扶,下同。○贼,害也。言子羔质美而未学,遽使治民,适以害之。

③ 言治民、事神皆所以为学。

④ 恶,去声。○治民、事神,固学者事,然必学之已成,然后可仕以行其学。若初未尝学,而使之即仕以为学,其不至于慢神而虐民者几希矣。子路之言,非其本意,但理屈词穷,而取辨于口以御人耳。故夫子不斥其非,而特恶其佞也。○范氏曰:"古者学而后入政,未闻以政学者也。盖道之本

译文 季子然问道:"仲由、冉求可称为德行高尚的臣属吗?"孔子说:"我以为你要问什么了不起的事,原来是问仲由和冉求呀。所谓德行高尚的臣属,是用大道来事奉君主,行不通就罢手。仲由和冉求,眼下只可称为备位充数的臣属。"季子然说:"那么他们是顺从的人吗?"孔子说:"谋害父亲和君主,是不会顺从的。"

译文 子路让子羔担任费邑的长官,孔子说:"误人子弟啊!"子路说:"既有民众又有社稷,为什么一定要读书才算是学习呢?"孔子说:"因此我厌恶巧语强辩的人!"

在于修身，而后及于治人，其说具于方册。读而知之，然后能行，何可以不读书也？子路乃欲使子羔以政为学，失先后本末之序矣。不知其过而以口给御人，故夫子恶其佞也。"

子路、曾皙、冉有、公西华侍坐。①子曰："以吾一日长乎尔，毋吾以也。②居则曰：'不吾知也！'如或知尔，则何以哉？"③子路率尔而对曰："千乘之国，摄乎大国之间，加之以师旅，因之以饥馑；由也为之，比及三年，可使有勇，且知方也。"夫子哂之。④"求！尔何如？"对曰："方六七十，如五六十，求也为之，比及三年，可使足民。如其礼乐，以俟君子。"⑤"赤！尔何如？"对曰："非曰能之，愿学焉。宗庙之事，如会同，端章甫，愿为小相焉。"⑥"点！尔何如？"鼓瑟希，铿尔，舍瑟而作，对曰："异乎三子者之撰。"子曰："何伤乎？亦各言其志也。"曰："莫春者，春服既成，冠者五六人，童子六七人，浴乎沂，风乎舞雩，咏而归。"夫子喟然叹曰："吾与点也！"⑦三子者出，曾皙后。曾皙曰："夫三子者之言何如？"子曰："亦各言其志也已矣。"⑧

朱子集注

①坐，才卧反。〇皙，曾参父，名点。

②长，上声。〇言我虽年少长于女，然女勿以我长而难言。盖诱之尽言以观其志，而圣人和气谦德，于此亦可见矣。

③言女平居，则言人不知我。如或有人知汝，则汝将何以为用也？

④乘，去声。饥，音机。馑，音仅。比，必二反，下同。哂，诗忍反。〇率尔，轻遽之貌。摄，管束也。二千五百人为师，五百人为旅。因，仍也。谷不熟曰饥，菜不熟曰馑。方，向也，谓向义也。民向义，则能亲其上、死其长矣。哂，微

译文 子路、曾皙、冉有、公西华随从孔子坐着，孔子说："虽然我的年岁稍长些，但你们不要拘束。往常你们常说'没人了解我'，如果有人了解你们，你们打算干什么呢？"子路轻巧地答道："千乘兵车的国家，处在大国的中间，外有兵戈相加，内有饥荒相困，让我来治理，只须三年，能使它们勇敢，并懂得道理。"孔子微微一笑。孔子说："求，你怎么样啊？"冉有答道："方圆六七十里，或者五六十里的地方，让我来治理，只须三年，能使民众富有。至于礼乐教化，就有待君子了。"孔子说："赤，你怎么样啊？"公西华答道："并非有能力，但愿意学习。宗庙祭祀，或与别国会盟，我愿意穿着礼服，担任小小的司仪。"孔子说："点，你怎么样啊？"曾皙鼓瑟略微放慢了节奏，铿的一声放下瑟站起身来，答道："我和他们三位的想法不同。"孔子说："这有什么关系呢？不过各人谈论自己的志向而已。"曾皙说："暮春三月，已经穿上了春装，邀上五六个成年人、六七个小孩子，在沂水里沐浴，到雩台上乘凉，唱着歌回来。"孔子叹息着说："我赞同点啊！"其他三人退出去了，曾皙后走。曾皙说："他们三位

笑也。

⑤"求,尔何如?"孔子问也,下放此。方六七十里,小国也。如,犹或也。五六十里,则又小矣。足,富足也。俟君子,言非己所能。冉有谦退,又以子路见哂,故其词益逊。

⑥相,去声。○公西华志于礼乐之事,嫌以君子自居。故将言己志而先为逊词,言未能而愿学也。宗庙之事,谓祭祀。诸侯时见曰会,众覜曰同。端,元端服。章甫,礼冠。相,赞君之礼者。言"小",亦谦辞。

⑦铿,苦耕反。舍,上声。撰,士免反。莫、冠,并去声。沂,鱼依反。雩,音于。○四子侍坐,以齿为序,则点当次对。以方鼓瑟,故孔子先问求、赤而后及点也。希,间歇也。作,起也。撰,具也。莫春,和煦之时。春服,单袷之衣。浴,盥濯也,今上巳祓除是也。沂,水名,在鲁城南,地志以为有温泉焉,理或然也。风,乘凉也。舞雩,祭天祷雨之处,有坛墠树木也。咏,歌也。曾点之学,盖有以见夫人欲尽处,天理流行,随处充满,无少欠缺。故其动静之际,从容如此。而其言志,则又不过即其所居之位,乐其日用之常,初无舍己为人之意。而其胸次悠然,直与天地万物上下同流,各得其所之妙,隐然自见于言外。视三子规规于事为之末者,气象不侔矣,故夫子叹息而深许之。而门人记其本末独加详焉,盖亦有以识此矣。

⑧夫,音扶。

曰:"夫子何哂由也?"①曰:"为国以礼,其言不让,是故哂之。"②"唯求则非邦也与?""安见方六七十如五六十而非邦也者?"③"唯赤则非邦也与?""宗庙会同,非诸侯而何? 赤也为之小,孰能为之大?"④

朱子集注 ①点以子路之志,乃所优为,而夫子哂之,故请其说。②夫子盖许其能,特哂其不逊。③与,平声,下同。○曾点以冉求亦欲为国而不见哂,故微问之。而夫子之答无贬词,盖亦许之。

④此亦曾皙问而夫子答也。孰能为之大,言无能出其右者,亦许之之词。○程子曰:"古之学者,优柔厌饫,有先后之序。如子路、冉有、公西赤言志如此,夫子许之。亦以此自是实事。后之学者好高,如人游心千里之外,然自身却只在此。"又曰:"孔子与点,盖与圣人之志同,便是尧、舜气象也。诚异三子者之撰,特行有不掩焉耳,此所谓狂也。子路等所见者小,子路只为不达为国以礼道理,是以哂之。若达,却便是这气象也。"又曰:"三子皆欲得国而治之,故孔子不取。曾点,狂者也,未必能为圣人之事,而能知夫子之志。故曰浴乎沂,风乎舞雩,咏而归,言乐而得其所也。孔子之志,在于老者安之,朋友信之,少者怀之,使万物莫不遂其性。曾点知之,故孔子喟然叹曰:'吾与点也。'"又曰:"曾点、漆雕开,已见大意。"

颜 渊 第 十 二

凡二十四章。

颜渊问仁。子曰:"克己复礼为仁。一日克己复礼,天下归仁焉。为仁由己,而由人乎哉?"①颜渊曰:"请问其目。"子曰:"非礼勿视,非礼勿听,非礼勿言,非礼勿动。"颜渊曰:"回虽不敏,请事斯语矣。"②

译文 颜渊询问仁,孔子说:"约束自身使言行合乎礼,就是仁。一旦能约束自身使言行合乎礼,天下就归依仁了。成就仁在乎自身,难道要仰仗他人吗?"颜渊说:"请问具体的内容。"孔子说:"不合乎礼

①仁者,本心之全德。克,胜也。己,谓身之私欲也。复,反也。礼者,天理之节文也。为仁者,所以全其心之德也。盖心之全德,莫非天理,而亦不能不坏于人欲。故为仁者必有以胜私欲而复于礼,则事皆天理,而本心之德复全于我矣。归,犹与也。又言一日克己复礼,则天下之人皆与其仁,极言其效之甚速而至大也。又言为仁由己而非他人所能预,又见其机之在我而无难也。日日克之,不以为难,则私欲净尽,天理流行,而仁不可胜用矣。〇程子曰:"非礼处便是私意。既是私意,如何得仁?须是克尽己私,皆归于礼,方始是仁。"又曰:"克己复礼,则事事皆仁,故曰天下归仁。"〇谢氏曰:"克己,须从性偏难克处克将去。"②目,条件也。颜渊闻夫子之言,则于天理人欲之际,已判然矣,故不复有所疑问,而直请其条目也。非礼者,己之私也。勿者,禁止之辞。是人心之所以为主,而胜私复礼之机也。私胜,则动容周旋无不中礼,而日用之间莫非天理之流行矣。事,如事事之事。请事斯语,颜子默识其理,又自知其力有以胜之,故直以为己任而不疑也。〇程子曰:"颜渊问克己复礼之目,子曰:'非礼勿视,非礼勿听,非礼勿言,非礼勿动。'四者,身之用也。由乎中而应乎外,制于外所以养其中也。颜渊事斯语,所以进于圣人。后之学圣人者,宜服膺而勿失也,因箴以自警。其《视箴》曰:'心兮本虚,应物无迹。操之有要,视为之则。蔽交于前,其中则迁。制之于外,以安其内。克己复礼,久而诚矣。'其《听箴》曰:'人有秉彝,本乎天性。知诱物化,遂亡其正。卓彼先觉,知止有定。闲邪存诚,非礼勿听。'其《言箴》曰:'人心之动,因言以宣。发禁躁妄,内斯静专。矧是枢机,兴戎出好。吉凶荣辱,惟其所召。伤易则诞,伤烦则支。己肆物忤,出悖来违。非法不道,钦哉训辞!'其《动箴》曰:'哲人知几,诚之于思。志士励行,守之于为。顺理则裕,从欲惟危。造次克念,战兢自持。习与性成,圣贤同归。'"愚按:此章问答,乃传授心法切要之言。非至明不能察其几,非至健不能致其决。故惟颜子得闻之,而凡学者亦不可以不勉也。程子之箴,发明亲切,学者尤宜深玩。

的不去看,不合乎礼的不去听,不合乎礼的不去说,不合乎礼的不去做。"颜渊说:"我虽然迟钝,也要奉行这些教导。"

译文 仲弓询问仁,孔子说:"走出家门如同会见贵宾,役使民众如同承当大祭。自己所不想要的,不要施加于他人。在官府没有人怨恨,在家族里没有人怨恨。"仲弓说:"我虽然迟钝,也要奉行这些教导。"

仲弓问仁。子曰:"出门如见大宾,使民如承大祭。己所不欲,勿施于人。在邦无怨,在家无怨。"仲弓曰:"雍虽不敏,请事斯语矣。"①

朱子集注 ①敬以持己,恕以及物,则私意无所容而心德全矣。内外无怨,亦以其效言之,使以自考也。○程子曰:"孔子言仁,只说出门如见大宾,使民如承大祭。看其气象,便须心广体胖,动容周旋中礼。惟谨独,便是守之之法。"或问:"出门、使民之时,如此可也;未出门、使民之时,如之何?"曰:"此俨若思时也,有诸中而后见于外。观其出门、使民之时,其敬如此,则前乎此者敬可知矣。非因出门、使民,然后有此敬也。"愚按:克己复礼,乾道也;主敬行恕,坤道也。颜、冉之学,其高下浅深,于此可见。然学者诚能从事于敬恕之间而有得焉,亦将无己之可克矣。

译文 司马牛询问仁,孔子说:"具备仁的人,他的言语谨慎。"司马牛说:"言语谨慎就叫做仁了吗?"孔子说:"做起来难,说能不谨慎吗?"

司马牛问仁。①子曰:"仁者其言也讱。"②曰:"其言也讱,斯谓之仁已乎?"子曰:"为之难,言之得无讱乎?"③

朱子集注 ①司马牛,孔子弟子,名犁,向魋之弟。
②讱,音刃。○讱,忍也,难也。仁者心存而不放,故其言若有所忍而不易发,盖其德之一端也。夫子以牛多言而躁,故告之以此。使其于此而谨之,则所以为仁之方,不外是矣。
③牛意仁道至大,不但如夫子之所言,故夫子又告之以此。盖心常存,故事不苟;事不苟,故其言自有不得而易者,非强闭之而不出也。○杨氏曰:"观此及下章再问之语,牛之易其言可知。"○程子曰:"虽为司马牛多言故及此,然圣人之言,亦止此为是。"愚谓牛之为人如此,若不告之以其病之所切,而泛以为仁之大概语之,则以彼之躁,必不能深思以去其病,而终无自以入德矣。故其告之如此。盖圣人之言,虽有高下大小之不同,然其切于学者之身,而皆为入德之

要,则又初不异也。读者其致思焉。

司马牛问君子。子曰:"君子不忧不惧。"①曰:"不忧不惧,斯谓之君子已乎?"子曰:"内省不疚,夫何忧何惧?"②

①向魋作乱,牛常忧惧,故夫子告之以此。
②夫,音扶。○牛之再问,犹前章之意,故复告之以此。疚,病也。言由其平日所为无愧于心,故能内省不疚,而自无忧惧,未可遽以为易而忽之也。○晁氏曰:"不忧不惧,由乎德全而无疵。故无入而不自得,非实有忧惧而强排遣之也。"

译文 司马牛询问君子,孔子说:"君子不忧愁、不恐惧。"司马牛说:"不忧愁、不恐惧就叫做君子了吗?"孔子说:"内心自省不感到愧疚,还有什么忧愁、有什么恐惧呢?"

司马牛忧曰:"人皆有兄弟,我独亡。"①子夏曰:"商闻之矣:②死生有命,富贵在天。③君子敬而无失,与人恭而有礼。四海之内,皆兄弟也。君子何患乎无兄弟也?"④

①牛有兄弟而云然者,忧其为乱而将死也。
②盖闻之夫子。
③命禀于有生之初,非今所能移;天莫之为而为,非我所能必,但当顺受而已。
④既安于命,又当修其在己者。故又言苟能持己以敬而不间断,接人以恭而有节文,则天下之人皆爱故之,如兄弟矣。盖子夏欲以宽牛之忧,而为是不得已之辞,读者不以辞害意可也。○胡氏曰:"子夏四海皆兄弟之言,特以广司马牛之意,意圆而语滞者也,惟圣人则无此病矣。且子夏知此而以哭子丧明,则以蔽于爱而昧于理,是以不能践其言尔。"

译文 司马牛忧伤地说:"别人都有兄弟,唯独我没有。"子夏说:"我听说,生死自有命运,富贵在于上天。君子敬慎而没有失误,待人谦恭而有礼,四海之内都是兄弟,君子何必担忧没有兄弟呢?"

子张问明。子曰:"浸润之谮,肤受之诉,不

译文 子张询问贤明,孔子

行焉,可谓明也已矣。浸润之谮,肤受之诉,不行焉,可谓远也已矣。"①

朱子集注 ①谮,庄荫反。诉,苏路反。○浸润,如水之浸灌滋润,渐渍而不骤也。谮,毁人之行也。肤受,谓肌肤所受,利害切身。如《易》所谓"剥床以肤,切近灾"者也。诉,诉己之冤也。毁人者渐渍而不骤,则听者不觉其入,而信之深矣。诉冤者急迫而切身,则听者不及致详,而发之暴矣。二者难察而能察之,则可见其心之明而不蔽于近矣。此亦必因子张之失而告之,故其词繁而不杀,以致丁宁之意云。○杨氏曰:"骤而语之,与利害不切于身者,不行焉,有不待明者能之也。故浸润之谮、肤受之诉不行,然后谓之明,而又谓之远,远则明之至也。《书》曰:'视远惟明。'"

子贡问政。子曰:"足食,足兵,民信之矣。"①子贡曰:"必不得已而去,于斯三者何先?"曰:"去兵。"②子贡曰:"必不得已而去,于斯二者何先?"曰:"去食。自古皆有死,民无信不立。"③

朱子集注 ①言仓廪实而武备修,然后教化行,而民信于我,不离叛也。
②去,上声,下同。○言食足而信孚,则无兵而守固矣。
③民无食必死,然死者人之所必不免。无信,则虽生而无以自立,不若死之为安。故宁死而不失信于民,使民亦宁死而不失信于我也。○程子曰:"孔门弟子善问,直穷到底,如此章者,非子贡不能问,非圣人不能答也。"愚谓以人情而言,则兵食足而后吾之信可以孚于民。以民德而言,则信本人之所固有,非兵食所得而先也。是以为政者,当身率其民而以死守之,不以危急而可弃也。

棘子成曰:"君子质而已矣,何以文为?"①子贡曰："惜乎！夫子之说，君子也。驷不及舌。②文犹质也，质犹文也。虎豹之鞟犹犬羊之鞟。"③

①棘子成，卫大夫。疾时人文胜，故为此言。

②言子成之言，乃君子之意。然言出于舌，则驷马不能追之，又惜其失言也。

③鞟，其郭反。〇鞟，皮去毛者也。言文质等耳，不可相无。若必尽去其文而独存其质，则君子小人无以辨矣。夫棘子成矫当时之弊，固失之过；而子贡矫子成之弊，又无本末轻重之差，胥失之矣。

哀公问于有若曰："年饥，用不足，如之何？"①有若对曰："盍彻乎？"②曰："二，吾犹不足，如之何其彻也？"③对曰："百姓足，君孰与不足？百姓不足，君孰与足？"④

①称有若者，君臣之词。用，谓国用。公意盖欲加赋以足用也。

②彻，通也，均也。周制：一夫受田百亩，而与同沟共井之人通力合作，计亩均收。大率民得其九，公取其一，故谓之彻。鲁自宣公税亩，又逐亩什取其一，则为什而取二矣。故有若请但专行彻法，欲公节用以厚民也。

③二，即所谓什二也。公以有若不喻其旨，故言此以示加赋之意。

④民富则君不至独贫，民贫则君不能独富。有若深言君民一体之意，以止公之厚敛，为人上者所宜深念也。〇杨氏曰："仁政必自经界始。经界正，而后井地均、谷禄平，而军国之须皆量是以为出焉。故一彻而百度举矣，上下宁忧不足乎？以二犹不足而教之彻，疑若迂矣。然什一，天下之中正。多则桀，寡则貉，不可改也。后世不究其本而惟末之图，故征敛无艺，费出无经，而上下困矣。又恶知盍彻之当务而不为迂乎？"

四书 章句集注

就行了，何必还要文采呢？"子贡说："可惜啊，先生如此谈论君子！话一出口就难以收回了。如果文采与质朴一样，质朴与文采一样，那么去了毛的虎豹皮与去了毛的犬羊皮就没有区别了。"

译文 鲁哀公问有若："年成不好，用度不足，怎么办呢？"有若答道："何不十分取一收税呢？"哀公说："十分取二尚且不够，怎么能十分取一呢？"有若答道："百姓富有，国君怎么会不足呢？百姓不足，国君怎么会富有呢？"

译文 子张询问如何提高德行、廓清疑惑,孔子说:"以忠诚守信为本,顺从大义,就是提高德行。喜爱时希望他生存,厌恶时希望他死去,既希望他生存又希望他死去,这就是疑惑。《诗·小雅·我行其野》说:'诚不以富,亦祗以异。'"

子张问崇德、辨惑。子曰:"主忠信,徙义,崇德也。① 爱之欲其生,恶之欲其死。既欲其生,又欲其死,是惑也。②'诚不以富,亦祗以异。'"③

朱子集注 ① 主忠信,则本立。徙义,则日新。

② 恶,去声。○爱恶,人之常情也。然人之生死有命,非可得而欲也。以爱恶而欲其生死,则惑矣。既欲其生,又欲其死,则惑之甚也。

③ 此《诗·小雅·我行其野》之词也。旧说:夫子引之,以明欲其生死者不能使之生死。如此诗所言,不足以致富而适足以取异也。○程子曰:"此错简,当在第十六篇齐景公有马千驷之上。因此下文亦有齐景公字而误也。"○杨氏曰:"堂堂乎张也,难与并为仁矣。则非诚善补过、不蔽于私者,故告之如此。"

译文 齐景公向孔子询问政务,孔子说:"君主像君主,臣属像臣属,父亲像父亲,儿子像儿子。"景公说:"是啊!如果真的君主不像君主、臣属不像臣属、父亲不像父亲、儿子不像儿子,即使拥有粮米,我能够得食吗?"

齐景公问政于孔子。① 孔子对曰:"君君,臣臣,父父,子子。"② 公曰:"善哉!信如君不君,臣不臣,父不父,子不子,虽有粟,吾得而食诸?"③

朱子集注 ① 齐景公,名杵臼。鲁昭公末年,孔子适齐。

② 此人道之大经,政事之根本也。是时景公失政,而大夫陈氏厚施于国。景公又多内嬖,而不立太子。其君臣父子之间,皆失其道,故夫子告之以此。

③ 景公善孔子之言而不能用,其后果以继嗣不定,启陈氏弑君篡国之祸。○杨氏曰:"君之所以君,臣之所以臣,父之所以父,子之所以子,是必有道矣。景公知善夫子之言,而不知反求其所以然,盖悦而不绎者,齐之所以卒于乱也。"

译文 孔子说:"能以片言只语断案的人,大概是由吧?"子路没有隔宿的许诺。

子曰:"片言可以折狱者,其由也与?"① 子路无宿诺。②

①折,之舌反。与,平声。〇片言,半言。折,断也。子路忠信明决,故言出而人信服之,不待其辞之毕也。

②宿,留也,犹宿怨之宿。急于践言,不留其诺也。记者因夫子之言而记此,以见子路之所以取信于人者,由其养之有素也。〇尹氏曰:"小邾射以句绎奔鲁,曰:'使季路要我,吾无盟矣。'千乘之国,不信其盟,而信子路之一言,其见信于人可知矣。一言而折狱者,信在言前,人自信之故也。不留诺,所以全其信也。"

子曰:"听讼,吾犹人也,必也使无讼乎!"①

译文 孔子说:"审理诉讼,我与他人一样。必须使诉讼不发生。"

 ①范氏曰:"听讼者,治其末,塞其流也。正其本,清其源,则无讼矣。"〇杨氏曰:"子路片言可以折狱,而不知以礼逊为国,则未能使民无讼者也。故又记孔子之言,以见圣人不以听讼为难,而以使民无讼为贵。"

子张问政。子曰:"居之无倦,行之以忠。"①

译文 子张询问政务,孔子说:"任职不懈怠,办事靠忠诚。"

 ①居,谓存诸心。无倦,则始终如一。行,谓发于事。以忠,则表里如一。〇程子曰:"子张少仁。无诚心爱民,则必倦而不尽心,故告之以此。"

子曰:"博学于文,约之以礼,亦可以弗畔矣夫!"①

译文 孔子说:"君子广泛地学习典制,用礼仪来制约,也可以不背离大道了。"

 ①重出。

子曰:"君子成人之美,不成人之恶。小人反是。"①

译文 孔子说:"君子成就他人的好事,不促成他人的坏事,小人与此相反。"

朱子集注 ①成者,诱掖奖劝以成其事也。君子小人,所存既有厚薄之殊,而其所好又有善恶之异。故其用心不同如此。

译文 季康子向孔子询问政务,孔子答道:"所谓政务,就是端正。你用端正来作表率,谁敢不端正呢?"

季康子问政于孔子。孔子对曰:"政者,正也。子帅以正,孰敢不正?"①

朱子集注 ①范氏曰:"未有己不正而能正人者。"○胡氏曰:"鲁自中叶,政由大夫,家臣效尤,据邑背叛,不正甚矣。故孔子以是告之,欲康子以正自克,而改三家之故。惜乎康子之溺于利欲而不能也。"

译文 季康子担忧盗贼,向孔子求教。孔子答道:"如果你不贪欲,即使奖励也不会有人去偷盗。"

季康子患盗,问于孔子。孔子对曰:"苟子之不欲,虽赏之不窃。"①

朱子集注 ①言子不贪欲,则虽赏民使之为盗,民亦知耻而不窃。○胡氏曰:"季氏窃柄,康子夺嫡,民之为盗,固其所也。盍亦反其本耶?孔子以不欲启之,其旨深矣。"夺嫡事见《春秋传》。

译文 季康子向孔子询问政务说:"以杀戮无道的方式使国政趋向清明,怎么样啊?"孔子答道:"你治理国政,干吗使用杀戮的手段呢?你企求善民众就会行善。君子的德行是风,小人的德行是草,草遇上风必定倒伏。"

季康子问政于孔子,曰:"如杀无道,以就有道,何如?"孔子对曰:"子为政,焉用杀?子欲善,而民善矣。君子之德风,小人之德草。草上之风,必偃。"①

朱子集注 ①焉,於虔反。○为政者,民所视效,何以杀为?欲善则民善矣。上,一作尚,加也。偃,仆也。○尹氏曰:"杀之为言,岂为人上之语哉?以身教者从,以言教者讼,而况于杀乎?"

子张问:"士何如,斯可谓之达矣?"① 子曰:"何哉,尔所谓达者?"② 子张对曰:"在邦必闻,在家必闻。"③ 子曰:"是闻也,非达也。④ 夫达也者,质直而好义,察言而观色,虑以下人。在邦必达,在家必达。⑤ 夫闻也者,色取仁而行违,居之不疑。在邦必闻,在家必闻。"⑥

①达者,德孚于人而行无不得之谓。

②子张务外,夫子盖已知其发问之意,故反诘之,将以发其病而药之也。

③言名誉著闻也。

④闻与达相似而不同,乃诚伪之所以分,学者不可不审也。故夫子既明辨之,下文又详言之。

⑤夫,音扶,下同。好、下,皆去声。○内主忠信,而所行合宜,审于接物,而卑以自牧,皆自修于内,不求人知之事。然德修于己而人信之,则所行自无窒碍矣。

⑥行,去声。○善其颜色以取于仁,而行实背之,又自以为是而无所忌惮。此不务实而专求名者,故虚誉虽隆而实德则病矣。○程子曰:"学者须是务实,不要近名。有意近名,大本已失,更学何事? 为名而学,则是伪也。今之学者,大抵为名。为名与为利,虽清浊不同,然其利心则一也。"○尹氏曰:"子张之学,病在乎不务实。故孔子告之,皆笃实之事,充乎内而发乎外者也。当时门人亲受圣人之教,而差失有如此者,况后世乎?"

樊迟从游于舞雩之下,曰:"敢问崇德、修慝、辨惑。"① 子曰:"善哉问!② 先事后得,非崇德与? 攻其恶,无攻人之恶,非修慝与? 一朝之忿,忘其身,以及其亲,非惑与?"③

①慝,吐得反。○胡氏曰:"慝之字从心从匿,盖恶之匿于心者。修者,治而去之。"

译文 子张问道:"士人要怎样才能称为通达呢?"孔子说:"你所谓的通达是什么意思呢?"子张答道:"在国中必定闻名、在家族中必定闻名。"孔子说:"这是闻名,不是通达。所谓通达,就是秉性正直而喜好义理,洞察言谈、观望神态,思虑自己不如他人之处,在国中必定通达、在家族中必定通达。所谓闻名,则是神态上表现为仁而行动上却违背它,以此自居毫不疑惑,在国中必定闻名、在家族中必定闻名。"

译文 樊迟随从孔子在雩台边漫步,说:"请问如何提高德行、消除恶念、廓清疑惑呢?"孔子说:"问得好啊! 先去从事,然后获得,不就是提高德行吗? 攻讦自己的恶行,不攻讦他人的恶行,不就是消除恶念吗? 因为一时的忿怒,忘记了自身,以至带累自己的父母,不就是疑惑吗?"

②善其切于为己。

③与，平声。○先事后得，犹言先难后获也。为所当为而不计其功，则德日积而不自知矣。专于治己而不责人，则己之恶无所匿矣。知一朝之忿为甚微，而祸及其亲为甚大，则有以辨惑而惩其忿矣。樊迟粗鄙近利，故告之以此，三者皆所以救其失也。○范氏曰："先事后得，上义而下利也。人惟有利欲之心，故德不崇。惟不自省己过而知人之过，故慝不修。感物而易动者莫如忿，忘其身以及其亲，惑之甚者也。惑之甚者必起于细微，能辨之于早，则不至于大惑矣。故惩忿所以辨惑也。"

译文 樊迟询问仁，孔子说："爱护他人。"樊迟询问知，孔子说："了解他人。"樊迟未能理解，孔子说："举用正直的人来代替不正直的人，能使不正直的人变得正直。"樊迟退出来，见到子夏，说："刚才我去见夫子询问知，他说'举用正直的人来代替不正直的人，能使不正直的人变得正直'，是什么意思呢？"子夏说："这话涵义丰富啊！舜拥有天下，在众人中挑选，举用了皋陶，不仁的人就离去了。汤拥有天下，在众人中挑选，举用了伊尹，不仁的人就离去了。"

樊迟问仁。子曰："爱人。"问知。子曰："知人。"①樊迟未达。②子曰："举直错诸枉，能使枉者直。"③樊迟退，见子夏，曰："乡也吾见于夫子而问'知'，子曰'举直错诸枉，能使枉者直'，何谓也。"④子夏曰："富哉言乎！⑤舜有天下，选于众，举皋陶，不仁者远矣。汤有天下，选于众，与伊尹，不仁者远矣。"⑥

 ①上"知"字，去声；下如字。○爱人，仁之施。知人，知之务。

②曾氏曰："迟之意，盖以爱欲其周，而知有所择，故疑二者之相悖尔。"

③举直错枉者，知也。使枉者直，则仁矣。如此，则二者不惟不相悖，而反相为用矣。

④乡，去声。见，贤遍反。○迟以夫子之言，专为知者之事。又未达所以能使枉者直之理。

⑤叹其所包者广，不止言知。

⑥选，息恋反。陶，音遥。远，如字。○伊尹，汤之相也。不仁者远，言人皆化而为仁，不见有不仁者，若其远去尔，所谓使枉者直也。子夏盖有以知夫子之兼仁、知而言矣。○程子曰："圣人之语，因人而变化。虽若有浅近者，而其包含

无所不尽，观于此章可见矣。非若他人之言，语近则遗远，语远则不知近也。"〇尹氏曰："学者之问也，不独欲闻其说，又必欲知其方；不独欲知其方，又必欲为其事。如樊迟之问仁、知也，夫子告之尽矣。樊迟未达，故又问焉，而犹未知其何以为之也。及退而问诸子夏，然后有以知之。使其未喻，则必将复问矣。既问于师，又辩诸友，当时学者之务实也如是。"

　　子贡问友。子曰："忠告而善道之，不可则止，无自辱焉。"①

①告，工毒反。道，去声。〇友所以辅仁，故尽其心以告之，善其说以道之。然以义合者也，故不可则止。若以数而见疏，则自辱矣。

译文 子贡询问结交朋友，孔子说："忠心地劝告并好好地引导他，不能做到就停止，不要使自己遭受耻辱。"

　　曾子曰："君子以文会友，以友辅仁。"①

①讲学以会友，则道益明；取善以辅仁，则德日进。

译文 曾子说："君子以学问来结交朋友，以朋友来辅助仁德。"

子路第十三

凡三十章。

子路问政。子曰："先之，劳之。"①**请益。曰："无倦。"**②

译文 子路询问政务，孔子说："以身作则，吃苦耐劳。"子路要求讲得多一些，孔子说："不要怠惰。"

朱子集注 ①劳，如字。○苏氏曰："凡民之行，以身先之，则不令而行。凡民之事，以身劳之，则虽勤不怨。"
②无，古本作毋。○吴氏曰："勇者喜于有为而不能持久，故以此告之。"○程子曰："子路问政，孔子既告之矣。及请益，则曰无倦而已。未尝复有所告，姑使之深思也。"

仲弓为季氏宰，问政。子曰："先有司，赦小过，举贤才。"①**曰："焉知贤才而举之？"曰："举尔所知。尔所不知，人其舍诸？"**②

译文 仲弓担任了季氏的家臣，询问政务，孔子说："先派定管事人员，原谅小的过错，举用贤能的人才。"仲弓说：

朱子集注 ①有司，众职也。宰兼众职，然事必先之于彼，而后考其成功，则己不劳而事毕举矣。过，失误也。大者于事或有所害，不得不惩；小者赦之，则刑不滥而人心悦矣。贤，有德者。才，有能者。举而用之，则有司皆得其人而政益修矣。

②焉，於虔反。舍，上声。○仲弓虑无以尽知一时之贤才，故孔子告之以此。○程子曰："人各亲其亲，然后不独亲其亲。仲弓曰焉知贤才而举之，子曰举尔所知，尔所不知，人其舍诸，便见仲弓与圣人用心之大小。推此义，则一心可以兴邦，一心可以丧邦，只在公私之间尔。"○范氏曰："不先有司，则君行臣职矣；不赦小过，则下无全人矣；不举贤才，则百职废矣。失此三者，不可以为季氏宰，况天下乎？"

"如何知道是贤能的人才而举用他们呢？"孔子说："举用你所知道的。你所不知道的，别人难道会遗弃他们吗？"

子路曰："卫君待子而为政，子将奚先？"①子曰："必也正名乎！"②子路曰："有是哉，子之迂也！奚其正？"③子曰："野哉由也！君子于其所不知，盖阙如也。④名不正，则言不顺；言不顺，则事不成；⑤事不成，则礼乐不兴；礼乐不兴，则刑罚不中；刑罚不中，则民无所措手足。⑥故君子名之必可言也，言之必可行也。君子于其言，无所苟而已矣。"⑦

译文 子路说："卫君等待老师去治理国政，老师打算先从哪儿着手呢？"孔子说："必须辨正名称！"子路说："有这个必要吗？老师绕得太远了！辨正它们干什么呢？"孔子说："你真卤莽啊！君子对于自己所不知道的，就不发表意见。名称不辨正，说话就不顺当；说话不顺当，事情就做不成；事情做不成，礼乐就得不到实施；礼乐得不到实施，刑罚就不会得当；刑罚不得当，民众就无所适从。因此，君子定名的东西必定有理由可说，说了就必定能施行。君子对于自己的说话，是一点都不马虎的。"

朱子集注 ①卫君，谓出公辄也。是时鲁哀公之十年，孔子自楚反乎卫。

②是时出公不父其父而祢其祖，名实紊矣，故孔子以正名为先。○谢氏曰："正名虽为卫君而言，然为政之道，皆当以此为先。"

③迂，谓远于事情，言非今日之急务也。

④野，谓鄙俗。责其不能阙疑，而率尔妄对也。

⑤杨氏曰："名不当其实，则言不顺。言不顺，则无以考实而事不成。"

⑥中，去声。○范氏曰："事得其序之谓礼，物得其和之谓

乐。事不成则无序而不和,故礼乐不兴。礼乐不兴,则施之政事皆失其道,故刑罚不中。"

⑦程子曰:"名实相须,一事苟,则其余皆苟矣。"○胡氏曰:"卫世子蒯聩耻其母南子之淫乱,欲杀之,不果而出奔。灵公欲立公子郢,郢辞。公卒,夫人立之,又辞。乃立蒯聩之子辄,以拒蒯聩。夫蒯聩欲杀母,得罪于父,而辄据国以拒父,皆无父之人也,其不可有国也明矣。夫子为政,而以正名为先,必将具其事之本末,告诸天王,请于方伯,命公子郢而立之。则人伦正,天理得,名正言顺而事成矣。夫子告之之详如此,而子路终不喻也。故事辄不去,卒死其难。徒知食焉不避其难之为义,而不知食辄之食为非义也。"

译义 樊迟请求学种庄稼,孔子说:"我不如老农民。"樊迟请求学种蔬菜,孔子说:"我不如老园丁。"樊迟退了出去,孔子说:"樊迟真是小人! 在上者喜好礼仪,民众没有一个敢不恭敬;在上者喜好道义,民众没有一个敢不服从;在上者喜好守信,民众没有一个敢不用真诚相待。如果这样,四方的民众就会背负着他们的子女来投奔,哪里用得着自己去种庄稼呢?"

樊迟请学稼。子曰:"吾不如老农。"请学为圃。曰:"吾不如老圃。"① 樊迟出。子曰:"小人哉,樊须也!② 上好礼,则民莫敢不敬;上好义,则民莫敢不服;上好信,则民莫敢不用情。夫如是,则四方之民襁负其子而至矣,焉用稼?"③

朱子集注 ①种五谷曰稼,种蔬菜曰圃。

②小人,谓细民,孟子所谓小人之事者也。

③好,去声。夫,音扶。襁,居丈反。焉,于虔反。○礼、义、信,大人之事也。好义,则事合宜。情,诚实也。敬、服、用情,盖各以其类而应也。襁,织缕为之,以约小儿于背者。○杨氏曰:"樊须游圣人之门,而问稼圃,志则陋矣,辞而辟之可也。待其出而后言其非,何也? 盖于其问也,自谓农圃之不如,则拒之者至矣。须之学疑不及此,而不能问,不能以三隅反矣,故不复。及其既出,则惧其终不喻也,求老农老圃而学焉,则其失愈远矣。故复言之,使知前所言者意有在也。"

译义 孔子说:"读熟了三百

子曰:"诵《诗》三百,授之以政,不达;使于四方,不能专对;虽多,亦奚以为?"①

朱子集注 ①使,去声。○专,独也。《诗》本人情,该物理,可以验风俗之盛衰,见政治之得失。其言温厚和平,长于风喻。故诵之者,必达于政而能言也。○程子曰:"穷经将以致用也。世之诵《诗》者,果能从政而专对乎? 然则其所学者,章句之末耳,此学者之大患也。"

篇《诗》,把政务交给他却不通晓,派他出使别国却不能独立应对。即使读得多,又有什么用呢?"

子曰:"其身正,不令而行;其身不正,虽令不从。"

译文 孔子说:"自身端正,不发号令就能施行;自身不端正,即使号令也不服从。"

子曰:"鲁、卫之政,兄弟也。"①

译文 孔子说:"鲁国和卫国的政务,犹如是兄弟。"

朱子集注 ①鲁,周公之后。卫,康叔之后。本兄弟之国,而是时衰乱,政亦相似,故孔子叹之。

子谓卫公子荆,"善居室。始有,曰苟合矣。少有,曰苟完矣。富有,曰苟美矣。"①

译文 孔子谈到卫公子荆,说他"善于治理家政。刚宽裕一点,就说'凑合着够了';稍多一些,就说'差不多齐备了';富有时,说'几乎华美了'"。

朱子集注 ①公子荆,卫大夫。苟,聊且粗略之意。合,聚也。完,备也。言其循序而有节,不以欲速尽美累其心。○杨氏曰:"务为全美,则累物而骄吝之心生。公子荆皆曰苟而已,则不以外物为心,其欲易足故也。"

子适卫,冉有仆。①子曰:"庶矣哉!"②冉有曰:"既庶矣,又何加焉?"曰:"富之。"③曰:"既富矣,又何加焉?"曰:"教之。"④

译文 孔子来到卫国,冉有驾车,孔子说:"百姓真多啊!"冉有说:"百姓已经众多了,还该干些什么呢?"孔子说:"使他们富有。"冉有说:"已经富有了,还该干些什么呢?"孔子说:"教育他们。"

朱子集注 ①仆,御车也。
②庶,众也。
③庶而不富,则民生不遂,故制田里,薄赋敛以富之。

④富而不教,则近于禽兽。故必立学校,明礼义以教之。○胡氏曰:"天生斯民,立之司牧,而寄以三事。然自三代之后,能举此职者,百无一二。汉之文、明,唐之太宗,亦云庶且富矣,西京之教无闻焉。明帝尊师重傅,临雍拜老,宗戚子弟莫不受学;唐太宗大召名儒,增广生员,教亦至矣,然而未知所以教也。三代之教,天子公卿躬行于上,言行政事皆可师法。彼二君者,其能然乎?"

【译文】 孔子说:"如果有人起用我,不过一年就可粗见成效,三年能有所成就。"

子曰:"苟有用我者。期月而已可也,三年有成。"①

【朱子集注】 ①期月,谓周一岁之月也。可者,仅辞,言纲纪布也。有成,治功成也。○尹氏曰:"孔子叹当时莫能用己也,故云然。"愚按:《史记》,此盖为卫灵公不能用而发。

【译文】 孔子说:"'善人治理国家一百年,就能克服恶行、去除刑戮了',这话真对啊!"

子曰:"善人为邦百年,亦可以胜残去杀矣。诚哉是言也!"①

【朱子集注】 ①胜,平声。去,上声。○为邦百年,言相继而久也。胜残,化残暴之人,使不为恶也。去杀,谓民化于善,可以不用刑杀也。盖古有是言,而夫子称之。○程子曰:"汉自高、惠至于文、景,黎民醇厚,几致刑措,庶乎其近之矣。"○尹氏曰:"胜残去杀,不为恶而已,善人之功如是。若夫圣人,则不待百年,其化亦不止此。"

【译文】 孔子说:"如果有称王天下的人,必需三十年才能达成仁德。"

子曰:"如有王者,必世而后仁。"①

【朱子集注】 ①王者,谓圣人受命而兴也。三十年为一世。仁,谓教化浃也。○程子曰:"周自文、武至于成王,而后礼乐兴,即其效也。"○或问:"三年、必世,迟速不同,何也?"程子曰:"三年有成,谓法度纪纲有成而化行也。渐民以仁,摩民以义,使之浃于肌肤,沦于骨髓,而礼乐可兴,所谓仁也。此非积久,何以能致?"

子曰:"苟正其身矣,于从政乎何有? 不能正其身,如正人何?"

译文 孔子说:"如果端正了自身,治理国政还有什么困难呢? 不能端正自身,怎么纠正他人呢?"

冉有退朝。子曰:"何晏也?"对曰:"有政。"子曰:"其事也。如有政,虽不吾以,吾其与闻之。"①

译文 冉有从官府回来,孔子说:"为什么这样晚啊?"冉有答道:"有政务。"孔子说:"大概是平常的事务。如有政务,即使不任用我,我大概是会得知的。"

朱子集注 ①朝,音潮。与,去声。○冉有时为季氏宰。朝,季氏之私朝也。晏,晚也。政,国政。事,家事。以,用也。礼:大夫虽不治事,犹得与闻国政。是时季氏专鲁,其于国政,盖有不与同列议于公朝,而独与家臣谋于私室者。故夫子为不知者而言,此必季氏之家事耳。若是国政,我尝为大夫,虽不见用,犹当与闻。今既不闻,则是非国政也。语意与魏徵献陵之对略相似。其所以正名分,抑季氏,而教冉有之意深矣。

定公问:"一言而可以兴邦,有诸?"孔子对曰:"言不可以若是其几也。①人之言曰:'为君难,为臣不易。'②如知为君之难也,不几乎一言而兴邦乎?"③曰:"一言而丧邦,有诸?"孔子对曰:"言不可以若是其几也。人之言曰:'予无乐乎为君,唯其言而莫予违也。'④如其善而莫之违也,不亦善乎? 如不善而莫之违也,不几乎一言而丧邦乎?"⑤

译文 鲁定公问:"一句话能使国家兴盛,有这回事吗?"孔子答道:"话不能寄予如此大的期望,人们说'做国君难,做臣属不容易',如果知道做国君的难处,不接近于一句话能使国家兴盛吗?"鲁定公说:"一句话能使国家灭亡,有这回事吗?"孔子答道:"话不能寄予如此大的期望,人们说'我当国君没有什么快乐,只是说话没有人违背',如果话说得对而没有人违背,不也很好吗?如果话说得不对而没

朱子集注 ①几,期也。《诗》曰:"如几如式。"言一言之间,未可以如此而必期其效。

有人违背,不接近于一句话能使国家灭亡吗?"

②易,去声。○当时有此言也。

③因此言而知为君之难,则必战战兢兢,临深履薄,而无一事之敢忽。然则此言也,岂不可以必期于兴邦乎?为定公言,故不及臣也。

④丧,去声,下同。乐,音洛。○言他无所乐,惟乐此耳。

⑤范氏曰:"言不善而莫之违,则忠言不至于耳。君日骄而臣日谄,未有不丧邦者也。"○谢氏曰:"知为君之难,则必敬谨以持之。惟其言而莫予违,则谗谄面谀之人至矣。邦未必遽兴丧也,而兴丧之源分于此。然此非识微之君子,何足以知之?"

译文 叶公询问政务,孔子说:"使近处的人快乐,使远处的人归附。"

叶公问政。①子曰:"近者说,远者来。"②

 ①音义并见第七篇。

②说,音悦。○被其泽则悦,闻其风则来。然必近者悦,而后远者来也。

译文 子夏担任了莒父的长官,询问政务,孔子说:"不要求快,不要只看到小利。求快就达不到目的,只看到小利就不能成就大事。"

子夏为莒父宰,问政。子曰:"无欲速,无见小利。欲速则不达,见小利则大事不成。"①

朱子集注 ①父,音甫。○莒父,鲁邑名。欲事之速成,则急遽无序,而反不达。见小者之为利,则所就者小,而所失者大矣。○程子曰:"子张问政,子曰:'居之无倦,行之以忠。'子夏问政,子曰:'无欲速,无见小利。'子张常过高而未仁,子夏之病常在近小,故各以切己之事告之。"

译文 叶公告诉孔子说:"我们乡里有个直率的人,他的父亲偷了羊,他作为儿子而去告发。"孔子说:"我们乡里的直率的人不是这样做的。父亲

叶公语孔子曰:"吾党有直躬者,其父攘羊,而子证之。"①孔子曰:"吾党之直者异于是:父为子隐,子为父隐,直在其中矣。"②

朱子集注 ①语，去声。○直躬，直身而行者。有因而盗曰攘。

②为，去声。○父子相隐，天理人情之至也。故不求为直，而直在其中。○谢氏曰："顺理为直。父不为子隐，子不为父隐，于理顺邪？瞽瞍杀人，舜窃负而逃，遵海滨而处。当是时，爱亲之心胜，其于直不直，何暇计哉？"

为儿子隐瞒，儿子为父亲隐瞒，直率就体现在其中了。"

　　樊迟问仁。子曰："居处恭，执事敬，与人忠。虽之夷狄，不可弃也。"①

译文 樊迟询问仁，孔子说："平时端庄，办事认真，与人交往真诚。即使到了边地蛮族那儿，也不能丢弃这几条。"

朱子集注 ①恭主容，敬主事。恭见于外，敬主乎中。之夷狄不可弃，勉其固守而勿失也。○程子曰："此是彻上彻下语。圣人初无二语也，充之则睟面盎背，推而达之则笃恭而天下平矣。"○胡氏曰："樊迟问仁者三：此最先，先难次之，爱人其最后乎？"

　　子贡问曰："何如斯可谓之士矣？"子曰："行己有耻，使于四方，不辱君命，可谓士矣。"①曰："敢问其次。"曰："宗族称孝焉，乡党称弟焉。"②曰："敢问其次。"曰："言必信，行必果，硁硁然小人哉！抑亦可以为次矣。"③曰："今之从政者何如？"子曰："噫！斗筲之人，何足算也。"④

译文 子贡问道："怎样才能称为士呢？"孔子说："对自己的行为有羞耻之心，出使他国能不辜负国君的任命，能称为士了。"子贡说："请问比这差一等的。"孔子说："宗族称赞他孝顺，乡里称赞他友爱。"子贡说："请问比这差一等的。"孔子说："说话必定诚实可信，行为必定坚决果断。这是固执的小人呀！但也能算是差一等的士了。"子贡说："现在的从政的人怎么样呢？"孔子说："咳！这种见识狭小的人怎么能算得上呢？"

朱子集注 ①使，去声。○此其志有所不为，而其材足以有为者也。子贡能言，故以使事告之。盖为使之难，不独贵于能言而已。

②弟，去声。○此本立而材不足者，故为次。

③行，去声。硁，苦耕反。○果，必行也。硁，小石之坚确者。小人，言其识量之浅狭也。此其本末皆无足观，然亦不害其为自守也，故圣人犹有取焉。下此则市井之人，不复可为士矣。

④筲，所交反。算，亦作筭，悉乱反。○今之从政者，盖如鲁

三家之属。噫,心不平声。斗,量名,容十升。筲,竹器,容斗二升。斗筲之人,言鄙细也。算,数也。子贡之问每下,故夫子以是警之。〇程子曰:"子贡之意,盖欲为皎皎之行,闻于人者。夫子告之,皆笃实自得之事。"

子曰:"不得中行而与之,必也狂狷乎!狂者进取,狷者有所不为也。"①

译文 孔子说:"得不到行为中庸的人交往,必然要与狂狷之人相交了。狂者激进,狷者有的事情不肯做。"

朱子集注 ①狷,音绢。〇行,道也。狂者,志极高而行不掩。狷者,知未及而守有余。盖圣人本欲得中道之人而教之,然既不可得,而徒得谨厚之人,则未必能自振拔而有为也。故不若得此狂狷之人,犹可因其志节,而激厉裁抑之以进于道,非与其终于此而已也。〇孟子曰:"孔子岂不欲中道哉?不可必得,故思其次也。如琴张、曾晳、牧皮者,孔子之所谓狂也。其志嘐嘐然,曰:'古之人!古之人!'夷考其行而不掩焉者也。狂者又不可得,欲得不屑不洁之士而与之,是狷也,是又其次也。"

译文 孔子说:"南方人说:'人没有恒心,不能担任巫师和医士。'这话说得好啊!"《易·恒》的爻辞说:"不保持德行,就可能招致羞辱。"孔子说:"这是毋须占卜就可知道的。"

子曰:"南人有言曰:'人而无恒,不可以作巫医。'善夫!"①**"不恒其德,或承之羞。"**②**子曰:"不占而已矣。"**③

朱子集注 ①恒,胡登反。夫,音扶。〇南人,南国之人。恒,常久也。巫所以交鬼神,医所以寄死生,故虽贱役,而尤不可以无常,孔子称其言而善之。
②此《易》《恒卦》九三《爻辞》。承,进也。
③复加"子曰",以别《易》文也,其义未详。〇杨氏曰:"君子于《易》苟玩其占,则知无常之取羞矣。其为无常也,盖亦不占而已矣。"意亦略通。

译文 孔子说:"君子和谐而

子曰:"君子和而不同,小人同而不和。"①

朱子集注 ①和者,无乖戾之心。同者,有阿比之意。○尹氏曰:"君子尚义,故有不同。小人尚利,安得而和?"

不结党,小人结党而不和谐。"

　　子贡问曰:"乡人皆好之,何如?"子曰:"未可也。""乡人皆恶之,何如?"子曰:"未可也。不如乡人之善者好之,其不善者恶之。"①

朱子集注 ①好、恶,并去声。○一乡之人,宜有公论矣,然其间亦各以类自为好恶也。故善者好之而恶者不恶,则必其有苟合之行。恶者恶之而善者不好,则必其无可好之实。

译文 子贡问道:"乡里人都称赞他,怎么样啊?"孔子说:"不能肯定。"子贡说:"乡里人都厌恶他,怎么样啊?"孔子说:"不能肯定。倒不如乡里的善人称赞他,乡里的恶人厌恶他。"

　　子曰:"君子易事而难说也:说之不以道,不说也;及其使人也,器之。小人难事而易说也:说之虽不以道,说也;及其使人也,求备焉。"①

朱子集注 ①易,去声。说,音悦。○器之,谓随其材器而使之也。君子之心公而恕,小人之心私而刻。天理人欲之间,每相反而已矣。

译文 孔子说:"君子容易事奉而难以使他高兴,不用正当的方式来使他高兴是不会高兴的,到了他用人的时候却量才录用;小人难以事奉而容易使他高兴,不用正当的方式来使他高兴是会高兴的,到了他用人的时候却求全责备。"

　　子曰:"君子泰而不骄,小人骄而不泰。"①

朱子集注 ①君子循理,故安舒而不矜肆。小人逞欲,故反是。

译文 孔子说:"君子安详而不骄横,小人骄横而不安详。"

　　子曰:"刚、毅、木、讷,近仁。"①

朱子集注 ①程子曰:"木者,质朴。讷者,迟钝。四者,质之近乎仁者也。"○杨氏曰:"刚、毅则不屈于物欲,木、讷则不至于外驰,故近仁。"

译文 孔子说:"刚强、果敢、朴实、谨慎,接近于仁。"

译文 子路问道："怎样才能称为士呢？"孔子说："相互勉励、和睦共处，能够称为士了。朋友之间相互勉励，兄弟之间和睦共处。"

子路问曰："何如斯可谓之士矣？"子曰："切切、偲偲，怡怡如也，可谓士矣。朋友切切、偲偲，兄弟怡怡。"①

朱子集注 ①胡氏曰："切切，恳到也。偲偲，详勉也。怡怡，和说也。皆子路所不足，故告之。又恐其混于所施，则兄弟有贼恩之祸，朋友有善柔之损，故又别而言之。"

译文 孔子说："善人教育民众七年，也能够进行作战了。"

子曰："善人教民七年，亦可以即戎矣。"①

朱子集注 ①教民者，教之孝悌忠信之行，务农讲武之法。即，就也。戎，兵也。民知亲其上，死其长，故可以即戎。〇程子曰："七年云者，圣人度其时可矣。如云期月、三年、百年、一世、大国五年、小国七年之类，皆当思其作为如何乃有益。"

译文 孔子说："用未经训练的民众去作战，这叫做抛弃他们。"

子曰："以不教民战，是谓弃之。"①

朱子集注 ①以，用也。言用不教之民以战，必有败亡之祸，是弃其民也。

宪问第十四

胡氏曰："此篇疑原宪所记。"凡四十七章。

宪问耻。子曰："邦有道,谷;邦无道,谷,耻也。"①

朱子集注 ①宪,原思名。谷,禄也。邦有道不能有为,邦无道不能独善,而但知食禄,皆可耻也。宪之狷介,其于"邦无道,谷"之可耻,固知之矣;至于"邦有道,谷"之可耻,则未必知也。故夫子因其问而并言之,以广其志,使知所以自勉而进于有为也。

译文 原宪询问耻,孔子说:"国家清平时领取俸禄,当国家无道时仍然领取俸禄,就是耻。"

"克、伐、怨、欲不行焉,可以为仁矣?"①子曰:"可以为难矣,仁则吾不知也。"②

朱子集注 ①此亦原宪以其所能而问也。克,好胜。伐,自矜。怨,忿恨。欲,贪欲。
②有是四者而能制之,使不得行,可谓难矣。仁则天理浑然,自无四者之累,不行不足以言之也。〇程子曰:"人而无克、伐、怨、欲,惟仁者能之。有之而能制其情,使不行,斯亦难能也。谓之仁则未也。此圣人开示之深,惜乎宪之不能再问也。"或曰:"四者不行,固不得为仁矣。然亦岂非所谓克己之事,求仁之方乎?"曰:"克去己私以复乎礼,则私欲不留,而天理之本然者得矣。若但制而不行,则是未有拔去病根之意,而容其潜藏隐伏于胸中也。岂克己求仁之谓哉?学者察于二者之间,则其所以求仁之功,益亲切而无渗漏矣。"

译文 原宪说:"好胜、自夸、怨恨、贪欲的行为不去做,能算是仁了吗?"孔子说:"能算是难得了,是否仁我就不知道了。"

子曰："士而怀居,不足以为士矣。"①

朱子集注 ①居,谓意所便安处也。

译文 孔子说:"作为士而留恋安乐,就不足以成为士了。"

子曰："邦有道,危言危行;邦无道,危行言孙。"①

译文 孔子说:"国家清平,说话正直、行为正直;国家无道,行为正直、说话谦逊。"

朱子集注 ①行、孙，并去声。○危，高峻也。孙，卑顺也。尹氏曰："君子之持身不可变也，至于言则有时而不敢尽，以避祸也。然则为国者使士言孙，岂不殆哉？"

译文 孔子说："有德行的人必定会讲理，会讲理的人不一定有德行。仁者必定勇敢，勇敢的人不一定有仁德。"

子曰："有德者必有言，有言者不必有德；仁者必有勇，勇者不必有仁。"①

朱子集注 ①有德者，和顺积中，英华发外。能言者，或便佞口给而已。仁者，心无私累，见义必为。勇者，或血气之强而已。○尹氏曰："有德者必有言，徒能言者未必有德也。仁者志必勇，徒能勇者未必有仁也。"

译文 南宫适问孔子说："羿擅长射箭、奡能陆地行舟，都不得好死；禹、后稷亲自种地却得到了天下，为什么呢？"夫子不回答。南宫适退了出去，孔子说："这个人真是君子啊！这个人真崇尚德行啊！"

南宫适问于孔子曰："羿善射，奡荡舟，俱不得其死然。禹、稷躬稼，而有天下。"夫子不答。南宫适出，子曰："君子哉若人！尚德哉若人！"①

朱子集注 ①适，古活反。羿，音诣。奡，五报反。荡，土浪反。○南宫适，即南容也。羿，有穷之君，善射，灭夏后相而篡其位。其臣寒浞又杀羿而代之。奡，《春秋传》作"浇"，浞之子也，力能陆地行舟，后为夏后少康所诛。禹平水土暨稷播种，身亲稼穑之事。禹受舜禅而有天下，稷之后至周武王亦有天下。适之意，盖以羿、奡比当世之有权力者，而以禹、稷比孔子也。故孔子不答。然适之言如此，可谓君子之人，而有尚德之心矣，不可以不与。故俟其出而赞美之。

译文 孔子说："作为君子而不仁的人是有的，但从未有作为小人而仁的人。"

子曰："君子而不仁者有矣，夫未有小人而仁者也。"①

 ①夫，音扶。○谢氏曰："君子志于仁矣，然毫忽之间，心不在焉，则未免为不仁也。"

子曰:"爱之,能勿劳乎? 忠焉,能勿诲乎?"①

朱子集注 ①苏氏曰:"爱而勿劳,禽犊之爱也。忠而勿诲,妇寺之忠也。爱而知劳之,则其为爱也深矣。忠而知诲之,则其为忠也大矣。"

译文 孔子说:"爱护他,能不使他勤劳吗? 忠于他,能不去规劝他吗?"

子曰:"为命,裨谌草创之,世叔讨论之,行人子羽修饰之,东里子产润色之。"①

朱子集注 ①裨,婢之反。谌,时林反。○裨谌以下四人,皆郑大夫。草,略也。创,造也,谓造为草稿也。世叔,游吉也,《春秋传》作子太叔。讨,寻究也。论,讲议也,行人,掌使之官。子羽,公孙挥也。修饰,谓增损之。东里,地名,子产所居也。润色,谓加以文采也。郑国之为辞命,必更此四贤之手而成,详审精密,各尽所长。是以应对诸侯,鲜有败事。孔子言此,盖善之也。

译文 孔子说:"郑国制定文书,由裨谌起草,世叔研究后提出意见,行人子羽修改,最后由子产润色定稿。"

或问子产。子曰:"惠人也。"①问子西。曰:"彼哉! 彼哉!"②问管仲。曰:"人也。夺伯氏骈邑三百,饭疏食,没齿无怨言。"③

朱子集注 ①子产之政,不专于宽,然其心则一以爱人为主。故孔子以为惠人,盖举其重而言也。
②子西,楚公子申,能逊楚国,立昭王,而改纪其政,亦贤大夫也。然不能革其僭王之号。昭王欲用孔子,又沮止之。其后卒召白公以致祸乱,则其为人可知矣。彼哉者,外之之词。
③人也,犹言此人也。伯氏,齐大夫。骈邑,地名。齿,年也。盖威公夺伯氏之邑以与管仲,伯氏自知己罪,而心服管仲之功,故穷约以终身而无怨言。荀卿所谓"与之书社三百,而富人莫之敢拒"者,即此事也。○或问:"管仲、子产

译文 有人询问子产,孔子说:"能施恩惠的人。"询问子西,孔子说:"他啊,他啊!"询问管仲,孔子说:"这个人夺走了伯氏骈邑三百户的采地,伯氏吃着粗粮,到死也没有怨言。"

孰优?"曰:"管仲之德,不胜其才。子产之才,不胜其德。然于圣人之学,则概乎其未有闻也。"

子曰:"贫而无怨难,富而无骄易。"①

朱子集注 ①易,去声。○处贫难,处富易,人之常情。然人当勉其难,而不可忽其易也。

译文 孔子说:"贫困而不抱怨很困难,富有而不傲慢却容易。"

子曰:"孟公绰为赵、魏老则优,不可以为滕、薛大夫。"①

朱子集注 ①公绰,鲁大夫。赵、魏,晋卿之家。老,家臣之长。大家势重,而无诸侯之事;家老望尊,而无官守之责。优,有余也。滕、薛,二国名。大夫,任国政者。滕、薛国小政繁,大夫位高责重。然则公绰盖廉静寡欲,而短于才者也。○杨氏曰:"知之弗豫,枉其才而用之,则为弃人矣。此君子所以患不知人也。言此,则孔子之用人可知矣。"

译文 孔子说:"孟公绰当赵氏、魏氏的家臣力有余裕,但不能当滕国、薛国的大夫。"

子路问成人。子曰:"若臧武仲之知,公绰之不欲,卞庄子之勇,冉求之艺,文之以礼乐,亦可以为成人矣。"①曰:"今之成人者何必然?见利思义,见危授命,久要不忘平生之言,亦可以为成人矣。"②

朱子集注 ①知,去声。○成人,犹言全人。武仲,鲁大夫,名纥。庄子,鲁卞邑大夫。言兼此四子之长,则知足以穷理,廉足以养心,勇足以力行,艺足以泛应。而又节之以礼,和之以乐,使德成于内,而文见乎外。则材全德备,浑然不见一善成名之迹;中正和乐,粹然无复偏倚驳杂之蔽,而其为人也亦成矣。然"亦"之为言,非其至者,盖就子路之

译文 子路询问德才兼备的完人,孔子说:"像臧武仲那样明知、孟公绰那样廉洁、卞庄子那样勇敢、冉求那样才艺,用礼乐来加以文饰,也能算是德才兼备的完人了。"孔子又说:"现在的完人何必如此呢?见到利益能想到大义,遇到危难就献出生命,相隔很久不忘记过去的诺言,也能算是德才兼备的完人了。"

所可及而语之也。若论其至,则非圣人之尽人道,不足以语此。

②复加"曰"字者,既答而复言也。授命,言不爱其生,持以与人也。久要,旧约也。平生,平日也。有是忠信之实,则虽其才知礼乐有所未备,亦可以为成人之次也。〇程子曰:"知之明,信之笃,行之果,天下之达德也。若孔子所谓成人,亦不出此三者。武仲,知也;公绰,仁也;卞庄子,勇也;冉求,艺也。须是合此四人之能,文之以礼乐,亦可以为成人矣。然而论其大成,则不止于此。若今之成人,有忠信而不及于礼乐,则又其次者也。"又曰:"臧武仲之知,非正也。若文之以礼乐,则无不正矣。"又曰:"语成人之名,非圣人孰能之? 孟子曰:'惟圣人然后可以践形。'如此方可以称成人之名。"〇胡氏曰:"今之成人以下,乃子路之言。盖不复闻斯行之之勇,而有终身诵之之固矣。未详是否?"

子问公叔文子于公明贾曰:"信乎夫子不言、不笑、不取乎?"① 公明贾对曰:"以告者过也。夫子时然后言,人不厌其言;乐然后笑,人不厌其笑;义然后取,人不厌其取。"子曰:"其然,岂其然乎?"②

①公叔文子,卫大夫公孙拔也。公明,姓;贾,名;亦卫人。文子为人,其详不可知,然必廉静之士,故当时以三者称之。

②厌者,苦其多而恶之之辞。事适其可,则人不厌,而不觉其有是矣。是以称之或过,而以为不言、不笑、不取也。然此言也,非礼义充溢于中、得时措之宜者不能。文子虽贤,疑未及此,但君子与人为善,不欲正言其非也。故曰:"其然,岂其然乎?"盖疑之也。

子曰:"臧武仲以防求为后于鲁,虽曰不要

孔子向公明贾询问公叔文子说:"这位夫子不言、不笑、不取,是真的吗?"公明贾答道:"是告诉你的人说错了。这位夫子该说时才说,别人不讨厌他的话;快乐时才笑,别人不讨厌他的笑;该取时才取,别人不讨厌他获取。"孔子说:"是这样吗? 真是这样吗?"

孔子说:"臧武仲凭藉

封地要求鲁国为他立后,虽然说不要挟国君,我是不相信的。”

君,吾不信也。”①

朱子集注 ①要,平声。○防,地名,武仲所封邑也。要,有挟而求也。武仲得罪奔邾,自邾如防,使请立后而避邑,以示若不得请,则将据邑以叛,是要君也。○范氏曰:“要君者无上,罪之大者也。武仲之邑,受之于君。得罪出奔,则立后在君,非己所得专也。而据邑以请,由其好智而不好学也。”○杨氏曰:“武仲卑辞请后,其迹非要君者,而意实要之。夫子之言,亦《春秋》诛意之法也。”

译文 孔子说:“晋文公诡诈而不正直,齐桓公正直而不诡诈。”

子曰:“晋文公谲而不正,齐桓公正而不谲。”①

朱子集注 ①谲,古穴反。○晋文公,名重耳。齐威公,名小白。谲,诡也。二公皆诸侯盟主,攘夷狄以尊周室者也。虽其以力假仁,心皆不正;然威公伐楚,仗义执言,不由诡道,犹为彼善于此。文公则伐卫以致楚,而阴谋以取胜,其谲甚矣。二君他事亦多类此,故夫子言此以发其隐。

译文 子路说:“齐桓公杀了公子纠,召忽为此而死,管仲却不去死,能说他不具备仁德吗?”孔子说:“齐桓公多次与诸侯会盟而不凭藉武力,这是管仲的功劳。谁有这样的仁德啊,谁有这样的仁德啊!”

子路曰:“桓公杀公子纠,召忽死之,管仲不死。”曰:“未仁乎?”①子曰:“桓公九合诸侯,不以兵车,管仲之力也。如其仁! 如其仁!”②

朱子集注 ①纠,居黝反。召,音邵。○按《春秋传》,齐襄公无道,鲍叔牙奉公子小白奔莒。及无知弑襄公,管夷吾、召忽奉公子纠奔鲁。鲁人纳之,未克,而小白入,是为威公。使鲁杀子纠而请管、召,召忽死之,管仲请囚。鲍叔牙言于威公以为相。子路疑管仲忘君事雠,忍心害理,不得为仁也。
②九,《春秋传》作纠,督也,古字通用。不以兵车,言不假威力也。如其仁,言谁如其仁者,又再言以深许之。盖管仲

虽未得为仁人，而其利泽及人，则有仁之功矣。

子贡曰："管仲非仁者与？桓公杀公子纠，不能死，又相之。"①子曰："管仲相桓公，霸诸侯，一匡天下，民到于今受其赐。微管仲，吾其被发左衽矣。②岂若匹夫匹妇之为谅也，自经于沟渎而莫之知也。"③

 ①与，平声。相，去声。○子贡意不死犹可，相之则已甚矣。

②被，皮寄反。衽，而审反。○霸，与伯同，长也。匡，正也。尊周室，攘夷狄，皆所以正天下也。微，无也。衽，衣衿也。被发左衽，夷狄之俗也。

③谅，小信也。经，缢也。莫之知，人不知也。《后汉书》引此文，"莫"字上有"人"字。○程子曰："威公，兄也。子纠，弟也。仲私于所事，辅之以争国，非义也。威公杀之虽过，而纠之死实当。仲始与之同谋，遂与之同死，可也；知辅之争为不义，将自免以图后功，亦可也。故圣人不责其死而称其功。若使威弟而纠兄，管仲所辅者正，威夺其国而杀之，则管仲之与威，不可同世之雠也。若计其后功而与其事威，圣人之言，无乃害义之甚，启万世反复不忠之乱乎？如唐之王珪、魏徵，不死建成之难，而从太宗，可谓害于义矣。后虽有功，何足赎哉？"愚谓管仲有功而无罪，故圣人独称其功；王、魏先有罪而后有功，则不以相掩可也。

公叔文子之臣大夫僎，与文子同升诸公。①子闻之曰："可以为文矣。"②

 ①僎，士免反。○臣，家臣。公，公朝。谓荐之与己同进为公朝之臣也。

②文者，顺理而成章之谓。《谥法》亦有所谓"锡民爵位曰

译文 子贡说："管仲不是仁者吧？齐桓公杀了公子纠，他不能去死，还辅佐桓公。"孔子说："管仲辅佐桓公称霸诸侯，把天下纳入了正轨，民众到如今还受到他的好处。没有管仲，我辈大概要沦为野蛮人了。他难道会像普通人那样恪守小节，在山沟里自杀而不为人所知吗？"

译文 公叔文子的家臣大夫僎与公叔文子同样升任大臣，孔子得知后说："公叔能够被称为文了。"

文"者。○洪氏曰："家臣之贱而引之使与己并,有三善焉:知人,一也;忘己,二也;事君,三也。"

 孔子说起卫灵公的无道,季康子说:"既然如此,他为何没有败亡呢?"孔子说:"有仲叔圉接待宾客,祝鲍管理祭祀,王孙贾整治军队,像这样,怎么会败亡呢?"

子言卫灵公之无道也,康子曰:"夫如是,奚而不丧?"① 孔子曰:"仲叔圉治宾客,祝鮀治宗庙,王孙贾治军旅。夫如是,奚其丧?"②

①夫,音扶。丧,去声。○丧,失位也。
②仲叔圉,即孔文子也。三人皆卫臣,虽未必贤,而其才可用。灵公用之,又各当其才。○尹氏曰:"卫灵公之无道,宜丧也,而能用此三人,犹足以保其国。而况有道之君,能用天下之贤才者乎?《诗》曰:'无竞维人,四方其训之。'"

孔子说:"如果大言不惭,那么实行起来就很困难。"

子曰:"其言之不怍,则为之也难。"①

①大言不惭,则无必为之志,而不自度其能否矣。欲践其言,岂不难哉?

陈成子谋害了齐简公,孔子特地沐浴上朝,报告鲁哀公说:"陈恒谋害了他的国君,请讨伐他。"哀公说:"报告三位大夫。"孔子说:"因为我曾经担任过大夫,所以不敢不来报告,国君却说'报告三位大夫'!"于是向三位大夫报告,他们不同意讨伐。孔子说:"因为我曾经担任过大夫,所以不敢不来报告。"

陈成子弑简公。① 孔子沐浴而朝,告于哀公曰:"陈恒弑其君,请讨之。"② 公曰:"告夫三子!"③ 孔子曰:"以吾从大夫之后,不敢不告也。君曰告夫三子者?"④ 之三子告,不可。孔子曰:"以吾从大夫之后,不敢不告也。"⑤

①成子,齐大夫,名恒。简公,齐君,名壬。事在《春秋》哀公十四年。
②朝,音潮。○是时孔子致事居鲁,沐浴齐戒以告君,重其事而不敢忽也。臣弑其君,人伦之大变,天理所不容,人人得而诛之,况邻国乎?故夫子虽已告老,而犹请哀公讨之。

③夫,音扶,下"告夫"同。○三子,三家也。时政在三家,哀公不得自专,故使孔子告之。

④孔子出而自言如此。意谓弑君之贼,法所必讨,大夫谋国,义所当告,君乃不能自命三子,而使我告之耶?

⑤以君命往告,而三子鲁之强臣,素有无君之心,实与陈氏声势相倚,故沮其谋。而夫子复以此应之,其所以警之者深矣。○程子曰:"左氏记孔子之言曰:'陈恒弑其君,民之不予者半。以鲁之众,加齐之半,可克也。'此非孔子之言。诚若此言,是以力不以义也。若孔子之志,必将正名其罪,上告天子,下告方伯,而率与国以讨之。至于所以胜齐者,孔子之余事也,岂计鲁人之众寡哉?当是时,天下之乱极矣,因是足以正之,周室其复兴乎?鲁之君臣,终不从之,可胜惜哉!"○胡氏曰:"《春秋》之法:弑君之贼,人得而讨之。仲尼此举,先发后闻可也。"

子路问事君。子曰:"勿欺也,而犯之。"①

 ①犯,谓犯颜谏争。○范氏曰:"犯非子路之所难也,而以不欺为难。故夫子教以先勿欺而后犯也。"

译义 子路询问事奉君主,孔子说:"不要欺骗他,但要冒犯他。"

子曰:"君子上达,小人下达。"①

 ①君子循天理,故日进乎高明;小人徇人欲,故日究乎污下。

译义 孔子说:"君子向上进步,小人向下沦丧。"

子曰:"古之学者为己,今之学者为人。"①

 ①为,去声。○程子曰:"为己,欲得之于己也。为人,欲见知于人也。"○程子曰:"古之学者为己,其终至于成物。今之学者为人,其终至于丧己。"愚按:圣贤论学者用心得失之际,其说多矣,然未有如此言之切而要

译义 孔子说:"古时候的学者为提高自己而学,现在的学者为向他人表现而学。"

者。于此明辨而日省之，则庶乎其不昧于所从矣。

译文 蘧伯玉派人去拜访孔子，孔子与来人同坐而询问他说："夫子在干什么啊？"那人答道："夫子想减少自己的过错但还没能做到。"那人退出后，孔子说："好使者！好使者！"

蘧伯玉使人于孔子。①孔子与之坐而问焉，曰："夫子何为？"对曰："夫子欲寡其过而未能也。"使者出，子曰："使乎！使乎！"②

朱子集注 ①使，去声，下同。○蘧伯玉，卫大夫，名瑗。孔子居卫，尝主于其家。既而反鲁，故伯玉使人来也。②与之坐，敬其主以及其使也。夫子，指伯玉也。言其但欲寡过而犹未能，则其省身克己，常若不及之意可见矣。使者之言愈自卑约，而其主之贤益彰，亦可谓深知君子之心而善于词令者矣。故夫子再言"使乎"以重美之。按：庄周称"伯玉行年五十而知四十九年之非。"又曰："伯玉行年六十而六十化。"盖其进德之功，老而不倦。是以践履笃实，光辉宣著，不惟使者知之，而夫子亦信之也。

译文 孔子说："不在这个职位上，就不谋划它的政务。"

子曰："不在其位，不谋其政。"①

朱子集注 ①重出。

译文 曾子说："君子的思虑不越出自己的职位。"

曾子曰："君子思不出其位。"①

朱子集注 ①此《艮卦》之《象辞》也。曾子盖尝称之，记者因上章之语而类记之也。○范氏曰："物各止其所，而天下之理得矣。故君子所思不出其位，而君臣、上下、大小，皆得其职也。"

译文 孔子说："君子感到羞

子曰："君子耻其言而过其行。"①

①行，去声。○耻者，不敢尽之意。过者，欲有余之词。

耻的是言谈不符合自己的行为。"

子曰："君子道者三，我无能焉：仁者不忧，知者不惑，勇者不惧。"①子贡曰："夫子自道也。"②

①知，去声。○自责以勉人也。
②道，言也。自道，犹云谦辞。○尹氏曰："成德以仁为先，进学以知为先。故夫子之言，其序有不同者以此。"

译文 孔子说："君子的准则有三项，我都没能做到：仁者不忧愁、知者不疑惑、勇者不惧怕。"子贡说："这正是夫子的自我写照。"

子贡方人。子曰："赐也贤乎哉？夫我则不暇。"①

①夫，音扶。○方，比也。乎哉，疑辞。比方人物而较其短长，虽亦穷理之事，然专务为此，则心驰于外，而所以自治者疏矣。故褒之而疑其词，复自贬以深抑之。○谢氏曰："圣人责人，辞不迫切而意已独至如此。"

译文 子贡议论他人，孔子说："你真有才能啊！我就没有闲工夫。"

子曰："不患人之不己知，患其不能也。"①

①凡章指同而文不异者，一言而重出也。文小异者，屡言而各出也。此章凡四见，而文皆有异，则圣人于此一事，盖屡言之，其丁宁之意亦可见矣。

译文 孔子说："不要担心别人不了解自己，要担心自己没有本领。"

子曰："不逆诈，不亿不信，抑亦先觉者，是贤乎！"①

①逆，未至而迎之也。亿，未见而意之也。诈，谓人欺己。不信，谓人疑己。抑，反语辞。言虽不逆不

译文 孔子说："不逆料他人欺诈，不猜度他人不诚实，可是也能事先发觉，这就贤能了！"

亿,而于人之情伪,自然先觉,乃为贤也。○杨氏曰:"君子一于诚而已,然未有诚而不明者。故虽不逆诈、不亿不信,而常先觉也。若夫不逆不亿而卒为小人所罔焉,斯亦不足观也已。"

微生亩谓孔子曰:"丘何为是栖栖者与? 无乃为佞乎?"① 孔子曰:"非敢为佞也,疾固也。"②

译文 微生亩对孔子说:"丘啊,你为何如此忙忙碌碌呢? 该不是为了讨好别人吧?"孔子说:"我并非要讨好别人,是憎恶世人的固执。"

朱子集注 ①与,平声。○微生,姓;亩,名也。亩名呼夫子而辞甚倨,盖有齿德而隐者。栖栖,依依也。为佞,言其务为口给以悦人也。
②疾,恶也。固,执一而不通也。圣人之于达尊,礼恭而言直如此,其警之亦深矣。

子曰:"骥不称其力,称其德也。"①

译文 孔子说:"所谓千里马,不是称道它的脊力,是称道它的德行。"

朱子集注 ①骥,善马之名。德,谓调良也。○尹氏曰:"骥虽有力,其称在德。人有才而无德,则亦奚足尚哉?"

或曰:"以德报怨,何如?"① 子曰:"何以报德?②以直报怨,以德报德。"③

译文 有人说:"以恩德来回报怨恨,怎么样啊?"孔子说:"那用什么来回报恩德呢? 要以正直来回报怨恨,以恩德来回报恩德。"

朱子集注 ①或人所称,今见《老子》书。德,谓恩惠也。
②言于其所怨,既以德报之矣,则人之有德于我者,又将何以报之乎?
③于其所怨者,爱憎取舍,一以至公而无私,所谓直也。于其所德者,则必以德报之,不可忘也。○或人之言,可谓厚矣。然以圣人之言观之,则见其出于有意之私,而怨德之报皆不得其平也。必如夫子之言,然后二者之报各得其所。然怨有不雠,而德无不报,则又未尝不厚也。此章之言,明白简约,而其指意曲折反复,如造化之简易易知,而微妙无

穷,学者所宜详玩也。

子曰:"莫我知也夫!"① 子贡曰:"何为其莫知子也?"子曰:"不怨天,不尤人,下学而上达。知我者其天乎!"②

朱子集注 ①夫,音扶。○夫子自叹,以发子贡之问也。
②不得于天而不怨天,不合于人而不尤人,但知下学而自然上达。此但自言其反己自修,循序渐进耳,无以甚异于人而致其知也。然深味其语意,则见其中自有人不及知而天独知之之妙。盖在孔门,惟子贡之智几足以及此,故特语以发之。惜乎其犹有所未达也!○程子曰:"不怨天,不尤人,在理当如此。"又曰:"下学上达,意在言表。"又曰:"学者须守下学上达之语,乃学之要。盖凡下学人事,便是上达天理。然习而不察,则亦不能以上达矣。"

译文 孔子说:"没有人了解我啊!"子贡说:"为什么没有人了解老师呢?"孔子说:"不抱怨上天,不责备他人,学习切身的知识而通达天理,了解我的大概只有上天了!"

公伯寮愬子路于季孙。子服景伯以告,曰:"夫子固有惑志于公伯寮,吾力犹能肆诸市朝。"①子曰:"道之将行也与? 命也。道之将废也与? 命也。公伯寮其如命何!"②

朱子集注 ①朝,音潮。○公伯寮,鲁人。子服,氏;景,谥;伯,字。鲁大夫子服何也。夫子,指季孙。言其有疑于寮之言也。肆,陈尸也。言欲诛寮。
②与,平声。○谢氏曰:"虽寮之愬行,亦命也。其实寮无如之何?"愚谓言此以晓景伯,安子路,而警伯寮耳。圣人于利害之际,则不待决于命而后泰然也。

译文 公伯寮向季孙毁谤子路,子服景伯把此事告诉了孔子,说:"季孙已经听信了公伯寮的话,但我的力量还能使他陈尸街头。"孔子说:"大道将会施行是命运,大道将会废弃是命运,公伯寮能把命运怎么样呢?"

子曰:"贤者辟世,①其次辟地,②其次辟色,③其次辟言。"④

译文 孔子说:"贤者避世隐居,其次是避开地方,其次是避开见面，再其次是避开言谈。"

①辟，去声，下同。○天下无道而隐，若伯夷、太公是也。

②去乱国，适治邦。

③礼貌衰而去。

④有违言而后去也。○程子曰："四者虽以大小次第言之，然非有优劣也，所遇不同尔。"

子曰："作者七人矣。"①

译文 孔子说："这样做的人有七个了。"

①李氏曰："作，起也。言起而隐去者，今七人矣。不可知其谁何。必求其人以实之，则凿矣。"

子路宿于石门。晨门曰："奚自?"子路曰："自孔氏。"曰："是知其不可而为之者与?"①

译文 子路在石门宿夜，早晨进城时，守门者说："从哪里来啊?"子路说："从孔子那里来。"守门者说："就是那个知道行不通却要去做的人吗?"

①举，平声。○石门，地名。晨门，掌晨启门，盖贤人隐于抱关者也。自，从也，问其何所从来也。胡氏曰："晨门知世之不可而不为，故以是讥孔子。然不知圣人之视天下，无不可为之时也。"

子击磬于卫，有荷蒉而过孔氏之门者，曰："有心哉! 击磬乎!"①既而曰："鄙哉! 硁硁乎! 莫己知也，斯己而已矣。深则厉，浅则揭。"②子曰："果哉! 末之难矣。"③

译文 孔子在卫国击奏乐磬时，有个背着草筐经过孔子门口的人，说："击磬的真是有心人啊!"过了一会儿说："见识浅陋，太固执了! 没有人了解自己，那就算了，'水深就和着衣服走过去，水浅就撩起衣服走过去'。"孔子说："好干脆啊! 可他不知道我的难处。"

①荷，去声。○磬，乐器。荷，担也。蒉，草器也。此荷蒉者，亦隐士也。圣人之心未尝忘天下，此人闻其磬声而知之，则亦非常人矣。

②硁，苦耕反。莫己之己，音纪，余音以。揭，起例反。○硁硁，石声，亦专确之意。以衣涉水曰厉，摄衣涉水曰揭。此两句，《卫风·匏有苦叶》之诗也。讥孔子人不知己而不

止,不能适浅深之宜。

③果哉,叹其果于忘世也。末,无也。圣人心同天地,视天下犹一家,中国犹一人,不能一日忘也。故闻荷蒉之言,而叹其果于忘世。且言人之出处,若但如此,则亦无所难矣。

　　子张曰:"《书》云:'高宗谅阴,三年不言。'何谓也?"①子曰:"何必高宗,古之人皆然。君薨,百官总己以听于冢宰三年。"②

①高宗,商王武丁也。谅阴,天子居丧之名,未详其义。

②言君薨,则诸侯亦然。总己,谓总摄己职。冢宰,大宰也。百官听于冢宰,故君得以三年不言也。○胡氏曰:"位有贵贱,而生于父母无以异者。故三年之丧,自天子达于庶人。子张非疑此也,殆以为人君三年不言,则臣下无所禀令,祸乱或由以起也。孔子告以听于冢宰,则祸乱非所忧矣。"

译文 子张说:"《书》说'殷高宗守丧,三年不说话',是什么意思呢?"孔子说:"不一定是殷高宗,古时候的人都是如此。君主去世了,百官总揽自己的职务来听命于冢宰三年。"

　　子曰:"上好礼,则民易使也。"①

①好、易,皆去声。○谢氏曰:"礼达而分定,故民易使。"

译文 孔子说:"在上者喜好礼仪,民众就容易役使了。"

　　子路问君子。子曰:"修己以敬。"曰:"如斯而已乎?"曰:"修己以安人。"曰:"如斯而已乎?"曰:"修己以安百姓。修己以安百姓,尧、舜其犹病诸!"①

①修己以敬,夫子之言至矣尽矣。而子路少之,故再以其充积之盛、自然及物者告之,无他道也。人者,对己而言。百姓,则尽乎人矣。尧、舜犹病,言不可以有加

译文 子路询问君子,孔子说:"修饬自身来敬爱他人。"子路说:"就这样行了吗?"孔子说:"修饬自身来安定他人。"子路说:"就这样行了吗?"孔子说:"修饬自身来安定百姓。修饬自身来安定百姓,尧、舜尚且顾虑做不到呢!"

于此。以抑子路，使反求诸近也。盖圣人之心无穷，世虽极治，然岂能必知四海之内，果无一物不得其所哉？故尧、舜犹以安百姓为病。若曰吾治已足，则非所以为圣人矣。○程子曰："君子修己以安百姓，笃恭而天下平。唯上下一于恭敬，则天地自位，万物自育，气无不和，而四灵毕至矣。此体信达顺之道，聪明睿知皆由是出。以此事天飨帝。"

原壤夷俟。子曰："幼而不孙弟，长而无述焉，老而不死，是为贼！"以杖叩其胫。①

原壤踞坐着接待孔子，孔子说："小时候不懂礼貌，长大了无所作为，老了还不去死，真是祸害！"说着用拐杖敲他的小腿。

朱子集注 ①孙、弟，并去声。长，上声。叩，音口。胫，其定反。○原壤，孔子之故人，母死而歌，盖老氏之流，自放于礼法之外者。夷，蹲踞也。俟，待也。言见孔子来而蹲踞以待之也。述，犹称也。贼者，害人之名。以其自幼至长，无一善状，而久生于世，徒足以败常乱俗，则是贼而已矣。胫，足骨也。孔子既责之，而因以所曳之杖微击其胫，若使勿蹲踞然。

阙党童子将命。或问之曰："益者与？"①**子曰："吾见其居于位也，见其与先生并行也。非求益者也，欲速成者也。"**②

阙党的一个童子在传达宾主的谈话，有人问孔子说："是个求上进的人吗？"孔子说："我见到他坐在成年人的位子上，见到他与年长的人并肩而行。他不是个求上进的人，是个急于求成的人。"

朱子集注 ①与，平声。○阙党，党名。童子，未冠者之称。将命，谓传宾主之言。或人疑此童子学有进益，故孔子使之传命以宠异之也。

②礼，童子当隅坐随行。孔子言吾见此童子不循此礼，非能求益，但欲速成尔。故使之给使令之役，观长少之序，习揖逊之容。盖所以抑而教之，非宠而异之也。

卫灵公第十五

凡四十一章。

卫灵公问陈于孔子。孔子对曰:"俎豆之事,则尝闻之矣;军旅之事,未之学也。"明日遂行。① 在陈绝粮,从者病,莫能兴。② 子路愠见,曰:"君子亦有穷乎?"子曰:"君子固穷,小人穷斯滥矣。"③

朱子集注 ①陈,去声。○陈,谓军师行伍之列。俎豆,礼器。尹氏曰:"卫灵公,无道之君也,复有志于战伐之事,故答以未学而去之。

②从,去声。○孔子去卫适陈。兴,起也。

③见,贤遍反。○何氏曰:"滥,溢也。言君子固有穷时,不若小人穷则放溢为非。"程子曰:"固穷者,固守其穷。"亦通。○愚谓圣人当行而行,无所顾虑,处困而亨,无所怨悔,于此可见。学者宜深味之。

译文 卫灵公向孔子询问军阵,孔子答道:"礼仪方面的事,我曾经听说过;军旅方面的事,我没有学过。"次日就离开了卫国。孔子在陈国断绝了粮食,随行的人饿得起不了身。子路很不高兴地来见孔子,说:"君子也有穷困的时候吗?"孔子说:"君子能安守穷困,小人穷困就胡作非为了。"

译文 孔子说:"赐啊,你认为我是多学博记的人吗?"子路答道:"是的,难道不是这样吗?"孔子说:"不是的,我是凭借一个基本观念来贯通的。"

子曰:"赐也,女以予为多学而识之者与?"① 对曰:"然。非与?"② 曰:"非也。予一以贯之。"③

朱子集注 ①女,音汝。识,音志。与,平声,下同。○子贡之学,多而能识矣。夫子欲其知所本也,故问以发之。②方信而忽疑,盖其积学功至,而亦将有得也。③说见第四篇。然彼以行言,而此以知言也。○谢氏曰:"圣人之道大矣,人不能遍观而尽识,宜其以为多学而识之也。然圣人岂务博者哉?如天之于众形,匪物物刻而雕之也。故曰:'予一以贯之。'德辖如毛,毛犹有伦。上天之载,无声无臭。'至矣!"尹氏曰:"孔子之于曾子,不待其问而直告之以此,曾子复深喻之曰'唯'。若子贡,则先发其疑而后告之,而子贡终亦不能如曾子之'唯'也。二子所学之浅深,于此可见。"愚按:夫子之于子贡,屡有以发之,而他人不与焉。则颜、曾以下诸子所学之浅深,又可见矣。

译文 孔子说:"由啊,了解德的人太少了。"

子曰:"由! 知德者鲜矣。"①

朱子集注 ①鲜,上声。○由,呼子路之名而告之也。德,谓义理之得于己者。非己有之,不能知其意味之实也。○自第一章至此,疑皆一时之言。此章盖为愠见发也。

译文 孔子说:"无为而治的人,大概是舜吧! 他做了些什么呢? 只是谨慎地整饬自身、端坐王位罢了。"

子曰:"无为而治者,其舜也与? 夫何为哉? 恭己正南面而已矣。"①

朱子集注 ①与,平声。夫,音扶。○无为而治者,圣人德盛而民化,不待其有所作为也。独称舜者,绍尧之后,而又得人以任众职,故尤不见其有为之迹也。恭己者,圣人敬德之容。即无所为,则人之所见如此而已。

子张问行。①子曰："言忠信，行笃敬，虽蛮貊之邦行矣；言不忠信，行不笃敬，虽州里行乎哉？②立，则见其参于前也；在舆，则见其倚于衡也。夫然后行。"③子张书诸绅。④

朱子集注 ①犹问达之意也。

②行笃、行不之行，去声。貊，亡百反。〇子张意在得行于外，故夫子反于身而言之，犹答干禄问达之意也。笃，厚也。蛮，南蛮。貊，北狄。二千五百家为州。

③参，七南反。夫，音扶。〇其者，指忠信、笃敬而言。参，读如"毋往参焉"之"参"，言与我相参也。衡，轭也。言其于忠信、笃敬念念不忘，随其所在，常若有见，虽欲顷刻离之而不可得。然后一言一行，自然不离于忠信、笃敬，而蛮貊可行也。

④绅，大带之垂者。书之，欲其不忘也。〇程子曰："学要鞭辟近里，著己而已。博学而笃志，切问而近思；言忠信，行笃敬；立则见其参于前，在舆则见其倚于衡；只此是学。质美者明得尽，查滓便浑化，却与天地同体。其次惟庄敬以持养之，及其至则一也。"

子曰："直哉史鱼！邦有道，如矢；邦无道，如矢。①君子哉蘧伯玉！邦有道，则仕；邦无道，则可卷而怀之。"②

朱子集注 ①史，官名。鱼，卫大夫，名鳅。如矢，言直也。史鱼自以不能进贤退不肖，既死犹以尸谏，故夫子称其直。事见《家语》。

②伯玉出处，合于圣人之道，故曰君子。卷，收也。怀，藏也。如于孙林父、宁殖放弑之谋，不对而出，亦其事也。〇杨氏曰："史鱼之直，未尽君子之道。若蘧伯玉，然后可免于乱世。若史鱼之如矢，则虽欲卷而怀之，有不可得也。"

译文 子张询问如何才能实行，孔子说："说话忠诚守信，行为笃实恭敬，即使边远少数民族的地方也能实行；说话不忠诚守信，行为不笃实恭敬，即使自己乡里能行得通吗？站立时就如同这些准则耸立在面前，乘车时就如同这些准则镌刻在车横木上，这样才能实行。"子张把它们写在绅带上。

译文 孔子说："史鱼真是正直啊！国家清平时像箭一样直，国家无道时像箭一样直。蘧伯玉真是君子啊！国家清平时任职，国家无道就能收起才能隐退。"

孔子说:"应该与之言谈的人却不与他谈,是错过了对象;不应该与之言谈的人却与他谈,是说错了话。明智的人既不错过对象也不说错话。"

子曰:"可与言而不与之言,失人;不可与言而与之言,失言。知者不失人,亦不失言。"①

朱子集注 ①知,去声。

 孔子说:"志士仁人没有为了求生而损害仁的,只有牺牲自身来成全仁的。"

子曰:"志士仁人,无求生以害仁,有杀身以成仁。"①

朱子集注 ①志士,有志之士。仁人,则成德之人也。理当死而求生,则于其心有不安矣,是害其心之德也。当死而死,则心安而德全矣。○程子曰:"实理得之于心自别。实理者,实见得是,实见得非也。古人有捐躯陨命者,若不实见得,恶能如此?须是实是得生不重于义,生不安于死也。故有杀身以成仁者,只是成就一个是而已。"

 子贡询问怎样做到仁,孔子说:"工匠想要做好他的事情,必须首先使工具精良。居住在这个国家,要事奉他们大夫中的贤者,结交他们士人中的仁者。"

子贡问为仁。子曰:"工欲善其事,必先利其器。居是邦也,事其大夫之贤者,友其士之仁者。"①

朱子集注 ①贤以事言,仁以德言。夫子尝谓子贡悦不若己者,故以是告之。欲其有所严惮切磋以成其德也。○程子曰:"子贡问为仁,非问仁也,故孔子告之以为仁之资而已。"

 颜回询问治理国家,孔子说:"实行夏代的节令,乘坐殷代的车辆,穿戴周代的礼服,乐舞则用《韶》;禁绝郑地的乐曲,疏远奸佞的小人。郑地的乐曲淫荡,奸佞的小人危险。"

颜渊问为邦。①子曰:"行夏之时,②乘殷之辂,③服周之冕,④乐则《韶》、《舞》。⑤放郑声,远佞人。郑声淫,佞人殆。"⑥

朱子集注 ①颜子王佐之才,故问治天下之道。曰为邦者,谦辞。

②夏时,谓以斗柄初昏建寅之月为岁首也。天开于子,地辟于丑,人生于寅,故斗柄建此三辰之月,皆可以为岁首。而三代迭用之,夏以寅为人正,商以丑为地正,周以子为天正也。然时以作事,则岁月自当以人为纪。故孔子尝曰"吾得夏时焉",而说者以为谓《夏小正》之属。盖取其时之正与其令之善,而于此又以告颜子也。

③辂,音路,亦作路。○商辂,木辂也。辂者,大车之名。古者以木为车而已,至商而有辂之名,盖始异其制也。周人饰以金玉,则过侈而易败,不若商辂之朴素浑坚而等威已辨,为质而得其中也。

④周冕有五,祭服之冠也。冠上有覆,前后有旒。黄帝以来,盖已有之,而制度仪等,至周始备。然其为物小,而加于众体之上,故虽华而不为靡,虽费而不及奢。夫子取之,盖亦以为文而得其中也。

⑤取其尽善尽美。

⑥远,去声。○放,谓禁绝之。郑声,郑国之音。佞人,卑谄辨给之人。殆,危也。○程子曰:"问政多矣,惟颜渊告之以此。盖三代之制,皆因时损益,及其久也,不能无弊。周衰,圣人不作,故孔子斟酌先王之礼,立万世常行之道,发此以为之兆尔。由是求之,则余皆可考也。"张子曰:"礼乐,治之法也。放郑声,远佞人,法外意也。一日不谨,则法坏矣。虞、夏君臣更相饬戒,意盖如此。"又曰:"法立而能守,则德可久,业可大。郑声佞人,能使人丧其所守,故放远之。"尹氏曰:"此所谓百王不易之大法。孔子之作《春秋》,盖此意也。孔、颜虽不得行之于时,然其为治之法,可得而见矣。"

子曰:"人无远虑,必有近忧。"①

①苏氏曰:"人之所履者,容足之外,皆为无用之地,而不可废也。故虑不在千里之外,则患在几席之下矣。"

译文 孔子说:"人没有事先的谋虑,必定会有即时的忧患。"

子曰："已矣乎！吾未见好德如好色者也。"①

①好，去声。〇已矣乎，叹其终不得而见也。

孔子说："没希望了！我从未见到喜好德行如同喜好美色的人。"

子曰："臧文仲其窃位者与？知柳下惠之贤，而不与立也。"①

①者与之与，平声。〇窃位，言不称其位而有愧于心，如盗得而阴据之也。柳下惠，鲁大夫展获，字禽，食邑柳下，谥曰惠。与立，谓与之并立于朝。范氏曰："臧文仲为政于鲁，若不知贤，是不明也；知而不举，是蔽贤也。不明之罪小，蔽贤之罪大。故孔子以为不仁，又以为窃位。"

孔子说："臧文仲大概是个窃居职位的人吧！知道柳下惠的才能却不举荐他任职。"

子曰："躬自厚而薄责于人，则远怨矣。"①

①远，去声。〇责己厚，故身益修；责人薄，故人易从。所以人不得而怨之。

孔子说："要求自己严格而对他人的责备轻，就能远离怨恨了。"

子曰："不曰'如之何，如之何'者，吾末如之何也已矣。"①

①如之何，如之何者，熟思而审处之辞也。不如是而妄行，虽圣人亦无如之何矣。

孔子说："不考虑怎么办就这么去做的人，我也就不知道拿他怎么办啦！"

子曰："群居终日，言不及义，好行小慧，难矣哉！"①

孔子说："整天聚在一起，言谈不涉及正理，喜欢耍小聪明，这就难以造就了。"

①好，去声。〇小慧，私智也。言不及义，则放辟邪侈之心滋。好行小慧，则行险侥幸之机熟。难矣哉

者,言其无以入德,而将有患害也。

子曰:"君子义以为质,礼以行之,孙以出之,信以成之。君子哉!"①

译文 孔子说:"君子把义作为根本,用礼仪来施行,以谦逊的态度述说,依诚实来成就。这就是君子啊!"

朱子集注 ①孙,去声。○义者制事之本,故以为质干。而行之必有节文,出之必以退逊,成之必在诚实,乃君子之道也。○程子曰:"义以为质,如质干然;礼行此,孙出此,信成此。此四句只是一事,以义为本。"又曰:"敬以直内,则义以方外。义以为质,则礼以行之,孙以出之,信以成之。"

子曰:"君子病无能焉,不病人之不己知也。"

译文 孔子说:"君子担心没有能力,不担心别人不了解自己。"

子曰:"君子疾没世而名不称焉。"①

译文 孔子说:"君子所担忧的是离开人世尚不被人们称颂。"

朱子集注 ①范氏曰:"君子学以为己,不求人知。然没世而名不称焉,则无为善之实可知矣。"

子曰:"君子求诸己,小人求诸人。"①

译文 孔子说:"君子责求自己,小人责求他人。"

朱子集注 ①谢氏曰:"君子无不反求诸己,小人反是。此君子小人所以分也。"○杨氏曰:"君子虽不病人之不己知,然亦疾没世而名不称也。虽疾没世而名不称,然所以求者,亦反诸己而已。小人求诸人,故违道干誉,无所不至。三者文不相蒙,而义实相足,亦记言者之意。"

子曰:"君子矜而不争,群而不党。"①

译文 孔子说:"君子矜持而不争执,合群而不偏私。"

朱子集注 ①庄以持己曰矜。然无乖戾之心,故不争。和以处众曰群。然无阿比之意,故不党。

译文 孔子说:"君子不因为言谈而举用人,不因为人而排斥其言谈。"

子曰:"君子不以言举人,不以人废言。"

译文 子贡问道:"是否有一句话足以终身奉行的呢?"孔子说:"大概是恕吧!自己所不想望的,不要施加于他人。"

子贡问曰:"有一言而可以终身行之者乎?"子曰:"其恕乎!己所不欲,勿施于人。"①

朱子集注 ①推己及物,其施不穷,故可以终身行之。○尹氏曰:"学贵于知要。子贡之问,可谓知要矣。孔子告以求仁之方也。推而极之,虽圣人之无我,不出乎此。终身行之,不亦宜乎?"

译文 孔子说:"我对于他人,不诋毁、不虚誉。如果有所称誉,已经是有所察验了。这些民众啊,是夏、商、周三代借以施行直道的啊。"

子曰:"吾之于人也,谁毁谁誉?如有所誉者,其有所试矣。①斯民也,三代之所以直道而行也。"②

朱子集注 ①誉,平声。○毁者,称人之恶而损其真。誉者,扬人之善而过其实。夫子无是也。然或有所誉者,则必尝有以试之,而知其将然矣。圣人善善之速,而无所苟如此。若其恶恶,则已缓矣。是以虽有以前知其恶,而终无所毁也。

②斯民者,今此之人也。三代,夏、商、周也。直道,无私曲也。言吾之所以无所毁誉者,盖以此民,即三代之时所以善其善、恶其恶而无所私曲之民。故我今亦不得而枉其是非之实也。○尹氏曰:"孔子之于人也,岂有意于毁誉之哉?其所以誉之者,盖试而知其美故也。斯民也,三代所以直道而行,岂得容私于其间哉?"

译文 孔子说:"我还赶上见

子曰:"吾犹及史之阙文也,有马者借人乘

之。今亡已夫！"[1]

到史官记事阙疑、有马的人把马借给别人骑，现在见不到了！"

①夫，音扶。〇杨氏曰："史阙文、马借人，此二事孔子犹及见之。今亡已夫，悼时之益偷也。"愚谓此必有为而言。盖虽细故，而时变之大者可知矣。〇胡氏曰："此章义疑，不可强解。"

子曰："巧言乱德，小不忍则乱大谋。"[1]

译文 孔子说："花言巧语扰乱德行，小处不能忍耐就会败坏大事。"

①巧言，变乱是非，听之使人丧其所守。小不忍，如妇人之仁、匹夫之勇皆是。

子曰："众恶之，必察焉；众好之，必察焉。"[1]

译文 孔子说："大家都憎恨的人，必须审察；大家都喜好的人，必须审察。"

①好、恶，并去声。〇杨氏曰："惟仁者能好恶人。众好恶之而不察，则或蔽于私矣。"

子曰："人能弘道，非道弘人。"[1]

译文 孔子说："人能弘扬大道，不是大道来弘扬人。"

①弘，廓而大之也。人外无道，道外无人。然人心有觉，而道体无为，故人能大其道，道不能大其人也。〇张子曰："心能尽性，人能洪道也；性不知检其心，非道洪人也。"

子曰："过而不改，是谓过矣。"[1]

①过而能改，则复于无过。惟不改，则其过遂成，而将不及改矣。

孔子说:"我曾经整天不吃、整夜不睡来思考,毫无收益,不如去学习。"

子曰:"吾尝终日不食,终夜不寝,以思,^①无益,^②不如学也。"^③

朱子集注 ①句。②句。

③此为思而不学者言之。盖劳心以必求,不如逊志而自得也。〇李氏曰:"夫子非思而不学者,特垂语以教人尔。"

 孔子说:"君子谋求大道而不谋求食物。耕作可能得到饥饿,学习可能得到俸禄。君子忧患大道而不忧患贫困。"

子曰:"君子谋道不谋食。耕也,馁在其中矣;学也,禄在其中矣。君子忧道不忧贫。"^①

朱子集注 ①馁,奴罪反。〇耕所以谋食,而未必得食。学所以谋道,在禄在其中。然其学也,忧不得乎道而已,非为忧贫之故,而欲为是以得禄也。〇尹氏曰:"君子治其本而不恤其末,岂以在外者为忧乐哉?"

 孔子说:"懂得了,不能以仁德保持它,即使得到了必定会失去;懂得了,能以仁德来保持它,却不以严肃的态度来施行,民众就不会恭敬;懂得了,能以仁德来保持它,能以严肃的态度来施行,举动不合乎礼仪,还算不上完善。"

子曰:"知及之,仁不能守之,虽得之,必失之。^①知及之,仁能守之,不庄以莅之,则民不敬。^②知及之,仁能守之,庄以莅之,动之不以礼,未善也。"^③

朱子集注 ①知,去声。〇知足以知此理,而私欲间之,则无以有之于身矣。

②莅,临也。谓临民也。知此理而无私欲以间之,则所知者在我而不失矣。然犹有不庄者,盖气习之偏,或有厚于内而不严于外者,是以民不见其可畏而慢易之。下句放此。

③动之,动民也。犹曰鼓舞而作兴之云尔。礼,谓义理之节文。〇愚谓学至于仁,则善有诸己而大本立矣。莅之不庄,动之不以礼,乃其气禀学问之小疵,然亦非尽善之道也。故夫子历言之,使知德愈全则责愈备,不可以为小节而忽之也。

子曰:"君子不可小知,而可大受也;小人不可大受,而可小知也。"①

朱子集注 ①此言观人之法。知,我知之也。受,彼所受也。盖君子于细事未必可观,而材德足以任重;小人虽器量浅狭,而未必无一长可取。

译文 孔子说:"君子不能了解小事却能担当重任,小人不能担当重任却能了解小事。"

子曰:"民之于仁也,甚于水火。水火,吾见蹈而死者矣,未见蹈仁而死者也。"①

朱子集注 ①民之于水火,所赖以生,不可一日无。其于仁也亦然。但水火外物,而仁在己。无水火,不过害人之身,而不仁则失其心。是仁有甚于水火,而尤不可以一日无也。况水火或有时而杀人,仁则未尝杀人,亦何惮而不为哉? ○李氏曰:"此夫子勉人为仁之语。"下章放此。

译文 孔子说:"民众对于仁的需求,比水火更迫切。我见到过蹈践水火而死去的人,却没见到过蹈践仁而死去的人。"

子曰:"当仁,不让于师。"①

朱子集注 ①当仁,以仁为己任也。虽师亦无所逊,言当勇往而必为也。盖仁者,人所自有而自为之,非有争也,何逊之有? ○程子曰:"为仁在己,无所与逊。若善名在外,则不可不逊。"

译文 孔子说:"遇到行仁的事不向老师谦让。"

子曰:"君子贞而不谅。"①

朱子集注 ①贞,正而固也。谅,则不择是非而必于信。

译文 孔子说:"君子坚守正道而不拘泥小信。"

子曰:"事君,敬其事而后其食。"①

译文 孔子说:"事奉君主,要尽心供职才受取俸禄。"

①后，与后获之后同。○食，禄也。君子之仕也，有官守者修其职，有言责者尽其忠。皆以敬吾之事而已，不可先有求禄之心也。

译文 孔子说："进行教育没有对象的区别。"

子曰："有教无类。"①

 ①人性皆善，而其类有善恶之殊者，气习之染也。故君子有教，则人皆可以复于善，而不当复论其类之恶矣。

译文 孔子说："见解不同，不相互谋划事情。"

子曰："道不同，不相为谋。"①

 ①为，去声。○不同，如善恶邪正之异。

译文 孔子说："言语能表达意思就行了。"

子曰："辞达而已矣。"①

 ①辞，取达意而止，不以富丽为工。

译文 师冕来见孔子，走到台阶边，孔子说："这是台阶。"来到坐席旁，孔子说："这是坐席。"都坐定了，孔子告诉他说："某某在这里，某某在这里。"师冕告辞了，子张问道："这是与盲人说话的方式吗？"孔子说："是的，这应该是接待盲人的方式。"

师冕见，及阶，子曰："阶也。"及席，子曰："席也。"皆坐，子告之曰："某在斯，某在斯。"①师冕出。子张问曰："与师言之道与？"②子曰："然。固相师之道也。"③

 ①见，贤遍反。○师，乐师，瞽者。冕，名。再言某在斯，历举在坐之人以诏之。

②与，平声。○圣门学者，于夫子之一言一动，无不存心省察如此。

③相，去声。○相，助也。古者瞽必有相，其道如此。盖圣

人于此，非作意而为之，但尽其道而已。〇尹氏曰："圣人处己为人，其心一致，无不尽其诚故也。有志于学者，求圣人之心，于斯亦可见矣。"〇范氏曰："圣人不侮鳏寡，不虐无告，可见于此。推之天下，无一物不得其所矣。"

季氏第十六

洪氏曰："此篇或以为《齐论》。"凡十四章。

季氏将伐颛臾。① 冉有、季路见于孔子曰："季氏将有事于颛臾。"② 孔子曰："求！无乃尔是过与？③ 夫颛臾，昔者先王以为东蒙主，且在邦域之中矣，是社稷之臣也。何以伐为？"④ 冉有曰："夫子欲之，吾二臣者皆不欲也。"⑤ 孔子曰："求！周任有言曰：'陈力就列，不能者止。'危而不持，颠而不扶，则将焉用彼相矣？⑥ 且尔言过矣。虎兕出于柙，龟玉毁于椟中，是谁之过与？"⑦ 冉有曰："今夫颛臾，固而近于费。今不取，后世必为子孙忧。"⑧ 孔子曰："求！君子疾夫舍曰欲之，而必为之辞。⑨ 丘也闻：有国有家者，不患寡而患不均，不患贫而患不安。盖均无贫，和无寡，安无倾。⑩ 夫如是，故远人不服，则修文德以来之。既来之，则安之。⑪ 今由与求也，相夫子，远人不服而不能来

译文 季氏将要讨伐颛臾，冉求、子路去见孔子，说："季氏将要对颛臾有所行动。"孔子说："求啊，这不是你的过错吗？颛臾，过去先王任命他主持东蒙山的祭祀，而且在鲁国的疆域之内，是国家的臣属。为什么要讨伐他呢？"冉求说："是季氏要这么做，我们两个都不愿意。"孔子说："求啊，周任曾经说过：'贡献力量担任职位，没有能力就止步。'危难时不支撑，颠扑时不扶持，何必要用辅佐呢？而且，你的说法是错的。老虎、犀牛从笼子里跑出来了，龟壳、美玉在匣子里毁坏了，这是谁的过错呢？"冉求说："颛臾城邑坚固而接近季氏的封邑费，现在不

去夺取，到了后世必定会成为子孙的忧患。"孔子说："求啊，君子憎恶隐瞒欲望而非要进行辩解。我曾听说，拥有封国、家族的人，不担忧贫困而担忧不平均，不担忧寡少而担忧不安定。因为，平均了就没有贫困，和谐了就不会寡少，安定了就不能倾覆。如果这样，边远的人不归服就修饬文德来招徕他们，既招来了就安定他们。现在你们两个辅佐季氏，边远的人不归服却不能招徕他们，国家分崩离析却不能进行守护，反而图谋在国家之内兴师动众。我恐怕季氏的担忧不来自于颛臾，而来自于自己的内部。"

也，邦分崩离析而不能守也。[12]而谋动干戈于邦内。吾恐季孙之忧，不在颛臾，而在萧墙之内也。"[13]

朱子集注 ①颛，音专。臾，音俞。○颛臾，国名，鲁附庸也。

②见，贤遍反。○按《左传》、《史记》，二子仕季氏不同时。此云尔者，疑子路尝从孔子自卫反鲁，再仕季氏，不久而复之卫也。

③与，平声。○冉求为季氏聚敛，尤用事。故夫子独责之。

④夫，音扶。○东蒙，山名。先王封颛臾于此山之下，使主其祭，在鲁地七百里之中。社稷，犹云公家。是时四分鲁国，季氏取其二，孟孙、叔孙各有其一。独附庸之国尚为公臣，季氏又欲取以自益。故孔子言颛臾乃先王封国，则不可伐；在邦域之中，则不必伐；是社稷之臣，则非季氏所当伐也。此事理之至当，不易之定体，而一言尽其曲折如此，非圣人不能也。

⑤夫子，指季孙。冉有实与谋，以孔子非之，故归咎于季氏。

⑥任，平声。焉，于虔反。相，去声，下同。○周任，古之良史。陈，布也。列，位也。相，瞽者之相也。言二子不欲则当谏，谏而不听则当去也。

⑦兕，徐履反。柙，户甲反。椟，音独。与，平声。○兕，野牛也。柙，槛也。椟，匮也。言在柙而逸，在椟而毁，典守者不得辞其过。明二子居其位而不去，则季氏之恶，已不得任其责也。

⑧夫，音扶。○固，谓城郭完固。费，季氏之私邑。此则冉求之饰辞，然亦可见其实与季氏之谋矣。

⑨夫，音扶。舍，上声。○欲之，谓贪其利。

⑩寡，谓民少。贫，谓财乏。均，谓各得其分。安，谓上下相安。季氏之欲取颛臾，患寡与贫耳。然是时季氏据国，而鲁公无民，则不均矣。君弱臣强，互生嫌隙，则不安矣。均则不患于贫而和，和则不患于寡而安，安则不相疑忌，而无倾覆之患。

⑪夫，音扶。○内治修，然后远人服。有不服，则修德以来

之,亦不当勤兵于远。

⑫子路虽不与谋,而素不能辅之以义,亦不得为无罪,故并责之。远人,谓颛臾。分崩离析,谓四分公室,家臣屡叛。

⑬干,楯也。戈,戟也。萧墙,屏也。言不均不和,内变将作。其后哀公果欲以越伐鲁而去季氏。○谢氏曰:"当是时,三家强,公室弱,冉求又欲伐颛臾以附益之。夫子所以深罪之,为其瘠鲁以肥三家也。"○洪氏曰:"二子仕于季氏,凡季氏所欲为,必以告于夫子。则因夫子之言而救止者,宜亦多矣。伐颛臾之事,不见于经传,其以夫子之言而止也与?"

孔子曰:"天下有道,则礼乐征伐自天子出;天下无道,则礼乐征伐自诸侯出。自诸侯出,盖十世希不失矣;自大夫出,五世希不失矣;陪臣执国命,三世希不失矣。①天下有道,则政不在大夫。②天下有道,则庶人不议。"③

①先王之制,诸侯不得变礼乐,专征伐。陪臣,家臣也。逆理愈甚,则其失之愈速。大约世数,不过如此。

②言不得专政。

③上无失政,则下无私议。非箝其口使不敢言也。○此章通论天下之势。

译文 孔子说:"天下清平,制礼作乐、出兵征伐出自天子;天下无道,制礼作乐、出兵征伐出自诸侯。出自诸侯,大概传到十代很少有不丧失的;出自大夫,传到五代很少有不丧失的;家臣执掌了国家命运,传到三代很少有不丧失的。天下清平,国政就不落在大夫手中;天下清平,庶人们就不会议论。"

孔子曰:"禄之去公室,五世矣;政逮于大夫,四世矣;故夫三桓之子孙,微矣。"①

①夫,音扶。○鲁自文公薨,公子遂杀子赤,立宣公,而君失其政。历成、襄、昭、定,凡五公。逮,及也。自季武子始专国政,历悼、平、威子,凡四世,而为家臣阳虎所执。三威,三家,皆威公之后。此以前章之说推之,而知

译文 孔子说:"爵禄脱离公室已经五代了,国政被大夫攫夺已经四代了,所以孟孙、叔孙、季孙的子孙要衰微了。"

其当然。〇此章专论鲁事,疑与前章皆定公时语。〇苏氏曰:"礼乐征伐自诸侯出,宜诸侯之强也。而鲁以失政,政逮于大夫,宜大夫之强也,而三威以微。何也? 强生于安,安生于上下之分定。今诸侯、大夫皆陵其上,则无以令其下矣。故皆不久而失之也。"

译文 孔子说:"三种朋友有益,三种朋友有害。朋友正直、朋友诚实、朋友见识广博,是有益的;朋友奉承、朋友谄媚、朋友圆滑善辩,是有害的。"

孔子曰:"益者三友,损者三友。友直,友谅,友多闻,益矣。友便辟,友善柔,友便佞,损矣。"①

朱子集注 ①便,平声。辟,婢亦反。〇友直,则闻其过。友谅,则进于诚。友多闻,则进于明。便,习熟也。便辟,谓习于威仪而不直。善柔,谓工于媚说而不谅。便佞,谓习于口语,而无闻见之实。三者损益,正相反也。〇尹氏曰:"自天子至于庶人,未有不须友以成者。而其损益有如是者,可不谨哉?"

译文 孔子说:"三种乐趣有益,三种乐趣有害。乐于以礼乐来节制行为、乐于称道他人的长处、乐于多结交贤明的朋友,是有益的,乐于骄奢淫乐、乐于游荡无度、乐于吃吃喝喝,是有害的。"

孔子曰:"益者三乐,损者三乐。乐节礼乐,乐道人之善,乐多贤友,益矣。乐骄乐,乐佚游,乐宴乐,损矣。"①

朱子集注 ①乐,五教反。礼乐之乐,音岳。骄乐、宴乐之乐,音洛。〇节,谓辨其制度声容之节。骄乐,则侈肆而不知节。佚游,则惰慢而恶闻善。宴乐,则淫溺而狎小人。三者损益,亦相反也。〇尹氏曰:"君子之于好乐,可不谨哉?"

译文 孔子说:"侍奉君子有三种过失,还没有讲到就说了叫做急躁,已经讲到了却不说叫做隐晦,没见到神态就说话叫做盲目。"

孔子曰:"侍于君子有三愆:言未及之而言,谓之躁;言及之而不言,谓之隐;未见颜色而言,谓之瞽。"①

朱子集注 ①君子,有德位之通称。愬,过也。瞽,无目,不能察言观色。○尹氏曰:"时然后言,则无三者之过矣。"

孔子曰:"君子有三戒:少之时,血气未定,戒之在色;及其壮也,血气方刚,戒之在斗;及其老也,血气既衰,戒之在得。"①

译文 孔子说:"君子有三项禁戒,年轻时,血气尚未稳定,要禁戒女色;到了壮年,血气方刚,要禁戒好斗,到了老年,血气衰微,要禁戒贪得。"

朱子集注 ①血气,形之所待以生者,血阴而气阳也。得,贪得也。随时知戒,以理胜之,则不为血气所使也。○范氏曰:"圣人同于人者血气也,异于人者志气也。血气有时而衰,志气则无时而衰也。少未定、壮而刚、老而衰者,血气也。戒于色、戒于斗、戒于得者,志气也。君子养其志气,故不为血气所动,是以年弥高而德弥邵也。"

孔子曰:"君子有三畏:畏天命,畏大人,畏圣人之言。①小人不知天命而不畏也,狎大人,侮圣人之言。"②

译文 孔子说:"君子有三项敬畏,敬畏天命、敬畏有道德的人、敬畏圣人的话。小人因为不知道天命而不敬畏,轻慢有道德的人、亵渎圣人的话。"

朱子集注 ①畏者,严惮之意也。天命者,天所赋之正理也。知其可畏,则其戒谨恐惧,自有不能已者。而付畀之重,可以不失矣。大人、圣言,皆天命所当畏。知畏天命,则不得不畏之矣。
②侮,戏玩也。不知天命,故不识义理,而无所忌惮如此。○尹氏曰:"三畏者,修己之诚当然也。小人不务修身诚己,则何畏之有?"

孔子曰:"生而知之者,上也;学而知之者,次也;困而学之,又其次也;困而不学,民斯为下矣。"①

译文 孔子说:"天生就懂得的人最优秀,通过学习而懂得的人次一等,遇到困难才去学习的人又次一等。遇到困难还不学习,就是下等的愚民。"

①困,谓有所不通。言人之气质不同,大约有此四等。○杨氏曰:"生知、学知以至困学,虽其质不同,然及其知之一也。故君子惟学之为贵。困而不学,然后为下。"

孔子曰:"君子有九思:视思明,听思聪,色思温,貌思恭,言思忠,事思敬,疑思问,忿思难,见得思义。"①

译义 孔子说:"君子有九件要想到的事,看要想到明白、听要想到清楚、神态要想到温和、容貌要想到恭敬、言谈要想到诚实、处事要想到尽心、疑难要想到询问、忿怒要想到后患、见到得益要想到大义。"

①难,去声。○视无所蔽,则明无不见。听无所壅,则聪无不闻。色,见于面者。貌,举身而言。思问,则疑不蓄。思难,则忿必惩。思义,则得不苟。○程子曰:"九思各专其一。"○谢氏曰:"未至于从容中道,无时而不自省察也,虽有不存焉者,寡矣。此之谓思诚。"

孔子曰:"见善如不及,见不善如探汤。吾见其人矣,吾闻其语矣。①隐居以求其志,行义以达其道。吾闻其语矣,未见其人也。"②

译义 孔子说:"见到善如同赶不上,见到不善如同手伸进了开水,我见到过这样的人,我听到过这样的话;避世隐居来成就自己的志向,施行道义来贯彻自己的主张,我听到过这样的话,没见到过这样的人。"

①探,吐南反。○真知善恶而诚好恶之,颜、曾、闵、冉之徒,盖能之矣。语,盖古语也。
②求其志,守其所达之道也。达其道,行其所求之志也。盖惟伊尹、太公之流,可以当之。当时若颜子,亦庶乎此。然隐而未见,又不幸而蚤死,故夫子言然。

齐景公有马千驷,死之日,民无德而称焉。伯夷、叔齐饿于首阳之下,民到于今称之。①其斯之谓与?②

译义 齐景公有马四千匹,去世的时候,民众不觉得他有什么德行值得称赞;伯夷、叔齐饿死在首阳山下,民众到现在仍然称赞他们。那就是这个意思吧!

①驷,四马也。首阳,山名。
②与,平声。○胡氏曰:"程子以为第十二篇错简

'诚不以富,亦祗以异',当在此章之首。今详文势,似当在此句之上。言人之所称,不在于富,而在于异也。"愚谓此说近是,而章首当有"孔子曰"字,盖阙文耳。大抵此书后十篇多阙误。

陈亢问于伯鱼曰:"子亦有异闻乎?"[1]对曰:"未也。尝独立,鲤趋而过庭。曰:'学《诗》乎?'对曰:'未也。''不学《诗》,无以言。'鲤退而学《诗》。[2]他日又独立,鲤趋而过庭。曰:'学礼乎?'对曰:'未也。''不学礼,无以立,'鲤退而学礼。[3]闻斯二者。"[4]陈亢退而喜曰:"问一得三,闻《诗》,闻礼,又闻君子之远其子也。"[5]

朱子集注 [1]亢,音刚。○亢以私意窥圣人,疑必阴厚其子。
[2]事理通达,而心气和平,故能言。
[3]品节详明,而德性坚定,故能立。
[4]当独立之时,所闻不过如此,其无异闻可知。
[5]远,去声。○尹氏曰:"孔子之教其子,无异于门人,故陈亢以为远其子。"

译文 陈亢问伯鱼说:"你也许听到过与众不同的教诲吧!"伯鱼答道:"没有。父亲曾独自站在那里,我快步走过庭院,他说:'学了《诗》吗?'我答道:'没有。'他说:'不学《诗》,就不能言谈应对。'我退下来就学习《诗》。""另一天,父亲又独自站在那里,我快步走过庭院,他说:'学了礼吗?'我答道:'没有。'他说:'不学礼,就不能处身立世。'我退下来就学习礼。我所听到的就是这两次。"陈亢告辞后高兴地说:"我问了一件事得到了三个收获,得知了《诗》,得知了礼,又得知了君子不偏爱他的儿子。"

邦君之妻,君称之曰夫人,夫人自称曰小童;邦人称之曰君夫人,称诸异邦曰寡小君;异邦人称之,亦曰君夫人。[1]

朱子集注 [1]寡,寡德,谦辞。○吴氏曰:"凡《语》中所载如此类者,不知何谓。或古有之,或夫子尝言之,不可考也。"

译文 国君的妻子,国君称她为夫人,夫人自称为小童;本国的人称她为君夫人,对别国的人则称她为寡小君;别国的人也称她为君夫人。

阳货第十七

凡二十六章。

阳货欲见孔子，孔子不见，归孔子豚。孔子时其亡也，而往拜之，遇诸涂。^①谓孔子曰："来！予与尔言。"曰："怀其宝而迷其邦，可谓仁乎？"曰："不可。""好从事而亟失时，可谓知乎？"曰："不可。""日月逝矣，岁不我与。"孔子曰："诺。吾将仕矣。"^②

译文 阳货想会见孔子，孔子不去见，于是就给孔子送蒸熟的小猪。孔子趁他不在的时候去拜谢他，却在路上遇到了他。阳货招呼孔子说："过来，我有话同你说。"阳货说："怀藏自己的本领却听任国家迷乱，能称为仁吗？"孔子说："不能。"阳货说："喜好从事政务却屡次失去机会，能称为智吗？"孔子说："不能。"阳货说："岁月流逝，时光不等人啊！"孔子说："是啊，我将要出来任职了。"

朱子集注 ①归，如字，一作馈。○阳货，季氏家臣，名虎。尝囚季桓子而专国政。欲令孔子来见己，而孔子不往。货以礼"大夫有赐于士，不得受于其家，则往拜其门"，故瞰孔子之亡而归之豚，欲令孔子来拜而见之也。②好、亟、知，并去声。○怀宝迷邦，谓怀藏道德，不救国之迷乱。亟，数也。失时，谓不及事几之会。将者，且然而未必之辞。货语皆讥孔子而讽使速仕。孔子固未尝如此,而亦非不欲仕也,但不仕于货耳。故直据理答之,不复与辩,若不谕其意者。○阳货之欲见孔子,虽其善意,然不过欲使助己为乱耳。故孔子不见者,义也。其往拜者,礼也。必时其亡而往者,欲其称也。遇诸涂而不避者,不终绝也。随问而对者,理之直也。对而不辩者,言之孙而亦无所诎也。○杨氏曰:"扬雄谓孔子于阳货也,敬所不敬,为诎身以信道。非知孔子者。盖道外无身,身外无道。身诎矣而可以信道,吾未之信也。"

子曰:"性相近也,习相远也。"①

朱子集注 ①此所谓性,兼气质而言者也。气质之性,固有美恶之不同矣。然以其初而言,则皆不甚相远也。但习于善则善,习于恶则恶,于是始相远耳。○程子曰:"此言气质之性,非言性之本也。若言其本,则性即是理,理无不善,孟子之言性善是也。何相近之有哉?"

译文 孔子说:"天性相互接近,受到影响后就相差甚远了。"

子曰:"惟上知与下愚不移。"①

朱子集注 ①知,去声。○此承上章而言。人之气质相近之中,又有美恶一定,而非习之所能移者。○程子曰:"人性本善,有不可移者,何也? 语其性则皆善也,语其才则有下愚之不移。所谓下愚有二焉:自暴,自弃也。人苟以善自治,则无不可移,虽昏愚之至,皆可渐磨而进也。惟自暴者拒之以不信,自弃者绝之以不为,虽圣人与居,不能化而入也,仲尼之所谓下愚。然其质非必昏且愚也,往往彊戾而才力有过人者,商辛是也。圣人以其自绝于善,谓之下愚,然考其归,则诚愚也。"或曰:"此与上章当合为一,'子曰'二字,盖衍文耳。"

译文 孔子说:"只有上等的知者和下等的愚人不可改变。"

译文 孔子来到武城,听到了奏乐唱歌的声音。他微笑着说:"宰鸡干嘛要用牛刀呢?"子游答道:"过去我曾听到夫子说:'君子学了道就爱护别人,小人学了道就容易役使。'"孔子说:"后生们,言偃说得对!我刚才的话只是开玩笑。"

子之武城,闻弦歌之声。① 夫子莞尔而笑,曰:"割鸡焉用牛刀?"② 子游对曰:"昔者偃也闻诸夫子曰:'君子学道则爱人,小人学道则易使也。'"③ 子曰:"二三子!偃之言是也。前言戏之耳。"④

朱子集注 ①弦,琴瑟也。时子游为武城宰,以礼乐为教,故邑人皆弦歌也。

②莞,华版反。焉,于虔反。○莞尔,小笑貌,盖喜之也。因言其治小邑,何必用此大道也。

③易,去声。○君子、小人,以位言之。子游所称,盖夫子之常言。言君子、小人,皆不可以不学。故武城虽小,亦必教以礼乐。

④嘉子游之笃信,又以解门人之惑也。○治有大小,而其治之必用礼乐,则其为道一也。但众人多不能用,而子游独行之。故夫子骤闻而深喜之,因反其言以戏之。而子游以正对,故复是其言,而自实其戏也。

译文 公山弗扰凭借费邑叛乱,来召请孔子,孔子打算去。子路很不高兴,说:"没地方去就算了,何必要去公山弗扰那儿呢?"孔子说:"召请我的人难道会没有打算吗?如果有举用我的人,我要在东方复兴周代的典制!"

公山弗扰以费畔,召,子欲往。① 子路不说,曰:"末之也已,何必公山氏之之也。"② 子曰:"夫召我者,而岂徒哉?如有用我者,吾其为东周乎?"③

朱子集注 ①弗扰,季氏宰。与阳货共执桓子,据邑以叛。

②说,音悦。○末,无也。言道既不行,无所往矣,何必公山氏之往乎?

③夫,音扶。○岂徒哉,言必用我也。为东周,言兴周道于东方。○程子曰:"圣人以天下无不可有为之人,亦无不可改过之人,故欲往。然而终不往者,知其必不能改故也。"

译文 子张向孔子询问仁,孔子说:"能在天下施行五项德

子张问仁于孔子。孔子曰:"能行五者于天下,为仁矣。"请问之。曰:"恭、宽、信、敏、惠。恭

则不侮,宽则得众,信则人任焉,敏则有功,惠则足以使人。"①

①行是五者,则心存而理得矣。于天下,言无适而不然,犹所谓虽之夷狄不可弃者。五者之目,盖因子张所不足而言耳。任,倚仗也,又言其效如此。○张敬夫曰:"能行此五者于天下,则其心公平而周遍可知矣。然恭其本与?"李氏曰:"此章与六言、六蔽、五美、四恶之类,皆与前后文体大不相似。"

佛肸召,子欲往。①子路曰:"昔者由也闻诸夫子曰:'亲于其身为不善者,君子不入也。'佛肸以中牟畔,子之往也,如之何?"②子曰:"然。有是言也。不曰坚乎,磨而不磷;不曰白乎,涅而不缁。③吾岂匏瓜也哉?焉能系而不食?"④

①佛,音弼。肸,许密反。○佛肸,晋大夫赵氏之中牟宰也。

②子路恐佛肸之浼夫子,故问此以止夫子之行。亲,犹自也。不入,不入其党也。

③磷,力刃反。涅,乃结反。○磷,薄也。涅,染皂物。言人之不善,不能浼己。○杨氏曰:"磨不磷,涅不缁,而后无可无不可。坚白不足,而欲自试于磨涅,其不磷缁也者几希。"

④焉,于虔反。○匏,瓠也。匏瓜系于一处而不能饮食,人则不如是也。○张敬夫曰:"子路昔者之所闻,君子守身之常法。夫子今日之所言,圣人体道之大权也。然夫子于公山、佛肸之召皆欲往者,以天下无不可变之人,无不可为之事也。其卒不往者,知其人之终不可变而事之终不可为耳。一则生物之仁,一则知人之智也。"

行就是仁了。"子张请教是哪五项,孔子说:"恭敬、宽厚、诚实、敏捷、慈惠。恭敬就不受欺侮,宽厚就能得到众人的拥护,诚实就会受到信任,敏捷就有成绩,慈惠就足以役使他人。"

佛肸来召请孔子,孔子打算去。子路说:"过去我曾听夫子说过:'亲自投身做坏事的人那里,君子是不去的。'佛肸凭借中牟叛乱,老师却要去,怎么说得过去呢?"孔子说:"是的,我说过这话。但是又说过,'硬的东西是磨不薄的';还说过,'白的东西是染不黑的'。我难道是葫芦吗?怎么能挂起来不吃呢?"

子曰:"由也,女闻六言六蔽矣乎?"对曰:"未也。"①"居!吾语女。②好仁不好学,其蔽也愚;好知不好学,其蔽也荡;好信不好学,其蔽也贼;好直不好学,其蔽也绞;好勇不好学,其蔽也乱;好刚不好学,其蔽也狂。"③

①女,音汝,下同。〇蔽,遮掩也。

②语,去声。〇礼:君子问更端,则起而对。故孔子喻子路,使还坐而告之。

③好、知,并去声。〇六言皆美德,然徒好之而不学以明其理,则各有所蔽。愚,若可陷可罔之类。荡,谓穷高极广而无所止。贼,谓伤害于物。勇者,刚之发。刚者,勇之体。狂,躁率也。〇范氏曰:"子路勇于为善,其失之者,未能好学以明之也,故告之以此。曰勇、曰刚、曰信、曰直,又皆所以救其偏也。"

译文 孔子说:"由啊,你听说过六种德行各自的弊病吗?"子路答道:"没有。"孔子说:"坐下!我来告诉你。喜好仁不喜好学习,其弊病是愚昧;喜好知不喜好学习,其弊病是浮荡;喜好信不喜好学习,其弊病是受损害;喜好直不喜好学习,其弊病是偏激;喜好勇不喜好学习,其弊病是作乱;喜好刚不喜好学习,其弊病是狂妄。"

子曰:"小子!何莫学夫《诗》?①《诗》,可以兴,②可以观③,可以群,④可以怨。⑤迩之事父,远之事君。⑥多识于鸟兽草木之名。"⑦

①夫,音扶。〇小子,弟子也。

②感发志意。

③考见得失。

④和而不流。

⑤怨而不怒。

⑥人伦之道,《诗》无不备,二者举重而言。

⑦其绪余又足以资多识。〇学《诗》之法,此章尽之。读是经者,所宜尽心也。

译文 孔子说:"后生们何不去学《诗》呢?《诗》能够即景生情,能够观察风俗,能够合群相处,能够抒发怨恨。近可用来事奉父母,远可用来事奉国君,并能多认识鸟兽草木的名称。"

子谓伯鱼曰:"女为《周南》、《召南》矣乎?人而不为《周南》、《召南》,其犹正墙面而立也

译文 孔子告诉伯鱼说:"你学过《周南》、《召南》了吗?

与?"①

译文 人假如不学《周南》、《召南》，就好比面对着墙壁站在那里啊！"

朱子集注 ①女，音汝。与，平声。○为，犹学也。《周南》、《召南》，《诗》首篇名。所言皆修身齐家之事。正墙面而立，言即其至近之地，而一物无所见，一步不可行。

子曰："礼云礼云，玉帛云乎哉？乐云乐云，钟鼓云乎哉？"①

译文 孔子说："所谓礼，就是指玉帛吗？所谓乐，就是指钟鼓吗？"

朱子集注 ①敬而将之以玉帛，则为礼；和而发之以钟鼓，则为乐。遗其本而专事其末，则岂礼乐之谓哉？○程子曰："礼只是一个序，乐只是一个和。只此两字，含畜多少义理。天下无一物无礼乐。且如置此两椅，一不正，便是无序。无序便乖，乖便不和。又如贼盗至为不道，然亦有礼乐。盖必有总属，必相听顺，乃能为盗。不然，则叛乱无统，不能一日相聚而为盗也。礼乐无处无之，学者要须识得。"

子曰："色厉而内荏，譬诸小人，其犹穿窬之盗也与？"①

译文 孔子说："神色严厉而内心虚弱，用小人来作比喻，大概就像钻墙洞的盗贼吧！"

朱子集注 ①荏，而审反。与，平声。○厉，威严也。荏，柔弱也。小人，细民也。穿，穿壁。窬，逾墙。言其无实盗名，而常畏人知也。

子曰："乡原，德之贼也。"①

译文 孔子说："乡里的好好先生，是损害德行的人。"

朱子集注 ①乡者，鄙俗之意。原与愿同。《荀子》"原悫"，《注》读作愿是也。乡原，乡人之愿者也。盖其同流合污以媚于世，故在乡人之中，独以愿称。夫子以其似德非德，而反乱乎德，故以为德之贼而深恶之。详见《孟子》末篇。

子曰:"道听而涂说,德之弃也。"①

①虽闻善言,不为己有,是自弃其德也。○王氏曰:"君子多识前言往行以畜其德,道听途说,则弃之矣。"

子曰:"鄙夫可与事君也与哉?①其未得之也,患得之;既得之,患失之。②苟患失之,无所不至矣。"③

①与,平声。○鄙夫,庸恶陋劣之称。
②何氏曰:"患得之,谓患不能得之。"
③小则吮痈舐痔,大则弑父与君,皆生于患失而已。○胡氏曰:"许昌靳裁之有言曰:'士之品大概有三:志于道德者,功名不足以累其心;志于功名者,富贵不足以累其心;志于富贵而已者,则亦无所不至矣。'志于富贵,即孔子所谓鄙夫也。"

子曰:"古者民有三疾,今也或是之亡也。①古之狂也肆,今之狂也荡;古之矜也廉,今之矜也忿戾;古之愚也直,今之愚也诈而已矣。"②

①气失其平则为疾,故气禀之偏者亦谓之疾。昔所谓疾,今亦无之,伤俗之益衰也。
②狂者,志愿太高。肆,谓不拘小节。荡,则逾大闲矣。矜者,持守太严。廉,谓棱角陗厉。忿戾,则至于争矣。愚者,暗昧不明。直,谓径行自遂。诈,则挟私妄作矣。○范氏曰:"末世滋伪。岂惟贤者不如古哉?民性之蔽,亦与古人异矣。"

子曰："巧言令色，鲜矣仁。"①

①重出。

译文 孔子说："花言巧语、仪容伪善，仁就不多了。"

子曰："恶紫之夺朱也，恶郑声之乱雅乐也，恶利口之覆邦家者。"①

①恶，去声。覆，芳服反。○朱，正色。紫，间色。雅，正也。利口，捷给。覆，倾败也。○范氏曰："天下之理，正而胜者常少，不正而胜者常多，圣人所以恶之也。利口之人，以是为非，以非为是，以贤为不肖，以不肖为贤。人君苟悦而信之，则国家之覆也不难矣。"

译文 孔子说："我憎恨紫色排挤了大红色，憎恨郑地的歌曲扰乱了典雅的音乐，憎恨巧嘴利舌颠覆了国家与世族的人。"

子曰："予欲无言。"①子贡曰："子如不言，则小子何述焉？"②子曰："天何言哉？四时行焉，百物生焉，天何言哉？"③

①学者多以言语观圣人，而不察其天理流行之实，有不待言而著者。是以徒得其言，而不得其所以言，故夫子发此以警之。
②子贡正以言语观圣人者，故疑而问之。
③四时行，百物生，莫非天理发见流行之实，不待言而可见。圣人一动一静，莫非妙道精义之发，亦天而已，岂待言而显哉？此亦开示子贡之切，惜乎其终不喻也。○程子曰："孔子之道，譬如日星之明，犹患门人未能尽晓，故曰予欲无言。若颜子则便默识，其他则未免疑问，故曰小子何述。"又曰："天何言哉？四时行焉，百物生焉，则可谓至明白矣。"愚按：此与前篇无隐之意相发，学者详之。

译文 孔子说："我想不说话了。"子贡说："老师如果不说话，我们这些后生传述什么呢？"孔子说："上天说了什么呢？四季运行，万物生长，上天说什么呢？"

孺悲欲见孔子，孔子辞以疾。将命者出户，

译文 孺悲想见孔子，孔子推

取瑟而歌,使之闻之。①

朱子集注 ①孺悲,鲁人,尝学《士丧礼》于孔子。当是时,必有以得罪者,故辞以疾,而又使知其非疾,以警教之也。○程子曰:"此孟子所谓不屑之教诲,所以深教之也。"

宰我问道:"守丧三年,时间太久了吧!君子三年不去习礼,礼必定会荒废;三年不去习乐,乐必定会败坏。陈米已经吃完,新谷已经上场,过了一年,时间也够了。"孔子说:"吃着那稻米,穿着那锦绣,你心安吗?"宰我说:"心安。"孔子说:"你心安,就去做吧!君子在守丧时,吃美味的食物不可口,听到音乐不快乐,住在家里不觉得舒适,所以不去做。现在你心安,就去做吧!"宰我退了出去,孔子说:"宰我不仁啊!子女出生三年,才能脱离父母的怀抱。守丧三年,是天下通行的丧期,宰我给了他父母三年的爱吗?"

宰我问:"三年之丧,期已久矣。①君子三年不为礼,礼必坏;三年不为乐,乐必崩。②旧谷既没,新谷既升,钻燧改火,期可已矣。"③子曰:"食夫稻,衣夫锦,於女安乎?"曰:"安。"④"女安,则为之!夫君子之居丧,食旨不甘,闻乐不乐,居处不安,故不为也。今女安,则为之!"⑤宰我出。子曰:"予之不仁也!子生三年,然后免于父母之怀。夫三年之丧,天下之通丧也。予也有三年之爱于其父母乎?"⑥

朱子集注 ①期,音基,下同。○期,周年也。
②恐居丧不习而崩坏也。

③钻,祖官反。○没,尽也。升,登也。燧,取火之木也。改火,春取榆柳之火,夏取枣杏之火,夏季取桑柘之火,秋取柞楢之火,冬取槐檀之火,亦一年而周也。已,止也。言期年则天运一周,时物皆变,丧至此可止也。○尹氏曰:"短丧之说,下愚且耻言之。宰我亲学圣人之门,而以是为问者,有所疑于心而不敢强焉尔。"

④夫,音扶,下同。衣,去声。女,音汝,下同。○礼:父母之丧,既殡,食粥、粗衰。既葬,疏食、水饮,受以成布。期而小祥,始食菜果,练冠缌缘,要绖不除。无食稻、衣锦之理。夫子欲宰我反求诸心,自得其所以不忍者。故问之以此,而宰我不察也。

⑤乐,上如字,下音洛。○此夫子之言也。旨,亦甘也。初言女安则为之,绝之之辞。又发其不忍之端,以警其不察,而再言女安则为之以深责之。

⑥宰我既出，夫子惧其真以为可安而遂行之，故深探其本而斥之，言由其不仁，故爱亲之薄如此也。怀，抱也。又言君子所以不忍于亲，而丧必三年之故。使之闻之，或能反求而终得其本心也。○范氏曰："丧虽止于三年，然贤者之情则无穷也。特以圣人为之中制而不敢过，故必俯而就之。非以三年之丧，为足以报其亲也。所谓三年而后免于父母之怀，特以责宰我之无恩，欲其有以践而及之尔。"

子曰："饱食终日，无所用心，难矣哉！不有博弈者乎？为之，犹贤乎已。"①

朱子集注 ①博，局戏也。弈，围棋也。已，止也。○李氏曰："圣人非教人博弈也，所以甚言无所用心之不可尔。"

译文 孔子说："整天吃得饱饱的，一点不动脑筋，真难以教诲啊！不是有六博、弈棋吗？去弄弄也比闲着好。"

子路曰："君子尚勇乎？"子曰："君子义以为上。君子有勇而无义为乱，小人有勇而无义为盗。"①

朱子集注 ①尚，上之也。君子为乱，小人为盗，皆以位而言者也。○尹氏曰："义以为尚，则其勇也大矣。子路好勇，故夫子以此救其失也。"○胡氏曰："疑此子路初见孔子时问答也。"

译文 子路说："君子崇尚勇吗？"孔子说："君子把义作为最高准则。君子有勇无义会闹出乱子，小人有勇无义就做盗贼。"

子贡曰："君子亦有恶乎？"子曰："有恶：恶称人之恶者，恶居下流而讪上者，恶勇而无礼者，恶果敢而窒者。"①曰："赐也亦有恶乎？""恶徼以为知者，恶不孙以为勇者，恶讦以为直者。"②

朱子集注 ①恶，去声，下同。惟恶者之恶如字。讪，所谏反。○讪，谤毁也。窒，不通也。称人恶则无仁厚之意，

译文 子贡说："君子也有憎恶吗？"孔子说："有憎恶。君子憎恶称颂别人的坏处，憎恶在下者毁谤在上者，憎恶勇而无礼的人，憎恶果敢而固执的人。"孔子说："赐啊，你也有憎恶吗？"子贡说："我憎恶把剽窃他人作为智的人，憎恶把不谦逊作为勇的人，憎恶把攻讦作为直的人。"

下讪上则无忠敬之心,勇无礼则为乱,果而窒则妄作,故夫子恶之。

②徼,古尧反。知、孙,并去声。讦,居谒反。○恶徼以下,子贡之言也。徼,伺察也。讦,谓攻发人之阴私。○杨氏曰:"仁者无不爱,则君子疑若无恶矣。子贡之有是心也,故问焉以质其是非。"○侯氏曰:"圣贤之所恶如此,所谓唯仁者能恶人也。"

子曰:"唯女子与小人为难养也,近之则不孙,远之则怨。"①

①近、孙、远,并去声。○此小人,亦谓仆隶下人也。君子之于臣妾,庄以莅之,慈以畜之,则无二者之患矣。

子曰:"年四十而见恶焉,其终也已。"①

①恶,去声。○四十,成德之时,见恶于人,则止于此而已。勉人及时迁善改过也。○苏氏曰:"此亦有为而言,不知其为谁也。"

微子第十八

此篇多记圣贤之出处。凡十一章。

微子去之，箕子为之奴，比干谏而死。①孔子曰："殷有三仁焉。"②

译文 微子丢下了职位，箕子成了奴隶，比干进谏身亡。孔子说："殷代有三位仁人。"

朱子集注 ①微、箕，二国名。子，爵也。微子，纣庶兄。箕子、比干，纣诸父。微子见纣无道，去之以存宗祀。箕子、比干皆谏，纣杀比干，囚箕子以为奴，箕子因佯狂而受辱。

②三人之行不同，而同出于至诚恻怛之意，故不咈乎爱之理，而有以全其心之德也。○杨氏曰："此三人者，各得其本心，故同谓之仁。"

柳下惠为士师，三黜。人曰："子未可以去乎？"曰："直道而事人，焉往而不三黜？枉道而事人，何必去父母之邦？"①

译文 柳下惠担任士师，多次被罢免。有人说："你不能离去吗？"柳下惠说："以正直的作为来事奉他人，到哪里不多次被罢免呢？以歪门邪道来事奉他人，何必要离开生我养我的国家呢？"

朱子集注 ①三，去声。焉，於虔反。○士师，狱官。黜，退也。柳下惠三黜不去，而其辞气雍容如此，可谓和矣。然其不能枉道之意，则有确乎其不可拔者。是则所谓必以其道，而不自失焉者也。○胡氏曰："此必有孔子断之之言，而亡之矣。"

齐景公待孔子，曰："若季氏，则吾不能，以季、孟之间待之。"曰："吾老矣，不能用也。"孔子行。①

译文 齐景公接待孔子时说："像鲁国重用季氏那样，我做不到。"于是就用次于季氏、高于孟氏的待遇来接待孔子，并说："我老了，没有什么作为了。"孔子离开了齐国。

朱子集注 ①鲁三卿，季氏最贵，孟氏为下卿。孔子去之，事见《世家》。然此言必非面语孔子，盖自以告其臣，而孔子闻之尔。○程子曰："季氏强臣，君待之之礼极隆，然非所以待孔子也。以季、孟之间待之，则礼亦至矣。然复曰'吾老矣，不能用也'，故孔子去之。盖不系待之轻重，特以不用而去尔。"

译文 齐人赠送善舞的美女,季桓子接受了,一连几天没有上朝,孔子就离开了。

齐人归女乐,季桓子受之,三日不朝,孔子行。①

朱子集注 ①归,如字,或作馈。朝,音潮。○季威子,鲁大夫,名斯。按《史记》,"定公十四年,孔子为鲁司寇,摄行相事。齐人惧,归女乐以沮之。"○尹氏曰:"受女乐而怠于政事如此,其简贤弃礼,不足与有为可知矣。夫子所以行也,所谓见几而作,不俟终日者与?"○范氏曰:"此篇记仁贤之出处,而折中以圣人之行,所以明中庸之道也。"

译文 楚国的狂人接舆唱着歌走过孔子身边说:"凤凰啊凤凰,你的德行为何衰微了?过去的不能挽回,未来的还能补救。算了算了,现在的执政者无可救药!"孔子走下车来想和他说话,他却快步避开了,孔子没能和他说上话。

楚狂接舆歌而过孔子曰:"凤兮!凤兮!何德之衰?往者不可谏,来者犹可追。已而!已而!今之从政者殆而!"①孔子下,欲与之言。趋而辟之,不得与之言。②

朱子集注 ①接舆,楚人,佯狂辟世。夫子时将适楚,故接舆歌而过其车前也。凤,有道则见,无道则隐。接舆以比孔子,而讥其不能隐为德衰也。来者可追,言及今尚可隐去。已,止也。而,语助辞。殆,危也。接舆盖知尊孔子而趋不同者也。

②辟,去声。○孔子下车,盖欲告之以出处之意。接舆自以为是,故不欲闻而辟之也。

译文 长沮、桀溺并排耕地,孔子经过那儿,叫子路去询问过渡的地方。长沮说:"那个驾车的人是谁啊?"子路说:"是孔丘。"长沮说:"是鲁国的孔丘吗?"子路说:"是的。"长沮说:"他知道过渡的地方。"子路去问桀溺,桀溺说:"你是谁?"子路说:"是仲

长沮、桀溺耦而耕,孔子过之,使子路问津焉。①长沮曰:"夫执舆者为谁?"子路曰:"为孔丘。"曰:"是鲁孔丘与?"曰:"是也。"曰:"是知津矣。"②问于桀溺,桀溺曰:"子为谁?"曰:"为仲由。"曰:"是鲁孔丘之徒与?"对曰:"然。"曰:"滔滔者天下皆是也,而谁以易之?且而与其从辟人之士也,岂若从辟世之士哉?"耰而不辍。③子路行

以告。夫子怃然曰："鸟兽不可与同群，吾非斯人之徒与而谁与？天下有道，丘不与易也。"④

四书 章句集注

 ①沮，七余反。溺，乃历反。○二人，隐者。耦，并耕也。时孔子自楚反乎蔡。津，济渡处。

②夫，音扶。与，平声。○执舆，执辔在车也。盖本子路御而执辔，今下问津，故夫子代之也。知津，言数周流，自知津处。

③徒与之与，平声。滔，吐刀反。辟，去声。耰，音忧。○滔滔，流而不反之意。以，犹与也。言天下皆乱，将谁与变易之？而，汝也。辟人，谓孔子。辟世，桀溺自谓。耰，覆种也。亦不告以津处。

④怃，音武。与，如字。○怃然，犹怅然，惜其不喻己意也。言所当与同群者，斯人而已，岂可绝人逃世以为洁哉？天下若已平治，则我无用变易之。正为天下无道，故欲以道易之耳。○程子曰："圣人不敢有忘天下之心，故其言如此也。"○张子曰："圣人之仁，不以无道必天下而弃之也。"

　　子路从而后，遇丈人，以杖荷蓧。子路问曰："子见夫子乎？"丈人曰："四体不勤，五谷不分。孰为夫子？"植其杖而芸。①子路拱而立。②止子路宿，杀鸡为黍而食之，见其二子焉。③明日，子路行以告。子曰："隐者也。"使子路反见之。至，则行矣。④子路曰："不仕无义。长幼之节，不可废也；君臣之义，如之何其废之？欲洁其身，而乱大伦。君子之仕也，行其义也。道之不行，已知之矣。"⑤

 ①蓧，徒吊反。植，音值。○丈人，亦隐者。蓧，竹器。分，辨也。五谷不分，犹言不辨菽麦尔，责其不事农业而从师远游也。植，立之也。芸，去草也。

②知其隐者，敬之也。

③食，音嗣。见，贤遍反。

由。"桀溺说："是鲁国孔丘的门徒吗？"子路答道："是的。"桀溺说："滔滔的洪水到处都是，谁能改变它呢？你与其跟随躲避世人的人，何不跟随躲避世道的人呢？"说完，不停手地把土覆种。子路回来把这些话告诉孔子，孔子茫然若失地说："鸟兽是不能合群共处的，我辈不和世人相处，又和谁待在一起呢？天下清平，我就不会去改变它了。"

译文 子路跟着孔子赶路，落在了后面，遇见一位老人，用拐杖担着锄草的农具。子路问道："老丈见到夫子吗？"老人说："四体不勤，五谷不分，谁是夫子？"说完插下拐杖去除草，子路拱着手站在一边。老人留子路住宿，杀鸡做饭给他吃，并让自己的二个儿子与子路相见。第二天，子路赶上去把这些话告诉了孔子，孔子说："那是隐者啊！"让子路返回去见他，到了那里老人已经离开了。子路说："不出仕是不合乎义的。长幼之间的节度尚且不能废弃，君臣之间的大义怎么能废弃呢？要想洁净自身却扰乱了大的伦理关系。君子的出仕,是履行君臣之间的大义,主张不能实行是早就明白的。"

④孔子使子路反见之,盖欲告之以君臣之义。而丈人意子路必将复来,故先去之以灭其迹,亦接舆之意也。

⑤长,上声。○子路述夫子之意如此。盖丈人之接子路甚倨,而子路益恭,丈人因见其二子焉,则于长幼之节,固知其不可废矣,故因其所明以晓之。伦,序也。人之大伦有五:父子有亲,君臣有义,夫妇有别,长幼有序,朋友有信是也。仕所以行君臣之义,故虽知道之不行而不可废。然谓之义,则事之可否,身之去就,亦自有不可苟者。是以虽不洁身以乱伦,亦非忘义以徇禄也。福州有国初时写本,"路"下有"反子"二字,以此为子路反而夫子言之也。未知是否?○范氏曰:"隐者为高,故往而不反。仕者为通,故溺而不止。不与鸟兽同群,则决性命之情以饕富贵。此二者皆惑也,是以依乎中庸者为难。惟圣人不废君臣之义,而必以其正,所以或出或处而终不离于道也。"

译义 隐逸的人有伯夷、叔齐、虞仲、夷逸、朱张、柳下惠、少连。孔子说:"不降低自己的志向,不污辱自己的身分,是伯夷、叔齐吧!"说柳下惠、少连是"降低了自己的志向,污辱了自己的身分,但言谈合乎法度,行为经过思虑,仅此而已";说虞仲、夷逸是"隐居而放肆直言,行为廉洁,废弃自我合乎权变。我和他们都不一样,无可无不可。"

逸民:伯夷、叔齐、虞仲、夷逸、朱张、柳下惠、少连。①子曰:"不降其志,不辱其身,伯夷、叔齐与!"②谓:"柳下惠、少连,降志辱身矣。言中伦,行中虑,其斯而已矣。"③谓:"虞仲、夷逸,隐居放言,身中清,废中权。④我则异于是,无可无不可。"⑤

朱子集注 ①少,去声,下同。○逸,遗逸。民者,无位之称。虞仲,即仲雍,与大伯同窜荆蛮者。夷逸、朱张,不见经传。少连,东夷人。

②与,平声。

③中,去声,下同。○柳下惠,事见上。伦,义理之次第也。虑,思虑也。中虑,言有意义合人心。少连事不可考,然《记》称其"善居丧,三日不怠,三月不解,期悲哀,三年忧"。则行之中虑,亦可见矣。

④仲雍居吴,断发文身,裸以为饰。隐居独善,合乎道之清。放言自废,合乎道之权。

⑤孟子曰:"孔子可以仕则仕,可以止则止,可以久则久,可以速则速。"所谓无可无不可也。○谢氏曰:"七人隐遁不污则同,其立心造行则异。伯夷、叔齐,天子不得臣,诸侯不得友,盖已遁世离群矣,下圣人一等,此其最高与! 柳下惠、少连,虽降志而不枉己,虽辱身而不求合,其心有不屑也。故言能中伦,行能中虑。虞仲、夷逸,隐居放言,则言不合先王之法者多矣,然清而不污也,权而适宜也,与方外之士害义伤教而乱大伦者殊科。是以均谓之逸民。"○尹氏曰:"七人各守其一节,孔子则无可无不可,此所以常适其可,而异于逸民之徒也。"扬雄曰:"观乎圣人则见贤人。是以孟子语夷、惠,亦必以孔子断之。"

　　大师挚适齐,①亚饭干适楚,三饭缭适蔡,四饭缺适秦。②鼓方叔入于河,③播鼗武入于汉,④少师阳、击磬襄入于海。⑤

朱子集注 ①大,音泰。○大师,鲁乐官之长。挚,其名也。
②饭,扶晚反。缭,音了。○亚饭以下,以乐侑食之官。干、缭、缺,皆名也。
③鼓,击鼓者。方叔,名。河,河内。
④鼗,徒刀反。○播,摇也。鼗,小鼓。两旁有耳,持其柄而摇之,则旁耳还自击。武,名也。汉,汉中。
⑤少,去声。○少师,乐官之佐。阳、襄,二人名。襄即孔子所从学者。海,海岛也。此记贤人之隐遁以附前章,然未必夫子之言也。末章放此。○张子曰:"周衰乐废,夫子自卫反鲁,一尝治之。其后,伶人贱工识乐之正。及鲁益衰,三桓僭妄,自大师以下,皆知散之四方,逾河蹈海以去乱。圣人俄顷之助,功化如此。如有用我,期月而可,岂虚语哉?"

译文 太师挚去了齐国,二饭乐师干去了楚国,三饭乐师缭去了蔡国,四饭乐师缺去了秦国,鼓师方叔到了河内,摇鼗的乐师武到了汉中,少师阳、击磬的乐师襄到了海滨。

周公谓鲁公曰:"君子不施其亲,不使大臣怨　　**译文** 周公对鲁公说:"君子不怠慢自己的亲属,不让大臣抱怨不被重用,故臣旧属没有大的过错不要舍弃,不要对一个人求全责备。"

乎不以。故旧无大故,则不弃也。无求备于一人。"①

朱子集注 ①施,陆氏本作弛,诗纸反。福本同。〇鲁公,周公子伯禽也。弛,遗弃也。以,用也。大臣非其人则去之,在其位则不可不用。大故,谓恶逆。〇李氏曰:"四者皆君子之事,忠厚之至也。"〇胡氏曰:"此伯禽受封之国,周公训戒之辞。鲁人传诵,久而不忘也。其或夫子尝与门弟子言之欤?"

译文 周代有八位贤士:伯达、伯适、仲突、仲忽、叔夜、叔夏、季随、季骀。

周有八士:伯达、伯适、仲突、仲忽、叔夜、叔夏、季随、季骀。①

朱子集注 ①骀,乌瓜反。〇或曰成王时人,或曰宣王时人。盖一母四乳而生八子也,然不可考矣。〇张子曰:"记善人之多也。"〇愚按:此篇孔子于三仁、逸民、师挚、八士,既皆称赞而品列之;于接舆、沮、溺、丈人,又每有惓惓接引之意。皆衰世之志也,其所感者深矣。在陈之叹,盖亦如此。三仁则无间然矣,其余数君子者,亦皆一世之高士。若使得闻圣人之道,以裁其所过而勉其所不及,则其所立,岂止于此而已哉?

子张第十九

此篇皆记弟子之言,而子夏为多,子贡次之。盖孔门自颜子以下,颖悟莫若子贡;自曾子以下,笃实无若子夏,故特记之详焉。凡二十五章。

子张曰:"士见危致命,见得思义,祭思敬,丧思哀,其可已矣。"①

译文 子张说:"士人遇到危难献出生命,遇到得益考虑大义,祭祀时考虑恭敬,守丧时考虑哀伤,那就行了。"

①致命,谓委致其命,犹言授命也。四者立身之大节,一有不至,则余无足观。故言士能如此,则庶乎其可矣。

子张曰:"执德不弘,信道不笃,焉能为有?焉能为亡?"①

译文 子张说:"持守德行而不光大,信奉大道而不笃实,这样的人怎能算他存在？又怎能算他不存在？"

译文 子夏的门徒向子张询问交往，子张说："子夏是怎么说的？"门徒答道："子夏说：'能交往的就结交，不能交往的就拒绝。'"子张说："我所听说的与这不一样。君子尊重贤明，但容纳众人；赞美善行，但怜惜缺乏能力的人。我如果很贤明，有什么不能容纳别人的呢？我如果不贤明，别人将拒绝我，我又怎么去拒绝别人呢？"

朱子集注 ①焉，於虔反。亡，读作无，下同。○有所得而守之太狭，则德孤；有所闻而信之不笃，则道废。焉能为有亡，犹言不足为轻重。

　　子夏之门人问交于子张。子张曰："子夏云何？"对曰："子夏曰：'可者与之，其不可者拒之。'"子张曰："异乎吾所闻：君子尊贤而容众，嘉善而矜不能。我之大贤与，于人何所不容？我之不贤与，人将拒我，如之何其拒人也？"①

朱子集注 ①贤与之与，平声。○子夏之言迫狭，子张讥之是也。但其所言亦有过高之病。盖大贤虽无所不容，然大故亦所当绝；不贤固不可以拒人，然损友亦所当远。学者不可不察。

译文 子夏说："即使是小技能也必定有可取的地方，因为怕妨碍远大的事业，所以君子不去从事。"

　　子夏曰："虽小道，必有可观者焉；致远恐泥，是以君子不为也。"①

朱子集注 ①泥，去声。○小道，如农圃医卜之属。泥，不通也。○杨氏曰："百家众技，犹耳目鼻口，皆有所明而不能相通。非无可观也，致远则泥矣，故君子不为也。"

译文 子夏说："每天知道所未知的，每月不遗忘所学得的，可以称为好学了。"

　　子夏曰："日知其所亡，月无忘其所能，可谓好学也已矣。"①

朱子集注 ①亡，读作无。好，去声。○亡，无也。谓己之所未有。○尹氏曰："好学者日新而不失。"

译文 子夏说："学识广博，志

　　子夏曰："博学而笃志，切问而近思，仁在其中矣。"①

向坚定,急迫地钻研,切实地思考,仁就在其中了。"

朱子集注 ①四者皆学问思辨之事耳,未及乎力行而为仁也。然从事于此,则心不外驰,而所存自熟,故曰仁在其中矣。○程子曰:"博学而笃志,切问而近思,何以言仁在其中矣? 学者要思得之。了此,便是彻上彻下之道。"又曰:"学不博则不能守约,志不笃则不能力行。切问近思在己者,则仁在其中矣。"又曰:"近思者以类而推。"○苏氏曰:"博学而志不笃,则大而无成;泛问远思,则劳而无功。"

　　子夏曰:"百工居肆以成其事,君子学以致其道。"①

译文 子夏说:"匠师们在工场里成就自己的工作,君子通过学习来达到自己的大道。"

朱子集注 ①肆,谓官府造作之处。致,极也。工不居肆,则迁于异物而业不精。君子不学,则夺于外诱而志不笃。○尹氏曰:"学所以致其道也。百工居肆,必务成其事。君子之于学,可不知所务哉?"愚按:二说相须,其义始备。

　　子夏曰:"小人之过也必文。"①

译文 子夏说:"小人对于自己的过错必定加以掩饰。"

朱子集注 ①文,去声。○文,饰之也。小人惮于改过,而不惮于自欺,故必文以重其过。

　　子夏曰:"君子有三变:望之俨然,即之也温,听其言也厉。"①

译文 子夏说:"君子有三种变化:远望神态庄严,来到面前温和可亲,听他的说话严厉不苟。"

朱子集注 ①俨然者,貌之庄。温者,色之和。厉者,辞之确。○程子曰:"他人俨然则不温,温则不厉,惟孔子全之。"○谢氏曰:"此非有意于变,盖并行而不相悖也,如良玉温润而栗然。"

译文 子夏说:"君子得到信任才劳动他的民众,没有得到信任,民众就会以为是苛待他们;得到信任才劝谏,没有得到信任,君主就会以为是毁谤自己。"

子夏曰:"君子信而后劳其民;未信,则以为厉己也。信而后谏;未信,则以为谤己也。"①

朱子集注 ①信,谓诚意恻怛而人信之也。厉,犹病也。事上使下,皆必诚意交孚,而后可以有为。

译文 子夏说:"大的操行不超越界限,小的操行有所出入没有大关系。"

子夏曰:"大德不逾闲,小德出入可也。"①

朱子集注 ①大德、小德,犹言大节、小节。闲,阑也,所以止物之出入。言人能先立乎其大者,则小节虽或未尽合理,亦无害也。○吴氏曰:"此章之言,不能无弊。学者详之。"

译文 子游说:"子夏门下的后生,担任打扫卫生、接待客人之类的事是可以的。不过这只是末节,根柢却没有,怎么行呢?"子夏听到后说:"唉,子游错了!君子的大道,哪些先传授、哪些后讲述,以草木来作比喻,是区分为各种门类的。但君子的大道怎么可以歪曲呢?能有始有终的,大概只有圣人吧!"

子游曰:"子夏之门人小子,当洒扫、应对、进退,则可矣。抑末也,本之则无。如之何?"①子夏闻之,曰:"噫!言游过矣!君子之道,孰先传焉?孰后倦焉?譬诸草木,区以别矣。君子之道,焉可诬也?有始有卒者,其惟圣人乎!"②

朱子集注 ①洒,色卖反。扫,素报反。○子游讥子夏弟子,于威仪容节之间则可矣。然此小学之末耳,推其本,如《大学》正心诚意之事,则无有。

②别,彼列反。焉,於虔反。○倦,如诲人不倦之倦。区,犹类也。言君子之道,非以其末为先而传之,非以其本为后而倦教。但学者所至,自有浅深,如草木之有大小,其类固有别矣。若不量其浅深,不问其生熟,而概以高且远者强而语之,则是诬之而已。君子之道,岂可如此?若夫始终本末一以贯之,则惟圣人为然,岂可责之门人小子乎?○程子曰:"君子教人有序,先传以小者近者,而后教以大者远者。非先传以近小,而后不教以远大也。"又曰:"洒扫、应对,便是形而上者,理无大小故也。故君子只在慎独。"又曰:"圣人

之道，更无精粗，从洒扫、应对，与精义入神通贯，只一理。虽洒扫、应对，只看所以然如何。"又曰："凡物有本末，不可分本末为两段事。洒扫、应对是其然，必有所以然。"又曰："自洒扫、应对上，便可到圣人事。"愚按：程子第一条，说此章文意最为详尽，其后四条，皆以明精粗本末。其分虽殊，而理则一。学者当循序而渐进，不可厌末而求本。盖与第一条之意，实相表里，非谓末即是本，但学其末而本便在此也。

子夏曰："仕而优则学，学而优则仕。"①

译文 子夏说："出仕而有余力的就学习，学习而有余力的就出仕。"

朱子集注 ①优，有余力也。仕与学，理同而事异。故当其事者，必先有以尽其事，而后可及其余。然仕而学，则所以资其仕者益深；学而仕，则所以验其学者益广。

子游曰："丧致乎哀而止。"①

译文 子游说："丧事表达了悲哀就行了。"

朱子集注 ①致，极其哀，不尚文饰也。○杨氏曰："丧，与其易也宁戚，不若礼不足而哀有余之意。"愚按："而止"二字，亦微有过于高远而简略细微之弊。学者详之。

子游曰："吾友张也，为难能也，然而未仁。"①

译文 子游说："我的朋友子张真是难能可贵，但尚未达到仁。"

朱子集注 ①子张行过高，而少诚实恻怛之意。

曾子曰："堂堂乎张也，难与并为仁矣。"①

译文 曾子说："仪表堂堂的子张啊，难以与他一起做到仁。"

朱子集注 ①堂堂，容貌之盛。言其务外自高，不可辅而为仁，亦不能有以辅人之仁也。○范氏曰："子张外有余而内不足,故门人皆不与其为仁。子曰:'刚、毅、木、讷近仁。'宁外不足而内有余,庶可以为仁矣。"

曾子曰:"吾闻诸夫子:人未有自致者也,必也亲丧乎!"①

朱子集注 ①致,尽其极也。盖人之真情所不能自已者。○尹氏曰:"亲丧固所自尽也,于此不用其诚,恶乎用其诚?"

译文 曾子说:"我听夫子说,人没有自动竭诚的事,要是有,那一定是父母亲的丧事!"

曾子曰:"吾闻诸夫子:孟庄子之孝也,其他可能也;其不改父之臣与父之政,是难能也。"①

朱子集注 ①孟庄子,鲁大夫,名速。其父献子,名蔑。献子有贤德,而庄子能用其臣,守其政。故其他孝行虽有可称,而皆不若此事之为难。

译文 曾子说:"我听夫子说,孟庄子的孝,别的方面都能做到,但不更改父亲的臣属与父亲的政措,却是难以做到的。"

孟氏使阳肤为士师,问于曾子。曾子曰:"上失其道,民散久矣。如得其情,则哀矜而勿喜。"①

朱子集注 ①阳肤,曾子弟子。民散,谓情义乖离,不相维系。○谢氏曰:"民之散也,以使之无道,教之无素。故其犯法也,非迫于不得已,则陷于不知也。故得其情,则哀矜而勿喜。"

译文 孟孙氏让阳肤担任士师,阳肤向曾子求教,曾子说:"在上者失去了自己的准则,民众离散很久了。你如果得知他们的实情,要同情、可怜他们,不要沾沾自喜。"

子贡曰:"纣之不善,不如是之甚也。是以君子恶居下流,天下之恶皆归焉。"①

朱子集注 ①恶居之恶,去声。○下流,地形卑下之处,众流之所归。喻人身有污贱之实,亦恶名之所聚也。子贡

译文 子贡说:"殷纣王不好的地方,不如人们所说的那么厉害。所以君子厌恶处于下等品类,否则普天之下的坏事都会归到身上来。"

言此，欲人常自警省，不可一置其身于不善之地，非谓纣本无罪，而虚被恶名也。

子贡曰："君子之过也，如日月之食焉：过也，人皆见之；更也，人皆仰之。"①

①更，平声。

卫公孙朝问于子贡曰："仲尼焉学？"①子贡曰："文、武之道，未坠于地，在人。贤者识其大者，不贤者识其小者，莫不有文、武之道焉。夫子焉不学？而亦何常师之有？"②

①朝，音潮。焉，於虔反。○公孙朝，卫大夫。
②识，音志。下焉字，于虔反。○文、武之道，谓文王、武王之谟训功烈与凡周之礼乐文章，皆是也。在人，言人有能记之者。识，记也。

叔孙武叔语大夫于朝，曰："子贡贤于仲尼。"①子服景伯以告子贡。子贡曰："譬之宫墙，赐之墙也及肩，窥见室家之好。②夫子之墙数仞，不得其门而入，不见宗庙之美、百官之富。③得其门者或寡矣。夫子之云，不亦宜乎！"④

①语，去声。朝，音潮。○武叔，鲁大夫，名州仇。
②墙卑室浅。
③七尺曰仞。不入其门，则不见其中之所有，言墙高而宫广也。
④此夫子，指武叔。

译文 子贡说："君子的过错，就如同日蚀、月蚀。有过错时人人都见到，改正时人人都敬仰。"

译文 卫国的公孙朝询问子贡说："仲尼先生学习什么？"子贡说："文王、武王的大道并没有崩坏，还在人世间。贤者认识它大的方面，不贤者认识它小的方面，无处不具有文王、武王的大道。夫子什么不学习呢？又为何要有一定的师承呢？"

译文 叔孙武叔在朝堂上告诉大夫们说："子贡比仲尼强。"子服景伯把这些话告诉了子贡，子贡说："若以围墙来作比喻，我的墙才有肩膀那么高，能窥见房屋的美好；夫子的墙有几丈高，不找到它的门走进去，就见不到宗庙的壮观、房屋的富丽。能找到它的门的人也许不多，叔孙夫子的说法不也是很自然的吗？"

译文 叔孙武叔毁谤孔子,子贡说:"不要这样做,仲尼先生是诋毁不了的。其他人中的贤者是丘陵,还能逾越;仲尼先生的为人是日月,是不可能逾越的。即使人要自绝,对日月有什么损害呢?恰好表明他不知自我量力而已。"

叔孙武叔毁仲尼。子贡曰:"无以为也,仲尼不可毁也。他人之贤者,丘陵也,犹可逾也;仲尼,日月也,无得而逾焉。人虽欲自绝,其何伤于日月乎?多见其不知量也!"①

朱子集注 ①量,去声。○无以为,犹言无用为此。土高曰丘,大阜曰陵。日月,喻其至高。自绝,谓以谤毁自绝于孔子。多,与祗同,适也。不知量,谓不自知其分量。

译文 陈子禽对子贡说:"你做得太谦道恭了,仲尼难道比你强吗?"子贡说:"君子能由一句话表现出他的明智,能由一句话表现出他的不明智,所以言语不可以不谨慎。夫子的不可企及,犹如上天不能沿着台阶爬上去一样。夫子如果获得了封国、封邑,真所谓要使人们自立就自立,引导他们就前进,安抚他们就来归附,鼓动他们就应和。他在世时誉满天下,去世后备受哀悼,怎么能及得上呢?"

陈子禽谓子贡曰:"子为恭也,仲尼岂贤于子乎?"①子贡曰:"君子一言以为知,一言以为不知,言不可不慎也。②夫子之不可及也,犹天之不可阶而升也。③夫子之得邦家者,所谓立之斯立,道之斯行,绥之斯来,动之斯和。其生也荣,其死也哀。如之何其可及也?"④

朱子集注 ①为恭,谓为恭敬推逊其师也。
②知,去声。○责子禽不谨言。
③阶,梯也。大可为也,化不可为也,故曰不可阶而升。
④道,去声。○立之,谓植其生也。道,引也,谓教之也。行,从也。绥,安也。来,归附也。动,谓鼓舞之也。和,所谓于变时雍,言其感应之妙,神速如此。荣,谓莫不尊亲。哀,则如丧考妣。○程子曰:"此圣人之神化,上下与天地同流者也。"○谢氏曰:"观子贡称圣人语,乃知晚年进德,盖极于高远也。夫子之得邦家者,其鼓舞群动,捷于桴鼓影响。人虽见其变化,而莫窥其所以变化也。盖不离于圣,而有不可知者存焉,此殆难以思勉及也。"

尧曰第二十

凡三章。

尧曰:"咨!尔舜!天之历数在尔躬,允执其中。四海困穷,天禄永终。"①舜亦以命禹②曰:"予小子履,敢用玄牡,敢昭告于皇皇后帝:有罪不敢赦。帝臣不蔽,简在帝心。朕躬有罪,无以万方;万方有罪,罪在朕躬。"③周有大赉,善人是富。④"虽有周亲,不如仁人。百姓有过,在予一人。"⑤谨权量,审法度,修废官,四方之政行焉。⑥兴灭国,继绝世,举逸民,天下之民归心焉。⑦所重:民、食、丧、祭。⑧宽则得众,信则民任焉,敏则有功,公则说。⑨

朱子集注 ①此尧命舜,而禅以帝位之辞。咨,嗟叹声。历数,帝王相继之次第,犹岁时气节之先后也。允,信也。中者,无过不及之名。四海之人困穷,则君禄亦永绝矣,戒之也。

②舜后逊位于禹,亦以此辞命之。今见于《虞书》《大禹谟》,比此加详。

③此引《商书》《汤诰》之辞。盖汤既放桀而告诸侯也。与《书》文大同小异。曰上当有汤字。履,盖汤名。用玄牡,夏尚黑,未变其礼也。简,阅也。言桀有罪,已不敢赦。而

译文 尧说:"啊!舜啊,上天的运数落在了你的身上,得当地把握住它的正道。如果天下都困顿穷苦,上天的禄位就会永远终止。"舜也用这番话来告诫禹。成汤说:"在下后生履,冒昧地用黑色的公牛来明白地禀告伟大的天帝:有罪的人我不敢擅自赦免,上帝的臣属我不敢掩蔽遗漏,请上帝加以鉴察。我个人有罪,不要加罪于四方诸侯;四方诸侯有罪,责任在于我个人。"周室得到上天的赏赐,善人得以富有。周武王说:"即使有亲近的亲属,不如有仁德的人士。百姓有过错,责任在我一人。"慎重地确定度量衡,审察礼乐制度,恢复废弃的官职,政令就能在全国通行;复兴灭亡的国家,承续断绝的世系,举用隐逸的人才,天下的民众就会从内心归服。应该重视民众、粮食、丧葬、祭祀。宽厚就会获得百姓,诚实就会得到民众

的信任,敏捷就会有功绩,公正就会使众人悦服。

天下贤人,皆上帝之臣,己不敢蔽。简在帝心,惟帝所命。此述其初请命而伐桀之词也。又言君有罪,非民所致,民有罪,实君所为,见其厚于责己、薄于责人之意。此其告诸侯之辞也。

④赉,来代反。○此以下述武王事。赉,予也。武王克商,大赉于四海。见《周书》《武成》篇。此言其所富者,皆善人也。《诗序》云"赉,所以锡予善人",盖本于此。

⑤此《周书》《泰誓》之词。○孔氏曰:"周,至也。言纣至亲虽多,不如周家之多仁人。"

⑥权,称锤也。量,斗斛也。法度,礼乐、制度皆是也。

⑦兴灭继绝,谓封黄帝、尧、舜、夏、商之后。举逸民,谓释箕子之囚,复商容之位。三者皆人心之所欲也。

⑧《武成》曰:"重民五教,惟食丧祭。"

⑨说,音悦。○此于武王之事无所见,恐或泛言帝王之道也。○杨氏曰:"《论语》之书,皆圣人微言,而其徒传守之,以明斯道者也。故于终篇,具载尧、舜咨命之言,汤、武誓师之意,与夫施诸政事者,以明圣学之所传者,一于是而已,所以著明二十篇之大旨也。《孟子》于终篇,亦历叙尧、舜、汤、文、孔子相承之次,皆此意也。"

译文 子张询问孔子说:"怎样才能治理国政呢?"孔子说:"尊重五种美德,摒弃四种恶习,才能治理国政。"子张说:"是哪五种美德呢?"孔子说:"君子施予恩惠而不浪费,使百姓劳动而不怨恨,有欲望而不贪婪,安详而不骄傲,威严而不凶猛。"子张说:"什么叫做施予恩惠而不浪费呢?"孔子说:"就着百姓有利的地方去给他们利益,不就施予恩惠而不费力了吗?择取能够使百姓劳动的时候去劳动他们,又有谁怨恨呢?希求仁而得

子张问于孔子曰:"何如斯可以从政矣?"子曰:"尊五美,屏四恶,斯可以从政矣。"子张曰:"何谓五美?"子曰:"君子惠而不费,劳而不怨,欲而不贪,泰而不骄,威而不猛。"①子张曰:"何谓惠而不费?"子曰:"因民之所利而利之,斯不亦惠而不费乎?择可劳而劳之,又谁怨?欲仁而得仁,又焉贪?君子无众寡,无小大,无敢慢,斯不亦泰而不骄乎?君子正其衣冠,尊其瞻视,俨然人望而畏之,斯不亦威而不猛乎?"②子张曰:"何谓四恶?"子曰:"不教而杀谓之虐;不戒视成谓之暴;慢令致期谓之贼;犹之与人也,出纳之吝,谓之有

司。"③

 ①费,芳味反。
②焉,於虔反。
③出,去声。○虐,谓残酷不仁。暴,谓卒遽无渐。致期,刻期也。贼者,切害之意。缓于前而急于后,以误其民,而必刑之,是贼害之也。犹之,犹言均之也,均之以物与人,而于其出纳之际,乃或吝而不果,则是有司之事,而非为政之体。所与虽多,人亦不怀其惠矣。项羽使人,有功当封,刻印刓,忍弗能予,卒以取败,亦其验也。○尹氏曰:"告问政者多矣,未有如此之备者也。故记之以继帝王之治,则夫子之为政可知也。"

子曰:"不知命,无以为君子也。①不知礼,无以立也。②不知言,无以知人也。"③

 ①程子曰:"知命者,知有命而信之也。人不知命,则见害必避,见利必趋,何以为君子?"
②不知礼,则耳目无所加,手足无所措。
③言之得失,可以知人之邪正。○尹氏曰:"知斯三者,则君子之事备矣。弟子记此以终篇,得无意乎? 学者少而读之,老而不知一言为可用,不几于侮圣言者乎? 夫子之罪人也,可不念哉?"

到了仁,还贪婪什么呢? 无论多少,无论大小,君子都不敢怠慢,不就安详而不骄傲了吗? 君子端正自己的衣冠,庄重自己的仪态,严肃地使人望而生畏,不就威严而不凶猛了吗?"子张说:"是哪四种恶习呢?"孔子说:"不加教诲就杀戮叫做虐;不加申饬就检视成绩叫做暴;懈怠政令却限期完成叫做贼害;同样给人东西,该给的时候却吝啬叫做小吏。"

译文 孔子说:"不知晓命运无法成为君子,不知晓礼仪无法处身立世,不知晓言谈无法了解别人。"

[宋] 朱　熹　撰　金良年　今译

下

上海古籍出版社

丙戌季冬月上海

古籍出版社重刊

孟子集注

孟子序说

　　《史记·列传》曰："孟轲,^①驺人也,^②受业子思之门人。^③道既通,^④游事齐宣王,宣王不能用。适梁,梁惠王不果所言,则见以为迂远而阔于事情。^⑤当是之时,秦用商鞅,楚、魏用吴起,齐用孙子、田忌。天下方务于合从连衡,以攻伐为贤。而孟轲乃述唐、虞、三代之德,是以所如者不合。退而与万章之徒序《诗》、《书》,述仲尼之意,作《孟子》七篇。"^⑥

朱子自注 ①赵氏曰："孟子,鲁公族孟孙之后。"《汉书》注云："字子车。"一说:"字子舆。"

②驺,亦作邹,本邾国也。

③子思,孔子之孙,名伋。《索隐》云王劭以人为衍字,而赵氏注及《孔丛子》等书亦皆云孟子亲受业于子思,未知是否。

④赵氏曰："孟子通《五经》，尤长于《诗》、《书》。"程子曰："孟子曰：'可以仕则仕，可以止则止，可以久则久，可以速则速。''孔子，圣之时者也。'故知《易》者莫如孟子。又曰：'王者之迹熄而《诗》亡，《诗》亡然后《春秋》作。'又曰：'春秋无义战。'又曰：'《春秋》，天子之事。'故知《春秋》者莫如孟子。"尹氏曰："以此而言，则赵氏谓孟子长于《诗》、《书》而已，岂知孟子者哉？"

⑤按《史记》："梁惠王之三十五年乙酉，孟子始至梁。其后二十三年，当齐湣王之十年丁未，齐人伐燕，而孟子在齐。"故古史谓"孟子先事齐宣王，后乃见梁惠王、襄王、齐湣王。"独《孟子》以伐燕为宣王时事，与《史记》、《荀子》等书皆不合。而《通鉴》以伐燕之岁为宣王十九年，则是孟子先游梁而后至齐见宣王矣。然《考异》亦无它据，又未知孰是也。

⑥赵氏曰："凡二百六十一章，三万四千六百八十五字。"韩子曰："孟轲之书，非轲自著。轲既没，其徒万章、公孙丑相与记轲所言焉耳。"愚按：二说不同，《史记》近是。

韩子曰："尧以是传之舜，舜以是传之禹，禹以是传之汤，汤以是传之文、武、周公，文、武、周公传之孔子，孔子传之孟轲，轲之死不得其传焉。荀与扬也，择焉而不精，语焉而不详。"①○又曰："孟氏醇乎醇者也。荀与扬，大醇而小疵。"②○又曰："孔子之道大而能博，门弟子不能遍观而尽识也，故学焉而皆得其性之所近。其后离散，分处诸侯之国，又各以其所能授弟子，源远而末益分。惟孟轲师子思，而子思之学出于曾子。自孔子没，独孟轲氏之传得其宗。故求观圣人之道者，必自《孟子》始。"③○又曰："扬子云曰：'古者杨、墨塞路，孟子辞而辟之，廓如也。'夫杨、墨行，正道废。孟子虽贤圣，不得位，空言无施，虽切何补？然赖其言,而今之学者尚知宗孔氏,崇仁义,贵王贱霸而已。其大经大法,皆亡灭而不救,坏烂而不收。所谓存十一于千百,安在其能廓如也？然向无孟氏,则皆服左衽而言侏离矣。故愈尝推尊孟氏,以为功不在禹下者,为此也。"

①程子曰:"韩子此语,非是蹈袭前人,又非凿空撰得出,必有所见。若无所见,不知言所传者何事。"
②程子曰:"韩子论孟子甚善,非见得孟子意,亦道不到。其论荀、扬则非也。荀子极偏驳,只一句'性恶',大本已失。扬子虽少过,然亦不识性,更说甚道？"
③程子曰:"孔子言参也鲁,然颜子没后,终得圣人之道者,曾子也。观其启手足时之言,可以见矣。所传者子思、孟子,皆其学也。"

　　或问于程子曰:"孟子还可谓圣人否？"程子曰:"未敢便道他是圣人,然学已到至处。"①○程子又曰:"孟子有功于圣门,不可胜言。仲尼只说一个'仁'字,孟子开口便说'仁义'。仲尼只说一个'志',孟子便说许多'养气'出来。只此二字,其功甚多。"○又曰:"孟子有大功于世,以其言性善也。"○又曰:"孟子性善、养气之论,皆前圣所未发。"○又曰:"学者全要识时。若不识时,不足以言学。颜子陋巷自乐,以有孔子在焉。若孟子之时,世既无人,安可不以道自任？"○又曰:"孟子有些英气。才有英气,便有圭角,英气甚害事。如颜子便浑厚不同,颜子去圣人只毫发间。孟子大贤,亚圣之次也。"或曰:"英气见于甚处？"曰:"但以孔子之言比之,便可见。且如冰与水精非不光,比之玉,自是有温润含蓄气象,无许多光耀也。"

①愚按:"至"字,恐当作"圣"字。

　　杨氏曰:"《孟子》一书,只是要正人心,教人存心养性,收其放心。至论仁、义、礼、智,则以恻隐、羞恶、辞逊、是非之心为之端。论邪说之害,则曰:'生于其心,害于其政。'论事君,则曰:'格君心之非','一正君而国定'。千变万化,只说从心上来。人能正心,则事无足为者矣。《大学》之修身、齐家、治国、平天下,其本只是正心、诚意而已。心得其正,然后知性之善。故孟子遇人便道性善。欧阳永叔却言'圣人之教人,性非所先',可谓误矣。人性上不可添一物,尧、舜所以为万世法,亦是率性而已。所谓率性,循天理是也。外边用计用数,假饶立得功业,只是人欲之私,与圣贤作处,天地悬隔。"

孟子集注卷第一

梁惠王章句上

凡七章。

孟子见梁惠王。①王曰："叟，不远千里而来，亦将有以利吾国乎？"②孟子对曰："王何必曰利？亦有仁义而已矣。③王曰'何以利吾国'？大夫曰'何以利吾家'？士庶人曰'何以利吾身'？上下交征利而国危矣。万乘之国，弑其君者，必千乘之家；千乘之国，弑其君者，必百乘之家。万取千焉，千取百焉，不为不多矣。苟为后义而先利，不夺不餍。④未有仁而遗其亲者也，未有义而后其君者也。⑤王亦曰仁义而已矣，何必曰利？"⑥

朱子集注 ①梁惠王，魏侯䓨也。都大梁，僭称王，谥曰惠。《史记》："惠王三十五年，卑礼厚币以招贤者，而孟

译文 孟子进见梁惠王，惠王说："老丈不远千里前来，将使我国有所获利吗？"孟子答道："大王何必说利呢？只有仁义罢了。大王说'用什么使我国获利'，大夫说'用什么使我家获利'，士和庶人说'用什么使我自身获利'，上上下下交相牟利，国家就危险了。拥有万乘兵车的国家，谋害它君主的必定是拥有千乘兵车的家族；拥有千乘兵车的国家，谋害它君主的必定是拥有百乘兵车的家族。万中取千，千中取百，不能算不多了。倘若不顾

义而看重利，那不夺取全部是不会满足的。重仁的人从来不会遗弃他的亲族，重义的人从来不会不顾他的君主。大王只说说仁义吧，何必说利呢？"

轲至梁。"

②叟，长老之称。王所谓利，盖富国强兵之类。

③仁者，心之德、爱之理。义者，心之制、事之宜也。此二句乃一章之大指，下文乃详言之。后多放此。

④乘，去声。餍，於艳反。○此言求利之害，以明上文何必曰利之意也。征，取也。上取乎下，下取乎上，故曰交征。国危，谓将有弑夺之祸。乘，车数也。万乘之国者，天子畿内地方千里，出车万乘。千乘之家者，天子之公卿采地方百里，出车千乘也。千乘之国，诸侯之国。百乘之家，诸侯之大夫也。弑，下杀上也。餍，足也。言臣之于君，每十分而取其一分，亦已多矣。若又以义为后而以利为先，则不弑其君而尽夺之，其心未肯以为足也。

⑤此言仁义未尝不利，以明上文亦有仁义而已之意也。遗，犹弃也。后，不急也。言仁者必爱其亲，义者必急其君。故人君躬行仁义而无求利之心，则其下化之，自亲戴于己也。

⑥重言之，以结上文两节之意。○此章言仁义根于人心之固有，天理之公也。利心生于物我之相形，人欲之私也。循天理，则不求利而自无不利；徇人欲，则求利未得而害已随之。所谓毫厘之差，千里之缪。此《孟子》之书所以造端托始之深意，学者所宜精察而明辨也。○太史公曰："余读《孟子书》，至梁惠王问何以利吾国，未尝不废书而叹也。曰：嗟乎！利，诚乱之始也。夫子罕言利，常防其源也。故曰放于利而行，多怨。自天子以至于庶人，好利之弊，何以异哉？"○程子曰："君子未尝不欲利，但专以利为心则有害。惟仁义则不求利而未尝不利也。当是之时，天下之人惟利是求，而不复知有仁义。故孟子言仁义而不言利，所以拔本塞源而救其弊，此圣贤之心也。"

孟子见梁惠王。王立于沼上，顾鸿雁麋鹿，曰："贤者亦乐此乎？"① 孟子对曰："贤者而后乐此，不贤者虽有此不乐也。②《诗》云：'经始灵台，经之营之。庶民攻之，不日成之。经始勿亟，庶

译文 孟子进见梁惠王，惠王站在池边，顾望着飞雁、驯鹿，说："贤者也以此为乐吗？"孟子答道："贤能者才有这样的快乐，不贤者虽然有这些却不

民子来。王在灵囿，麀鹿攸伏。麀鹿濯濯，白鸟鹤鹤。王在灵沼，於牣鱼跃。'文王以民力为台为沼，而民欢乐之，谓其台曰灵台，谓其沼曰灵沼，乐其有麋鹿鱼鳖。古之人与民偕乐，故能乐也。③《汤誓》曰：'时日害丧？予及女偕亡。'民欲与之偕亡，虽有台池鸟兽，岂能独乐哉？"④

朱子集注 ①乐，音洛，篇内同。○沼，池也。鸿，雁之大者。麋，鹿之大者。

②此一章之大指。

③囿，音棘。麀，音忧。鹤，《诗》作皜，户角反。於，音乌。○此引《诗》而释之，以明贤者而后乐此之意。《诗》，《大雅·灵台》之篇。经，量度也。灵台，文王台名也。营，谋为也。攻，治也。不日，不终日也。亟，速也。言文王戒以勿亟也。子来，如子来趋父事也。灵囿、灵沼，台下有囿，囿中有沼也。麀，牝鹿也。伏，安其所，不惊动也。濯濯，肥泽貌。鹤鹤，洁白貌。於，叹美辞。牣，满也。孟子言文王虽用民力，而民反欢乐之，既加以美名，而又乐其所有。盖由文王能爱其民，故民乐其乐，而文王亦得以享其乐也。

④害，音曷。丧，去声。女，音汝。○此引《书》而释之，以明不贤者虽有此不乐之意也。《汤誓》，《商书》篇名。时，是也。日，指夏桀。害，何也。桀尝自言："吾有天下，如天之有日，日亡吾乃亡耳。"民怨其虐，故因其自言而目之曰："此日何时亡乎？若亡，则我宁与之俱亡。"盖欲其亡之甚也。孟子引此，以明君独乐而不恤其民，则民怨之而不能保其乐也。

梁惠王曰："寡人之于国也，尽心焉耳矣。河内凶，则移其民于河东，移其粟于河内。河东凶亦然。察邻国之政，无如寡人之用心者。邻国之民不加少，寡人之民不加多，何也？"①孟子对曰：

感到快乐。《诗》说：'灵台刚刚奠基，正在规划之中。民众赶来建造，没有几天竣工。王曰建台勿急，民众像子女为父母出力一样踊跃。文王来到灵囿，母鹿安卧不惊。母鹿多么壮实，白鸟多么洁净。文王来到灵沼，满池鱼儿跃迎。'文王用民力建高台、挖池沼，民众欢欢喜喜，把这个台称为灵台，把这个池称为灵沼，对它有禽兽鱼鳖感到高兴。古时候的君子与民众一起快乐，所以能够感到快乐。《汤誓》说：'这太阳何时陨落？我们和你一起灭亡！'民众要与夏桀一起灭亡，他即使有高台池沼、飞禽走兽，难道能独自感到快乐吗？"

译文 梁惠王说："我对于国家，很尽心了吧！河内饥荒，就把那里的民众迁移到河东、把河东的粮食运到河内去，河东饥荒时也这样。了解一下邻国的政绩,没有像我这样尽心尽力的。邻国的民众不见减少,我的民众不见增多,是什么道理呢?"孟子答道:"大王喜好打仗,让我用打仗来作比喻。战鼓咚咚,交战开始了,战败的士兵丢盔弃甲拖着武器奔逃,有的跑了一百步才停下,有的跑了五十步就停下了。跑了五十步的人因此而讥笑跑了一百步的人,行不行呢?"惠王说:"不行!他只不过没有跑到一百步,也同样是逃跑。"孟子说:"大王如果知道这个道理,就不要希望你的民众比邻国多了。不违背农时,粮食就吃不完;密孔的鱼网不入池沼,鱼鳖就吃不完;斧子、砍刀按季节进入山林,木材就用不完。粮食和鱼鳖吃不完,木材用不完,就使得民众的生、死都没有缺憾了。生、死没有缺憾,是王道的开端。五亩宅田种植桑树,年满五十的人就能穿上丝绸了;鸡鸭猪狗不失时节地畜养,年满七十的人就能吃上肉了;百亩农田不误了它的耕作时节,数口之家就能没有饥荒了;注重乡校的教育,强调孝敬长辈的道理,须发斑白的人就不至于在道路上背物负重了。年满七十的人能穿上丝绸、吃上肉,老百姓能不受饥寒,做到了这些而不称王天下的还从未有过。猪狗吃着人的食物而不知道制止,路上有饿死的人而不知道赈济,人死了反而说'与我无关,是年成不好的缘故',这和把人杀了却说'与

"王好战,请以战喻。填然鼓之,兵刃既接,弃甲曳兵而走。或百步而后止,或五十步而后止。以五十步笑百步,则何如?"曰:"不可。直不百步耳,是亦走也。"曰:"王如知此,则无望民之多于邻国也。②不违农时,谷不可胜食也;数罟不入洿池,鱼鳖不可胜食也;斧斤以时入山林,材木不可胜用也。谷与鱼鳖不可胜食,材木不可胜用,是使民养生丧死无憾也。养生丧死无憾,王道之始也。③五亩之宅,树之以桑,五十者可以衣帛矣。鸡豚狗彘之畜,无失其时,七十者可以食肉矣。百亩之田,勿夺其时,数口之家可以无饥矣。谨庠序之教,申之以孝悌之义,颁白者不负戴于道路矣。七十者衣帛食肉,黎民不饥不寒,然而不王者,未之有也。④狗彘食人食而不知检,涂有饿莩而不知发;人死,则曰:'非我也,岁也。'是何异于刺人而杀之,曰:'非我也,兵也。'王无罪岁,斯天下之民至焉。"⑤

朱子集注 ①寡人,诸侯自称,言寡德之人也。河内、河东,皆魏地。凶,岁不熟也。移民以就食,移粟以给其老稚之不能移者。

②好,去声。填,音田。〇填,鼓音也。兵以鼓进,以金退。直,犹但也。言此以譬邻国不恤其民,惠王能行小惠,然皆不能行王道以养其民,不可以此而笑彼也。杨氏曰:"移民移粟,荒政之所不废也。然不能行先王之道,而徒以是为尽心焉,则末矣。"

③胜,音升。数,音促。罟,音古。洿,音乌。〇农时,谓春耕、夏耘、秋收之时。凡有兴作,不违此时,至冬乃役之也。不可胜食,言多也。数,密也。罟,网也。洿,窊下之地,水所聚也。古者网罟必用四寸之目,鱼不满尺,市不得粥,人不得食。山林川泽,与民共之,而有厉禁。草木零落,然后

斧斤入焉。此皆为治之初，法制未备，且因天地自然之利，而撙节爱养之事也。然饮食宫室所以养生，祭祀棺椁所以送死，皆民所急而不可无者。今皆有以资之，则人无所恨矣。王道以得民心为本，故以此为王道之始。

④衣，去声。畜，敕六反。数，去声。王，去声。凡有天下者，人称之曰王，则平声；据其身临天下而言曰王，则去声。后皆放此。○五亩之宅，一夫所受，二亩半在田，二亩半在邑。田中不得有木，恐妨五谷，故于墙下植桑以供蚕事。五十始衰，非帛不暖；未五十者不得衣也。畜，养也。时，谓孕字之时，如孟春牺牲毋用牝之类也。七十非肉不饱，未七十者不得食也。百亩之田，亦一夫所受。至此则经界正，井地均，无不受田之家矣。庠、序，皆学名也。申，重也，丁宁反复之意。善事父母为孝，善事兄长为悌。颁，与班同，老人头半白黑者也。负，任在背。戴，任在首。夫民衣食不足，则不暇治礼义；而饱暖无教，则又近于禽兽。故既富而教以孝悌，则人知爱亲敬长而代其劳，不使之负戴于道路矣。衣帛、食肉但言七十，举重以见轻也。黎，黑也。黎民，黑发之人，犹秦言黔首也。少壮之人，虽不得衣帛食肉，然亦不至于饥寒也。此言尽法制品节之详，极财成辅相之道，以左右民，是王道之成也。

⑤莩，平表反。刺，七亦反。○检，制也。莩，饿死人也。发，发仓廪以赈贷也。岁，谓岁之丰凶也。惠王不能制民之产，又使狗彘得以食人之食，则与先王制度品节之意异矣。至于民饥而死，犹不知发，则其所移特民间之粟而已。乃以民不加多，归罪于岁凶，是知刃之杀人，而不知操刃者之杀人也。不罪岁，则必能自反而益修其政，天下之民至焉，则不但多于邻国而已。○程子曰："孟子之论王道，不过如此，可谓实矣。"又曰："孔子之时，周室虽微，天下犹知尊周之为义，故《春秋》以尊周为本。至孟子时，七国争雄，天下不复知有周，而生民之涂炭已极。当是时，诸侯能行王道，则可以王矣。此孟子所以劝齐、梁之君也。盖王者，天下之义主也。圣贤亦何心哉？视天命之改与未改耳。"

我无关，是武器杀的'，有什么不同。大王不要怪罪于年成不好，那么天下的民众就来投奔你了。"

译文 梁惠王说："我愿诚心诚意地接受指教。"孟子说："杀人,用木棒和刀剑有什么不同?"惠王说:"没有什么不同。"孟子又问道:"用刀剑和政治手段有什么不同?"惠王说:"没有什么不同。"孟子说:"厨房里有肥肉,马厩里有肥马,而民众却脸带饥色,野外有饿死的人,这是放任野兽去吃人。野兽相互吞食尚且为人所憎恶,作为民众的父母,施行政事却不能避免放任野兽去吃人,为民父母的意义何在呢? 孔子说'发明造俑的人,大概会绝灭后代吧',因为它模仿人的形象而用来殉葬。怎么能如此使民众饥饿而死呢?"

梁惠王曰:"寡人愿安承教。"① 孟子对曰:"杀人以梃与刃,有以异乎?"曰:"无以异也。"②"以刃与政,有以异乎?"曰:"无以异也。"③ 曰:"庖有肥肉,厩有肥马,民有饥色,野有饿莩,此率兽而食人也。④ 兽相食,且人恶之。为民父母,行政不免于率兽而食人,恶在其为民父母也?⑤ 仲尼曰:'始作俑者,其无后乎!'为其象人而用之也。如之何其使斯民饥而死也?"⑥

朱子集注 ① 承上章言愿安意以受教。

② 梃,徒顶反。○梃,杖也。

③ 孟子又问而王答也。

④ 厚敛于民以养禽兽,而使民饥以死,则无异于驱兽以食人矣。

⑤ 恶之之恶,去声。恶在之恶,平声。○君者,民之父母也。恶在,犹言何在也。

⑥ 俑,音勇。为,去声。○俑,从葬木偶人也。古之葬者,束草为人,以为从卫,谓之刍灵,略似人形而已。中古易之以俑,则有面目机发,而太似人矣。故孔子恶其不仁,而言其必无后也。孟子言此作俑者,但用象人以葬,孔子犹恶之,况实使民饥而死乎? ○李氏曰:"为人君者,固未尝有率兽食人之心。然徇一己之欲,而不恤其民,则其流必至于此。故以为民父母告之。夫父母之于子,为之就利避害,未尝顷刻而忘于怀,何至视之不如犬马乎?"

译文 梁惠王说:"晋国是天下最强的国家了,老丈您是知道的。到了我这一代,东面战败于齐国,长子阵亡;西面丧失了七百里疆土给秦国;南面受辱于楚国。我对此感到耻辱,愿意替死者来洗刷所有的仇恨,怎样才能办到呢?"孟子

梁惠王曰:"晋国,天下莫强焉,叟之所知也。及寡人之身,东败于齐,长子死焉;西丧地于秦七百里;南辱于楚。寡人耻之,愿比死者一洒之,如之何则可?"① 孟子对曰:"地方百里而可以王。② 王如施仁政于民,省刑罚,薄税敛,深耕易耨。壮者以暇日修其孝悌忠信,入以事其父兄,出以事

其长上,可使制梃以挞秦、楚之坚甲利兵矣。③彼夺其民时,使不得耕耨以养其父母,父母冻饿,兄弟妻子离散。④彼陷溺其民,王往而征之,夫谁与王敌?⑤故曰:'仁者无敌。'王请勿疑!"⑥

朱子集注 ①长,上声。丧,去声。比,必二反。洒与洗同。○魏本晋大夫魏斯,与韩氏、赵氏共分晋地,号曰三晋,故惠王犹自谓晋国。惠王三十年,齐击魏,破其军,虏太子申。十七年,秦取魏少梁,后魏又数献地于秦。又与楚将昭阳战,败,亡地七邑。比,犹为也。言欲为死者雪其耻也。
②百里,小国也,然能行仁政,则天下之民归之矣。
③省,所梗反。敛、易,皆去声。耨,奴豆反。长,上声。○省刑罚,薄税敛,此二者仁政之大目也。易,治也。耨,耘也。尽己之谓忠,以实之谓信。君行仁政,则民得尽力于农亩,而又有暇日以修礼义,是以尊君亲上而乐于效死也。
④养,去声。○彼,谓敌国也。
⑤夫,音扶。○陷,陷于阱。溺,溺于水。暴虐之意。征,正也。以彼暴虐其民,而率吾尊君亲上之民往正其罪,彼民方怨其上而乐归于我,则谁与我为敌哉?
⑥"仁者无敌",盖古语也。百里可王,以此而已。恐王疑其迂阔,故勉使勿疑也。○孔氏曰:"惠王之志,在于报怨;孟子之论,在于救民。所谓惟天吏则可以伐之,盖孟子之本意。"

答道:"拥有方圆百里的土地就能称王天下。大王如能对民众施行仁政,减省刑罚、薄敛赋税,深耕土壤、清除杂草;青壮年在空闲时修习孝悌忠信的道理,在家用这些来事奉父兄,出外用这些来事奉尊长,就能使他们拿着木棒来打击秦、楚的坚甲利兵了。那些国家侵夺民众的农时,使他们不能耕种农田来养活自己的父母,父母挨冻受饿,兄弟、妻儿离散。那些国家虐害自己的民众,大王去讨伐他们,谁能和大王对抗?所以说仁者是无敌的,希望大王不要犹豫。"

孟子见梁襄王。①出,语人曰:"望之不似人君,就之而不见所畏焉。卒然问曰:'天下恶乎定?'吾对曰:'定于一。'②'孰能一之?'③对曰:'不嗜杀人者能一之。'④'孰能与之?'⑤对曰:'天下莫不与也。王知夫苗乎?七八月之间旱,则苗槁矣。天油然作云,沛然下雨,则苗浡然兴之矣。其如是,孰能御之?今夫天下之人牧,未有不嗜

译文 孟子进见梁襄王,出来告诉别人说:"看上去不像君主的样子,接近他则觉察不出能使人敬畏的地方。他忽然问我:'天下怎样才能安定?'我回答说:'统一才能安定。'他又问:'谁能统一呢?'我说:'不喜好杀人者能统一天下。'他再问道:'谁会来归顺他

呢?'我说:'天下的民众都会归顺他。大王知道禾苗吗?七、八月之间遇上干旱,禾苗就会枯萎;当天上布满了云朵、下起了滂沱大雨时,禾苗就蓬勃地挺立起来了,像这样,什么力量能遏止它呢?当今天下的君主没有不喜好杀人的,如若有不喜好杀人的,那么天下的民众都伸起脖子来盼望他了,真能如此,民众归附他犹如水往低处流一般,谁能遏止这汹涌的势头呢?'"

杀人者也。如有不嗜杀人者,则天下之民皆引领而望之矣。诚如是也,民归之,由水之就下,沛然谁能御之?'"⑥

朱子集注 ①襄王,惠王子,名赫。

②语,去声。卒,七没反。恶,平声。○语,告也。不似人君,不见所畏,言其无威仪也。卒然,急遽之貌。盖容貌词气,乃德之符,其外如此,则其中之所存者可知。王问列国分争,天下当何所定。孟子对以必合于一,然后定也。

③王问也。

④嗜,甘也。

⑤王复问也。与,犹归也。

⑥夫,音扶。浡,音勃。由,当作犹,古字借用。后多放此。○周七八月,夏五六月也。油然,云盛貌。沛然,雨盛貌。浡然,兴起貌。御,禁止也。人牧,谓牧民之君也。领,颈也。盖好生恶死,人心所同。故人君不嗜杀人,则天下悦而归之。○苏氏曰:"孟子之言,非苟为大而已。然不深原其意而详究其实,未有不以为迂者矣。予观孟子以来,自汉高祖及光武,及唐太宗,及我宋太祖皇帝,能一天下者四君,皆以不嗜杀人致之。其余杀人愈多,而天下愈乱。秦、晋及隋,力能合之,而好杀不已,故或合而复分,或遂以亡国。孟子之言,岂偶然而已哉?"

译文 齐宣王问道:"能告诉我齐桓公、晋文公的事情吗?"孟子回答:"孔子的门徒从不谈论齐桓公、晋文公的事情,因此后世没有流传,我也没有听说过。一定要说,那就说称王天下的事吧!"宣王说:"具有怎样的德行才能称王天下呢?"孟子说:"安抚民众而称王天下,就没有力量能够遏止。"宣王说:"像我这样能够

齐宣王问曰:"齐桓、晋文之事可得闻乎?"①孟子对曰:"仲尼之徒无道桓、文之事者,是以后世无传焉。臣未之闻也。无以,则王乎?"②曰:"德何如,则可以王矣?"曰:"保民而王,莫之能御也。"③曰:"若寡人者,可以保民乎哉?"曰:"可。"曰:"何由知吾可也?"曰:"臣闻之胡龁曰,王坐于堂上,有牵牛而过堂下者,王见之,曰:'牛何之?'对曰:'将以衅钟。'王曰:'舍之! 吾不忍其觳觫,

若无罪而就死地。'对曰:'然则废衅钟与?'曰:'何可废也?以羊易之。'不识有诸?"④曰:"有之。"曰:"是心足以王矣。百姓皆以王为爱也,臣固知王之不忍也。"⑤王曰:"然。诚有百姓者。齐国虽褊小,吾何爱一牛?即不忍其觳觫,若无罪而就死地,故以羊易之也。"⑥曰:"王无异于百姓之以王为爱也。以小易大,彼恶知之?王若隐其无罪而就死地,则牛羊何择焉?"王笑曰:"是诚何心哉?我非爱其财而易之以羊也,宜乎百姓之谓我爱也。"⑦曰:"无伤也,是乃仁术也,见牛未见羊也。君子之于禽兽也,见其生,不忍见其死;闻其声,不忍食其肉。是以君子远庖厨也。"⑧王说,曰:"《诗》云:'他人有心,予忖度之。'夫子之谓也。夫我乃行之,反而求之,不得吾心。夫子言之,于我心有戚戚焉。此心之所以合于王者,何也?"⑨曰:"有复于王者曰:'吾力足以举百钧,而不足以举一羽;明足以察秋毫之末,而不见舆薪。'则王许之乎?"曰:"否。""今恩足以及禽兽,而功不至于百姓者,独何与?然则一羽之不举,为不用力焉;舆薪之不见,为不用明焉;百姓之不见保,为不用恩焉。故王之不王,不为也,非不能也。"⑩曰:"不为者与不能者之形何以异?"曰:"挟太山以超北海,语人曰'我不能',是诚不能也。为长者折枝,语人曰'我不能',是不为也,非不能也。故王之不王,非挟太山以超北海之类也;王之不王,是折枝之类也。"⑪老吾老,以及人之老;幼吾幼,以及人之幼。天下可运于掌。《诗》云:'刑于寡妻,至于兄弟,以御于家邦。'言举斯心加诸彼而已。故推恩足以保四海,不推恩无以保妻子。古之人所以大过人者,无他焉,善推其

安抚民众吗?"孟子说:"能。"宣王说:"凭什么知道我能够呢?"孟子说:"我听大臣胡龁说,大王坐在殿堂上,有牵牛的人从堂下经过,大王见了问道:'牛往哪儿牵啊?'那人答道:'要用它来祭钟。'大王说:'放了它吧,我不忍心它战栗发抖,那是没有罪而被处死。'那人说:'那就不祭钟了?'大王说:'怎么能不祭呢?用羊来代替。'不知道有这回事吗?"宣王说:"有这回事。"孟子说:"有这样的心思就足以称王天下了。百姓们都认为大王客啬,我总觉得大王是不忍心。"宣王说:"是啊,确实有百姓这样认为。齐国虽然狭小,我何至于要客啬一条牛?只是不忍心它战栗发抖,就像没有罪而被处死一般,所以用羊换下它。"孟子说:"大王不要怪百姓认为您客啬,用小的替换大的,这用心他们怎么会知道呢?大王如果怜悯它没有罪而被处死,那么牛和羊有什么区别呢?"宣王笑着说:"这真算什么心思呢?我并不是客啬这点钱财而用羊来替换的,怪不得百姓要说我客啬。"孟子说:"没有关系,这是一种仁术,因为只见到了牛而没有见到羊。君子对于禽兽,见到活着的就不忍心再见到死的,听到它们的叫声就不忍心再吃它们的肉,因此君子远离厨房。"宣王高兴地说:"《诗》说:'他人所具有的心思,我能恰切地来理解。'正是对先生而言的啊!我已经做

了这件事,回过头来寻求却不了解自己的心思,先生这么一说,我的心里倒有些感动了。这样的心思适宜称王天下,是为什么呢?"孟子说:"有人对大王说'我的力气足能举起三千斤,但举不起一根羽毛;眼力足能看清毫毛的尖端,但看不见一车木柴',大王会同意这种说法吗?"宣王说:"不。"孟子说:"现在大王的恩惠足以施及禽兽,而好处却不能到达百姓,这是什么原因呢?可见,举不起一根羽毛是因为没有化费力气,看不见一车木柴是没有使用眼力,不能安抚百姓是没有施加恩惠。所以,大王没能称王天下是不肯做,不是没有能力。"宣王说:"不肯做和没有能力的表现有什么区别呢?"孟子说:"要挟持着泰山跨越北海,对他人说'我没有能力',是确实没有能力;为年长的人按摩,对他人说'我没有能力',是不肯做,不是没有能力。所以,大王没能称王天下,不是挟持着泰山跨越北海这一类的;大王没能称王天下,是不肯按摩这一类的。敬重自己的长辈从而敬重到他人的长辈,爱护自己的晚辈从而爱护到他人的晚辈,这样天下就能运转于手掌之上了。《诗》说'教诲自己妻子,遍及族内兄弟,以此统御全国',说的不过是以这样的心思来施加于他人而已。因此,广施恩惠足以保有天下,不广施恩惠连妻子都无法守护。古时候的人之所以胜过

所为而已矣。今恩足以及禽兽,而功不至于百姓者,独何与?[12]权,然后知轻重;度,然后知长短。物皆然,心为甚。王请度之![13]抑王兴甲兵,危士臣,构怨于诸侯,然后快于心与?"[14]王曰:"否。吾何快于是?将以求吾所大欲也。"[15]曰:"王之所大欲可得闻与?"王笑而不言。曰:"为肥甘不足于口与?轻暖不足于体与?抑为采色不足视于目与?声音不足听于耳与?便嬖不足使令于前与?王之诸臣,皆足以供之,而王岂为是哉?"曰:"否。吾不为是也。"曰:"然则王之所大欲可知已。欲辟土地,朝秦、楚,莅中国而抚四夷也。以若所为,求若所欲,犹缘木而求鱼也。"[16]王曰:"若是其甚与?"曰:"殆有甚焉。缘木求鱼,虽不得鱼,无后灾。以若所为,求若所欲,尽心力而为之,后必有灾。"曰:"可得闻与?"曰:"邹人与楚人战,则王以为孰胜?"曰:"楚人胜。"曰:"然则小固不可以敌大,寡固不可以敌众,弱固不可以敌强。海内之地方千里者九,齐集有其一,以一服八,何以异于邹敌楚哉?盖亦反其本矣。[17]今王发政施仁,使天下仕者皆欲立于王之朝,耕者皆欲耕于王之野,商贾皆欲藏于王之市,行旅皆欲出于王之涂,天下之欲疾其君者皆欲赴愬于王。其若是,孰能御之?"[18]王曰:"吾惛,不能进于是矣。愿夫子辅吾志,明以教我。我虽不敏,请尝试之。"[19]曰:"无恒产而有恒心者,惟士为能。若民,则无恒产,因无恒心。苟无恒心,放辟邪侈,无不为已。及陷于罪,然后从而刑之,是罔民也。焉有仁人在位,罔民而可为也?[20]是故明君制民之产,必使仰足以事父母,俯足以畜妻子,乐岁终身饱,凶年免于死亡。然后驱而之善,故民之从之也轻。[21]今也制民

之产，仰不足以事父母，俯不足以畜妻子，乐岁终身苦，凶年不免于死亡。此惟救死而恐不赡，奚暇治礼义哉？㉒王欲行之，则盍反其本矣。㉓五亩之宅，树之以桑，五十者可以衣帛矣。鸡豚狗彘之畜，无失其时，七十者可以食肉矣。百亩之田，勿夺其时，八口之家可以无饥矣。谨庠序之教，申之以孝悌之义，颁白者不负戴于道路矣。老者衣帛食肉，黎民不饥不寒，然而不王者，未之有也。"㉔

朱子集注①齐宣王，姓田氏，名辟彊，诸侯僭称王也。齐威公、晋文公，皆霸诸侯者。

②道，言也。董子曰："仲尼之门，五尺童子羞称五伯。为其先诈力而后仁义也。"亦此意也。以、已通用。无已，必欲言之而不止也。王，谓王天下之道。

③保，爱护也。

④龁，音核。舍，上声。觳，音斛。觫，音速。与，平声。○胡龁，齐臣也。衅钟，新铸钟成，而杀牲取血以涂其衅郄也。觳觫，恐惧貌。孟子述所闻胡龁之语而问王，不知果有此事否？

⑤王见牛之觳觫而不忍杀，即所谓恻隐之心，仁之端也。扩而充之，则可以保四海矣。故孟子指而言之，欲王察识于此而扩充之也。爱，犹吝也。

⑥言以羊易牛，其迹似吝，实有如百姓所讥者。然我之心不如是也。

⑦恶，平声。○异，怪也。隐，痛也。择，犹分也。言牛羊皆无罪而死，何所分别而以羊易牛乎？孟子故设此难，欲王反求而得其本心。王不能然，故卒无以自解于百姓之言也。

⑧远，去声。○无伤，言虽有百姓之言，不为害也。术，谓法之巧者。盖杀牛既所不忍，衅钟又不可废，于此无以处之，则此心虽发终不得施矣。然见牛则此心已发而不可遏，未见羊则其理未形而无所妨。故以羊易牛，则二者得以两

世人没有其他的原因，不过是善于把自己的作为施及于他人而已。现在大王的恩惠足以施及禽兽，而好处却不能到达百姓，这是什么原因呢？秤了才知道轻重，量了才知道长短，各种事物都是如此，而心思则尤其是这样，大王请量度一下。难道大王非得兴师动众，惊扰士民，与诸侯结怨，心里才感到快意吗？"宣王说："不，我对此有什么快意？是打算以此来求得我的大目标。"孟子说："大王的大目标能让我知道吗？"宣王笑着不回答。孟子说："是因为肥美的食物不能满足于口腹呢，还是轻暖的衣服不能满足于躯体？或者因为缤纷的色彩不能满足眼睛的展视，悦耳的乐曲不能满足耳朵的倾听，宠幸的姬妾臣仆不能满足身边的使唤呢？这些，大王的大小臣仆都能够供办，大王难道是为了这些吗？"宣王说："不！我不是为了这些。"孟子说："要是这样的话，大王的大目标我能够知道了。大王是想开拓疆土，使秦、楚臣服，君临中土而抚有海内。然而用这样的作为来求取这样的目标，犹如爬到树上去找鱼。"宣王说："有这样严重吗？"孟子说："恐怕还更严重呢！爬到树上找鱼，虽然找不到鱼，却不会带来灾难。用这样的作为来求取这样的目标，费尽心力去做了，必定会带来灾难。"宣王说："能让我知道其原因吗？"孟子说："邹人和楚人作战，大

"王认为谁能取胜?"宣王说:"楚人取胜。"孟子说:"可见小国肯定不能和大国匹敌,人数少的肯定不能和人数多的匹敌,力量弱的肯定不能和力量强的匹敌。四海之内方圆千里的土地有九块,齐国只占有其中的九分之一。以一个来制服八个,与邹人对抗楚人有什么不同?何不回到根本上来解决问题。现在大王若能施行仁政,使得天下入仕的人都愿在大王的朝廷中任职,耕田的人都愿在大王的土地上耕种,商贩都愿到大王的集市上交易,旅客都愿到大王的道路上行走,天下对自己的君主感到不满意的人都愿来投奔大王。要是如此的话,什么力量能遏止呢?"宣王说:"我糊涂了,没有能力做到这样的程度,请先生助成我的志向,明确地教诲我。我虽然不聪明,也让我试着去做。"孟子说:"没有固定的产业而有恒心的,只有士能做到。若是民众,没有固定的产业就因而没有了恒心。一旦没有恒心,就会放荡胡来,无所不为。等到陷入罪网,然后跟着惩治他们,这是欺罔民众。哪有仁人当政而可以做欺罔民众的事呢?因此,贤明的君主规定民众的产业,必须使之上足以事奉父母,下足以蓄养妻儿,丰年能够温饱,荒年可免于死亡,然后驱使他们向善,所以民众容易听从。现在为民众所规定的产业,上不足以事奉父母,下不足以蓄养妻儿,丰

全而无害,此所以为仁之术也。声,谓将死而哀鸣也。盖人之于禽兽,同生而异类。故用之以礼,而不忍之心施于见闻之所及。其所以必远庖厨者,亦以预养是心而广为仁之术也。

⑨说,音悦。忖,七本反。度,待洛反。夫我之夫。音扶。○《诗》,《小雅》《巧言》之篇。戚戚,心动貌。王因孟子之言,而前日之心复萌,乃知此心不从外得,然犹未知所以反其本而推之也。

⑩与,平声。为不之为。去声。○复,白也。钧,三十斤,百钧,至重难举也。羽,鸟羽。一羽,至轻易举也。秋毫之末,毛至秋而末锐,小而难见也。舆薪,以车载薪,大而易见也。许,犹可也。今恩以下,又孟子之言也。盖天地之性,人为贵。故人之与人,又为同类而相亲。是以恻隐之发,则于民切而于物缓;推广仁术,则仁民易而爱物难。今王此心能及物矣,则其保民而王,非不能也,但自不肯为耳。

⑪语,去声。为长之为,去声。长,上声。折,之舌友。○形,状也。挟,以腋持物也。超,跃而过也。为长者折枝,以长者之命,折草木之枝,言不难也。是心固有,不待外求,扩而充之,在我而已,何难之有?

⑫与,平声。○老,以老事之也。吾老,谓我之父兄。人之老,谓人之父兄。幼,以幼畜之也。吾幼,谓我之子弟。人之幼,谓人之子弟。运于掌,言易也。《诗》,《大雅》《思齐》之篇。刑,法也。寡妻,寡德之妻,谦辞也。御,治也。不能推恩,则众叛亲离,故无以保妻子。盖骨肉之亲,本同一气,又非但若人之同类而已。故古人必由亲亲推之,然后及于仁民;又推其余,然后及于爱物。皆由近以及远,自易以及难。今王反之,则必有故矣。故复推本而再问之。

⑬度之之度,待洛反。○权,称锤也。度,丈尺也。度之,谓称量之也。言物之轻重长短,人所难齐,必以权度度之而后可见。若心之应物,则其轻重长短之难齐,而不可不度以本然之权度,又有甚于物者。今王恩及禽兽,而功不至于百姓,是其爱物之心重且长,而仁民之心轻且短,失其当然之序而不自知也。故上文既发其端,而于此请王度之也。

⑭与,平声。○抑,发语辞。士,战士也。构,结也。孟子以王爱民之心所以轻且短者,必其以是三者为快也。然三事实非人心之所快,有甚于杀觳觫之牛者。故指以问王,欲其以此而度之也。

⑮不快于此者,心之正也;而必为此者,欲诱之也。欲之所诱者独在于是,是以其心尚明于他而独暗于此。此其爱民之心所以轻短,而功不至于百姓也。

⑯与,平声。为肥、抑为、岂为、不为之为,皆去声。便、令,皆平声。辟,与闢同。朝,音潮。○便嬖,近习嬖幸之人也。已,语助辞。辟,开广也。朝,致其来朝也。秦、楚,皆大国。莅,临也。若,如此也。所为,指兴兵结怨之事。缘木求鱼,言必不可得。

⑰甚与、闻与之与,平声。○殆、盖,皆发语辞。邹,小国。楚,大国。齐集有其一,言集合齐地,其方千里,是有天下九分之一也。以一服八,必不能胜,所谓后灾也。反本,说见下文。

⑱朝,音潮。贾,音古。愬与诉同。○行货曰商,居货曰贾。发政施仁,所以王天下之本也。近者悦,远者来,则大小强弱非所论矣。盖力求所欲,则所欲者反不可得;能反其本,则所欲者不求而至。与首章意同。

⑲惛与昏同。

⑳恒,胡登反。辟与僻同。焉,于虔反。○恒,常也。产,生业也。常产,可常生之业也。常心,人所常有之善心也。士尝学问,知义理,故虽无常产而有常心。民则不能然矣。罔,犹罗网,欺其不见而取之也。

㉑畜,许六反,下同。○轻,犹易也。此言民有常产而有常心也。

㉒治,平声。凡治字为理物之义者,平声;为已理之义者,去声。后皆放此。○赡,足也。此所谓无常产而无常心者也。

㉓盍,何不也。使民有常产者,又发政施仁之本也。说具下文。

㉔音见前章。○此言制民之产之法也。赵氏曰:"八口之家,次上农夫也。此王政之本,常生之道,故孟子为齐、梁之

年劳苦艰辛,荒年不免于死亡。这样,仅仅救济死亡都恐怕来不及,那还有余暇讲求礼义呢?大王要施行仁政,何不回到根本上来解决问题。五亩宅田种植桑树,年满五十的人就能穿上丝绸了;鸡鸭猪狗不失时节地畜养,年满七十的人就能吃上肉了;百亩农田不误了它的耕作时节,八口之家就能没有饥荒了;注重乡校的教育,强调孝敬长辈的道理,须发斑白的人就不至于在道路上背物负重了。老年人能穿上丝绸、吃上肉,老百姓能不受饥寒,做到了这些而不称王天下的还从未有过。"

君各陈之也。"杨氏曰:"为天下者,举斯心加诸彼而已。然虽有仁心仁闻,而民不被其泽者,不行先王之道故也。故以制民之产告之。"〇此章言人君当黜霸功,行王道。而王道之要,不过推其不忍之心,以行不忍之政而已。齐王非无此心,而夺于功利之私,不能扩充以行仁政。虽以孟子反复晓告,精切如此,而蔽固已深,终不能悟,是可叹也。

梁惠王章句下

凡十六章。

庄暴见孟子,曰:"暴见于王,王语暴以好乐,暴未有以对也。"曰:"好乐何如?"孟子曰:"王之好乐甚,则齐国其庶几乎!"①他日,见于王曰:"王尝语庄子以好乐,有诸?"王变乎色,曰:"寡人非能好先王之乐也,直好世俗之乐耳。"②曰:"王之好乐甚,则齐其庶几乎! 今之乐犹古之乐也。"③曰:"可得闻与?"曰:"独乐乐,与人乐乐,孰乐?"曰:"不若与人。"曰:"与少乐乐,与众乐乐,孰乐?"曰:"不若与众。"④"臣请为王言乐:⑤今王鼓乐于此,百姓闻王钟鼓之声、管籥之音,举疾首蹙頞而相告曰:'吾王之好鼓乐,夫何使我至于此极也? 父子不相见,兄弟妻子离散。'今王田猎于

四书 章句集注

译文 庄暴进见孟子,说:"我朝见大王,大王和我谈论喜好音乐的事,我没有话应答。"接着问道:"喜好音乐怎么样啊?"孟子说:"大王如果非常喜好音乐,那齐国恐怕就很不错了!"几天后,孟子在进见宣王时问道:"大王曾经和庄暴谈论过爱好音乐,有这回事吗?"宣王脸色变得不好意思地说:"我并不是喜好先王的音乐,只不过喜好世俗的音乐罢了。"孟子说:"大王如果非常喜好音乐,那齐国恐怕就很不错了! 在这件事上,现在的音乐与古代的音乐差不多。"

宣王说："能让我知道是什么道理吗?"孟子说："独自一人娱乐,与和他人一起娱乐,哪个更快乐?"宣王说："不如与他人一起娱乐更快乐。"孟子说："和少数人一起娱乐,与和多数人一起娱乐,哪个更快乐?"宣王说："不如与多数人一起娱乐更快乐。"孟子说:"那就让我来为大王讲讲娱乐吧!假如大王在奏乐,百姓们听到大王鸣钟击鼓、吹箫奏笛的音声,都愁眉苦脸地相互诉苦说:'我们大王喜好音乐,为什么要使我们这般穷困呢?父亲和儿子不能相见,兄弟和妻儿分离流散。'假如大王在围猎,百姓们听到大王车马的声音,见到旗帜的华丽,都愁眉苦脸地相互诉苦说:'我们大王喜好围猎,为什么要使我们这般穷困呢?父亲和儿子不能相见,兄弟和妻儿分离流散。'这没有别的原因,是由于不和民众一起娱乐的缘故。假如大王在奏乐,百姓们听到大王鸣钟击鼓、吹箫奏笛的音声,都眉开眼笑地相互告诉说:'我们大王大概没有疾病吧,要不怎么能奏乐呢?'假如大王在围猎,百姓们听到大王车马的声音,见到旗帜的华丽,都眉开眼笑地相互告诉说:'我们大王大概没有疾病吧,要不怎么能围猎呢?'这没有别的原因,是由于和民众一起娱乐的缘故。倘若大王与百姓一起娱乐,那么就会受到天下人的拥戴!"

此,百姓闻王车马之音,见羽旄之美,举疾首蹙頞而相告曰:'吾王之好田猎,夫何使我至于此极也?父子不相见,兄弟妻子离散。'此无他,不与民同乐也。⑥今王鼓乐于此,百姓闻王钟鼓之声、管籥之音,举欣欣然有喜色而相告曰:'吾王庶几无疾病与?何以能鼓乐也?'今王田猎于此,百姓闻王车马之音,见羽旄之美,举欣欣然有喜色而相告曰:'吾王庶几无疾病与?何以能田猎也?'此无他,与民同乐也。⑦今王与百姓同乐,则王矣。"⑧

朱子集注 ①见于之见,音现,下见于同。语,去声,下同。好,去声。篇内并同。○庄暴,齐臣也。庶几,近辞也,言近于治。

②变色者,惭其好之不正也。

③今乐,世俗之乐。古乐,先王之乐。

④闻与之与,平声。乐乐,下字音洛。孰乐,亦音洛。○独乐不若与人,与少乐不若与众,亦人之常情也。

⑤为,去声。○此以下,皆孟子之言也。

⑥蹙,子六反。頞,音遏。夫,音扶。同乐之乐,音洛。○钟、鼓、管、籥,皆乐器也。举,皆也。疾首,头痛也。蹙,聚也。頞,额也。人忧戚则蹙其额。极,穷也。羽旄,旌属。不与民同乐,谓独乐其身而不恤其民,使之穷困也。

⑦病与之与,平声。同乐之乐,音洛。○与民同乐者,推好乐之心以行仁政,使民各得其所也。

⑧好乐而能与百姓同之,则天下之民归之矣,所谓齐其庶几者如此。○范氏曰:"战国之时,民穷财尽,人君独以南面之乐自奉其身。孟子切于救民,故因齐王之好乐,开导其善心,深劝其与民同乐,而谓今乐犹古乐。其实今乐、古乐,何可同也?但与民同乐之意,则无古今之异耳。若必欲以礼乐治天下,当如孔子之言,必用《韶》、《舞》,必放郑声。盖孔子之言,为邦之正道;孟子

之言,救时之急务,所以不同。"杨氏曰:"乐以和为主,使人闻钟、鼓、管、弦之音而疾首蹙頞,则虽奏以《咸》、《英》、《韶》、《濩》,无补于治也。故孟子告齐王以此,姑正其本而已。"

齐宣王问曰:"文王之囿方七十里,有诸?"孟子对曰:"于传有之。"① 曰:"若是其大乎?"曰:"民犹以为小也。"曰:"寡人之囿方四十里,民犹以为大,何也?"曰:"文王之囿方七十里,刍荛者往焉,雉兔者往焉,与民同之。民以为小,不亦宜乎?②臣始至于境,问国之大禁,然后敢入。臣闻郊关之内,有囿方四十里,杀其麋鹿者如杀人之罪。则是方四十里,为阱于国中。民以为大,不亦宜乎。"③

朱子集注 ①囿,音又。传,直恋反。○囿者,蕃育鸟兽之所。古者四时之田,皆于农隙以讲武事,然不欲驰骛于稼穑场圃之中,故度闲旷之地以为囿。然文王七十里之囿,其亦三分天下有其二之后也与?传,谓古书。
②刍,音初。荛,音饶。○刍,草也。荛,薪也。
③阱,才性反。○礼:入国而问禁。国外百里为郊,郊外有关。阱,坎地以陷兽者,言陷民于死也。

译文 齐宣王问孟子:"听说周文王围猎的场所方圆七十里,有这回事吗?"孟子答道:"在典籍上有这样的记载。"宣王说:"要是这样,不太大吗?"孟子说:"民众还觉得小呢!"宣王说:"我围猎的场所方圆四十里,民众还觉得大,这是为什么呢?"孟子说:"周文王围猎的场所方圆七十里,割草砍柴的人能去,捕鸟猎兽的人能去,与民众共有。民众觉得小,不是很自然的吗?我刚到达齐国边境,问明了国家的重要禁令才敢入境。我听说国都郊外有个围猎的场所方圆四十里,凡猎杀其中麋鹿的人按杀人的罪名处罚,那么这方圆四十里的场所就是在国家中设立的陷阱。民众觉得大,不是很自然的吗?"

齐宣王问曰:"交邻国有道乎?"孟子对曰:"有。惟仁者为能以大事小,是故汤事葛,文王事昆夷;惟智者为能以小事大,故大王事獯鬻,句践事吴。①以大事小者,乐天者也;以小事大者,畏天者也。乐天者保天下,畏天者保其国。②《诗》云:'畏天之威,于时保之。'"③王曰:"大哉言矣!寡人有疾,寡人好勇。"④对曰:"王请无好小勇。夫

译文 齐宣王问道:"和邻国交往有准则吗?"孟子答道:"有的。只有仁者才能以大国事奉小国,所以成汤事奉葛伯、文王事奉昆夷;只有智者才能以小国事奉大国,所以大王事奉獯鬻、句践事奉夫差。以大国事奉小国,是安于天理;以小国事奉大国,是敬畏

天理。安于天理能保有天下，敬畏天理能保有自己的国家，《诗》说：'敬畏上天威灵，因而常得佑护。'"宣王说："说得好啊！可是我有缺点，我崇尚勇武。"孟子答道："希望大王不要崇尚小的勇武。按着刀剑、瞪着眼睛说'他怎么敢对抗我啊'，这是匹夫的勇武，只能抵敌一个人，希望大王进一步推广它。《诗》说：'文王赫然大震怒，整顿军队到前方，制止侵犯的敌人，增强周国的威望，酬答天下的向往。'这是文王的勇武，文王一怒就安定了天下的民众。《书》说：'上天降生下民，为他们造作了君王，造作了师傅。惟有他们能佑助天帝绥靖四方，有罪者、无罪者都由我负责，天下有哪个人胆敢违背上天的意志？'只要有一个人在世间作乱，武王就感到耻辱，这是武王的勇武，武王也是一怒就安定了天下的民众。现在，假如大王也一怒就安定了天下的民众，民众惟恐大王不崇尚勇武呢？"

抚剑疾视曰，'彼恶敢当我哉'！此匹夫之勇，敌一人者也。王请大之！⑤《诗》云：'王赫斯怒，爰整其旅，以遏徂莒，以笃周祜，以对于天下。'此文王之勇也。文王一怒而安天下之民。⑥《书》曰：'天降下民，作之君，作之师。惟曰其助上帝，宠之四方。有罪无罪，惟我在，天下曷敢有越厥志？'一人衡行于天下，武王耻之。此武王之勇也。而武王亦一怒而安天下之民。⑦今王亦一怒而安天下之民，民惟恐王之不好勇也。"⑧

朱子集注

①獯，音熏。鬻，音育。句，音钩。○仁人之心，宽洪恻怛，而无较计大小强弱之私。故小国虽或不恭，而吾所以字之之心自不能已。智者明义理，识时势。故大国虽见侵陵，而吾所以事之之礼尤不敢废。汤事见后篇。文王事见《诗·大雅》。大王事见后章。所谓狄人，即獯鬻也。句践，越王名。事见《国语》、《史记》。

②乐，音洛。○天者，理而已矣。大之字小，小之事大，皆理之当然也。自然合理，故曰乐天。不敢违理，故曰畏天。包含遍覆，无不周遍，保天下之气象也。制节谨度，不敢纵逸，保一国之规模也。

③《诗》，《周颂·我将》之篇。时，是也。

④言以好勇，故不能事大而恤小也。

⑤夫抚之夫，音扶。恶，平声。○疾视，怒目而视也。小勇，血气所为。大勇，义理所发。

⑥《诗》，《大雅·皇矣》篇。赫，赫然怒貌。爰，于也。旅，众也。遏，《诗》作按，止也。徂，往也。莒，《诗》作旅。徂旅，谓密人侵阮徂共之众也。笃，厚也。祜，福也。对，答也，以答天下仰望之心也。此文王之大勇也。

⑦衡，与横同。○《书》，《周书·泰誓》之篇也。然所引与今《书》文小异，今且依此解之。宠之四方，宠异之于四方也。有罪者，我得而诛之；无罪者，我得而安之。我既在此，则天下何敢有过越其心志而作乱者乎？衡行，谓作乱也。

孟子释《书》意如此，而言武王亦大勇也。

⑧王若能如文、武之为，则天下之民望其一怒以除暴乱，而拯己于水火之中，惟恐王之不好勇耳。○此章言人君能惩小忿，则能恤小事大，以交邻国；能养大勇，则能除暴救民，以安天下。张敬夫曰："小勇者，血气之怒也。大勇者，理义之怒也。血气之怒不可有，理义之怒不可无。知此，则可以见性情之正，而识天理、人欲之分矣。"

　　齐宣王见孟子于雪宫。王曰："贤者亦有此乐乎？"孟子对曰："有。人不得，则非其上矣。①不得而非其上者，非也；为民上而不与民同乐者，亦非也。②乐民之乐者，民亦乐其乐；忧民之忧者，民亦忧其忧。乐以天下，忧以天下，然而不王者，未之有也。③昔者齐景公问于晏子曰：'吾欲观于转附、朝儛，遵海而南，放于琅邪。吾何修而可以比于先王观也？'④晏子对曰：'善哉问也！天子适诸侯曰巡狩，巡狩者，巡所守也。诸侯朝于天子曰述职，述职者，述所职也。无非事者。春省耕而补不足，秋省敛而助不给。夏谚曰："吾王不游，吾何以休？吾王不豫，吾何以助？一游一豫，为诸侯度。"⑤今也不然：师行而粮食，饥者弗食，劳者弗息。睊睊胥谗，民乃作慝。方命虐民，饮食若流。流连荒亡，为诸侯忧。⑥从流下而忘反谓之流，从流上而忘反谓之连，从兽无厌谓之荒，乐酒无厌谓之亡。⑦先王无流连之乐，荒亡之行。⑧惟君所行也。'⑨景公说，大戒于国，出舍于郊。于是始兴发补不足。召太师曰：'为我作君臣相说之乐！'盖《徵招》、《角招》是也。其诗曰：'畜君何尤？'畜君者，好君也。"⑩

四书

章句集注

译文 齐宣王在雪宫会见孟子，宣王说："贤者也有这样的快乐吗？"孟子答道："有的。人们得不到这样的快乐会抱怨他们的君主，因为得不到而抱怨他们的君主是不对的，作为民众的君主却不与民众一同享乐也是不对的。君主以民众的快乐为自己的快乐，民众也以君主的快乐为自己的快乐；君主以民众的忧虑为自己的忧虑，民众也以君主的忧虑为自己的忧虑。以天下人的快乐为快乐，以天下人的忧虑为忧虑，做到了这些而不称王天下的还从未有过。过去齐景公问晏子说：'我打算到转附、朝儛去巡游，沿海岸南向直达琅邪。我该怎么做才能和先王的巡游相比拟呢？'晏子答道：'问得好呀！天子前往诸侯国叫做巡狩，巡狩就是巡视所拥有的疆域；诸侯朝见天子叫做述职，述职就是报告所执掌的公务，没有不和政事有关的。春季省视耕种，补助贫困；秋季省视所获，救济歉收。夏代的谚语说："我们大王不巡游，我们怎能有养息？我们大王不省察，我们哪会得救助？大王的巡游视察，足以让诸侯效法。"现在不是这样，队伍出动了就要向下面筹粮，饥饿者得不到食物，劳苦者得不到息养。人们侧目而视、怨声载道，民众就会被迫作恶。违背天意虐害民众，大吃大喝像流水似的，如此流连荒亡，诸侯也为之忧愁。顺流而下不知回返叫做流，逆流而上不知回返叫做连，没有厌倦地打猎叫做荒，没有节制地饮酒叫做亡。先王没有流连的娱乐、荒亡的行为，现在就看大王要遵从哪一种做法了。'景公很高兴，在都城内进行准备，然后到郊外居留，在那里开始拿出钱粮补助贫困，又召见太师说：'替我创作君臣共同喜悦的乐曲。'这乐曲就是《徵招》、《角招》。歌辞中说'畜君有什么错'，畜君就是敬爱君王的意思。"

朱子集注

①乐，音洛，下同。○雪宫，离宫名。言人君能与民同乐，则人皆有此乐。不然，则下之不得此乐者，必有非其君上之心。明人君当与民同乐，不可使人有不得者，非但当与贤者共之而已也。

②下不安分，上不恤民，皆非理也。

③乐民之乐而民乐其乐，则乐以天下矣；忧民之忧而民忧其忧，则忧以天下矣。

④朝，音潮。放，上声。○晏子，齐臣，名婴。转附、朝儛，皆山名也。遵，循也。放，至也。琅邪，齐东南境上邑名。观，游也。

⑤狩，舒救反。省，悉井反。○述，陈也。省，视也。敛，收获也。给，亦足也。夏谚，夏时之俗语也。豫，乐也。巡所守，巡行诸侯所守之土也。述所职，陈其所受之职也。皆无有无事而空行者。而又春秋循行郊野，察民之所不足而补助之。故夏谚以为王者一游一豫，皆有恩惠以及民，而诸侯皆取法焉，不敢无事慢游以病其民也。

⑥眄，古县反。○今，谓晏子时也。师，众也，二千有五百人为师。《春秋传》曰："君行师从。"粮，谓糇糒之属。眄眄，侧目貌。胥，相也。逑，谤也。慝，怨恶也，言民不胜其劳而起谤怨也。方，逆也。命，王命也。若流，如水之流，无穷极也。流连荒亡，解见下文。诸侯，谓附庸之国、县邑之长。

⑦厌，平声。○此释上文之义也。从流下，谓放舟随水而下。从流上，谓挽舟逆水而上。从兽，田猎也。荒，废也。乐酒，以饮酒为乐也。亡，犹失也，言废时失事也。

⑧行，去声。

⑨言先王之法，今时之弊，二者惟在君所行耳。

⑩说，音悦。为，去声。乐，如字。徵，陟里反。招，与韶同。畜，敕六反。○戒，告命也。出舍，自责以省民也。兴发，发仓廪也。太师，乐官也。君臣，己与晏子也。乐有五声，三曰角为民，四曰徵为事。《招》，舜乐也。其诗，《徵招》、《角招》之诗也。尤，过也。言晏子能畜止其君之欲，宜为君之所尤，然其心则何过哉？孟子释之，以为臣能畜止其君之欲，乃是爱其君者也。○尹氏曰："君之与民，贵贱虽不同，

然其心未始有异也。孟子之言,可谓深切矣。齐王不能推而用之,惜哉!"

齐宣王问曰:"人皆谓我毁明堂。毁诸?已乎?"①孟子对曰:"夫明堂者,王者之堂也。王欲行王政,则勿毁之矣。"②王曰:"王政可得闻与?"对曰:"昔者文王之治岐也,耕者九一,仕者世禄,关市讥而不征,泽梁无禁,罪人不孥。老而无妻曰鳏,老而无夫曰寡,老而无子曰独,幼而无父曰孤。此四者,天下之穷民而无告者。文王发政施仁,必先斯四者。《诗》云:'哿矣富人,哀此茕独。'"③王曰:"善哉言乎!"曰:"王如善之,则何为不行?"王曰:"寡人有疾,寡人好货。"对曰:"昔者公刘好货。《诗》云:'乃积乃仓。乃裹糇粮,于橐于囊。思戢用光。弓矢斯张,干戈戚扬,爰方启行。'故居者有积仓,行者有裹粮也,然后可以爰方启行。王如好货,与百姓同之,于王何有?"④王曰:"寡人有疾,寡人好色。"对曰:"昔者大王好色,爱厥妃。《诗》云:'古公亶甫,来朝走马,率西水浒,至于岐下。爰及姜女,聿来胥宇。'当是时也,内无怨女,外无旷夫。王如好色,与百姓同之,于王何有?"⑤

朱子集注 ①赵氏曰:"明堂,太山明堂。周天子东巡守朝诸侯之处,汉时遗址尚在。人欲毁之者,盖以天子不复巡守,诸侯又不当居之也。王问当毁之乎?且止乎?"
②夫,音扶。〇明堂,王者所居以出政令之所也。能行王政,则亦可以王矣,何必毁哉?
③与,平声。孥,音奴。鳏,姑顽反。哿,工可反。茕,音琼。〇岐,周之旧国也。九一者,井田之制也。方一里为一井,

译文 齐宣王问道:"人们都向我进言折毁明堂,是拆毁它呢,还是不呢?"孟子答道:"明堂这种东西是称王天下者的殿堂,如果大王打算施行王政,那就不要拆毁它。"宣王说:"能把王政讲给我听听吗?"孟子答道:"过去文王治理岐,耕种者交纳十分之一的租税,任职者给予世代承袭的俸禄,关隘、市场只稽察而不征税,在湖泊中捕捞没有禁令,对犯罪者的处罚不连及妻儿。年老而没有妻子的叫做鳏,年老而没有丈夫的叫做寡,年老而没有子嗣的叫做独,年幼而没有父亲的叫做孤,这四种人是天下贫民中没有依靠的人。文王施行仁政,必定把这四种人放在首位,《诗》说:'富人还过得去啊,可怜无依靠的孤寡。'"宣王说:"说得好啊!"孟子说:"大王认为好,为什么不去实行?"宣王说:"我有缺点,我喜好钱财。"孟子答道:"过去公刘喜好钱财,《诗》说:'谷物积满仓,干粮装满囊,和睦团结争荣光;备好了弓箭,拿起了干戈,这才动身去前方。'因此,留在家里的人有积储的谷物,出征者有备好的干粮,这才率领众人出发。大王如果喜好钱财,能与百姓共同享有,称王天下还有什么困难呢?"宣

王说:"我有缺点,我喜好女色。"孟子答道:"过去太王喜好女色,宠爱他的妻子,《诗》说:'吾王古公亶父啊,清早率众骑快马。沿着邠西的河畔,来到岐山的脚下。带着妻子姜氏女,视察居处好安家。'在那时,内室没有怀怨无偶的女子,国中没有单身无妻的男子。大王如果喜好女色,能与百姓共同享有,称王天下还有什么困难呢?"

其田九百亩。中画井字,界为九区。一区之中,为田百亩。中百亩为公田,外八百亩为私田。八家各受私田百亩,而同养公田,是九分而税其一也。世禄者,先王之世,仕者之子孙皆教之,教之而成材则官之。如不足用,亦使之不失其禄。盖其先世尝有功德于民,故报之如此,忠厚之至也。关,谓道路之关。市,谓都邑之市。讥,察也。征,税也。关市之吏,察异服异言之人,而不征商贾之税也。泽,谓潴水。梁,谓鱼梁。与民同利,不设禁也。孥,妻子也。恶恶止其身,不及妻子也。先王养民之政:导其妻子,使之养其老而恤其幼。不幸而有鳏寡孤独之人,无父母妻子之养,则尤宜怜恤,故必以为先也。《诗》,《小雅·正月》之篇。哿,可也。茕,困悴貌。

④糇,音侯。橐,音托。戢,《诗》作辑,音集。○王自以为好货,故取民无制,而不能行此王政。公刘,后稷之曾孙也。《诗》,《大雅·公刘》之篇。积,露积也。糇,干粮也。无底曰橐,有底曰囊,皆所以盛糇粮也。戢,安集也。言思安集其民人,以光大其国家也。戚,斧也。扬,钺也。爰,于也。启行,言往迁于豳也。何有,言不难也。孟子言公刘之民富足如此,是公刘好货,而能推己之心以及民也。今王好货,亦能如此,则其于王天下也,何难之有?

⑤大,音泰。○王又言此者,好色则心志蛊惑,用度奢侈,而不能行王政也。大王,公刘九世孙。《诗》,《大雅·绵》之篇也。古公,大王之本号,后乃追尊为大王也。亶甫,大王名也。来朝走马,避狄人之难也。率,循也。浒,水厓也。岐下,岐山之下也。姜女,大王之妃也。胥,相也。宇,居也。旷,空也。无怨旷者,是大王好色,而能推己之心以及民也。○杨氏曰:"孟子与人君言,皆所以扩充其善心而格其非心,不止就事论事。若使为人臣者论事每如此,岂不能尧、舜其君乎?"愚谓此篇自首章至此,大意皆同。盖钟鼓、苑囿、游观之乐,与夫好勇、好货、好色之心,皆天理之所有,而人情之所不能无者。然天理人欲,同行异情。循理而公于天下者,圣贤之所以尽其性也;纵欲而私于一己者,众人之所以灭其天也。二者之间,不能以发,而其是非得失之

归,相去远矣。故孟子因时君之问,而剖析于几微之际,皆所以遏人欲而存天理。其法似疏而实密,其事似易而实难。学者以身体之,则有以识其非曲学阿世之言,而知所以克己复礼之端矣。

孟子谓齐宣王曰:"王之臣有托其妻子于其友,而之楚游者。比其反也,则冻馁其妻子,则如之何?"王曰:"弃之。"① 曰:"士师不能治士,则如之何?"王曰:"已之。"② 曰:"四境之内不治,则如之何?"王顾左右而言他。③

朱子集注 ①比,必二反。○托,寄也。比,及也。弃,绝也。

②士师,狱官也。其属有乡士、遂士之官,士师皆当治之。已,罢去也。

③治,去声。○孟子将问此而先设上二事以发之,及此而王不能答也。其惮于自责,耻于下问如此,不足与有为可知矣。○赵氏曰:"言君臣上下各勤其任,无堕其职,乃安其身。"

孟子见齐宣王,曰:"所谓故国者,非谓有乔木之谓也,有世臣之谓也。王无亲臣矣,昔者所进,今日不知其亡也。"① 王曰:"吾何以识其不才而舍之?"② 曰:"国君进贤,如不得已。将使卑逾尊,疏逾戚,可不慎与?③ 左右皆曰贤,未可也;诸大夫皆曰贤,未可也;国人皆曰贤,然后察之;见贤焉,然后用之。左右皆曰不可,勿听;诸大夫皆曰不可,勿听;国人皆曰不可,然后察之;见不可焉,然后去之。④ 左右皆曰可杀,勿听;诸大夫皆曰可杀,勿听;国人皆曰可杀,然后察之;见可杀焉,然后杀之。故曰,国人杀之也。⑤ 如此,然后可以

译文 孟子对齐宣王说:"大王的某个臣属把妻儿托付给友人而出游楚国,等他回来,妻儿却在挨冻受饿,那怎么办呢?"宣王说:"与此人绝交。"孟子说:"长官不能管理他的属下,那怎么办呢?"宣王说:"撤掉他。"孟子说:"整个国家不能治理好,那怎么办呢?"宣王左右张望而谈论别的事情。

译文 孟子进见齐宣王,说:"所谓古老的国家,并不是指它有年代久远的大树,而是有世代为官的臣僚的意思。大王没有亲信的臣仆了,过去所进用的人,现在弃君而去都不管了。"宣王说:"我怎样才能识别他们没有才干而不用他们呢?"孟子说:"国君进用贤能,如果迫不得已要使卑贱者超越尊贵者、疏远者超越亲近者,能不慎重吗?左右亲信都说贤能,不能认可;各位大夫都说贤能,不能认可;国人都说贤能,然后才考察他,若发

现他确实贤能才进用他。左右亲信都说不行，不要听信；各位大夫都说不行，不要听信；国人都说不行，然后才考察他，若发现他确实不行才罢免他。左右亲信都说该杀，不要听信；各位大夫都说该杀，不要听信；国人都说该杀，然后才考察他，若发现他确实该杀才处决他，所以说是国人处决的。这样，才能够做百姓的父母。"

【译义】齐宣王问道："成汤流放夏桀、武王讨伐殷纣，有这回事吗？"孟子答道："在典籍上有这样的记载。"宣王说："臣属谋害他的君主，可以吗？"孟子说："毁弃仁的人叫做贼，毁弃义的人叫做残，残贼之人叫做独夫。只听说过诛杀了独夫殷纣，没听说过谋害君主。"

为民父母。"⑥

 ①世臣，累世勋旧之臣，与国同休戚者也。亲臣，君所亲信之臣，与君同休戚者也。此言乔木、世臣，皆故国所宜有。然所以为故国者，则在此而不在彼也。昔日所进用之人，今日有亡去而不知者，则无亲臣矣。况世臣乎？

②舍，上声。○王意以为此亡去者，皆不才之人。我初不知而误用之，故今不以其去为意耳。因问何以先识其不才而舍之耶？

③与，平声。○如不得已，言谨之至也。盖尊尊亲亲，礼之常也。然或尊者亲者未必贤，则必进疏远之贤而用之。是使卑者逾尊，疏者逾戚，非礼之常，故不可不谨也。

④去，上声。○左右近臣，其言固未可信。诸大夫之言，宜可信矣，然犹恐其蔽于私也。至于国人，则其论公矣，然犹必察之者，盖人有同俗而为众所悦者，亦有特立而为俗所憎者。故必自察之，而亲见其贤否之实，然后从而用舍之，则于贤者知之深，任之重，而不才者不得以幸进矣。所谓进贤如不得已者如此。

⑤此言非独以此进退人才，至于用刑，亦以此道。盖所谓天命天讨，皆非人君之所得私也。

⑥传曰："民之所好好之，民之所恶恶之，此之谓民之父母。"

齐宣王问曰："汤放桀，武王伐纣，有诸？"孟子对曰："于传有之。"①曰："臣弑其君，可乎？"②曰："贼仁者谓之贼，贼义者谓之残，残贼之人谓之一夫。闻诛一夫纣矣，未闻弑君也。"③

 ①传，直恋反。○放，置也。《书》云："成汤放桀于南巢。"

②桀、纣，天子；汤、武，诸侯。

③贼，害也。残，伤也。害仁者，凶暴淫虐，灭绝天理，故谓之贼。害义者，颠倒错乱，伤败彝伦，故谓之残。一夫，言众叛亲离，不复以为君也。《书》曰："独夫纣。"盖四海归之，则为天子；天下叛之，则为独夫。所以深警齐王，垂戒后世也。○王勉曰："斯言也，惟在下者有汤、武之仁，而在上者有桀、纣之暴则可。不然，是未免于篡弑之罪也。"

孟子见齐宣王，曰："为巨室，则必使工师求大木。工师得大木，则王喜，以为能胜其任也。匠人斫而小之，则王怒，以为不胜其任矣。夫人幼而学之，壮而欲行之，王曰'姑舍女所学而从我'，则何如？①今有璞玉于此，虽万镒，必使玉人雕琢之。至于治国家，则曰'姑舍女所学而从我'，则何以异于教玉人雕琢玉哉？"②

朱子集注①胜，平声。夫，音扶。舍，上声。女，音汝，下同。○巨室，大官也。工师，匠人之长。匠人，众工人也。姑，且也。言贤人所学者大，而王欲小之也。
②镒，音溢。○璞，玉之在石中者。镒，二十两也。玉人，玉工也。不敢自治而付之能者，爱之甚也。治国家则徇私欲而不任贤，是爱国家不如爱玉也。○范氏曰："古之贤者，常患人君不能行其所学；而世之庸君，亦常患贤者不能从其所好。是以君臣相遇，自古以为难。孔、孟终身而不遇，盖以此耳。"

齐人伐燕，胜之。①宣王问曰："或谓寡人勿取，或谓寡人取之。以万乘之国伐万乘之国，五旬而举之，人力不至于此。不取，必有天殃。取之，何如？"②孟子对曰："取之而燕民悦，则取之。古之人有行之者，武王是也。取之而燕民不悦，

译文 孟子进见齐宣王，说："要建造大房屋，那一定要派工官去寻求大木料。工官得到了大木料大王就高兴，认为他能够履行自己的职责；工匠把它砍削小了大王就发怒，认为他不能履行自己的职责。士人们从小就学习，长大了打算实行，大王说'姑且舍弃你所学的而听从我'，那会怎么样呢？倘若有一块未经雕琢的玉石，即使价值万金也一定要派玉匠去雕琢它，而对于治理国家却说'姑且舍弃你所学的而听从我'，这与你去指教玉匠雕琢玉石有什么两样呢？"

译文 齐人讨伐燕国战胜了它，宣王问孟子："有人叫我不要占取它，有人叫我占取它。以拥有万乘兵车的国家去讨伐另一个拥有万乘兵车的国家，五十天就制服了它，人力无法取得这样的成就，若不占

取它必定会遭到天降的灾祸。我打算占取它，怎么样啊?"孟子答道:"若占取它而燕国民众高兴就占取它，古人有这样做过的，那就是周武王;占取它而燕国民众不高兴就不要占取它，古人有这样做过的，那就是周文王。以拥有万乘兵车的国家去讨伐另一个拥有万乘兵车的国家，百姓们用筐装着饭食、用壶盛着饮水来迎接大王的军队，难道还有别的目的吗? 是为了逃避水深火热的生活啊! 如果使他们更加水深火热，那他们也会转而去欢迎他人了。"

则勿取。古之人有行之者，文王是也。③以万乘之国伐万乘之国，箪食壶浆，以迎王师。岂有他哉? 避水火也。如水益深，如火益热，亦运而已矣。"④

朱子集注 ①按:《史记》，燕王哙让国于其相子之，而国大乱。齐因伐之。燕士卒不战，城门不闭，遂大胜燕。

②乘，去声。下同。○以伐燕为宣王事，与《史记》诸书不同，已见《序说》。

③商纣之世，文王三分天下有其二，以服事商。至武王十三年，乃伐纣而有天下。张子曰:"此事间不容发。一日之间，天命未绝，则是君臣。当日命绝，则为独夫。然命之绝否，何以知之? 人情而已。诸侯不期而会者八百，武王安得而止之哉?"

④箪，音丹。食，音嗣。○箪，竹器。食，饭也。运，转也。言齐若更为暴虐，则民将转而望救于他人矣。○赵氏曰:"征伐之道，当顺民心。民心悦，则天意得矣。"

译文 齐人讨伐燕国占取了它，诸侯们谋划着要救助燕国，齐宣王说:"许多诸侯谋划要讨伐我，怎样来对付他们呢?"孟子答道:"我听说有凭借方圆七十里的疆域而治理天下的人，那就是成汤，没听说拥有千里国土而畏惧他人的。《书》说'成汤的征讨从葛国开始'，普天之下都信任他，他东向征讨，西方的夷人便埋怨;南向征讨，北方的狄人便埋怨，都说:'为什么丢下我们啊!'民众对他的盼望犹如大旱时盼望云朵一样，所到之处，赶集的不停止买卖，种田的不改变耕作，诛杀了残暴的君主而抚慰那儿的民众，如同及时降下甘霖一样，民众非

齐人伐燕，取之。诸侯将谋救燕。宣王曰:"诸侯多谋伐寡人者，何以待之?"孟子对曰:"臣闻七十里为政于天下者，汤是也。未闻以千里畏人者也。①《书》曰:'汤一征，自葛始。'天下信之。'东面而征，西夷怨;南面而征，北狄怨。曰:奚为后我?'民望之，若大旱之望云霓也。归市者不止，耕者不变。诛其君而吊其民，若时雨降，民大悦。《书》曰:'徯我后，后来其苏。'②今燕虐其民，王往而征之，民以为将拯己于水火之中也，箪食壶浆，以迎王师。若杀其父兄，系累其子弟，毁其宗庙，迁其重器，如之何其可也? 天下固畏齐之彊也。今又倍地而不行仁政，是动天下之兵也。③王速出令，反其旄倪，止其重器，谋于燕众，置君而后去之，则犹可及止也。"④

朱子集注 ①千里畏人,指齐王也。

②霓,五稽反。徯,胡礼反。○两引《书》,皆《商书·仲虺之诰》文也。与今《书》文亦小异。一征,初征也。天下信之,信其志在救民,不为暴也。奚为后我,言汤何为不先来征我之国也。霓,虹也。云合则雨,虹见则止。变,动也。徯,待也。后,君也。苏,复生也。他国之民,皆以汤为我君,而待其来,使己得苏息也。此言汤之所以七十里而为政于天下也。

③累,力追反。○拯,救也。系累,絷缚也。重器,宝器也。畏,忌也。倍地,并燕而增一倍之地也。齐之取燕,若能如汤之征葛,则燕人悦之,而齐可为政于天下矣。今乃不行仁政而肆为残虐,则无以慰燕民之望而服诸侯之心,是以不免乎以千里而畏人也。

④旄与耄同。倪,五稽反。○反,还也。旄,老人也。倪,小儿也。谓所虏略之老小也。犹,尚也。及止,及其未发而止之也。○范氏曰:"孟子事齐、梁之君,论道德则必称尧、舜,论征伐则必称汤、武。盖治民不法尧、舜,则是为暴;行师不法汤、武,则是为乱。岂可谓吾君不能,而舍所学以徇之哉?"

译文 常喜悦,《书》说:'等待我们的君王,他来了,我们就得救了。'现在燕国虐害他们的民众,大王前去征讨,民众认为大王将把他们从水深火热中拯救出来,所以用筐装着饭食、用壶盛着饮水来迎接大王的军队。假如杀掉他们的父兄,拘禁他们的子弟,拆毁他们的宗庙,搬迁他们的礼器珍宝,这样做怎么可以呢?普天之下本来就畏惧齐国的强大,现在又扩展了疆域并且不施行仁政,这就招惹天下各国与齐国为敌。请大王赶快发出命令,放回他们的老人和小孩,归还他们的礼器珍宝,与燕国人士商议选立一位国君,然后从那儿撤离,这样还可以来得及制止战祸。"

邹与鲁阋。穆公问曰:"吾有司死者三十三人,而民莫之死也。诛之,则不可胜诛;不诛,则疾视其长上之死而不救,如之何则可也?"① 孟子对曰:"凶年饥岁,君之民老弱转乎沟壑,壮者散而之四方者,几千人矣;而君之仓廪实,府库充,有司莫以告,是上慢而残下也。曾子曰:'戒之戒之!出乎尔者,反乎尔者也。'夫民今而后得反之也。君无尤焉!② 君行仁政,斯民亲其上、死其长矣。"③

朱子集注 ①阋,胡弄反。胜,平声。长,上声,下同。○阋,斗声也。穆公,邹君也。不可胜诛,言人众不可尽诛

译文 邹国与鲁国发生冲突,邹穆公问孟子:"我们的官吏死了三十三个,而民众却没有为之献身的。若处罚他们,罚不了那么多人;若不处罚,又恨他们眼看着长官死难却不去救助,怎么样才好呢?"孟子答道:"灾荒歉收的年成,您的民众,年老体弱的在山沟荒野奄奄一息,年轻力壮的四散逃难,有近千人。然而,您的粮仓充溢、库房盈实,官吏却不把这一情况上报,这是在上者怠慢并残虐下民。曾子说:'切切警惕啊!你怎样对待他人,他人将照样回报你。'民众

四书章句集注

也。长上,谓有司也。民怨其上,故疾视其死而不救也。

②几,上声。夫,音扶。○转,饥饿辗转而死也。充,满也。上,谓君及有司也。尤,过也。

③君不仁而求富,是以有司知重敛而不知恤民。故君行仁政,则有司皆爱其民,而民亦爱之矣。○范氏曰:"《书》曰:'民惟邦本,本固邦宁。'有仓廪府库,所以为民也。丰年则敛之,凶年则散之,恤其饥寒,救其疾苦。是以民亲爱其上,有危难则赴救之,如子弟之卫父兄,手足之捍头目也。穆公不能反己,犹欲归罪于民,岂不误哉?"

译文 滕文公问孟子:"滕是个小国,处在齐、楚之间,是事奉齐国呢,还是事奉楚国呢?"孟子答道:"这件事不是我所能参预谋划的。一定要我说,那只有一条:挖好护城河,筑好城墙,和民众一起来守卫它,献出生命民众也不离开,这样就有希望了。"

滕文公问曰:"滕,小国也,间于齐、楚。事齐乎?事楚乎?"①孟子对曰:"是谋非吾所能及也。无已,则有一焉:凿斯池也,筑斯城也,与民守之,效死而民弗去,则是可为也。"②

①间,去声。○滕,国名。

②无已,见前篇。一,谓一说也。效,犹致也。国君死社稷,故致死以守国。至于民亦为之死守而不去,则非有以深得其心者不能也。○此章言有国者当守义而爱民,不可侥幸而苟免。

译文 滕文公问孟子:"齐人打算修筑薛城,我很担心,怎么办才好呢?"孟子答道:"过去太王住在邠地,狄人来侵犯,于是就离开那儿到岐山下定居。这不是经过选择采取的做法,是不得已,要是能施行善政,后世子孙必定有人能称王天下。君子创立基业留传给后代,正是为了能代代相继,至于说能否成功,那就是天意了。您拿齐人怎么办呢?只有努力施行善政而已。"

滕文公问曰:"齐人将筑薛,吾甚恐。如之何则可?"①孟子对曰:"昔者大王居邠,狄人侵之,去之岐山之下居焉。非择而取之,不得已也。②苟为善,后世子孙必有王者矣。君子创业垂统,为可继也。若夫成功,则天也。君如彼何哉?彊为善而已矣。"③

①薛,国名,近滕。齐取其地而城之,故文公以其逼己而恐也。

②邠与豳同。○邠,地名。言大王非以岐下为善,择取而居

之也。详见下章。

③夫,音扶。彊,上声。○创,造。统,绪也。言能为善,则如大王虽失其地,而其后世遂有天下,乃天理也。然君子造基业于前,而垂统绪于后,但能不失其正,令后世可继续而行耳。若夫成功,则岂可必乎?彼,齐也。君之力既无知之何,则但彊于为善,使其可继而俟命于天耳。○此章言人君但当竭力于其所当为,不可侥幸于其所难必。

四书
章句集注

　　滕文公问曰:"滕,小国也。竭力以事大国,则不得免焉。如之何则可?"孟子对曰:"昔者大王居邠,狄人侵之。事之以皮币,不得免焉;事之以犬马,不得免焉;事之以珠玉,不得免焉。乃属其耆老而告之曰:'狄人之所欲者,吾土地也。吾闻之也:君子不以其所以养人者害人。二三子何患乎无君?我将去之。'去邠,逾梁山,邑于岐山之下居焉。邠人曰:'仁人也,不可失也。'从之者如归市。①或曰:'世守也,非身之所能为也。效死勿去。'②君请择于斯二者。"③

朱子集注 ①属,音烛。○皮,谓虎、豹、麋、鹿之皮也。币,帛也。属,会集也。土地本生物以养人,今争地而杀人,是以其所以养人者害人也。邑,作邑也。归市,人众而争先也。

②又言:或谓土地乃先人所受而世守之者,非己所能专。但当致死守之,不可舍去。此国君死社稷之常法。传所谓"国灭,君死之,正也",正谓此也。

③能如大王则避之,不能则谨守常法。盖迁国以图存者,权也;守正而俟死者,义也。审己量力,择而处之可也。○杨氏曰:"孟子之于文公,始告之以效死而已,礼之正也。至其甚恐,则以大王之事告之,非得已也。然无大王之德而去,则民或不从,而遂至于亡,则又不若效死之为愈。故又

译文 滕文公问孟子:"滕是个小国,尽心竭力来事奉大国,仍不能免于灾祸,怎么办才好呢?"孟子答道:"过去太王住在邠地,狄人来侵犯,把毛皮丝绸奉献给他们不能免灾,把良犬名马奉献给他们不能免灾,把珠宝玉器奉献给他们不能免灾,于是就召集邠地的长老告诉他们说:'狄人想要的是我们的土地。我听说,君子不能为了对人有益的东西而使人受害。你们何必担心没有君主呢?我准备离开这儿。'于是离开邠地,翻越梁山,在岐山下筑城定居。邠人说:'这是仁人,不可失去他啊!'如同去赶集那样跟随着他。也有的人说:'这是世代相守的地方,不是自身所能作得了主的。'宁可丢掉性命也不肯离去。您可以在这两种做法中选择一种。"

第二九一页

请择于斯二者。"又曰:"孟子所论,自世俗观之,则可谓无谋矣。然理之可为者,不过如此。舍此则必为仪、秦之为矣。凡事求可,功求成。取必于智谋之末而不循天理之正者,非圣贤之道也。"

鲁平公将出,嬖人臧仓者请曰:"他日君出,则必命有司所之。今乘舆已驾矣,有司未知所之。敢请。"公曰:"将见孟子。"曰:"何哉?君所为轻身以先于匹夫者,以为贤乎?礼义由贤者出,而孟子之后丧逾前丧。君无见焉!"公曰:"诺"① 乐正子入见,曰:"君奚为不见孟轲也?"曰:"或告寡人曰:'孟子之后丧逾前丧',是以不往见也。"曰:"何哉,君所谓逾者?前以士,后以大夫;前以三鼎,而后以五鼎与?"曰:"否。谓棺椁衣衾之美也。"曰:"非所谓逾也,贫富不同也。"② 乐正子见孟子,曰:"克告于君,君为来见也。嬖人有臧仓者沮君,君是以不果来也。"曰:"行或使之,止或尼之。行止非人所能也。吾之不遇鲁侯,天也,臧氏之子焉能使予不遇哉?"③

朱子集注 ①乘,去声。○乘舆,君车也。驾,驾马也。孟子前丧父,后丧母。逾,过也,言其厚母薄父也。诺,应辞也。②入见之见,音现。与,平声。○乐正子,孟子弟子也,仕于鲁。三鼎,士祭礼。五鼎,大夫祭礼。③为,去声。沮,慈吕反。尼,女乙反。焉,於虔反。○克,乐正子名。沮、尼,皆止之之意也。言人之行,必有人使之者。其止,必有人尼之者。然其所以行所以止,则固有天命,而非此人所能使,亦非此人所能尼也。然则我之不遇,岂臧仓之所能为哉?○此章言圣贤之出处,关时运之盛衰,乃天命之所为,非人力之可及。

译文 鲁平公将要外出,受宠幸的小臣臧仓请示说:"平日您外出必定通知管事要去的地方,今天车马已经备好但管事还不知道要去的地方,特来请示。"平公说:"将要去见孟子。"臧仓说:"您不尊重自己的身份而先去拜访一个普通人,为了什么呢?是认为他是贤者吗?礼义是贤者的行为准则,而孟子办理母亲的丧事超过了他父亲的丧事,您别去见他吧!"平公说:"好吧。"乐正子进见平公,说:"您为什么不见孟子了?"平公说:"有人告诉我说孟子办理母亲的丧事超过了他父亲的丧事,所以我不去见他了。"乐正子说:"您所说的超过,是什么意思呢?是指用士礼来办父亲的丧事而用大夫礼来办母亲的丧事呢,还是指用三个鼎为父亲供设祭品而用五个鼎为母亲供设祭品呢?"平公说:"不,是指棺椁衣衾的精美。"乐正子说:"这不叫做超过,是因为前后贫富不同。"乐正子去见孟子,说:"我对鲁君说了,他将要来看您,有个受宠幸的小臣臧仓阻止了他,鲁君所以没能来。"孟子说:"要来是有某种东西在驱使,不来是有某种东西在阻止,来与不来都不是人力所能左右的。我不能和鲁君相见是天意,那个姓臧的怎么能使我们不相见呢?"

公孙丑章句上

凡九章。

公孙丑问曰:"夫子当路于齐,管仲、晏子之功,可复许乎?"① 孟子曰:"子诚齐人也,知管仲、晏子而已矣。② 或问乎曾西曰:'吾子与子路孰贤?'曾西蹴然曰:'吾先子之所畏也。'曰:'然则吾子与管仲孰贤?'曾西艴然不悦,曰:'尔何曾比予于管仲? 管仲得君,如彼其专也;行乎国政,如彼其久也;功烈,如彼其卑也。 尔何曾比予于是?'"③ 曰:"管仲,曾西之所不为也,而子为我愿之乎?"④ 曰:"管仲以其君霸,晏子以其君显。 管仲、晏子犹不足为与?"⑤ 曰:"以齐王,由反手也。"⑥ 曰:"若是,则弟子之惑滋甚。 且以文王之德,百年而后崩,犹未洽于天下;武王、周公继之,

译文 公孙丑问孟子:"老师如果在齐国当政,管仲、晏子的功业能复兴吗?"孟子说:"你真是个齐人,只知道管仲、晏子而已。 有人曾经问曾西说:'你和子路哪个有德行?'曾西不安地说:'子路是先祖父所敬畏的人。'那人说:'那么你和管仲哪个有德行?'曾西的脸色马上不高兴起来,说:'你怎么竟把我和管仲相比? 管仲得到国君的信赖是那样的专一,主持政务是那样的长久,而取得的功绩却是那样的卑微,你怎么竟把我和这样的人相比?'"接着,孟子说:"管仲是曾西不愿效法的对象,你认为我会愿意吗?"公孙

丑说:"管仲辅佐他的国君称霸,晏子辅佐他的国君显扬,管仲和晏子还不足以效法吗?"孟子说:"以齐国来称王天下,易如反掌。"公孙丑说:"要是这样,弟子就更加不明白了。像文王那样的德行,活了一百岁才去世,尚且未能把德政推行于天下,武王、周公继承了他的事业才大大地推行了王道。现在您说称王天下是那样的容易,那么周文王也不足以效法了吗?"孟子说:"我怎么能和周文王相比呢?从殷汤直到武丁,出了六七个贤明的君主,天下归服殷商已经很久了,时间一久就难以变动。武丁使诸侯来朝,治理天下犹如把它放在手掌中玩弄一样。殷纣与武丁相隔不久,那些旧家族、老传统、好风气以及仁德的政措还有存留的,又有微子、微仲、王子比干、箕子、胶鬲等贤良君子来共同辅佐,所以延续了很久才丧失了统治。那时,没有一尺土地不是商王所有的,没有一个民众不是商王的臣仆,然而周文王还能凭借着方圆百里的国土兴起,所以很艰难。齐人有句俗话:'有智谋不如乘时机,有锄头不如等农时。'现在的时机容易称王天下,夏、商、周那样的兴盛,国土没有超过千里的,而齐国就有这样广阔的疆域;鸡鸣狗叫的声音能相互听见,从国都一直抵达四方的边境,而齐国就有这样众多的民众。国土不要再开辟了,民众不要再增加了,以实行仁政来称王天下,没有谁能阻挡。况且贤明的君主不出现,从来没有像现在那样相隔久远的;民众被暴政所摧残,从来没有像

然后大行。今言王若易然,则文王不足法与?"⑦曰:"文王何可当也?由汤至于武丁,贤圣之君六七作,天下归殷久矣,久则难变也。武丁朝诸侯、有天下,犹运之掌也。纣之去武丁未久也,其故家遗俗,流风善政,犹有存者;又有微子、微仲、王子比干、箕子、胶鬲,皆贤人也,相与辅相之,故久而后失之也。尺地莫非其有也,一民莫非其臣也,然而文王犹方百里起,是以难也。⑧齐人有言曰:'虽有智慧,不如乘势;虽有镃基,不如待时。'今时则易然也。⑨夏后、殷、周之盛,地未有过千里者也,而齐有其地矣;鸡鸣狗吠相闻,而达乎四境,而齐有其民矣。地不改辟矣,民不改聚矣,行仁政而王,莫之能御也。⑩且王者之不作,未有疏于此时者也;民之憔悴于虐政,未有甚于此时者也。饥者易为食,渴者易为饮。⑪孔子曰:'德之流行,速于置邮而传命。'⑫当今之时,万乘之国行仁政,民之悦之,犹解倒悬也。故事半古之人,功必倍之,惟此时为然。"⑬

朱子集注 ①复,扶又反。○公孙丑,孟子弟子,齐人也。当路,居要地也。管仲,齐大夫,名夷吾,相威公,霸诸侯。许,犹期也。孟子未尝得政,丑盖设辞以问也。

②齐人但知其国有二子而已,不复知有圣贤之事。

③蹙,子六反。艴,音拂,又音勃。曾,并音增。○孟子引曾西与或人问答如此。曾西,曾子之孙。蹙,不安貌。先子,曾子也。艴,怒色也。曾之言则也。烈,犹光也。威公独任管仲四十余年,是专且久也。管仲不知王道而行霸术,故言功烈之卑也。○杨氏曰:"孔子言子路之才,曰:'千乘之国,可使治其赋也。'使其见于施为,如是而已。其于九合诸侯,一正天下,固有所不逮也。然则曾西推尊子路如此,而羞比管仲者何哉?譬之御者,子路则范我驰驱而不获者

也;管仲之功,诡遇而获禽耳。曾西,仲尼之徒也,故不道管仲之事。"

④子为之为,去声。○曰,孟子言也。愿,望也。

⑤与,平声。○显,显名也。

⑥王,去声。由、犹通。○反手,言易也。

⑦易,去声,下同。与,平声。○滋,益也。文王九十七而崩,言百年,举成数也。文王三分天下才有其二;武王克商,乃有天下;周公相成王,制礼作乐,然后教化大行。

⑧朝,音潮。禺,音隔,又音历。辅相之相,去声。犹方之犹,与由通。○当,犹敌也。商自成汤至于武丁,中间太甲、太戊、祖乙、盘庚皆贤圣之君。作,起也。自武丁至纣凡九世。故家,旧臣之家也。

⑨镃,音兹。○镃基,田器也。时,谓耕种之时。

⑩辟与闢同。○此言其势之易也。三代盛时,王畿不过千里,今齐已有之,异于文王之百里。又鸡犬之声相闻,自国都以至于四境,言民居稠密也。

⑪此言其时之易也。自文、武至此七百余年,异于商之贤圣继作;民苦虐政之甚,异于纣之犹有善政。易为饮食,言饥渴之甚,不待甘美也。

⑫邮,音尤。○置,驿也。邮,驲也。所以传命也。孟子引孔子之言如此。

⑬乘,去声。○倒悬,喻困苦也。所施之事,半于古人,而功倍于古人,由时势易而德行速也。

公孙丑问曰:"夫子加齐之卿相,得行道焉,虽由此霸王,不异矣。如此,则动心否乎?"孟子曰:"否。我四十不动心。"① 曰:"若是,则夫子过孟贲远矣。"曰:"是不难。告子先我不动心。"② 曰:"不动心有道乎?"曰:"有。"③ 北宫黝之养勇也,不肤挠,不目逃,思以一毫挫于人,若挞之于市朝。不受于褐宽博,亦不受于万乘之君。视刺

现在那样厉害的。饥饿的人容易吃得香甜,干渴的人容易喝得甘美。孔子说:'德政的流行,比驿站传达政令还要迅速。'现在这个时候,拥有万乘兵车的国家施行仁政,民众感到喜悦犹如倒挂着被解救下来一样,所以化上古人一半的力气必定能得到双倍的功效,只有在现今这个时候才能如此。"

译文 公孙丑问孟子:"夫子如果担任齐国的卿和国相,能实行自己的主张,即使因此而称王称霸都不足为怪。要是这样,是否会动心呢?"孟子说:"不!我到了四十岁就不动心了。"公孙丑说:"要是这样,夫子比孟贲强多了。"孟子说:"这个不难,告子能不动心比我还早。"公孙丑说:"不动

心有什么办法吗?"孟子说:"有。北宫黝培养勇气,肌肤被刺而不退缩,眼睛被刺而不逃避,即使有一根毫毛被他人伤害也觉得犹如在大庭广众之下遭到鞭打一样;他既不受挫于卑贱的匹夫,也不受挫于大国的君主,把刺杀大国的君主看作如同刺杀卑贱的匹夫一般;他不畏惧诸侯,受到辱骂必定回骂。孟施舍培养勇气,据他自己所说:'把无法战胜的对象看作能战胜一样。如果先估量敌方然后才前进、思虑胜败然后才交锋,必定会畏惧众多的敌军,我怎么能够一定战胜呢?不过是无所畏惧而已。'孟施舍像曾子,北宫黝像子夏。这两个人的勇气,不知哪个更好些,但孟施舍的做法较为简要。从前曾子对子襄说:'你崇尚勇吗?我曾经听夫子说过大勇:反躬自问觉得没有道理,即使是卑贱的匹夫我也不去凌辱;反躬自问觉得有道理,即使是千军万马我也不退缩。'孟施舍保持勇气,又不如曾子那样简要。"公孙丑说:"请问夫子的不动心和告子的不动心,能让我知道吗?"孟子说:"告子说:'言语不能表达的不要求之于心,心上不能虑及的不要求之于气。'心上不能虑及的不要求之于气,是对的;言语不能表达的不要求之于心,就不对了。志是气的主导,气则充盈于体内。志达到了什么境界,气也会到达那种程度,所以说,要坚定自己的志,不要滥用自己的气。"公孙丑说:"既然说'志达到了什么境界,气也会到达那种程度',又说'要坚定自己的志,不要滥用自己

万乘之君,若刺褐夫。无严诸侯。恶声至,必反之。④孟施舍之所养勇也,曰:'视不胜犹胜也。量敌而后进,虑胜而后会,是畏三军者也。舍岂能为必胜哉?能无惧而已矣。'⑤孟施舍似曾子,北宫黝似子夏。夫二子之勇,未知其孰贤,然而孟施舍守约也。⑥昔者曾子谓子襄曰:'子好勇乎?吾尝闻大勇于夫子矣:自反而不缩,虽褐宽博,吾不惴焉;自反而缩,虽千万人,吾往矣。'⑦孟施舍之守气,又不如曾子之守约也。"⑧曰:"敢问夫子之不动心,与告子之不动心,可得闻与?""告子曰:'不得于言,勿求于心;不得于心,勿求于气。'不得于心,勿求于气可;不得于言,勿求于心不可。夫志,气之帅也;气,体之充也。夫志至焉,气次焉。故曰:'持其志,无暴其气。'"⑨"既曰'志至焉,气次焉',又曰'持其志,无暴其气'者,何也?"曰:"志壹则动气,气壹则动志也。今夫蹶者趋者,是气也,而反动其心。"⑩"敢问夫子恶乎长?"曰:"我知言,我善养吾浩然之气。"⑪"敢问何谓浩然之气?"曰:"难言也。⑫其为气也,至大至刚,以直养而无害,则塞于天地之间。⑬其为气也,配义与道;无是,馁也。⑭是集义所生者,非义袭而取之也。行有不慊于心,则馁矣。我故曰,告子未尝知义,以其外之也。⑮必有事焉而勿正,心勿忘,勿助长也。无若宋人然。宋人有闵其苗之不长而揠之者,芒芒然归。谓其人曰:'今日病矣,予助苗长矣。'其子趋而往视之,苗则槁矣。天下之不助苗长者寡矣。以为无益而舍之者,不耘苗者也;助之长者,揠苗者也。非徒无益,而又害之。"⑯"何谓知言?"曰:"诐辞知其所蔽,淫辞知其所陷,邪辞知其所离,遁辞知其所穷。生于其

心,害于其政;发于其政,害于其事。圣人复起,必从吾言矣。"⑰"宰我、子贡善为说辞,冉牛、闵子、颜渊善言德行。孔子兼之,曰:'我于辞命,则不能也。'然则夫子既圣矣乎?"⑱曰:"恶!是何言也?昔者子贡问于孔子曰:'夫子圣矣乎?'孔子曰:'圣则吾不能,我学不厌而教不倦也。'子贡曰:'学不厌,智也;教不倦,仁也。仁且智,夫子既圣矣!'夫圣,孔子不居,是何言也?"⑲"昔者窃闻之:子夏、子游、子张皆有圣人之一体,冉牛、闵子、颜渊则具体而微。敢问所安?"⑳曰:"姑舍是。"㉑曰:"伯夷、伊尹何如?"曰:"不同道。非其君不事,非其民不使,治则进,乱则退,伯夷也。何事非君,何使非民,治亦进,乱亦进,伊尹也。可以仕则仕,可以止则止,可以久则久,可以速则速,孔子也。皆古圣人也。吾未能有行焉,乃所愿,则学孔子也。"㉒"伯夷、伊尹于孔子,若是班乎?"曰:"否。自有生民以来,未有孔子也。"㉓曰:"然则有同与?"曰:"有。得百里之地而君之,皆能以朝诸侯、有天下。行一不义、杀一不辜而得天下,皆不为也。是则同。"㉔曰:"敢问其所以异?"曰:"宰我、子贡、有若,智足以知圣人。污,不至阿其所好。㉕宰我曰:'以予观于夫子,贤于尧、舜远矣。'㉖子贡曰:'见其礼而知其政,闻其乐而知其德。由百世之后,等百世之王,莫之能违也。自生民以来,未有夫子也。'㉗有若曰:'岂惟民哉?麒麟之于走兽,凤凰之于飞鸟,太山之于丘垤,河海之于行潦,类也。圣人之于民,亦类也。出于其类,拔乎其萃,自生民以来,未有盛于孔子也。'"㉘

的气',这是为什么呢?"孟子说:"志专一了就会鼓动气,气专一了就会鼓动志。现在那些倒行逆施、趋炎附势的人,正是因为气而反过来动了他们的心。"公孙丑说:"请问夫子擅长于什么呢?"孟子说:"我了解言辞,我善于培养自己的浩然之气。"公孙丑说:"请问什么叫做浩然之气呢?"孟子说:"这比较难说。它作为气,最广大、最刚强,用正直来培养它而不加损害,就会充盈于天地之间。它作为气,与义和道相匹配,没有它们,它就没有力量了。它是义在内心积累起来所产生的,不是义由外入内而取得的,如果行为使内心感到愧疚,它就没有力量了。我之所以说告子未曾了解义,就是因为他把义看作外在的东西。去做一件事情必须不要中止,心中不要忘记这件事,不要用外力帮助它成长,不要像宋人那样。有个宋国人担心禾苗不长而去拔高它,弄得很疲倦地回到家里,告诉家人说:'今天累坏了,我帮助禾苗生长了。'他的儿子跑去一看,禾苗都枯萎了。普天之下不帮助禾苗生长的人是很少的,认为帮助没有益处而放弃不干的,就是那不锄草的;用外力帮助它生长的,就是那拔高禾苗的人。这样做不仅没有益处,反而会伤害它。"公孙丑说:"什么叫了解言辞呢?"孟子说:"偏颇的言辞,我知道它片面的地方;浮夸的言辞,我知道它失实的地方;邪异的言辞,我知道它偏离正道的地方;搪塞的言辞,我知道它理屈词穷的地方。上述四种言辞,萌生于内心,会贻害于施政;萌生于施政,会贻害于行事。今后再有圣人出现,也一定会同意我的见解。"公孙丑说:"宰我、子贡善于讲说谈论,冉牛、闵子、颜渊善于阐述德行,孔子兼而有之,说:'我对于辞令就不擅长了。'如此说来,夫子已经称得上圣了吧?"孟子说:"呀!这是什么话?过去子贡问孔子说:'老师称得上圣了吧!'孔子说:'圣,我还不敢当,我只是学习不感到满足、教诲不感到疲倦罢了。'子贡说:'学习不感到满足,是智;教诲不感到疲倦,是仁。有仁有智,夫子已经称得上圣了。'圣这样的称号,连孔子都不敢自居,你这是什么话!"公孙丑说:"过去我曾听说,子夏、子游、子张都具有圣人的某一个方面,冉牛、闵子、颜渊则具备了圣人的全体而规模较小,请问夫子自居于哪一种呢?"孟子说:"暂且不谈这个。"公孙丑说:"伯夷、伊尹怎么样呢?"孟子说:"他们是不同主张的人。不够格的君主不事奉,不够格的民众不使唤,世道太平就做官,世道昏乱就退隐,这是伯夷;任何君主都可以事奉,任何民众都可以使唤,世道太平也做官,世道昏乱也做官,这是伊尹;能做官就做官,能退隐就退隐,能长久就长久,能短暂就短暂,这是孔子。他们

朱子集注

① 相,去声。○此承上章,又设问孟子,若得位而行道,则虽由此而成霸王之业,亦不足怪。任大责重如此,亦有所恐惧疑惑而动其心乎?四十强仕,君子道明德立之时。孔子四十而不惑,亦不动心之谓。

② 贲,音奔。○孟贲,勇士。告子,名不害。孟贲血气之勇,丑盖借之以赞孟子"不动心"之难。孟子言告子未为知道,乃能先我不动心,则此亦未足为难也。

③ 程子曰:"心有主,则能不动矣。"

④ 黝,伊纠反。挠,奴效反。朝,音潮。乘,去声。○北宫,姓;黝,名。肤挠,肌肤被刺而挠屈也。目逃,目被刺而转睛逃避也。挫,犹辱也。褐,毛布。宽博,宽大之衣,贱者之服也。不受者,不受其挫也。刺,杀也。严,畏惮也。言无可畏惮之诸侯也。黝盖刺客之流,以必胜为主,而不动心者也。

⑤ 舍,去声,下同。○孟,姓。施,发语声。舍,名也。会,合战也。舍自言其战虽不胜,亦无所惧。若量敌虑胜而后战,则是无勇而畏三军矣。舍盖力战之士,以无惧为主,而不动心者也。

⑥ 夫,音扶。○黝务敌人,舍专守己。子夏笃信圣人,曾子反求诸己。故二子之与曾子、子夏虽非等伦,然论其气象,则各有所似。贤,犹胜也。约,要也。言论二子之勇,则未知谁胜;论其所守,则舍比于黝为得其要也。

⑦ 好,去声。惴,之瑞反。○此言曾子之勇也。子襄,曾子弟子也。夫子,孔子也。缩,直也。《檀弓》曰:"古者冠缩缝,今也衡缝。"又曰:"棺束缩二衡三。"惴,恐惧之也。往,往而敌之也。

⑧ 言孟施舍虽似曾子,然其所守乃一身之气,又不如曾子之反身循理,所守尤得其要也。孟子之不动心,其原盖出于此,下文详之。

⑨ 闻与之与,平声。夫志之夫,音扶。○此一节,公孙丑之问,孟子诵告子之言,又断以己意而告之也。告子谓:于言有所不达,则当舍置其言,而不必反求其理于心;于心有所不安,则当力制其心,而不必更求其助于气。此所以固守其

心而不动之速也。孟子既诵其言而断之曰,彼谓不得于心而勿求诸气者,急于本而缓其末,犹之可也;谓不得于言而不求诸心,则既失于外而遂遗其内,其不可也必矣。然凡曰可者,亦仅可而有所未尽之词耳。若论其极,则志固心之所之,而为气之将帅;然气亦人之所以充满于身,而为志之卒徒者也。故志固为至极,而气即次之。人固当敬守其志,然亦不可不致养其气。盖其内外本末,交相培养。此则孟子之心所以未尝必其不动,而自然不动之大略也。

⑩夫,音扶。○公孙丑见孟子言志至而气次,故问:如此,则专持其志可矣,又言无暴其气,何也?壹,专一也。蹶,颠蹶也。趋,走也。孟子言志之所向专一,则气固从之;然气之所在专一,则志亦反为之动。如人颠蹶趋走,则气专在是而反动其心焉。所以既持其志,而又必无暴其气也。○程子曰:"志动气者什九,气动志者什一。"

⑪恶,平声。○公孙丑复问孟子之不动心所以异于告子如此者,有何所长而能然,而孟子又详告之以其故也。知言者,尽心知性,于凡天下之言,无不有以究极其理,而识其是非得失之所以然也。浩然,盛大流行之貌。气,即所谓体之充者。本自浩然,失养故馁,惟孟子为善养之以复其初也。盖惟知言,则有以明夫道义,而于天下之事无所疑;养气,则有以配夫道义,而于天下之事无所惧,此其所以当大任而不动心也。告子之学,与此正相反。其不动心,殆亦冥然无觉,悍然不顾而已尔。

⑫孟子先言知言,而丑先问气者,承上文方论志气而言也。难言者,盖其心所独得,而无形声之验,有未易以言语形容者。故程子曰:"观此一言,则孟子之实有是气可知矣。"

⑬至大,初无限量。至刚,不可屈挠。盖天地之正气,而人得以生者,其体段本如是也。惟其自反而缩,则得其所养,而又无所作为以害之,则其本体不亏而充塞无间矣。○程子曰:"天人一也,更不分别。浩然之气,乃吾气也。养而无害,则塞乎天地。一为私意所蔽,则歉然而馁,知其小也。"○谢氏曰:"浩然之气,须于心得其正时识取。"又曰:"浩然,是无亏欠时。"

都是过去的圣人,我没有能力像他们那样去做,至于内心的愿望则是学习孔子。"公孙丑说:"伯夷、伊尹能与孔子相提并论吗?"孟子说:"不!自有民人以来从未有过孔子那样的人。"公孙丑说:"那么,他们有共同之处吗?"孟子说:"有的。如果他们能得到方圆百里的疆土成为君主,都能使诸侯来朝见,拥有天下;如果做一件不义的事、杀一个无辜的人来得到天下,他们都不会干的,这是他们的共同之处。"公孙丑说:"请问他们之所以不同的地方是什么呢?"孟子说:"宰我、子贡、有若的智慧都足以了解圣人,他们虽然地位低下,却不至于阿谀他们所喜好的人。宰我说:'据我看来,夫子比尧、舜强多了。'子贡说:'见到所行的礼仪就明了它的政事,听到所奏的音乐就明了它的德行,即使从百世之后来评价这百世之中的君王,也没有一个能违背夫子的主张。自有民人以来从未有过夫子那样的人。'有若说:'难道仅仅是民人如此吗?麒麟相对于走兽、凤凰相对于飞禽、泰山相对于土丘、河海相对于水塘,都是同类;圣人相对于民众,也是同类。高出自己的同类,超越自己的群体,自有民人以来从未有过比孔子更伟大的人了。'"

⑭馁，奴罪反。○配者，合而有助之意。义者，人心之裁制。道者，天理之自然。馁，饥乏而气不充体也。言人能养成此气，则其气合乎道义而为之助，使其行之勇决，无所疑惮。若无此气，则其一时所为虽未必不出于道义，然其体有所不充，则亦不免于疑惧，而不足以有为矣。

⑮慊，口簟反，又口劫反。○集义，犹言积善，盖欲事事皆合于义也。袭，掩取也，如齐侯袭莒之袭。言气虽可以配乎道义，而其养之之始，乃由事皆合义，自反常直，是以无所愧怍，而此气自然发生于中，非由只行一事偶合于义，便可掩袭于外而得之也。慊，快也，足也。言所行一有不合于义，而自反不直，则不足于心，而其体有所不充矣。然则义岂在外哉？告子不知此理，乃曰仁内义外，而不复以义为事，则必不能集义以生浩然之气矣。上文不得于言，勿求于心，即外义之意，详见《告子上篇》。

⑯长，上声。揠，乌八反。舍，上声。○必有事焉而勿正，赵氏、程子以七字为句。近世或并下文"心"字读之者，亦通。必有事焉，有所事也，如有事于颛臾之有事。正，预期也。《春秋传》曰"战不正胜"是也。如作正心，义亦同。此与《大学》之所谓正心者语意自不同也。此言养气者，必以集义为事，而勿预期其效。其或未充，则但当勿忘其所有事，而不可作为以助其长，乃集义养气之节度也。闵，忧也。揠，拔也。芒芒，无知之貌。其人，家人也。病，疲倦也。舍之不耘者，忘其所有事。揠而助之长者，正之不得而妄有作为者也。然不耘则失养而已，揠则反以害之。无是二者，则气得其养而无所害矣。如告子不能集义，而欲强制其心，则必不能免于正助之病。其于所谓浩然者，盖不惟不善养，而又反害之矣。

⑰诐，彼寄反。复，扶又反。○此公孙丑复问而孟子答之也。诐，偏陂也。淫，放荡也。邪，邪僻也。遁，逃避也。四者相因，言之病也。蔽，遮隔也。陷，沉溺也。离，叛去也。穷，困屈也。四者亦相因，则心之失也。人之有言，皆本于心。其心明乎正理而无蔽，然后其言平正通达而无病；苟为不然，则必有是四者之病矣。即其言之病，而知其心之失，

又知其害于政事之决然而不可易者如此。非心通于道,而无疑于天下之理,其孰能之? 彼告子者,不得于言而不肯求之于心,至为义外之说,则自不免于四者之病,其何以知天下之言而无所疑哉? ○程子曰:"心通乎道,然后能辨是非,如持权衡以较轻重,孟子所谓知言是也。"又曰:"孟子知言,正如人在堂上,方能辨堂下人曲直。若犹未免杂于堂下众人之中,则不能辨决矣。"

⑱行,去声。○此一节,林氏以为皆公孙丑之问是也。说辞,言语也。德行,得于心而见于行事者也。三子善言德行者,身有之,故言之亲切而有味也。公孙丑言数子各有所长,而孔子兼之,然犹自谓不能于辞命。今孟子乃自谓我能知言,又善养气,则是兼言语、德行而有之,然则岂不既圣矣乎? 此夫子,指孟子也。○程子曰:"孔子自谓不能于辞命者,欲使学者务本而已。"

⑲恶,平声。夫圣之夫,音扶。○恶,惊叹辞也。昔者以下,孟子不敢当丑之言,而引孔子、子贡问答之辞以告之也。此夫子,指孔子也。学不厌者,智之所以自明;教不倦者,仁之所以及物。再言是何言也,以深拒之。

⑳此一节,林氏亦以为皆公孙丑之问,是也。一体,犹一肢也。具体而微,谓有其全体但未广大耳。安,处也。公孙丑复问孟子,既不敢比孔子,则于此数子欲何所处也?

㉑舍,上声。○孟子言且置是者,不欲以数子所至者自处也。

㉒治,去声。○伯夷,孤竹君之长子。兄弟逊国,避纣隐居,闻文王之德而归之。及武王伐纣,去而饿死。伊尹,有莘之处士。汤聘而用之,使之就桀。桀不能用,复归于汤。如是者五,乃相汤而伐桀也。三圣人事,详见此篇之末及《万章下篇》。

㉓班,齐等之貌。公孙丑问,而孟子答之以不同也。

㉔与,平声。朝,音潮。○有,言有同也。以百里而王天下,德之盛也。行一不义、杀一不辜而得天下,有所不为,心之正也。圣人之所以为圣人,其本根节目之大者,惟在于此。于此不同,则亦不足以为圣人矣。

㉕污，音蛙。好，去声。○污，下也。三子智足以知夫子之道。假使污下，必不阿私所好而空誉之，明其言之可信也。

㉖程子曰："语圣则不异，事功则有异。夫子贤于尧、舜，语事功也。盖尧、舜治天下，夫子又推其道以垂教万世。尧、舜之道，非得孔子，则后世亦何所据哉？"

㉗言大凡见人之礼，则可以知其政；闻人之乐，则可以知其德。是以我从百世之后，差等百世之王，无有能遁其情者，而见其皆莫若夫子之盛也。

㉘垤，大结反。潦，音老。○麒麟，毛虫之长。凤凰，羽虫之长。垤，蚁封也。行潦，道上无源之水也。出，高出也。拔，特起也。萃，聚也。言自古圣人，固皆异于众人，然未有如孔子之尤盛者也。○程子曰："《孟子》此章，扩前圣所未发，学者所宜潜心而玩索也。"

译文 孟子说："倚仗实力假借仁政者能够称霸，称霸必须要有大的国家；依靠道德施行仁政者能够称王天下，称王天下不一定要大国，商汤凭借的国土方圆七十里、周文王凭借的国土方圆百里。倚仗实力来使他人服从，他人并不是内心服从，而是实力不够；依靠道德来使他人服从，他人才心悦诚服，如同孔门七十二弟子服从孔子那样。《诗》说：'从西从东，从南从北，无不服从。'就是指这种情况。"

孟子曰："以力假仁者霸，霸必有大国。以德行仁者王，王不待大。汤以七十里，文王以百里。①以力服人者，非心服也，力不赡也；以德服人者，中心悦而诚服也，如七十子之服孔子也。《诗》云：'自西自东，自南自北，无思不服。'此之谓也。"②

朱子集注 ①力，谓土地甲兵之力。假仁者，本无是心，而借其事以为功者也。霸，若齐威、晋文是也。以德行仁，则自吾之得于心者推之，无适而非仁也。

②赡，足也。《诗》，《大雅·文王有声》之篇。王霸之心，诚伪不同，故人所以应之者，其不同亦如此。○邹氏曰："以力服人者，有意于服人，而人不敢不服；以德服人者，无意于服人，而人不能不服。从古以来，论王霸者多矣，未有若此章之深切而著明也。"

译文 孟子说："仁就会得到

孟子曰："仁则荣，不仁则辱。今恶辱而居不仁,是犹恶湿而居下也。^①如恶之,莫如贵德而尊士,贤者在位,能者在职。国家闲暇,及是时明其政刑。虽大国,必畏之矣。^②《诗》云:'迨天之未阴雨,彻彼桑土,绸缪牖户。今此下民,或敢侮予?'孔子曰:'为此诗者,其知道乎!能治其国家,谁敢侮之?'^③今国家闲暇,及是时般乐怠敖,是自求祸也。^④祸福无不自己求之者^⑤。《诗》云:'永言配命,自求多福。'《太甲》曰:'天作孽,犹可违;自作孽,不可活。'此之谓也。"^⑥

朱子集注 ①恶,去声,下同。○好荣恶辱,人之常情。然徒恶之而不去其得之之道,不能免也。

②闲,音闲。○此因其恶辱之情,而进之以强仁之事也。贵德,犹尚德也。士,则指其人而言之。贤,有德者,使之在位,则足以正君而善俗。能,有才者,使之在职,则足以修政而立事。国家闲暇,可以有为之时也。详味"及"字,则惟日不足之意可见矣。

③彻,直列反。土,音杜。绸,音稠。缪,武彪反。○《诗》,《豳风·鸱鸮》之篇,周公之所作也。迨,及也。彻,取也。桑土,桑根之皮也。绸缪,缠绵补葺也。牖户,巢之通气出入处也。予,鸟自谓也。言我之备患详密如此,今此在下之人,或敢有侮予者乎?周公以鸟之为巢如此,比君之为国,亦当思患而预防之。孔子读而赞之,以为知道也。

④般,音盘。乐,音洛。敖,音傲。○言其纵欲偷安,亦惟日不足也。

⑤结上文之意。

⑥孽,鱼列反。○《诗》,《大雅·文王》之篇。永,长也。言,犹念也。配,合也。命,天命也。此言福之自己求者。《太甲》,《商书》篇名。孽,祸也。违,避也。活,生也,《书》作逭。逭,犹缓也。此言祸之自己求者。

荣耀,不仁就会遭受责辱。现今人们虽然厌恶责辱却又自处于不仁,这好比是厌恶潮湿而自处于低下的地方。如果真的厌恶责辱,不如敬奉德行而尊重士人,使贤德的人治理国家,让能干的人担任官职,国家就没有内忧外患了,再趁着这样的时机条理政策法规,即使是大国也必定会对此感到畏惧。《诗》说:'趁着天还没有阴雨,把桑树根上的皮儿剥取,修整好门儿窗户。现今这些下面的人啊,谁还敢把我欺侮。'孔子说:'写作这首诗的人真是懂得道理啊!能够治理自己的国家,谁还敢欺侮他们呢?'现今国家没有内忧外患,在这时享乐怠惰,等于是自招灾祸。灾祸或幸福无不是自己招来的,《诗》说:'行事一直与天命相符,自己寻求更多的幸福。'《太甲》说:'上天降灾还可躲开,自己作孽无法逃避。'就是指这种情况。"

译文 孟子说:"尊崇贤达、任用能人,让杰出的人来治理国家,那么天下的士人都会高兴,愿意在这样的朝廷里任职;市场上的货栈不收税,滞销的货物依法予以征购,那么天下的商人都会高兴,愿意在这样的市场做买卖;关卡只进行稽查而不征收税金,那么天下的行旅都会高兴,愿意在这样的道路上行走;耕种者只须助耕公田而不必交纳租税,那么天下的农夫都会高兴,愿意在这样的田地上耕种;居民不必交纳苛捐和服徭役,那么天下的民众都会高兴,愿意迁到这样的地方来居住。如果谁真的能实行这五项,那么邻国的民众就会像父母那么尊重他,要人们带领子女去攻击他们的父母,这种事情自有民人以来还没有成功过。要是这样就能无敌于天下,无敌于天下的人就是'天吏',如此而不能称王天下的还从未有过。"

孟子曰:"尊贤使能,俊杰在位,则天下之士皆悦而愿立于其朝矣①。市廛而不征,法而不廛,则天下之商皆悦而愿藏于其市矣②。关讥而不征,则天下之旅皆悦而愿出于其路矣③。耕者助而不税,则天下之农皆悦而愿耕于其野矣④。廛无夫里之布,则天下之民皆悦而愿为之氓矣⑤。信能行此五者,则邻国之民仰之若父母矣。率其子弟,攻其父母,自生民以来,未有能济者也。如此,则无敌于天下。无敌于天下者,天吏也。然而不王者,未之有也。"⑥

朱子集注 ①朝,音潮。○俊杰,才德之异于众者。

②廛,市宅也。张子曰:"或赋其市地之廛,而不征其货;或治之以市官之法,而不赋其廛。盖逐末者多则廛以抑之,少则不必廛也。"

③解见前篇。

④但使出力以助耕公田,而不税其私田也。

⑤氓,音盲。○《周礼》:"宅不毛者有里布。民无职事者,出夫家之征。"郑氏谓:"宅不种桑麻者,罚之使出一里二十五家之布。民无常业者,罚之使出一夫百亩之税,一家力役之征也。"今战国时,一切取之。市宅之民,已赋其廛,又令出此夫里之布,非先王之法也。氓,民也。

⑥吕氏曰:"奉行天命,谓之天吏。废兴存亡,惟天所命,不敢不从,若汤、武是也。"○此章言能行王政,则寇戎为父子;不行王政,则赤子为仇雠。

译文 孟子说:"凡是人都有怜恤他人之心。先王有怜恤他人之心,于是才有怜恤他人的政略。用怜恤他人之心,来施行怜恤他人的政略,治理天下就能运转于手掌之上。之所以说'凡是人都有怜恤他人

孟子曰:"人皆有不忍人之心①。先王有不忍人之心,斯有不忍人之政矣。以不忍人之心,行不忍人之政,治天下可运之掌上②。所以谓人皆有不忍人之心者,今人乍见孺子将入于井,皆有怵惕恻隐之心,非所以内交于孺子之父母也,非

所以要誉于乡党朋友也,非恶其声而然也③。由是观之,无恻隐之心,非人也;无羞恶之心,非人也;无辞让之心,非人也;无是非之心,非人也④。恻隐之心,仁之端也;羞恶之心,义之端也;辞让之心,礼之端也;是非之心,智之端也⑤。人之有是四端也,犹其有四体也。有是四端而自谓不能者,自贼者也;谓其君不能者,贼其君者也⑥。凡有四端于我者,知皆扩而充之矣,若火之始然,泉之始达。苟能充之,足以保四海;苟不充之,不足以事父母。"⑦

朱子集注 ①天地以生物为心,而所生之物,因各得夫天地生物之心以为心,所以人皆有不忍人之心也。

②言众人虽有不忍人之心,然物欲害之,存焉者寡,故不能察识而推之政事之间。惟圣人全体此心,随感而应,故其所行无非不忍人之政也。

③怵,音黜。内,读为纳。要,平声。恶,去声,下同。○乍,犹忽也。怵惕,惊动貌。恻,伤之切也。隐,痛之深也。此即所谓不忍人之心也。内,结。要,求。声,名也。言乍见之时,便有此心,随见而发,非由此三者而然也。○程子曰:"满腔子是恻隐之心。"○谢氏曰:"人须是识其真心。方乍见孺子入井之时,其心怵惕,乃真心也。非思而得,非勉而中,天理之自然也。内交、要誉、恶其声而然,即人欲之私矣。"

④恶,去声,下同。○羞,耻己之不善也。恶,憎人之不善也。辞,解使去己也。让,推以与人也。是,知其善而以为是也。非,知其恶而以为非也。人之所以为心,不外乎是四者,故因论恻隐而悉数之。言人若无此,则不得谓之人,所以明其必有也。

⑤恻隐、羞恶、辞让、是非,情也。仁、义、礼、智,性也。心,统性情者也。端,绪也。因其情之发,而性之本然可得而见,犹有物在中而绪见于外也。

之心',是因为人们突然见到小孩子将要掉入井中,都会有惊惧同情之心。这样做并非是为了和孩子的父母拉关系,并非是为了在邻里朋友间沽名钓誉,也并非是因为厌恶孩子的哭叫声。由此看来,没有同情之心的不能算是人,没有羞耻之心的不能算是人,没有谦让之心的不能算是人,没有是非之心的不能算是人。同情之心是仁的发端,羞恶之心是义的发端,谦让之心是礼的发端,是非之心是智的发端。人具有这四项发端,就好比他具有四肢一样。具有了这四项发端而自认为不行的,是自暴自弃;认为自己君长不行的,是暴弃自己的君长。凡是自身具备了这四项发端的人,知道都要扩大充实,就好比刚刚燃起的火焰、开始流出的泉水。假如能够扩充它们,就足以保有天下;假如不去扩充它们,连父母都不足以事奉。"

⑥四体,四支,人之所必有者也。自谓不能者,物欲蔽之耳。

⑦扩,音廓。○扩,推广之意。充,满也。四端在我,随处发见。知皆即此推广,而充满其本然之量,则其日新又新,将有不能自已者矣。能由此而遂充之,则四海虽远,亦吾度内,无难保者。不能充之,则虽事之至近而不能矣。○此章所论人之性情,心之体用,本然全具,而各有条理如此。学者于此,反求默识而扩充之,则天之所以与我者,可以无不尽矣。○程子曰:"人皆有是心,惟君子为能扩而充之。不能然者,皆自弃也。然其充与不充,亦在我而已矣。"又曰:"四端不言信者,既有诚心为四端,则信在其中矣。"愚按:四端之信,犹五行之土,无定位,无成名,无专气,而水、火、金、木,无不待是以生者。故土于四行无不在,于四时则寄王焉。其理亦犹是也。

译义 孟子说:"造箭的难道比制甲的更不仁吗?造箭的唯恐不能伤人,制甲的唯恐人受伤,巫师和木匠也是如此,因此选择谋生之术不可不谨慎。孔子说:'与仁相处是完美的,能自由选择而不与仁共处,怎么能算得上智呢?'仁,是上天尊贵的爵位,是人们安逸的居所,没有什么阻碍却做不到仁,是不智。不仁不智、无礼无义,就是他人的仆役。作为仆役却耻于为他人所役使,正好比做弓的耻于制弓、造箭的耻于制箭。如果对此感到羞耻,不如做到仁。仁这种东西如同射艺,射箭者端正自己的姿态然后发箭,箭发而不中不去埋怨胜过自己的人,只是返回来从自身寻求原因。"

孟子曰:"矢人岂不仁于函人哉?矢人唯恐不伤人,函人唯恐伤人。巫、匠亦然。故术不可不慎也①。孔子曰:'里仁为美。择不处仁,焉得智?'夫仁,天之尊爵也,人之安宅也。莫之御而不仁,是不智也②。不仁、不智、无礼、无义,人役也。人役而耻为役,由弓人而耻为弓,矢人而耻为矢也③。如耻之,莫如为仁④。仁者如射,射者正己而后发。发而不中,不怨胜己者,反求诸己而已矣。"⑤

朱子集注 ①函,音含。○函,甲也。恻隐之心,人皆有之,是矢人之心,本非不如函人之仁也。巫者为人祈祝,利人之生。匠者作为棺椁,利人之死。

②焉,於虔反。夫,音扶。○里有仁厚之俗者,犹以为美。人择所以自处而不于仁,安得为智乎?此孔子之言也。仁、义、礼、智,皆天所与之良贵。而仁者天地生物之心,得之最先,而兼统四者,所谓元者善之长也,故曰尊爵。在人则为本心全体之德,有天理自然之安,无人欲陷溺之危。人当常

在其中，而不可须臾离者也，故曰安宅。此又孟子释孔子之意，以为仁道之大如此，而自不为之，岂非不智之甚乎？

③由，与犹通。○以不仁，故不智。不智，故不知礼义之所在。

④此亦因人愧耻之心而引之，使志于仁也。不言智、礼、义者，仁该全体，能为仁，则三者在其中矣。

⑤中，去声。○为仁由己，而由人乎哉？

孟子曰："子路，人告之以有过，则喜①。禹闻善言，则拜②。大舜有大焉，善与人同。舍己从人，乐取于人以为善③。自耕、稼、陶、渔，以至为帝，无非取于人者④。取诸人以为善，是与人为善者也。故君子莫大乎与人为善⑤。"

译文 孟子说："子路，别人告诉他有错误就高兴；禹听到有益的话就下拜；大舜比他们更进一步，同他人一起行善，舍弃自己的不足来顺从他人的长处，乐于吸取他人的优点来为善。他从种庄稼、制陶、打鱼一直到当上天子，没有一件善行不是吸取他人的。吸取他人的优点来为善，就是与人为善。所以，君子没有比与人为善更突出的地方了。"

朱子集注 ①喜其得闻而改之，其勇于自修如此。周子曰："仲由喜闻过，令名无穷焉。今人有过，不喜人规，如讳疾而忌医，宁灭其身而无悟也。噫！"○程子曰："子路，人告之以有过则喜，亦可谓百世之师矣。"

②《书》曰："禹拜昌言。"盖不待有过，而能屈己以受天下之善也。

③舍，上声。乐，音洛。○言舜之所为，又有大于禹与子路者。善与人同，公天下之善而不为私也。己未善，则无所系吝而舍以从人；人有善，则不待勉强而取之于己，此善与人同之目也。

④舜之侧微，耕于历山，陶于河滨，渔于雷泽。

⑤与，犹许也，助也。取彼之善而为之于我，则彼益劝于为善矣，是我助其为善也。能使天下之人皆劝于为善，君子之善，孰大于此？○此章言圣贤乐善之诚，初无彼此之间。故其在人者有以裕于己，在己者有以及于人。

孟子曰："伯夷，非其君不事，非其友不友，不

译文 孟子说："伯夷，不够格

的君主不事奉,不够格的朋友不交往,不在恶人的朝堂上任职,不和恶人说话。他觉得在恶人的朝堂上任职、和恶人说话,就好比穿戴着上朝的衣冠坐在污泥黑炭之中一样。把这种讨厌恶行之心推广开去,和乡里平民在一起,如果那人的帽子没戴正,他便会愤愤然离开,好像将会被玷污一样。因此,诸侯中虽然有推崇他的辞令而来的,他也不会见。之所以不会见,是不屑于去俯就他们。柳下惠不以事奉滥恶的君主为羞辱,不以自己官职卑微为低下;进身任职不隐蔽自己的才干,必定按照自己的原则办事;遭到抛弃而不怨恨,困于贫穷而不忧愁。他说:'你是你,我是我,纵然赤身裸体地站在我旁边,你怎么能玷污我呢?'所以悠然自得地与他人共处而不失常态,挽留他留下就留下。之所以挽留他留下就留下,是不屑于离去。"孟子说:"伯夷偏隘,柳下惠简慢。偏隘与简慢,是君子所不为的。"

立于恶人之朝,不与恶人言。立于恶人之朝,与恶人言,如以朝衣朝冠坐于涂炭。推恶恶之心,思与乡人立,其冠不正,望望然去之,若将浼焉。是故诸侯虽有善其辞命而至者,不受也。不受也者,是亦不屑就已[①]。柳下惠,不羞污君,不卑小官。进不隐贤,必以其道。遗佚而不怨,阨穷而不悯。故曰:'尔为尔,我为我,虽袒裼裸裎于我侧,尔焉能浼我哉?'故由由然与之偕而不自失焉,援而止之而止。援而止之而止者,是亦不屑去已。"[②]孟子曰:"伯夷隘,柳下惠不恭。隘与不恭,君子不由也。"[③]

朱子集注 [①]朝,音潮。恶恶,上去声,下如字。浼,莫罪反。○涂,泥也。乡人,乡里之常人也。望望,去而不顾之貌。浼,污也。屑,赵氏曰:"洁也。"《说文》曰:"动作切切也。"不屑就,言不以就之为洁,而切切于是也。已,语助辞。

[②]佚,音逸。袒,音但。裼,音锡。裸,鲁果反。裎,音程。焉能之焉,于虔反。○柳下惠,鲁大夫展禽,居柳下而谥惠也。不隐贤,不枉道也。遗佚,放弃也。阨,困也。悯,忧也。尔为尔至焉能浼我哉,惠之言也。袒裼,露臂也。裸裎,露身也。由由,自得之貌。偕,并处也。不自失,不失其正也。援而止之而止者,言欲去而可留也。

[③]隘,狭窄也。不恭,简慢也。夷、惠之行,固皆造乎至极之地,然既有所偏,则不能无弊,故不可由也。

孟子集注卷第四

公孙丑章句下

凡十四章。自第二章以下,记孟子出处行实为详。

孟子曰:"天时不如地利,地利不如人和[1]。三里之城,七里之郭,环而攻之而不胜。夫环而攻之,必有得天时者矣,然而不胜者,是天时不如地利也[2]。城非不高也,池非不深也,兵革非不坚利也,米粟非不多也,委而去之,是地利不如人和也[3]。故曰:域民不以封疆之界,固国不以山溪之险,威天下不以兵革之利。得道者多助,失道者寡助。寡助之至,亲戚畔之;多助之至,天下顺之[4]。以天下之所顺,攻亲戚之所畔,故君子有不战,战必胜矣。"[5]

译文 孟子说:"天时不如地利,地利不如人和。方圆三里的城邑,纵横七里的外城,团团围攻却不能夺取。能团团围攻,必定有得天时的地方,但是却不能夺取,这是天时不如地利。城墙不是不高,护河不是不深,武器不是不好,粮食不是不多,军民们却放弃防守而逃散,这是地利不如人和。所以说,制约民众不要依靠国境的疆界,巩固国防不要依靠山川的险阻,扬威天下不要依靠武器的锐利,拥有道义的人援助多,失去道义的人援助少。援助少到极点,连亲戚都反对;援助多到极点,整个天下都顺从。以得到整个天下的顺从,来攻伐连亲戚都反对的人,因此君子除非不战,战就必定取胜。"

朱子集注 ①天时,谓时日支干、孤虚王相之属也。地利,险阻、城池之固也。人和,得民心之和也。

②夫,音扶。○三里、七里,城郭之小者。郭,外城。环,围也。言四面攻围,旷日持久,必有值天时之善者。

③革,甲也。粟,谷也。委,弃也。言不得民心,民不为守也。

④域,界限也。

⑤言不战则已,战则必胜。○尹氏曰:"言得天下者,凡以得民心而已。"

译文 孟子准备去朝见齐王,齐王派人来说:"我本该来看望你,但得了感冒,不能吹风。如果你来朝见,我将会临朝听政,不知道能让我见到你吗?"孟子答道:"我不幸得了病,不能到朝堂上去。"次日,孟子要去东郭家吊丧,公孙丑说:"昨天以患病为托辞,今天却去吊丧,恐怕不行吧!"孟子说:"昨天得了病,今天痊愈了,为什么不能去吊丧呢?"齐王派人来询问病情,并派来了医生。孟仲子答道:"昨天大王曾来召请,夫子由于风寒的拖累,不能到朝堂上去。今天病刚好了一点,就赶忙到朝堂上去了,我不知道是否到达了吗?"于是派了几个人在路上阻拦,告诉孟子说:"请务必不要回来,到朝堂上去。"孟子不得已而来到景丑家留宿,景丑说:"在家有父子,出外有君臣,是为人最大的伦理。父子间以慈爱为准则,君臣间以恭敬为准则。我只见到大王敬重你,没见到你怎样敬重大王。"孟

孟子将朝王,王使人来曰:"寡人如就见者也,有寒疾,不可以风。朝将视朝,不识可使寡人得见乎?"对曰:"不幸而有疾,不能造朝。"①明日,出吊于东郭氏。公孙丑曰:"昔者辞以病,今日吊,或者不可乎?"曰:"昔者疾,今日愈,如之何不吊?"②王使人问疾,医来。孟仲子对曰:"昔者有王命,有采薪之忧,不能造朝。今病小愈,趋造于朝,我不识能至否乎?"使数人要于路,曰:"请必无归,而造于朝!"③不得已而之景丑氏宿焉。景子曰:"内则父子,外则君臣,人之大伦也。父子主恩,君臣主敬。丑见王之敬子也,未见所以敬王也。"曰:"恶!是何言也!齐人无以仁义与王言者,岂以仁义为不美也?其心曰'是何足与言仁义也'云尔,则不敬莫大乎是。我非尧、舜之道不敢以陈于王前,故齐人莫如我敬王也。"④景子曰:"否,非此之谓也。《礼》曰:'父召,无诺。君命召,不俟驾。'固将朝也,闻王命而遂不果,宜与夫礼若不相似然。"⑤曰:"岂谓是与?曾子曰:'晋、楚之富,不可及也。彼以其富,我以吾仁;彼以其爵,我以吾义,吾何慊乎哉?'夫岂不义而曾

子言之？是或一道也。天下有达尊三：爵一，齿一，德一。朝廷莫如爵，乡党莫如齿，辅世长民莫如德。恶得有其一以慢其二哉⑥？故将大有为之君，必有所不召之臣。欲有谋焉，则就之。其尊德乐道，不如是不足与有为也⑦。故汤之于伊尹，学焉而后臣之，故不劳而王；桓公之于管仲，学焉而后臣之，故不劳而霸⑧。今天下地丑德齐，莫能相尚，无他，好臣其所教，而不好臣其所受教⑨。汤之于伊尹，桓公之于管仲，则不敢召。管仲且犹不可召，而况不为管仲者乎？"⑩

朱子集注 ①章内朝并音潮，惟朝将之朝如字。造，七到反，下同。○王，齐王也。孟子本将朝王，王不知而托疾以召孟子，故孟子亦以疾辞也。

②东郭氏，齐大夫家也。昔者，昨日也。或者，疑辞。辞疾而出吊，与孔子不见孺悲取瑟而歌同意。

③要，平声。○孟仲子，赵氏以为孟子之从昆弟，学于孟子者也。采薪之忧，言病不能采薪，谦辞也。仲子权辞以对，又使人要孟子，令勿归而造朝，以实己言。

④恶，平声，下同。○景丑氏，齐大夫家也。景子，景丑也。恶，叹辞也。景丑所言，敬之小者也；孟子所言，敬之大者也。

⑤夫，音扶，下同。○《礼》曰："父命呼，唯而不诺。"又曰："君命召，在官不俟屦，在外不俟车。"言孟子本欲朝王，而闻命中止，似与此礼之意不同也。

⑥与，平声。慊，口簟反。长，上声。○慊，恨也，少也。或作嗛，字书以为口衔物也。然则慊亦但为心有所衔之义，其为快、为足、为恨、为少，则因其事而所衔有不同耳。孟子言我之意，非如景子之所言者。因引曾子之言，而云夫此岂是不义，而曾子肯以为言，是或别有一种道理也。达，通也。盖通天下之所尊，有此三者。曾子之说，盖以德言之也。今齐王但有爵耳，安得以此慢于齿、德乎？

子说："呀！这是什么话？齐人没有拿仁义来与大王谈论的，难道是认为仁义不好吗？他们心里在说'他哪里够得上谈论仁义呢'，不敬没有比这更大的了。而我呢，不是尧舜之道不敢在大王的面前陈说，所以齐人不如我敬重大王。"

景丑说："不，我不是说这个。礼书上说：'父亲传唤不等答应就起身，君命传唤不等马车驾好就前去。'本来就准备去朝见，听到大王的传唤反而不去了，似乎与礼的要求不相合。"孟子说："原来是说这个！曾子说：'晋、楚的富有，是无法及得上的。他们依仗他们的富有，我依仗我的仁；他们依仗他们的爵位，我依仗我的义，我有什么可遗憾的呢？'要是不合乎义，曾子会这样说吗？这恐怕有点道理。天下普遍尊重的东西有三件：爵位是一件，年龄是一件，德行是一件。朝廷上最尊重爵位，乡里中最尊重年龄，匡辅世道、统率民众最尊重德行，怎么能拥有了爵位就轻慢另外二件呢？因此，准备大有作为的君主，必定有能传唤而不传唤的臣仆，要想商量事情就亲自去拜访。他尊重德行、乐行正道，如果不是这样就不足以与他有所作为。因此，成汤对于伊尹是向他学习了之后才以他为臣，所以不费辛劳就能称王天下；齐桓公对于管仲是向他学习了之后才以他为臣，所以不费辛劳就能称霸诸侯。现今天下各国的领土相差无几、德行不相上下，没有哪个能超出他人，这没有别的缘故，就因为喜好以听从自己的人为臣、不喜好以自己应该受教的人为臣。成汤对于伊尹、齐桓公对于管仲就不敢传唤，管仲尚且不能传唤，何况不愿做管仲的人呢？"

⑦乐，音洛。○大有为之君，大有作为，非常之君也。程子曰："古之人所以必待人君致敬尽礼而后往者，非欲自为尊大也，为是故耳。"

⑧先从受学，师之也。后以为臣，任之也。

⑨好，去声。○丑，类也。尚，过也。所教，谓听从于己，可役使者也。所受教，谓己之所从学者也。

⑩不为管仲，孟子自谓也。○范氏曰："孟子之于齐，处宾师之位，非当仕有官职者，故其言如此。"○此章见宾师不以趋走承顺为恭，而以责难陈善为敬；人君不以崇高富贵为重，而以贵德尊士为贤，则上下交而德业成矣。

译文 陈臻问道："前些日子在齐国，齐王馈赠上等金一百镒您不接受；在宋国，宋君馈赠七十镒您却接受了；在薛邑，薛君馈赠五十镒您也接受了。如果前些日子的不接受是对的，那么现今的接受就不对了；如果现今的接受是对的，那么前些日子的不接受就不对了，夫子在这两者中必居其一。"孟子说："接受和不接受都对。在宋国时，我准备长途旅行，对出行的人必定要送盘费，宋君说是馈赠盘费，我为什么不接受呢？在薛邑，我有戒备之心，薛君说得知我要有所戒备，所以送钱给我买武器，我为什么不接受呢？至于在齐国，就没有说法。毫无说法地馈赠金钱，就是收买，君子哪能用钱来收买呢？"

陈臻问曰："前日于齐，王馈兼金一百而不受；于宋，馈七十镒而受；于薛，馈五十镒而受。前日之不受是，则今日之受非也；今日之受是，则前日之不受非也。夫子必居一于此矣。"① 孟子曰："皆是也②。当在宋也，予将有远行。行者必以赆，辞曰：'馈赆。'予何为不受？③ 当在薛也，予有戒心。辞曰：'闻戒。'故为兵馈之，予何为不受？④ 若于齐，则未有处也。无处而馈之，是货之也。焉有君子而可以货取乎？"⑤

①陈臻，孟子弟子。兼金，好金也，其价兼倍于常者。一百，百镒也。

②皆适于义也。

③赆，徐刃反。○赆，送行者之礼也。

④为兵之为，去声。○时人有欲害孟子者，孟子设兵以戒备之。薛君以金馈孟子，为兵备，辞曰："闻子之有戒心也。"

⑤焉，於虔反。○无远行、戒心之事，是未有所处也。取，犹致也。○尹氏曰："言君子之辞受取予，惟当于理而已。"

孟子之平陆，谓其大夫曰："子之持戟之士，一日而三失伍，则去之否乎？"曰："不待三。"① "然则子之失伍也亦多矣。凶年饥岁，子之民，老羸转于沟壑，壮者散而之四方者，几千人矣。"曰："此非距心之所得为也。"②曰："今有受人之牛羊而为之牧之者，则必为之求牧与刍矣。求牧与刍而不得，则反诸其人乎？抑亦立而视其死与？"曰："此则距心之罪也。"③他日，见于王曰："王之为都者，臣知五人焉。知其罪者，惟孔距心。为王诵之。"王曰："此则寡人之罪也。"④

朱子集注 ①去，上声。○平陆，齐下邑也。大夫，邑宰也。戟，有枝兵也。士，战士也。伍，行列也。去之，杀之也。 ②几，上声。○子之失伍，言其失职，犹士之失伍也。距心，大夫名。对言此乃王之失政使然，非我所得专为也。 ③为，去声。死与之与，平声。○牧之，养之也。牧，牧地也。刍，草也。孟子言若不得自专，何不致其事而去。 ④见，音现。为王之为，去声。○为都，治邑也。邑有先君之庙曰都。孔，大夫姓也。为王诵其语，欲以风晓王也。○陈氏曰："孟子一言而齐之君臣举知其罪，固足以兴邦矣。然而齐卒不得为善国者，岂非说而不绎，从而不改故耶？"

孟子谓蚳鼃曰："子之辞灵丘而请士师，似也，为其可以言也。今既数月矣，未可以言与？"①蚳鼃谏于王而不用，致为臣而去。②齐人曰："所以为蚳鼃，则善矣；所以自为，则吾不知也。"③公都子以告。④曰："吾闻之也：有官守者，不得其职则去；有言责者，不得其言则去。我无官守，我无言责也，则吾进退，岂不绰绰然有余裕哉？"⑤

译文 孟子来到平陆，对那个地方的长官孔距心说："你手下的士兵，如果一天三次失职，是否会被除名呢？"孔距心说："等不到三次就会除名。"孟子说："你失职的地方也很多啊！灾荒歉收的年成，你的民众，年老体弱的在山沟荒野奄奄一息，年轻力壮的四散逃难，有近千人。"孔距心说："这不是我个人所能挽回的。"孟子说："如今有个人，领受了他人的牛羊而为其放牧，就一定要为牛羊寻找牧场和草料。要是找不到牧场和草料，是把牛羊还给它们的主人呢，还是站在一边看着它们死去呢？"孔距心说："这是我的过错。"另一天，孟子被齐王召见，说："大王的地方长官，我认识了五位，知道自己过错的只有孔距心。"于是，就向齐王复述了与孔距心的对话。齐王说："这是我的过错。"

译文 孟子对蚳鼃说："你辞去了灵丘长官而要求担任士师，好像是对的，因为这个职位能向君王进言。现在已经几个月了，还不能进言吗？"蚳鼃向齐王进谏而没有被采纳，就辞掉官职离去了。齐人说："对蚳鼃的要求是很好的，对自己的要求我们就不知道了。"公都子把这话告诉了孟子,孟子说:"我听说,有职位在身的不能尽职就离去,有进言之责的不能进言就离去。我没有职位在身,我没有进言之责,这样,我的进退岂不是宽宽舒舒地有很大的余地吗?"

朱子集注 ①蚳,音迟。鼃,乌花反。为,去声。与,平声。○蚳鼃,齐大夫也。灵丘,齐下邑。似也,言所为近似有理。可以言,谓士师近王,得以谏刑罚之不中者。

②致,犹还也。

③为,去声。○讥孟子道不行而不能去也。

④公都子,孟子弟子也。

⑤官守,以官为守者。言责,以言为责者。绰绰,宽貌。裕,宽意也。孟子居宾师之位,未尝受禄。故其进退之际,宽裕如此。○尹氏曰:"进退久速,当于理而已。"

译文 孟子在齐国担任国卿,受命出使滕国吊丧,齐王派盖邑大夫王驩当副使。孟子与王驩早晚相见,但在齐滕往返的途中从未和他谈过出使的公事。公孙丑说:"齐国国卿的职位不算小了,齐滕之间的路程不算近了,往返一趟却从未和他谈过出使的公事,是什么道理呢?"孟子说:"他既已独断专行,我还说什么呢?"

孟子为卿于齐,出吊于滕,王使盖大夫王驩为辅行。王驩朝暮见,反齐、滕之路,未尝与之言行事也。①公孙丑曰:"齐卿之位,不为小矣;齐、滕之路,不为近矣。反之而未尝与言行事,何也?"曰:"夫既或治之,予何言哉?"

朱子集注 ①盖,古盍反。见,音现。○盖,齐下邑也。王驩,王嬖臣也。辅行,副使也。反,往而还也。行事,使事也。

②夫,音扶。○王驩盖摄卿以行,故曰齐卿。夫既或治之,言有司已治之矣。孟子之待小人,不恶而严如此。

译文 孟子从齐国到鲁国安葬母亲,返回齐国时在嬴歇留。充虞求教说:"前些日子蒙您不嫌弃我无能,派我管理工匠。当时事务繁忙,我不敢打扰您,现在私下有件事想求教,棺木似乎太漂亮了一点。"孟子说:"古时候棺椁没有一定的尺寸,中古以来棺厚七寸,椁厚与之相当。从天子直到庶民,不仅仅是为了看着漂

孟子自齐葬于鲁,反于齐,止于嬴。充虞请曰:"前日不知虞之不肖,使虞敦匠事。严,虞不敢请。今愿窃有请也,木若以美然。"①曰:"古者棺椁无度,中古棺七寸,椁称之。自天子达于庶人。非直为观美也,然后尽于人心。②不得,不可以为悦;无财,不可以为悦。得之为有财,古之人皆用之,吾何为独不然?③且比化者,无使土亲肤,于人心独无恔乎?④吾闻之:君子不以天下俭其

亲。"⑤

朱子集注①孟子仕于齐,丧母,归葬于鲁。嬴,齐南邑。充虞,孟子弟子,尝董治作棺之事者也。严,急也。木,棺木也。以,已通。以美,太美也。

②称,去声。○度,厚薄尺寸也。中古,周公制礼时也。椁称之,与棺相称也。欲其坚厚久远,非特为人观视之美而已。

③不得,谓法制所不当得。得之为有财,言得之而又为有财也。或曰:"为当作而。"

④比,必二反。恔,音效。○比,犹为也。化者,死者也。恔,快也。言为死者不使土近其肌肤,于人子之心,岂不快然无所恨乎?

⑤送终之礼,所当得为而不自尽,是为天下爱惜此物,而薄于吾亲也。

沈同以其私问曰:"燕可伐与?"孟子曰:"可。子哙不得与人燕,子之不得受燕于子哙。有仕于此,而子悦之,不告于王而私与之吾子之禄爵。夫士也,亦无王命而私受之于子,则可乎?何以异于是?"①齐人伐燕。或问曰:"劝齐伐燕,有诸?"曰:"未也。沈同问'燕可伐与'?吾应之曰'可',彼然而伐之也。彼如曰'孰可以伐之'?则将应之曰'为天吏,则可以伐之'。今有杀人者,或问之曰'人可杀与'?则将应之曰'可'。彼如曰'孰可以杀之'?则将应之曰'为士师,则可以杀之'。今以燕伐燕,何为劝之哉?"②

朱子集注①伐与之与,平声;下伐与、杀与同。夫,音扶。○沈同,齐臣。以私问,非王命也。子哙、子之,事见前篇。诸侯、土地、人民,受之天子,传之先君。私以与人,则

右カラム:

亮,还要尽人子之心。达不到标准不能觉得称心,不具有财力不能觉得称心。能达到标准而又具备财力,古时候的人都用了,我为什么唯独不这样做呢?而且,庇护死者不使泥土与死者的体肤相接触,人子之心难道就不欣慰吗?我听说,君子不会在天下人都能做到的事情上俭省自己父母亲的用度。"

译文沈同以他个人的身份问道:"燕国可以讨伐吗?"孟子说:"可以。子哙不能把燕国交给他人,子之不能从子哙手里接受燕国。假如有一位官员,你对他有好感,不向国君禀告就私自把你的俸禄爵位给他,这个人也不要国君的任命就私自从你手里接受,这样行吗?燕国的事与这有什么不同呢?"齐人去讨伐燕国,有人问孟子:"你劝说齐国讨伐燕国,有这件事吗?"孟子说:"没有。沈同问我:'燕国可以讨伐吗?'我回答他说:'可以。'他就此去讨伐燕国了。他如果问:'谁能讨伐燕国?'我就会回答他说:'是天吏才能讨伐燕国。'现在有个

第三一五页

四书 章句集注

杀人犯,有人问我说:'这人可以处死吗?'我就会回答他说:'可以。'他如果问:'谁能处死他?'我就会回答他说:'是士师才能处死他。'现今以无异于燕的国家来讨伐燕国,我为什么去劝说它呢?"

译文 燕人背叛齐国,齐王说:"我非常有愧于孟子。"陈贾说:"大王不要忧虑。大王自以为与周公哪个更仁而智啊?"齐王说:"呀!这是什么话?"陈贾说:"周公指派管叔监视殷人,管叔却率领殷人叛乱。周公如果预知而指派他,是不仁;不预知而指派他,是不智。仁、智连周公都没有完全做到,何况大王呢?请让我去见孟子解释这件事。"陈贾去见孟子,问道:"周公是怎样的人?"孟子说:"是古时候的圣人。"陈贾说:"他指派管叔监视殷人,管叔却率领殷人叛乱,有这回事吗?"孟子说:"不错。"陈贾说:"周公指派他时预知他将会叛乱吗?"孟子说:"不知道。"陈贾说:"那么圣人也有过失吗?"孟子说:"周公是弟弟,管叔是哥哥,周公的过失不也合乎情理吗?古时候的君子有过失就改正,现在的君子有过失却只管错下去。古时候的君子,他们的过失如同日食、月食一样,民众都见得到;当他们改正时,民众都仰望着他们。现在的君子非但只管错下去,还随着过失为之辩护。"

与者、受者皆有罪也。仕,为官也。士,即从仕之人也。②天吏,解见上篇。言齐无道,与燕无异,如以燕伐燕也。《史记》亦谓孟子劝齐伐燕,盖传闻此说之误。○杨氏曰:"燕固可伐矣,故孟子曰可。使齐王能诛其君,吊其民,何不可之有?乃杀其父兄,虏其子弟,而后燕人畔之。乃以是归咎孟子之言,则误矣。"

燕人畔。王曰:"吾甚惭于孟子。"①陈贾曰:"王无患焉。王自以为与周公孰仁且智?"王曰:"恶!是何言也?"曰:"周公使管叔监殷,管叔以殷畔。知而使之,是不仁也;不知而使之,是不智也。仁、智,周公未之尽也,而况于王乎?贾请见而解之。"②见孟子,问曰:"周公何人也?"曰:"古圣人也。"曰:"使管叔监殷,管叔以殷畔也,有诸?"曰:"然。"曰:"周公知其将畔而使之与?"曰:"不知也。""然则圣人且有过与?"曰:"周公,弟也;管叔,兄也。周公之过,不亦宜乎?③且古之君子,过则改之;今之君子,过则顺之。古之君子,其过也,如日月之食,民皆见之;及其更也,民皆仰之。今之君子,岂徒顺之,又从为之辞。"④

朱子集注 ①齐破燕后二年,燕人共立太子平为王。

②恶、监,皆平声。○陈贾,齐大夫也。管叔,名鲜,武王弟,周公兄也。武王胜商杀纣,立纣子武庚,而使管叔与弟蔡叔、霍叔监其国。武王崩,成王幼,周公摄政。管叔与武庚畔,周公讨而诛之。

③与,平声。○言周公乃管叔之弟,管叔乃周公之兄,然则周公不知管叔之将畔而使之,其过有所不免矣。或曰:"周公之处管叔,不如舜之处象,何也?"游氏曰:"象之恶已著,而其志不过富贵而已,故舜得以是而全之。若管叔之恶则未著,而其志其才皆非象比也,周公讵忍逆探其兄之恶而弃

之耶？周公爱兄，宜无不尽者。管叔之事，圣人之不幸也。舜诚信而喜象，周公诚信而任管叔，此天理人伦之至，其用心一也。”

④更，平声。○顺，犹遂也。更，改也。辞，辩也。更之则无损于明，故民仰之。顺而为之辞，则其过愈深矣。责贾不能勉其君以迁善改过，而教之以遂非文过也。○林氏曰：“齐王惭于孟子，盖羞恶之心，有不能自已者。使其臣有能因是心而将顺之，则义不可胜用矣。而陈贾鄙夫，方且为之曲为辩说，而沮其迁善改过之心，长其饰非拒谏之恶，故孟子深责之。然此书记事，散出而无先后之次，故其说必参考而后通。若以第二篇十章、十一章，置于前章之后、此章之前，则孟子之意，不待论说而自明矣。”

孟子致为臣而归。①王就见孟子，曰：“前日愿见而不可得，得侍同朝，甚喜。今又弃寡人而归，不识可以继此而得见乎？”对曰：“不敢请耳，固所愿也。”②他日，王谓时子曰：“我欲中国而授孟子室，养弟子以万钟，使诸大夫国人皆有所矜式。子盍为我言之？”③时子因陈子而以告孟子，陈子以时子之言告孟子。④孟子曰：“然。夫时子恶知其不可也？如使予欲富，辞十万而受万，是为欲富乎？⑤季孙曰：‘异哉子叔疑！使己为政，不用，则亦已矣，又使其子弟为卿。人亦孰不欲富贵？而独于富贵之中，有私龙断焉。’⑥古之为市也，以其所有，易其所无者，有司者治之耳。有贱丈夫焉，必求龙断而登之，以左右望而罔市利。人皆以为贱，故从而征之。征商，自此贱丈夫始矣。”⑦

朱子集注 ①孟子久于齐而道不行，故去也。
②朝，音潮。

译文 孟子辞掉官职要返回故乡，齐王去看望孟子，说：“过去企望见到你而没有机会，后来能同朝相处，我很高兴，现在你又要抛下我返回故乡，不知道以后还能再相见吗？”孟子答道：“这个我不敢要求了，但内心是很企望的。”另一天，齐王对时子说：“我想在都城中送幢房屋给孟子，用万钟粟米来养活他的弟子，让大夫和国人们都有所效法。你能否替我告诉孟子？”时子托陈臻转告孟子，陈臻就把时子的话告诉了孟子，孟子说：“可是时子哪里知道这事不妥当呢？如果我想发财，辞去了十万钟粟米的官职去接受这一万钟粟米，这是想发财吗？季孙说：‘好奇怪啊，子叔疑这个人！自己去做官，别人不用也就罢了，又让自己的儿子、兄弟去当国卿。哪个人不想升官发财？而他却要把升官发财私下垄断起来。'古时候的集市交易，以自己有余的东西来换取所没有的东西，由有关部门加以管理。有个低贱男子，必定要找个高处登上去，借以左右观望而网罗集市交易的好处，人们都觉得他低贱，因此向他征税，征收商税就是从这个低贱男子开始的。"

③为，去声。○时子，齐臣也。中国，当国之中也。万钟，谷禄之数也。钟，量名，受六斛四斗。矜，敬也。式，法也。盍，何不也。

④陈子，即陈臻也。

⑤夫，音扶。恶，平声。○孟子既以道不行而去，则其义不可以复留，而时子不知，则又有难显言者。故但言设使我欲富，则我前日为卿，尝辞十万之禄，今乃受此万钟之馈，是我虽欲富，亦不为此也。

⑥龙，音垄。○此孟子引季孙之语也。季孙、子叔疑，不知何时人。龙断，冈垄之断而高也，义见下文。盖子叔疑者尝不用，而使其子弟为卿。季孙讥其既不得于此，而又欲求得于彼，如下文贱丈夫登龙断者之所为也。孟子引此以明道既不行，复受其禄，则无以异此矣。

⑦孟子释龙断之说如此。治之，谓治其争讼。左右望者，欲得此而又取彼也。罔，谓罔罗取之也。从而征之，谓人恶其专利，故就征其税，后世缘此遂征商人也。○程子曰："齐王所以处孟子者，未为不可，孟子亦非不肯为国人矜式者。但齐王实非欲尊孟子，乃欲以利诱之，故孟子拒而不受。"

译义 孟子离开齐国，在昼邑过夜。有个人想替齐王挽留孟子，恭坐着进行劝说，孟子不加理会，斜倚着几憩息。那人不高兴地说："在下提前一天洁净了身心才斗胆进说，先生躺卧着不听，恕我再不敢与您相见了。"孟子说："坐下，让我明白地告诉你。过去，鲁穆公如果没有人在子思身边，就不能使子思安心；泄柳、申详如果没有人在鲁穆公身边，就不能使自身安心。你为我这个老年人考虑，还及不上鲁穆公对待子思，是你与我这个老年人决绝呢，还是我这个老年人与你决绝呢？"

孟子去齐，宿于昼。①有欲为王留行者，坐而言。不应，隐几而卧。②客不悦，曰："弟子齐宿而后敢言，夫子卧而不听，请勿复敢见矣。"曰："坐！我明语子。昔者鲁缪公无人乎子思之侧，则不能安子思；泄柳、申详，无人乎缪公之侧，则不能安其身。③子为长者虑，而不及子思，子绝长者乎？长者绝子乎？"④

①昼，如字，或曰："当作画，音获。"下同。○昼，齐西南近邑也。

②为，去声，下同。隐，於靳反。○隐，凭也。客坐而言，孟子不应而卧也。

③齐，侧皆反。复，扶又反。语，去声。○齐宿，齐戒越宿

也。缪公尊礼子思，常使人候伺道达诚意于其侧，乃能安而留之也。泄柳，鲁人。申详，子张之子也。缪公尊之不如子思，然二子义不苟容，非有贤者在其君之左右维持调护之，则亦不能安其身矣。

④长，上声。○长者，孟子自称也。言齐王不使子来，而子自欲为王留我，是所以为我谋者，不及缪公留子思之事，而先绝我也。我之卧而不应，岂为先绝子乎？

孟子去齐。尹士语人曰："不识王之不可以为汤、武，则是不明也；识其不可，然且至，则是干泽也。千里而见王，不遇故去。三宿而后出昼，是何濡滞也？士则兹不悦。"①高子以告。②曰："夫尹士恶知予哉？千里而见王，是予所欲也。不遇故去，岂予所欲哉？予不得已也。③予三宿而后出昼，于予心犹以为速。王庶几改之。王如改诸，则必反予。④夫出昼而王不予追也，予然后浩然有归志。予虽然，岂舍王哉？王由足用为善。王如用予，则岂徒齐民安，天下之民举安。王庶几改之，予日望之。⑤予岂若是小丈夫然哉？谏于其君而不受，则怒，悻悻然见于其面，去则穷日之力而后宿哉？"⑥尹士闻之，曰："士诚小人也。"⑦

①语，去声。○尹士，齐人也。干，求也。泽，恩泽也。濡滞，迟留也。

②高子，亦齐人，孟子弟子也。

③夫，音扶，下同。恶，平声。○见王，欲以行道也。今道不行，故不得已而去，非本欲如此也。

④所改，必指一事而言，然今不可考矣。

⑤浩然，如水之流不可止也。○杨氏曰："齐王天资朴实，如好勇、好货、好色、好世俗之乐，皆以直告而不隐于孟子，故足以为善。若乃其心不然，而谬为大言以欺人，是人终不

四书章句集注

译文 孟子离开齐国，尹士对他人说："不知道齐王不能成为商汤、周武，就是不明；知道齐王做不到还要前去，就是求取富贵。不远千里来见齐王，得不到赏识因而离去，却在昼邑留宿三夜才上路，为什么如此迟缓呢？我就看不惯这种做法。"高子把尹士的话告诉孟子，孟子说："尹士哪里会理解我呢？不远千里来见齐王是我所愿意的，得不到赏识因而离去难道是我所愿意的吗？我是不得已啊！我在昼邑留宿三夜才上路，从我内心来说还觉得急促，齐王也许会改变态度。齐王如果改变了态度就必定会召回我，我离开了昼邑而齐王没有追寻我，我才毫无留恋地有返回故乡的决心。我虽然这样做，难道会抛下齐王吗？齐王还足以做点好事，齐王若能信用我，不但齐国的民众得以平安，天下的民众都能平安。齐王也许会改变态度，我每天都在盼望。我难道是那种气量狭小的人吗？向君王进谏而不被接受就发怒，气愤愤的神色便表现在脸上。

难道离去了非得用尽气力走上一天才留宿吗?"尹士听说之后说:"我真是小人。"

孟子离开齐国,充虞在路上问道:"夫子神色上似乎有不高兴的样子。前些日子我曾听夫子说:'君子不埋怨上天,不责怪他人。'"孟子说:"那时是那时,现在是现在。每五百年必定有称王天下的人兴起,其间必定有著名于世的贤人。周兴起以来已有七百多年,从年数上说已经超过了,以时势而论也该有圣贤出现了。上天大概还不想安抚治理天下,如果想安抚治理天下,当今之世除了我还会是谁呢?我为什么不高兴呢?"

可与入尧、舜之道矣,何善之能为?"

⑥悻,形顶反。见,音现。○悻悻,怒意也。穷,尽也。

⑦此章见圣贤行道济时,汲汲之本心;爱君泽民,惓惓之余意。李氏曰:"于此见君子忧则违之之情,而荷蒉者所以为果也。"

　　孟子去齐。充虞路问曰:"夫子若有不豫色然。前日虞闻诸夫子曰:'君子不怨天,不尤人。'"①曰:"彼一时,此一时也。②五百年必有王者兴,其间必有名世者。③由周而来,七百有余岁矣。以其数则过矣,以其时考之则可矣。④夫天未欲平治天下也。如欲平治天下,当今之世,舍我其谁也?吾何为不豫哉?"⑤

①路问,于路中问也。豫,悦也。尤,过也。此二句实孔子之言,盖孟子尝称之以教人耳。

②彼,前日。此,今日。

③自尧、舜至汤,自汤至文、武,皆五百余年而圣人出。名世,谓其人德业闻望可名于一世者,为之辅佐,若皋陶、稷、契、伊尹、莱朱、太公望、散宜生之属。

④周,谓文、武之间。数,谓五百年之期。时,谓乱极思治可以有为之日。于是而不得一有所为,此孟子所以不能无不豫也。

⑤夫,音扶。舍,上声。○言当此之时,而使我不遇于齐,是天未欲平治天下也。然天意未可知,而其具又在我,我何为不豫哉?然则孟子虽若有不豫然者,而实未尝不豫也。盖圣贤忧世之志,乐天之诚,有并行而不悖者,于此见矣。

孟子离开齐国,停留在休邑。公孙丑问道:"任职而不受取俸禄,是古代的规范吗?"孟子说:"不是的。在崇

　　孟子去齐,居休。公孙丑问曰:"仕而不受禄,古之道乎?"①曰:"非也。于崇,吾得见王。退而有去志,不欲变,故不受也。②继而有师命,不可

以请。久于齐，非我志也。"③

朱子集注 ①休，地名。

②崇，亦地名。孟子始见齐王，必有所不合，故有去志。变，谓变其去志。

③师命，师旅之命也。国既被兵，难请去也。○孔氏曰："仕而受禄，礼也；不受齐禄，义也。义之所在，礼有时而变。公孙丑欲以一端裁之，不亦误乎？"

邑我见到了齐王，退下后就有离去的意愿，因为不想改变这个意愿，所以不受取俸禄。不久，齐国有战事，不能提出离开的要求，在齐国久留并不是我的意愿。"

孟子集注卷第五

滕文公章句上

凡五章。

滕文公为世子,将之楚,过宋而见孟子。① 孟子道性善,言必称尧、舜。② 世子自楚反,复见孟子。孟子曰:"世子疑吾言乎? 夫道一而已矣。③ 成覸谓齐景公曰:'彼丈夫也,我丈夫也,吾何畏彼哉?'颜渊曰:'舜何人也? 予何人也? 有为者亦若是。'公明仪曰:'文王我师也。周公岂欺我哉?'④ 今滕,绝长补短,将五十里也,犹可以为善国。《书》曰:'若药不瞑眩,厥疾不瘳。'"⑤

朱子集注 ①世子,太子也。

②道,言也。性者,人所禀于天以生之理也,浑然至善,未尝有恶。人与尧、舜初无少异,但众人汩于私欲而失

译文 滕文公在做世子时奉命出使楚国,途经宋国时见到孟子。孟子讲性善,言谈不离尧舜。世子从楚国回来又去见孟子,孟子说:"世子怀疑我的话吗? 真理只有一个罢了。成覸对齐景公说:'他是个男子汉,我也是个男子汉,我为什么要怕他呢?'颜渊说:'舜是什么? 是人。我是什么? 也是人。有作为者也应该像他一样。'公明仪说:'文王是师法的榜样,周公这样说难道会欺骗我辈吗?'现在的滕国,长短折算下来将近五十里方圆,还能够治理成个好国家。

之,尧、舜则无私欲之蔽,而能充其性尔。故孟子与世子言,每道性善,而必称尧、舜以实之。欲其知仁义不假外求,圣人可学而至,而不懈于用力也。门人不能悉记其辞,而撮其大旨如此。○程子曰:"性即理也。天下之理,原其所自,未有不善。喜怒哀乐未发,何尝不善。发而中节,即无往而不善;发不中节,然后为不善。故凡言善恶,皆先善而后恶;言吉凶,皆先吉而后凶;言是非,皆先是而后非。"

③复,扶又反。夫,音扶。○时人不知性之本善,而以圣贤为不可企及。故世子于孟子之言不能无疑,而复来求见,盖恐别有卑近易行之说也。孟子知之,故但告之如此,以明古今圣愚本同一性,前言已尽,无复有它说也。

④觑,古苋反。○成觑,人姓名。彼,谓圣贤也。有为者亦若是,言人能有为,则皆如舜也。公明,姓;仪,名;鲁贤人也。"文王我师也",盖周公之言。公明仪亦以文王为必可师,故诵周公之言,而叹其不我欺也。孟子既告世子以道无二致,而复引此三言以明之,欲世子笃信力行,以师圣贤,不当复求它说也。

⑤暝,莫甸反。眩,音县。○绝,犹截也。《书》,《商书·说命》篇。暝眩,愦乱。言滕国虽小,犹足为治,但恐安于卑近,不能自克,则不足以去恶而为善也。○愚按:孟子之言性善,始见于此,而详具于《告子》之篇。然默识而旁通之,则七篇之中,无非此理。其所以扩前圣之未发,而有功于圣人之门,程子之言信矣。

滕定公薨。世子谓然友曰:"昔者孟子尝与我言于宋,于心终不忘。今也不幸至于大故,吾欲使子问于孟子,然后行事。"①然友之邹,问于孟子。孟子曰:"不亦善乎! 亲丧固所自尽也。曾子曰:'生,事之以礼;死,葬之以礼,祭之以礼,可谓孝矣。'诸侯之礼,吾未之学也;虽然,吾尝闻之矣。三年之丧,齐疏之服,饘粥之食,自天子达于祭祀，可以称得上孝了。'诸侯的礼仪我没有学过，不过我曾听说过。三年的丧期，粗布缉边的孝服，用稀饭薄粥充饥，上自天子、下至庶民，夏、商、周三代都这样做。"然友向世子汇报，确定行三年的丧期。滕国的父老、百官都不愿意，说："辈分比我们高的鲁国，历代国君都没有实行，我们以前的国君也没有实行，到了你的手上却要改变，是不行的，而且记载上说'丧葬、祭祀依从祖宗'，我们应该把这些继承下来。"世子对然友说："我过去未曾学艺问礼，喜好跑马比剑，现在父老、百官都对我不满，恐怕他们不能在丧事上尽力了，你替我去问问孟子。"然友又到邹国去问孟子，孟子说："是呀，这是不能勉求他人的。孔子说：'国君去世，政务听命于宰辅，薄粥充饥，面色深黑，到位就哭，大小百官没有人敢不悲哀，是因为自身带头呀。'在上者有所喜好，下面必定有更进一步的人。'君子的操行是风，小人的操行是草，草遇上风必定倒伏'，事情取决于世子。"然友向世子汇报，世子说："是呀，事情确实取决于我。"于是在土屋中居住了五个月，没有下过命令、指示，百官、亲属都赞同，说世子懂道理。到了举行葬礼时，各地都来观礼，世子容颜的悲戚、哭泣的哀伤，令前来吊丧的人非常满意。

庶人，三代共之。"② 然友反命，定为三年之丧。父兄百官皆不欲，曰："吾宗国鲁先君莫之行，吾先君亦莫之行也，至于子之身而反之，不可。且《志》曰：'丧祭从先祖。'"曰："吾有所受之也。"③ 谓然友曰："吾他日未尝学问，好驰马试剑。今也父兄百官不我足也，恐其不能尽于大事，子为我问孟子。"然友复之邹，问孟子。孟子曰："然。不可以他求者也。孔子曰：'君薨，听于冢宰。歠粥，面深墨。即位而哭，百官有司，莫敢不哀，先之也。'上有好者，下必有甚焉者矣。'君子之德，风也；小人之德，草也。草尚之风必偃。'是在世子。"④ 然友反命。世子曰："然。是诚在我。"五月居庐，未有命戒。百官族人，可谓曰知。及至葬，四方来观之，颜色之戚，哭泣之哀，吊者大悦。⑤

朱子集注 ① 定公，文公父也。然友，世子之傅也。大故，大丧也。事，谓丧礼。

② 齐，音资。疏，所居反。飦，诸延反。○当时诸侯莫能行古丧礼，而文公独能以此为问，故孟子善之。又言父母之丧，固人子之心所自尽者，盖悲哀之情，痛疾之意，非自外至，宜乎文公于此有所不能自已也。但所引曾子之言，本孔子告樊迟者，岂曾子尝诵之以告其门人欤？三年之丧者，子生三年，然后免于父母之怀。故父母之丧，必以三年也。齐，衣下缝也。不缉曰斩衰，缉之曰齐衰。疏，粗也，粗布也。飦，糜也。丧礼：三日始食粥。既葬，乃疏食。此古今贵贱通行之礼也。

③ 父兄，同姓老臣也。滕与鲁俱文王之后，而鲁祖周公为长，兄弟宗之，故滕谓鲁为宗国也。然谓二国不行三年之丧者，乃其后世之失，非周公之法本然也。《志》，记也，引《志》之言而释其意。以为所以如此者，盖为上世以来，有所传受，虽或不同，不可改也。然《志》所言，本谓先王之世，旧俗所传礼文小异而可以通行者耳，不谓后世失礼之甚者也。

④好、为，皆去声。复，扶又反。歠，川悦反。○不我足，谓不以我满足其意也。然者，然其“不我足”之言。不可他求者，言当责之于己。冢宰，六卿之长也。歠，饮也。深墨，甚黑色也。即，就也。尚，加也，《论语》作上，古字通也。偃，伏也。孟子言但在世子自尽其哀而已。

⑤诸侯五月而葬。未葬，居倚庐于中门之外。居丧不言，故未有命令教戒也。可谓曰知，疑有阙误。或曰：“皆谓世子之知礼也。”○林氏曰：“孟子之时，丧礼既坏，然三年之丧，恻隐之心，痛疾之意，出于人心之所固有者，初未尝亡也。惟其溺于流俗之弊，是以丧其良心而不自知耳。文公见孟子而闻性善、尧、舜之说，则固有以启发其良心矣，是以至此而哀痛之诚心发焉。及其父兄百官皆不欲行，则亦反躬自责，悼其前行之不足以取信，而不敢有非其父兄百官之心。虽其资质有过人者，而学问之力，亦不可诬也。及其断然行之，而远近见闻无不悦服，则以人心之所同然者，自我发之，而彼之心悦诚服，亦有所不期然而然者。人性之善，岂不信哉？”

滕文公问为国。①孟子曰："民事不可缓也。《诗》云：'昼尔于茅，宵尔索绹。亟其乘屋，其始播百谷。'②民之为道也，有恒产者有恒心，无恒产者无恒心。苟无恒心，放辟邪侈，无不为已。及陷乎罪，然后从而刑之，是罔民也。焉有仁人在位，罔民而可为也？③是故贤君必恭俭礼下，取于民有制。④阳虎曰：'为富不仁矣，为仁不富矣。'⑤夏后氏五十而贡，殷人七十而助，周人百亩而彻，其实皆什一也。彻者，彻也。助者，藉也。⑥龙子曰：'治地莫善于助，莫不善于贡。'贡者，校数岁之中以为常。乐岁，粒米狼戾，多取之而不为虐，则寡取之；凶年，粪其田而不足，则必取盈焉。为民父母，使民盻盻然，将终岁勤动，不得以养其父母，又称贷而益之，使老稚转乎沟壑，恶在其为民

译文 滕文公询问治理国家，孟子说："与民众有关的事务不能放松。《诗》说：'白天取茅草，晚上把绳绞，房屋赶快修整好，来年庄稼种得早。'民众的一般规律，有固定产业的有恒心，没有固定产业的没有恒心。一旦没有恒心，就会放荡胡来，无所不为。等到陷入罪网，然后跟着惩治他们，这是欺罔民众。哪有仁人当政而去欺罔民众的呢？因此，贤明的君主必定谦恭俭朴，对待臣仆有礼，向民众征税有定规。阳虎说：'致力于发财就不会仁爱，致力于仁爱就不会发财。'夏族以五十亩为单位贡，商族以七十亩为单位助，周族以一百亩为单位彻，其实

质都是十分取一。彻是抽取的意思，助是借助的意思。龙子说：'管理土地没有比助更好的，没有比贡更不好的。'贡是核定了几年收成的平均数作为常度。丰收之年谷物充溢，多收取些不算暴虐，却少收取；歉收之年给田上了肥料还收不上庄稼，却必定要取满定数。作为民众的父母，却使子民忧怨勤苦，即使终年辛劳也不足以赡养自己的父母，还要靠借贷来凑满租税，致使老人小孩在山沟荒野奄奄一息，哪里还算得上是民众的父母呢？世代承袭俸禄的制度，滕国原本已经实行。《诗》说：'雨水浇灌我们的公田，然后泽及我的私田。'助才会要有公田。由此看来，即使周代也施行助。设置庠、序、学、校来教育民众，庠是教养的意思，校是教导的意思，序是训导的意思。夏代称校，商代称序，周代称庠，学是三代都有的，都是用来使人们懂得人与人的伦常关系。在上者懂得了人与人的伦常关系，庶民们就会在下面拥护亲附。若有称王天下的人兴起，必定会来仿效取法，这样就成为称王天下者的老师了。《诗》所谓的'姬周虽旧国，天命却新受'，是指周文王。你努力实行吧，也使你的国家气象一新。"滕文公派毕战来询问井田，孟子说："你的国君要施行仁政，经过挑选才派你来，你一定要努力啊！施行仁政，必定要从田地的分界开始。田地的分界

父母也？⁷夫世禄，滕固行之矣。⁸《诗》云：'雨我公田，遂及我私。'惟助为有公田。由此观之，虽周亦助也。⁹设为庠序学校以教之。庠者，养也；校者，教也；序者，射也。夏曰校，殷曰序，周曰庠，学则三代共之，皆所以明人伦也。人伦明于上，小民亲于下。¹⁰有王者起，必来取法，是为王者师也。¹¹《诗》云：'周虽旧邦，其命惟新。'文王之谓也。子力行之，亦以新子之国。"¹²使毕战问井地。孟子曰："子之君将行仁政，选择而使子，子必勉之！夫仁政，必自经界始。经界不正，井地不钧，谷禄不平。是故暴君污吏必慢其经界。经界既正，分田制禄可坐而定也。¹³夫滕，壤地褊小，将为君子焉，将为野人焉。无君子莫治野人，无野人莫养君子。¹⁴请野九一而助，国中什一使自赋。¹⁵卿以下必有圭田，圭田五十亩。¹⁶余夫二十五亩。¹⁷死徙无出乡，乡田同井，出入相友，守望相助，疾病相扶持，则百姓亲睦。¹⁸方里而井，井九百亩，其中为公田。八家皆私百亩，同养公田。公事毕，然后敢治私事，所以别野人也。¹⁹此其大略也。若夫润泽之，则在君与子矣。"²⁰

朱子集注

①文公以礼聘孟子，故孟子至滕，而文公问之。

②绹，音陶。亟，纪力反。○民事，谓农事。《诗》，《豳风·七月》之篇。于，往取也。绹，绞也。亟，急也。乘，升也。播，布也。言农事至重，人君不可以为缓而忽之。故引《诗》言治屋之急如此者，盖以来春将复始播百谷，而不暇为此也。

③音义并见前篇。

④恭则能以礼接下，俭则能取民以制。

⑤阳虎，阳货，鲁季氏家臣也。天理人欲，不容并立。虎之言此，恐为仁之害于富也；孟子引之，恐为富之害于仁也。

君子小人，每相反而已矣。

⑥彻，敕列反。藉，子夜反。○此以下，乃言制民常产与其取之之制也。夏时一夫受田五十亩，而每夫计其五亩之入以为贡。商人始为井田之制，以六百三十亩之地，画为九区，区七十亩。中为公田，其外八家各授一区，但借其力以助耕公田，而不复税其私田。周时一夫授田百亩。乡遂用贡法，十夫有沟；都鄙用助法，八家同井。耕则通力而作，收则计亩而分，故谓之彻。其实皆什一者，贡法固以十分之一为常数，惟助法乃是九一，而商制不可考。周制则公田百亩，中以二十亩为庐舍，一夫所耕公田实计十亩。通私田百亩，为十一分而取其一，盖又轻于十一矣。窃料商制亦当如此，而以十四亩为庐舍，一夫实耕公田七亩，是亦不过什一也。彻，通也，均也。藉，借也。

⑦乐，音洛。盻，五礼反，从目从兮。或音普苋反者，非。养，去声。恶，平声。○龙子，古贤人。狼戾，犹狼藉，言多也。粪，拥也。盈，满也。盻，恨视也。勤动，劳苦也。称，举也。贷，借也。取物于人，而出息以偿之也。益之，以足取盈之数也。稚，幼子也。

⑧夫，音扶。○孟子尝言文王治岐，耕者九一，仕者世禄，二者王政之本也。今世禄滕已行之，惟助法未行，故取于民者无制耳。盖世禄者，授之土田，使之食其公田之入，实与助法相为表里，所以使君子、野人各有定业，而上下相安者也，故下文遂言助法。

⑨雨，於付反。○《诗》，《小雅·大田》之篇。雨，降雨也。言愿天雨于公田，而遂及私田，先公而后私也。当时助法尽废，典籍不存，惟有此诗，可见周亦用助，故引之也。

⑩庠以养老为义，校以教民为义，序以习射为义，皆乡学也。学，国学也。共之，无异名也。伦，序也。父子有亲，君臣有义，夫妇有别，长幼有序，朋友有信，此人之大伦也。庠、序、学、校，皆以明此而已。

⑪滕国褊小，虽行仁政，未必能兴王业。然为王者师，则虽不有天下，而其泽亦足以及天下矣。圣贤至公无我之心，于此可见。

不规整，井田块就不均衡，作为俸禄所分的谷物就不公平，因此，暴君和贪官污吏必定不会重视他们的田地分界。田地的分界规整了，分配田地、制定俸禄就能毫不费力地确定。滕国的疆土虽然狭小，一样要有执政的君子，要有耕田的农民。没有执政的君子就无法管理耕田的农民，没有耕田的农民就无法供养执政的君子。希望滕君在郊野施行九分取一的助，在都城中十分取一让国民自行交纳。国卿以下的官员必定要有用于祭祀的圭田，圭田是五十亩。每户的多余人口给田二十五亩。丧葬、迁居都不出乡里，每个乡里同耕一块井田，出入劳作时相互伴随，抵御寇盗时相互帮助，有病痛意外相互照顾，这样百姓就友爱和睦了。一里见方作为一块井田，一块井田有九百亩，中央的一百亩是公田，八家各以一百亩为私田，共同料理公田。公田上的事情做完了，才可以做私田上的事情，是为了使耕田的农民有所区分。这是井田的大概，至于调整完善就靠国君和你了。"

⑫《诗》,《大雅·文王》之篇。言周虽后稷以来,旧为诸侯,其受天命而有天下,则自文王始也。子,指文公,诸侯未逾年之称也。

⑬夫,音扶。○毕战,滕臣。文公因孟子之言,而使毕战主为井地之事,故又使之来问其详也。井地,即井田也。经界,谓治地分田,经画其沟涂封植之界也。此法不修,则田无定分,而豪强得以兼并,故井地有不钧;赋无定法,而贪暴得以多取,故谷禄有不平。此欲行仁政者之所以必从此始,而暴君污吏则必欲慢而废之也。有以正之,则分田制禄,可不劳而定矣。

⑭夫,音扶。养,去声。○言滕地虽小,然其间亦必有为君子而仕者,亦必有为野人而耕者,是以分田制禄之法,不可偏废也。

⑮此分田制禄之常法,所以治野人使养君子也。野,郊外都鄙之地也。九一而助,为公田而行助法也。国中,郊门之内,乡遂之地也。田不井授,但为沟洫,使什而自赋其一,盖用贡法也。周所谓彻法者盖如此。以此推之,当时非惟助法不行,其贡亦不止什一矣。

⑯此世禄常制之外,又有圭田,所以厚君子也。圭,洁也,所以奉祭祀也。不言世禄者,滕已行之,但此未备耳。

⑰程子曰:“一夫上父母,下妻子,以五口、八口为率,受田百亩。如有弟,是余夫也。年十六,别受田二十五亩,俟其壮而有室,然后更受百亩之田。”愚按:此百亩常制之外,又有余夫之田,以厚野人也。

⑱死,谓葬也。徙,谓徙其居也。同井者,八家也。友,犹伴也。守望,防寇盗也。

⑲养,去声。别,彼列反。○此详言井田形体之制,乃周之助法也。公田以为君子之禄,而私田野人之所受。先公后私,所以别君子、野人之分也。不言君子,据野人而言,省文耳。上言野及国中二法,此独详于治野者,国中贡法,当世已行,但取之过于什一尔。

⑳夫,音扶。○井地之法,诸侯皆去其籍,此特其大略而已。润泽,谓因时制宜,使合于人情,宜于土俗,而不失乎先王之

意也。○吕氏曰："子张子慨然有意三代之治。论治人先务，未始不以经界为急，讲求法制，粲然备具。要之可以行于今，如有用我者，举而措之耳。尝曰：'仁政必自经界始。贫富不均，教养无法，虽欲言治，皆苟而已。世之病难行者，未始不以亟夺富人之田为辞。然兹法之行，悦之者众。苟处之有术，期以数年，不刑一人而可复。所病者，特上之未行耳。'乃言曰：'纵不能行之天下，犹可验之一乡。'方与学者议古之法，买田一方，画为数井。上不失公家之赋役，退以其私，正经界，分宅里，立敛法，广储蓄，兴学校，成礼俗，救灾恤患，厚本抑末。足以推先王之遗法，明当今之可行。有志未就而卒。"○愚按：丧礼、经界两章，见孟子之学，识其大者。是以虽当礼法废坏之后，制度节文不可复考，而能因略以致详，推旧而为新，不屑屑于既往之迹，而能合乎先王之意，真可谓命世亚圣之才矣。

　　有为神农之言者许行，自楚之滕，踵门而告文公曰："远方之人闻君行仁政，愿受一廛而为氓。"文公与之处，其徒数十人，皆衣褐，捆屦织席以为食。[①]陈良之徒陈相与其弟辛，负耒耜而自宋之滕，曰："闻君行圣人之政，是亦圣人也，愿为圣人氓。"[②]陈相见许行而大悦，尽弃其学而学焉。陈相见孟子，道许行之言曰："滕君，则诚贤君也。虽然，未闻道也。贤者与民并耕而食，饔飧而治。今也滕有仓廪府库，则是厉民而以自养也，恶得贤？"[③]孟子曰："许子必种粟而后食乎？"曰："然。""许子必织布而后衣乎？"曰："否。许子衣褐。""许子冠乎？"曰："冠。"曰："奚冠？"曰："冠素。"曰："自织之与？"曰："否。以粟易之。"曰："许子奚为不自织？"曰："害于耕。"曰："许子以釜甑爨，以铁耕乎？"曰："然。""自为之与？"曰："否。以粟易之。"[④]"以粟易械器者，不为厉陶冶。

是以刻剥民众来奉养自己,怎么能贤明呢?"孟子说:"许子一定要种出粟米来才吃吗?"陈相说:"是的。"孟子说:"许子一定要织出布来才穿吗?"陈相说:"不,许子穿粗麻编织的衣服。"孟子说:"许子戴冠吗?"陈相说:"戴的。"孟子说:"什么样的冠?"陈相说:"白色的粗绸冠。"孟子说:"是自己织出来的吗?"陈相说:"不,用粟米换来的。"孟子说:"许子为什么不自己织呢?"陈相说:"因为妨碍耕作。"孟子说:"许子是用瓦罐煮饭、铁器耕田吗?"陈相说:"是的。"孟子说:"是自己制作的吗?"陈相说:"不,用粟米换来的。"孟子说:"用粟米换用具的人,并没有刻剥陶工、铁匠;陶工、铁匠也用自己所造的用具来换粟米,难道是刻剥农夫吗?而且许子为什么不兼做陶工、铁匠,把做出来的用具都拿到自己家中使用,干什么这样一一与各种工匠进行交易?为什么许子如此不厌其烦?"陈相说:"各种工匠的工作,本来就不能耕种着庄稼来兼做。"孟子说:"那么,难道治理国家就能耕种着庄稼来兼做吗?有君子的事务,有小人的事务。以一人的生活来说,各种工匠的制品都不可缺少,如果必须自己制作才来使用,是指使着天下的人疲于奔命。所以说有的人劳动心力、有的人劳动体力,劳动心力的人治理人,劳动体力的人被人治理;被人治理的人养

陶冶亦以其械器易粟者,岂为厉农夫哉?且许子何不为陶冶,舍皆取诸其宫中而用之?何为纷纷然与百工交易?何许子之不惮烦?"曰:"百工之事,固不可耕且为也。"⑤"然则治天下独可耕且为与?有大人之事,有小民之事。且一人之身,而百工之所为备,如必自为而后用之,是率天下而路也。故曰:或劳心,或劳力。劳心者治人,劳力者治于人。治于人者食人,治人者食于人。天下之通义也。⑥当尧之时,天下犹未平,洪水横流,泛滥于天下。草木畅茂,禽兽繁殖,五谷不登,禽兽逼人。兽蹄鸟迹之道,交于中国。尧独忧之,举舜而敷治焉。舜使益掌火,益烈山泽而焚之,禽兽逃匿。禹疏九河,瀹济、漯,而注诸海;决汝、汉,排淮、泗,而注之江,然后中国可得而食也。当是时也,禹八年于外,三过其门而不入,虽欲耕,得乎?⑦后稷教民稼穑,树艺五谷,五谷熟而民人育。人之有道也,饱食、暖衣、逸居而无教,则近于禽兽。圣人有忧之,使契为司徒,教以人伦:父子有亲,君臣有义,夫妇有别,长幼有序,朋友有信。放勋曰:'劳之来之,匡之直之,辅之翼之,使自得之,又从而振德之。'圣人之忧民如此,而暇耕乎?⑧尧以不得舜为己忧,舜以不得禹、皋陶为己忧。夫以百亩之不易为己忧者,农夫也。⑨分人以财谓之惠,教人以善谓之忠,为天下得人者谓之仁。是故以天下与人易,为天下得人难。⑩孔子曰:'大哉尧之为君!惟天为大,惟尧则之,荡荡乎民无能名焉!君哉舜也!巍巍乎有天下而不与焉!'尧、舜之治天下,岂无所用其心哉?亦不用于耕耳。⑪吾闻用夏变夷者,未闻变于夷者也。陈良,楚产也,悦周公、仲尼之道,北学于中

国。北方之学者，未能或之先也。彼所谓豪杰之士也。子之兄弟事之数十年，师死而遂倍之。[12]昔者孔子没，三年之外，门人治任将归，入揖于子贡，相向而哭，皆失声，然后归。子贡反，筑室于场，独居三年，然后归。他日，子夏、子张、子游以有若似圣人，欲以所事孔子事之，强曾子。曾子曰：'不可。江、汉以濯之，秋阳以暴之，皜皜乎不可尚已。'[13]今也南蛮𫛞舌之人，非先王之道，子倍子之师而学之，亦异于曾子矣。[14]吾闻出于幽谷迁于乔木者，未闻下乔木而入于幽谷者。[15]《鲁颂》曰：'戎狄是膺，荆、舒是惩。'周公方且膺之，子是之学，亦为不善变矣。"[16]"从许子之道，则市贾不贰，国中无伪。虽使五尺之童适市，莫之或欺。布帛长短同，则贾相若；麻缕丝絮轻重同，则贾相若；五谷多寡同，则贾相若；屦大小同，则贾相若。"[17]曰："夫物之不齐，物之情也，或相倍蓰，或相什伯，或相千万。子比而同之，是乱天下也。巨屦、小屦同贾，人岂为之哉？从许子之道，相率而为伪者也，恶能治国家？"[18]

朱子集注

①衣，去声。捆，音阃。○神农，炎帝神农氏，始为耒耜，教民稼穑者也。为其言者，史迁所谓农家者流也。许，姓；行，名也。踵门，足至门也。仁政，上章所言井地之法也。廛，民所居也。氓，野人之称也。褐，毛布，贱者之服也。捆，扣椓之，欲其坚也。以为食，卖以供食也。○程子曰："许行所谓神农之言，乃后世称述上古之事，失其义理者耳，犹阴阳、医方称黄帝之说也。"

②陈良，楚之儒者。耒，所以起土。耜，其柄也。

③饔，音雍。飧，音孙。恶，平声。○饔飧，熟食也。朝曰饔，夕曰飧。言当自炊爨以为食，而兼治民事也。厉，病也。许行此言，盖欲阴坏孟子分别君子、野人之法。

活人，治理人的人被人养活，这是普天之下通行的道理。在尧的时候，天下还不安定，洪水横溢，四处泛滥，草木无限地生长，鸟兽成群地繁殖，庄稼没有收获，禽兽危害民众，飞鸟走兽的踪迹横七竖八地布满中原国土。尧对此独自忧虑，选拔了舜进行治理。舜派益掌管焚火，益在山野沼泽点起烈火进行焚烧，鸟兽奔逃藏匿。接着，由禹疏浚九河，治理济水、漯水，引流入海；开掘汝水、汉水，疏通淮水、泗水，导流入江，这样一来，民众才能在中原大地上得以生息。在那时，禹一连八年在外边奔走，三次经过自己的家门都不进去，纵使要耕种，可能吗？后稷教民众耕种收获，种植谷物，谷物成熟了才能养育民众。人有人的行事准则，吃饱、穿暖、住得安逸却没有教养，就和禽兽差不多了。圣人对此感到忧虑，派契担任司徒，以人与人的伦常关系来教诲民众，父子之间要亲密无间，君臣之间要正义忠诚，夫妇之间要内外有别，长幼之间要尊卑有序，朋友之间要遵守信用。放勋说：'督促他们，纠正他们，帮助他们，使他们各得其本性，随后再提高他们的道德。'圣人为民众思虑到这种程度，还有闲暇耕种吗？尧以不能得到舜这样的人作为自己的忧虑，舜以不能得到禹和皋陶这样的人作为自己的忧虑，而以一百亩农田没有种好作为自己忧虑的是

④衣，去声。与，平声。○釜，所以煮。甑，所以炊。爨，然火也。铁，耜属也。此语八反，皆孟子问而陈相对也。

⑤舍，去声。○此孟子言而陈相对也。械器，釜甑之属也。陶，为甑者。冶，为釜铁者。舍，止也，或读属上句。舍，谓作陶冶之处也。

⑥与，平声。食，音嗣。○此以下皆孟子言也。路，谓奔走道路，无时休息也。治于人者，见治于人也。食人者，出赋税以给公上也。食于人者，见食于人也。此四句皆古语，而孟子引之也。君子无小人则饥，小人无君子则乱。以此相易，正犹农夫、陶冶以粟与械器相易，乃所以相济而非所以相病也。治天下者，岂必耕且为哉？

⑦瀹，音药。济，子礼反。漯，他合反。○天下犹未平者，洪荒之世，生民之害多矣，圣人迭兴，渐次除治，至此尚未尽平也。洪，大也。横流，不由其道而散溢妄行也。泛滥，横流之貌。畅茂，长盛也。繁殖，众多也。五谷，稻、黍、稷、麦、菽也。登，成熟也。道，路也。兽蹄鸟迹交于中国，言禽兽多也。敷，布也。益，舜臣名。烈，炽也。禽兽逃匿，然后禹得施治水之功。疏，通也，分也。九河：曰徒骇，曰太史，曰马颊，曰覆釜，曰胡苏，曰简，曰洁，曰钩盘，曰鬲津。瀹，亦疏通之意。济、漯，二水名。决、排，皆去其壅塞也。汝、汉、淮、泗，亦皆水名也。据《禹贡》及今水路，惟汉水入江耳。汝、泗则入淮，而淮自入海。此谓四水皆入于江，记者之误也。

⑧契，音薛。别，彼列反。长、放，皆上声。劳、来，皆去声。○言水土平，然后得以教稼穑；衣食足，然后得以施教化。后稷，官名，弃为之。然言教民，则亦非并耕矣。树，亦种也。艺，殖也。契，亦舜臣名也。司徒，官名也。人之有道，言其皆有秉彝之性也。然无教，则亦放逸怠惰而失之，故圣人设官而教以人伦，亦因其固有者而道之耳。《书》曰："天叙有典，敕我五典五惇哉。"此之谓也。放勋，本史臣赞尧之辞，孟子因以为尧号也。德，犹惠也。尧言，劳者劳之，来者来之，邪者正之，枉者直之，辅以立之，翼以行之，使自得其性矣，又从而提撕警觉以加惠焉，不使其放逸怠惰而或失

农夫。把财物分给他人叫做惠，把善德教给他人叫做忠，为天下民众找到贤才叫做仁。因此，把天下让给别人容易，为天下民众找到贤才难。孔子说：'尧作为君主伟大啊！唯有天最高大，唯有尧效法它。浩瀚啊，民众无法形容。真正的君主啊，舜！崇高啊，拥有了天下却不占有它。'尧舜的治理天下，难道没有用他们的心思吗？只是不用在耕作上而已。我只听说用中土的德教来影响蛮夷，没听说过被蛮夷所影响的。陈良是楚人，喜好周公、孔子的学说，北来中土进行学习，北方的学者没有一个能超过他的，他就是所谓的豪杰之士。你们兄弟事奉他数十年，老师死了却背叛他的学说。过去孔子去世，门徒们守丧三年之后收拾行李准备回去，进屋与子贡揖别，相对而哭，都泣不成声，然后才回去。子贡回到墓地，在祭坛边筑屋独自居住了三年，然后才回去。过了些日子，子夏、子张、子游因为有若长得像孔子，打算像事奉孔子那样礼待他，并强求曾子也这样做。曾子说：'不行。如同在江汉之水中洗濯过，好似在六月骄阳下曝晒过，老师那样的纯净精洁是无法超越的。'如今许行这种话语难懂的南蛮人来非难先王之道，你却背叛了你的老师向他学习，与曾子真是大相径庭了。我只听说鸟儿从幽暗的山谷飞往高大的树木，从没听说过从高大的

之。盖命契之辞也。

⑨夫，音扶。易，去声。○易，治也。尧、舜之忧民，非事事而忧之也，急先务而已。所以忧民者其大如此，则不惟不暇耕，而亦不必耕矣。

⑩为，易，并去声。○分人以财，小惠而已。教人以善，虽有爱民之实，然其所及亦有限而难久。惟若尧之得舜，舜之得禹、皋陶，乃所谓为天下得人者，而其恩惠广大，教化无穷矣，此其所以为仁也。

⑪与，去声。○则，法也。荡荡，广大之貌。君哉，言尽君道也。巍巍，高大之貌。不与，犹曰不相关，言其不以位为乐也。

⑫此以下，责陈相倍师而学许行也。夏，诸夏礼义之教也。变夷，变化蛮夷之人也。变于夷，反见变化于蛮夷之人也。产，生也。陈良生于楚，在中国之南，故北游而学于中国也。先，过也。豪杰，才德出众之称，言其能自拔于流俗也。倍，与背同。言陈良用夏变夷，陈相变于夷也。

⑬任，平声。强，上声。暴，蒲木反。皜，音杲。○三年，古者为师心丧三年，若丧父而无服也。任，担也。场，冢上之坛场也。有若似圣人，盖其言行气象有似之者，如《檀弓》所记子游谓有若之言似夫子之类是也。所事孔子，所以事夫子之礼也。江、汉水多，言濯之洁也。秋日燥烈，言暴之干也。皜皜，洁白貌。尚，加也。言夫子道德明著，光辉洁白，非有若所能仿佛也。或曰："此三语者，孟子赞美曾子之辞也。"

⑭鴃，亦作鴂，古役反。○鴃，博劳也，恶声之鸟。南蛮之声似之，指许行也。

⑮《小雅·伐木》之诗云："伐木丁丁，鸟鸣嘤嘤。出自幽谷，迁于乔木。"

⑯《鲁颂》，《閟宫》之篇也。膺，击也。荆，楚本号也。舒，国名，近楚者也。惩，艾也。按：今此诗为僖公之颂，而孟子以周公言之，亦断章取义也。

⑰贾，音价，下同。○陈相又言许子之道如此。盖神农始为市井，故许行又托于神农而有是说也。五尺之童，言幼小无

树木飞到幽暗的山谷中去的。《鲁颂》说：'痛击戎狄，遏止荆舒。'周公正要痛击他们，你却赞同他们的学说，这真算不上好的变更。"陈相说："要是听从了许子的学说，市场上的物价就没有差别，都市里没有欺骗行为，即使是五尺高的孩童到市场上去，也没有人会欺负他。布匹丝绸的长短相等，价钱就一样；麻线丝絮的份量相等，价钱就一样；粟米谷物的多少相等，价钱就一样；鞋履的大小相等，价钱就一样。"孟子说："物品之间不相一致，是物品本身的特性，或者相差一倍五倍，或者相差十倍百倍，或者相差千倍万倍。你要把它们等量齐观，是淆乱天下。优质的鞋和粗劣的鞋卖同样的价钱，人们怎么会接受呢？要是听从了许子的学说，是引导着天下的人去进行欺骗，怎么能治理国家呢？"

知也。许行欲使市中所粥之物,皆不论精粗美恶,但以长短、轻重、多寡、大小为价也。

⑱夫,音扶。蓰,音师,又山绮反。比,必二反。恶,平声。〇倍,一倍也。蓰,五倍也。什、伯、千、万,皆倍数也。比,次也。孟子言物之不齐,乃其自然之理,其有精粗,犹其有大小也。若大屦、小屦同价,则人岂肯为其大者哉?今不论精粗,使之同价,是使天下之人皆不肯为其精者,而竞为滥恶之物以相欺耳。

译文 墨家信徒夷之通过徐辟求见孟子,孟子说:"我本来愿意见,但现在还在病中,等病好了我去见他。"夷之就没有去。过了些日子,夷之又来求见孟子,孟子说:"我现在可以见他了。话不直截了当地说便讲不清道理,我就直截了当地说吧!我听说夷子是墨家的信徒,墨家办理丧事以俭约作为他们的准则。夷子想用它来改易天下的礼俗,难道以为不这样就不足贵吗?但夷子安葬他的父母亲却很丰厚,那是拿自己看不起的东西来事奉父母亲。"徐辟把这些话告诉夷之,夷之说:"按儒家信徒的说法,古时候对待民众'如同爱护婴儿一般',这话是什么意思呢?我认为它是指爱没有等级区分,只是从父母亲开始实施罢了。"徐辟把这些话告诉孟子,孟子说:"夷子真的认为人们爱护自己侄儿等同于爱护邻居的婴儿吗?他是有依据的,例如婴儿爬着将要掉到井里去时,这当然不能归罪于婴儿。上天生养万

墨者夷之,因徐辟而求见孟子。孟子曰:"吾固愿见,今吾尚病,病愈,我且往见。"夷子不来!①他日又求见孟子。孟子曰:"吾今则可以见矣。不直,则道不见,我且直之。吾闻夷子墨者,墨之治丧也,以薄为其道也。夷子思以易天下,岂以为非是而不贵也?然而夷子葬其亲厚,则是以所贱事亲也。"②徐子以告夷子。夷子曰:"儒者之道,古之人'若保赤子',此言何谓也?之则以为爱无差等,施由亲始。"徐子以告孟子。孟子曰:"夫夷子信以为人之亲其兄之子,为若亲其邻之赤子乎?彼有取尔也。赤子匍匐将入井,非赤子之罪也。且天之生物也,使之一本,而夷子二本故也。③盖上世尝有不葬其亲者。其亲死,则举而委之于壑。他日过之,狐狸食之,蝇蚋姑嘬之。其颡有泚,睨而不视。夫泚也,非为人泚,中心达于面目。盖归反虆梩而掩之。掩之诚是也,则孝子仁人之掩其亲,亦必有道矣。"④徐子以告夷子。夷子怃然为间,曰:"命之矣。"⑤

朱子集注 ①辟,音壁,又音闢。〇墨者,治墨翟之道者。夷,姓;之,名。徐辟,孟子弟子。孟子称病,疑亦托辞以观其意之诚否。

②不见之见，音现。○又求见，则其意已诚矣，故因徐辟以质之如此。直，尽言以相正也。庄子曰："墨子生不歌，死无服，桐棺三寸而无椁。"是墨之治丧，以薄为道也。易天下，谓移易天下之风俗也。夷子学于墨氏而不从其教，其心必有所不安者，故孟子因以诘之。

③夫，音扶，下同。匍，音蒲，匐，蒲北反。○"若保赤子"，《周书·康诰》篇文，此儒者之言也。夷子引之，盖欲援儒而入于墨，以拒孟子之非己。又曰"爱无差等，施由亲始"，则推墨而附于儒，以释己所以厚葬其亲之意，皆所谓遁辞也。孟子言人之爱其兄子与邻之子，本有差等。《书》之取譬，本为小民无知而犯法，如赤子无知而入井耳。且人物之生，必各本于父母而无二，乃自然之理，若天使之然也。故其爱由此立，而推以及人，自有差等。今如夷子之言，则是视其父母本无异于路人，但其施之之序，姑自此始耳。非二本而何哉？然其于先后之间，犹知所择，则又其本心之明终不得而息者，此其所以卒能受命而自觉其非也。

④蜹，音汭。嘬，楚怪反。泚，此礼反。睨，音诣。为，去声。虆，力追反。梩，力知反。○因夷子厚葬其亲而言此，以深明一本之意。上世，谓太古也。委，弃也。壑，山水所趋也。蜹，蚊属。姑，语助声，或曰蝼蛄也。嘬，攒共食之也。颡，额也。泚，泚然汗出之貌。睨，邪视也。视，正视也。不能不视，而又不忍正视，哀痛迫切，不能为心之甚也。非为人泚，言非为他人见之而然也。所谓一本者，于此见之，尤为亲切。盖惟至亲故如此，在他人，则虽有不忍之心，而其哀痛迫切，不至若此之甚矣。反，覆也。虆，土笼也。梩，土轝也。于是归而掩覆其亲之尸，此葬埋之礼所由起也。此掩其亲者，若所当然，则孝子仁人所以掩其亲者，必有其道，而不以薄为贵矣。

⑤怃，音武。间，如字。○怃然，茫然自失之貌。为间者，有顷之间也。命，犹教也。言孟子已教我矣。盖因其本心之明，以攻其所学之蔽，是以吾之言易入，而彼之惑易解也。

物，让他们各有一个本源，而夷子却要他们有两个本源。上古时代曾经有不安葬自己父母亲的人，他的父母亲死了就扛起来丢在山沟里。过了些日子经过那里，只见狐狸在撕食尸体，蚊蝇在叮咬尸体。那人额头流出汗来，避开眼光不敢正视。这汗不是为他人所流的，而是内心的愧疚表露在面目上，于是就回去拿了锄头土畚把尸体掩埋了。如果掩埋尸体确实是对的，那么，孝子仁人安葬自己的父母亲也必定是符合道理的。"徐辟把这些话告诉夷之，夷之茫然自失，好一会才说："他教育了我！"

孟子集注卷第六

滕文公章句下

凡十章。

陈代曰:"不见诸侯,宜若小然;今一见之,大则以王,小则以霸。且《志》曰:'枉尺而直寻',宜若可为也。"①孟子曰:"昔齐景公田,招虞人以旌,不至,将杀之。'志士不忘在沟壑,勇士不忘丧其元',孔子奚取焉?取非其招不往也。如不待其招而往,何哉?②且夫枉尺而直寻者,以利言也。如以利,则枉寻直尺而利,亦可为与?③昔者赵简子使王良与嬖奚乘,终日而不获一禽。嬖奚反命曰:'天下之贱工也。'或以告王良。良曰:'请复之。'强而后可,一朝而获十禽。嬖奚反命曰:'天下之良工也。'简子曰:'我使掌与女乘。'谓王良。良不可,曰:'吾为之范我驰驱,终日不获一;为之

译文 陈代说:"不去见诸侯似乎是小事,现今一去见他们,大可以称王天下、小可以称霸诸侯,记载上说'屈曲一尺而伸直八尺',似乎可以见一见的。"孟子说:"过去齐景公田猎,用旌去传唤管理山林的虞人,虞人不去,景公要处死他。孔子得知后说'志士不怕弃尸山沟,勇士不怕丧失头颅',孔子赞赏什么呢?是赞赏虞人对不符合礼仪的传唤不应承。要是不待传唤而去应承,那算什么呢?所谓'屈曲一尺而伸直八尺',是从利上来说的。要说利,如果屈曲

诡遇，一朝而获十。《诗》云："不失其驰，舍矢如破。"我不贯与小人乘，请辞。'④御者且羞与射者比。比而得禽兽，虽若丘陵，弗为也。如枉道而从彼，何也？且子过矣，枉己者，未有能直人者也。"⑤

朱子集注 ①王，去声。○陈代，孟子弟子也。小，谓小节也。枉，屈也。直，伸也。八尺曰寻。枉尺直寻，犹屈己一见诸侯，而可以致王霸，所屈者小，所伸者大也。

②丧，去声。○田，猎也。虞人，守苑囿之吏也。招大夫以旌，招虞人以皮冠。元，首也。志士固穷，常念死无棺椁，弃沟壑而不恨。勇士轻生，常念战斗而死，丧其首而不顾也。此二句，乃孔子叹美虞人之言。夫虞人，招之不以其物，尚守死而不往，况君子，岂可不待其招而自往见之邪？此以上，告之以不可往见之意。

③夫，音扶。与，平声。○此以下，正其所称枉尺直寻之非。夫所谓枉小而所伸者大则为之者，计其利耳。一有计利之心，则虽枉多伸少而有利，亦将为之邪？甚言其不可也。

④乘，去声。强，上声。女，音汝。为，去声。舍，上声。○赵简子，晋大夫赵鞅也。王良，善御者也。嬖奚，简子幸臣。与之乘，为之御也。复之，再乘也。强而后可，嬖奚不肯，强之而后肯也。一朝，自晨至食时也。掌，专主也。范，法度也。诡遇，不正而与禽遇也。言奚不善射，以法驰驱则不获，废法诡遇而后中也。《诗》，《小雅·车攻》之篇。言御者不失其驰驱之法，而射者发矢皆中而力，今嬖奚不能也。贯，习也。

⑤比，必二反。○比，阿党也。若丘陵，言多也。○或曰："居今之世，出处去就不必一一中节，欲其一一中节，则道不得行矣。"杨氏曰："何其不自重也？枉己其能直人乎？古之人宁道之不行，而不轻其去就，是以孔、孟虽在春秋、战国之时，而进必以正，以至终不得行而死也。使不恤其去就而可以行道，孔、孟当先为之矣。孔、孟岂不欲道之行哉？"

八尺而伸直一尺有利，是否也能做呢？过去赵简子派王良为他宠幸的小臣奚驾车，一整天捕不到一只鸟。奚向赵简子汇报说：'王良是天下最拙劣的车手。'有人把这话告诉了王良，王良说：'请让我们再去一次。'经过强求之后才获允准，结果一个早上就捕到了十只鸟。奚向赵简子汇报说：'王良是天下最优秀的车手。'赵简子说：'我派他专门为你驾车。'便告诉了王良。王良不同意，说：'我替他按规范驾车，一整天捕不到一只；不按照规范驾车，一个早上就捕到了十只。《诗》说："不失规范地奔驰，一箭发出就射中。"我不习惯替小人驾车，请不要任命。'车手尚且羞于与奚这样的射手合作，即便合作所得的鸟兽多得像山丘一样，也不肯干。要是损害了原则去阿附诸侯，那算什么呢？而且你错了，自己不行正道的人未曾有过能匡正他人的。"

译文 景春说："公孙衍、张仪难道不确实是大丈夫吗？一发怒，诸侯就害怕；安居无事，天下就没有冲突。"孟子说："这怎么能算是大丈夫呢？你没有学礼吗？男子行冠礼时，父亲训导他；女子出嫁时，母亲训导她，亲自送到门口，告诫她说：'到了你的夫家，必须恭敬，必须谨慎，不要违抗丈夫。'以顺从作为准则，是为人之妻的道理。居住在天下最广大的居所里，站立在天下最正大的位置上，行走在天下最广阔的大道上，能实现志向就与民众一起去实现，不能实现志向就独自施行自己的原则，富贵无法诱惑，贫贱无法动摇，威武无法逼迫，这才叫做大丈夫。"

景春曰："公孙衍、张仪岂不诚大丈夫哉？一怒而诸侯惧，安居而天下熄。"①孟子曰："是焉得为大丈夫乎？子未学礼乎？丈夫之冠也，父命之。女子之嫁也，母命之，往送之门，戒之曰：'往之女家，必敬必戒，无违夫子！'以顺为正者，妾妇之道也。②居天下之广居，立天下之正位，行天下之大道。得志与民由之，不得志独行其道。富贵不能淫，贫贱不能移，威武不能屈。此之谓大丈夫。"③

朱子集注 ①景春，人姓名。公孙衍、张仪，皆魏人。怒则说诸侯使相攻伐，故诸侯惧也。

②焉，于虔反。冠，去声。女家之女，音汝。〇加冠于首曰冠。女家，夫家也。妇人内夫家，以嫁为归也。夫子，夫也。女子从人，以顺为正道也。盖言二子阿谀苟容，窃取权势，乃妾妇顺从之道耳，非丈夫之事也。

③广居，仁也。正位，礼也。大道，义也。与民由之，推其所得于人也。独行其道，守其所得于己也。淫，荡其心也。移，变其节也。屈，挫其志也。〇何叔京曰："战国之时，圣贤道否，天下不复见其德业之盛。但见奸巧之徒，得志横行，气焰可畏，遂以为大丈夫。不知由君子观之，是乃妾妇之道耳，何足道哉！"

译文 周霄问道："古代的君子出仕吗？"孟子说："出仕的。记载上说'孔子要是三个月没有事奉的君主就会惶惶不安，所以每离开一处必定带着拜见君主的礼物'，公明仪说：'古代的人要是三个月没有事奉的君主就会感到悲伤。'"周霄说："三个月没有事奉的君主就感到悲伤，不是太性急了吗？"孟子说："士人失去了职

周霄问曰："古之君子仕乎？"孟子曰："仕。传曰：'孔子三月无君，则皇皇如也，出疆必载质。'公明仪曰：'古之人，三月无君则吊。'"①"三月无君则吊，不以急乎？"②曰："士之失位也，犹诸侯之失国家也。《礼》曰：'诸侯耕助，以共粢盛。夫人蚕缫，以为衣服。牺牲不成，粢盛不洁，衣服不备，不敢以祭。惟士无田，则亦不祭。'牺杀、器皿、衣服不备，不敢以祭，则不敢以宴，亦不足吊

乎?"③"出疆必载质,何也?"④曰:"士之仕也,犹农夫之耕也。农夫岂为出疆舍其耒耜哉?"⑤曰:"晋国亦仕国也,未尝闻仕如此其急。仕如此其急也,君子之难仕,何也?"曰:"丈夫生而愿为之有室,女子生而愿为之有家。父母之心,人皆有之。不待父母之命、媒妁之言,钻穴隙相窥,逾墙相从,则父母、国人皆贱之。古之人未尝不欲仕也,又恶不由其道。不由其道而往者,与钻穴隙之类也。"⑥

朱子集注 ①传,直恋反。质与贽同,下同。○周霄,魏人。无君,谓不得仕而事君也。皇皇如,有求而弗得之意。出疆,谓失位而去国也。质,所执以见人者,如士则执雉也。出疆载之者,将以见所适国之君而事之也。

②周霄问也。以、已通,太也。后章放此。

③盛,音成。缲,素刀反。皿,武永反。○《礼》曰:"诸侯为藉百亩,冕而青纮,躬秉耒以耕,而庶人助以终亩。收而藏之御廪,以供宗庙之粢盛。使世妇蚕于公桑蚕室,奉茧以示于君,遂献于夫人。夫人副袆受之,缲三盆手,遂布于三宫世妇,使缲以为黼黻文章,而服以祀先王先公。"又曰:"士有田则祭,无田则荐。"黍稷曰粢,在器曰盛。牲杀,牲必特杀也。皿,所以覆器者。

④周霄问也。

⑤为,去声。舍,上声。

⑥为,去声。妁,音酌。隙,去逆反。恶,去声。○晋国,解见首篇。仕国,谓君子游宦之国。霄意以孟子不见诸侯为难仕,故先问古之君子仕否,然后言此以风切之也。男以女为室,女以男为家。妁,亦媒也。言为父母者,非不愿其男女之有室家,而亦恶其不由道。盖君子虽不洁身以乱伦,而亦不徇利而忘义也。

位,犹如诸侯失去了国家。礼书上说:'诸侯亲自耕种农田以生产祭品,他们的夫人亲自养蚕以制作祭服。祭奠用的牲畜不肥壮,祭奠用的食品不洁净,祭奠用的礼服不完备,不敢用来祭祀。'士人如果没有了土地也不能祭祀,因为牲畜、器皿、礼服不完备,不敢用来祭祀,于是就不敢进行宴乐,难道不足以感到悲伤吗?"周霄说:"每离开一处必定带着拜见君主的礼物是什么道理呢?"孟子说:"士人去出仕好比农夫去耕地,农夫如果离开一个地方难道会丢下他的农具吗?"周霄说:"晋国也是个能出仕的国家,但我从未听说过士人出仕有如此急迫的。既然士人出仕是如此的急迫,那么君子的出仕为什么那样艰难呢?"孟子说:"男子生下来就希望为他找到妻室,女子生下来就希望为他找到夫家,父母的这种心情是人人都有的。但要是不得到父母亲的同意,没有媒人的介绍,就钻洞穴私下相见,翻墙头进行幽会,那么父母、国人都会看不起他们。古人不是不想出仕,但又嫌恶不通过正当途径的出仕。不通过正当途径去出仕的,就和钻洞翻墙差不多。"

译文 彭更问道:"后面跟着几十乘车辆,身边随从着几百个人,走来走去都受到诸侯的供养,这样不觉得过分吗?"孟子说:"不合乎道德,一碗饭都不能受之于人;合乎道德,舜接受了尧的天下都不觉得过分。你觉得过分吗?"彭更说:"不对,士人没有成就而吃人家,是不可以的。"孟子说:"你如果不沟通人们的劳绩、交换他们的成果,用多余来弥补不足,农夫就会有剩余下来的粟米,女子就会有剩余下来的布匹;你如果沟通他们,那么工匠们都能从你那儿得到吃的。现在有这么个人,在家孝顺,出外友爱,恪守先王的准则,以此扶持后进的学者,却不能从你那儿得到吃的,你为什么看重工匠而轻视实行仁义的人呢?"彭更说:"工匠们的愿望是要以此来谋求吃的,君子的施行道德,其愿望也是要以此来谋求吃的吗?"孟子说:"你何必管愿望呢?他们对你有劳绩,可以酬劳才酬劳他们的。你到底是酬劳愿望呢,还是酬劳劳绩?"彭更说:"酬劳愿望。"孟子说:"现在有个人,干活时毁坏了瓦片、污损了墙壁,其愿望是要以此来谋求吃的,你酬劳他吗?"彭更说:"不。"孟子说:"那么你就不是酬劳愿望,而是酬劳劳绩。"

译文 万章问道:"宋是个小国,现在要施行称王天下的政措,齐国、楚国感到憎恨而去讨伐它,怎么办呢?"孟子说:

彭更问曰:"后车数十乘,从者数百人,以传食于诸侯,不以泰乎?"孟子曰:"非其道,则一箪食不可受于人;如其道,则舜受尧之天下,不以为泰,子以为泰乎?"[1]曰:"否。士无事而食,不可也。"[2]曰:"子不通功易事,以羡补不足,则农有余粟,女有余布;子如通之,则梓匠轮舆皆得食于子。于此有人焉,入则孝,出则悌,守先王之道,以待后之学者,而不得食于子。子何尊梓匠轮舆而轻为仁义者哉?"[3]曰:"梓匠轮舆,其志将以求食也。君子之为道也,其志亦将以求食与?"曰:"子何以其志为哉?其有功于子,可食而食之矣。且子食志乎?食功乎?"曰:"食志。"[4]曰:"有人于此,毁瓦画墁,其志将以求食也,则子食之乎?"曰:"否。"曰:"然则子非食志也,食功也。"[5]

朱子集注 [1]更,平声。乘、从,皆去声。传,直恋反。箪,音丹。食,音嗣。○彭更,孟子弟子也。泰,侈也。

[2]言不以舜为泰,但谓今之士无功而食人之食,则不可也。

[3]羡,延面反。○通功易事,谓通人之功而交易其事。羡,余也。有余,言无所贸易而积于无用也。梓人、匠人,木工也。轮人、舆人,车工也。

[4]与,平声。可食而食、食志、食功之食,皆音嗣,下同。○孟子言:自我而言,固不求食;自彼而言,凡有功者则当食之。

[5]墁,武安反。子食之食,亦音嗣。○墁,墙壁之饰也。毁瓦画墁,言无功而有害也。既曰食功,则以士为无事而食者,真尊梓匠轮舆而轻为仁义者矣。

万章问曰:"宋,小国也,今将行王政,齐、楚恶而伐之,则如之何?"[1]孟子曰:"汤居亳,与葛为邻,葛伯放而不祀。汤使人问之曰:'何为不祀?'

曰：'无以供牺牲也。'汤使遗之牛羊。葛伯食之，又不以祀。汤又使人问之曰：'何为不祀?'曰：'无以供粢盛也。'汤使亳众往为之耕，老弱馈食。葛伯率其民，要其有酒食黍稻者夺之，不授者杀之。有童子以黍肉饷，杀而夺之。《书》曰：'葛伯仇饷。'此之谓也。② 为其杀是童子而征之，四海之内皆曰：'非富天下也，为匹夫匹妇复雠也。'③ '汤始征，自葛载'，十一征而无敌于天下。东面而征，西夷怨；南面而征，北狄怨，曰：'奚为后我?'民之望之，若大旱之望雨也。归市者弗止，芸者不变。诛其君，吊其民，如时雨降。民大悦。《书》曰：'徯我后，后来其无罚。'④ '有攸不惟臣，东征，绥厥士女，匪厥玄黄，绍我周王见休，惟臣附于大邑周。'其君子实玄黄于匪以迎其君子，其小人箪食壶浆以迎其小人。救民于水火之中，取其残而已矣。⑤ 太誓曰：'我武惟扬，侵于之疆，则取于残，杀伐用张，于汤有光。'⑥ 不行王政云尔；苟行王政，四海之内皆举首而望之，欲以为君。齐、楚虽大，何畏焉?"⑦

①恶，去声。○万章，孟子弟子。宋王偃尝灭滕伐薛，败齐、楚、魏之兵，欲霸天下，疑即此时也。

②遗，唯季反。盛，音成。往为之为，去声。馈食、酒食之食，音嗣。要，平声。饷，式亮反。○葛，国名。伯，爵也。放而不祀，放纵无道，不祀先祖也。亳众，汤之民。其民，葛民也。授，与也。饷，亦馈也。《书》，《商书·仲虺之诰》也。仇饷，言与饷者为仇也。

③为，去声。○非富天下，言汤之心非以天下为富而欲得之也。

④载，亦始也。十一征，所征十一国也。余已见前篇。

⑤食，音嗣。○按：《周书·武成》篇载武王之言，孟子约其

"成汤居住在亳地，与葛国相邻，葛伯放纵无道，不祭祀先祖。汤派人询问他们说：'为什么不祭祀?'葛伯说：'没有牲畜来做祭祀用的牺牲。'汤派人送给他们牛羊，葛伯把牛羊吃了，还是不用来祭祀。汤又派人询问他们说：'为什么不祭祀?'葛伯说：'没有谷物来做祭品。'汤派亳地的民众去为他们耕田，年老体弱的人去送饭时，葛伯带领着他的民众拦住那些带着酒食米饭的人抢夺，不肯给的就杀死。有个孩子带着米饭和肉，遭到杀害而被夺走了食物。《书》说'葛伯与送饭者为仇'，就是指这件事。成汤因为葛伯杀死了这个孩子而去征讨他，四海之内都说：'这不是贪图天下的财富，是为平民百姓复仇。'成汤的征讨从葛国开始，先后征战十一次而无敌于天下。他东向征讨，西方的夷人便埋怨；南向征讨，北方的狄人便埋怨，都说：'为什么丢下我们啊!'民众对他的盼望犹如大旱时盼望下雨一样，所到之处，赶集的不停止买卖，种田的不改变耕作，诛杀了残暴的君主而抚慰那儿的民众，如同及时降下的甘霖一样，民众非常喜悦。《书》说：'等待我们的君王，他来了，我们就不受罪了。''攸国助纣为虐不肯服从，周王东向征讨，安抚那儿的士民，他们用筐装着黑色和黄色的丝帛，以能够事奉我们周王为荣，归服了大邦周室。'那儿的官吏把黑色和黄色的

丝帛装在筐里来迎接周的官吏，那儿的小民用筐装着饭食、用壶盛着饮水来迎接周的士兵，是因为周把民众从水深火热中拯救出来、去除了残暴的君主。《泰誓》说：'把我们的军队发动起来，攻入他们的国土，除掉那残暴的君主，用杀伐来彰明正道，比成汤的功业还要辉煌。'不施行称王天下的政措便罢，如果施行，四海之内都抬头盼望，要拥护这样的人来做君主，齐国、楚国即使大，有什么可怕的呢？"

译文 孟子对戴不胜说："你是想要你的国君达到善的境界吧？让我明确地告诉你。有位楚国的大夫，希望他的儿子能说齐语，是让齐人来教他呢，还是让楚人来教他？"戴不胜说："让齐人来教他。"孟子说："一个齐人教他，许多楚人吵扰他，即使每天责打要他说齐语仍不能做到；带他到临淄的闹市里住上几年，即使每天责打要他说楚语也不能做到。你说薛居州是善士，要让他居住在国君的身边。如果在国君身边的人无论年纪大小、地位高低都是薛居州那样的人，国君和谁去做不善的事呢？如果在国君身边的人无论年纪大小、地位高低都不是薛居州那样的人，国君和谁去做善事呢？一个薛居州，能把宋王怎么样呢？"

文如此。然其辞时与今《书》文不类，今姑依此文解之。有所不惟臣，谓助纣为恶，而不为周臣者。匪，与筐同。玄黄，币也。绍，继也，犹言事也。言其士女以匪盛玄黄之币，迎武王而事之也。商人而曰我周王，犹《商书》所谓我后也。休，美也。言武王能顺天休命，而事之者皆见休也。臣附，归服也。孟子又释其意，言商人闻周师之来，各以其类相迎者，以武王能救民于水火之中，取其残民者诛之，而不为暴虐耳。君子，谓在位之人。小人，谓细民也。

⑥《太誓》，《周书》也。今《书》文亦小异。言武王威武奋扬，侵彼纣之疆界，取其残贼，而杀伐之功因以张大，比于汤之伐桀，又有光焉。引此以证上文取其残之义。

⑦宋实不能行王政，后果为齐所灭，王偃走死。○尹氏曰："为国者能自治而得民心，则天下皆将归往之，恨其征伐之不早也，尚何强国之足畏哉？苟不自治，而以强弱之势言之，是可畏而已矣。"

　　孟子谓戴不胜曰："子欲子之王之善与？我明告子。有楚大夫于此，欲其子之齐语也，则使齐人傅诸？使楚人傅诸？"曰："使齐人傅之。"曰："一齐人傅之，众楚人咻之，虽日挞而求其齐也，不可得矣；引而置之庄岳之间数年，虽日挞而求其楚，亦不可得矣。①子谓薛居州，善士也，使之居于王所。在于王所者，长幼卑尊，皆薛居州也，王谁与为不善？在王所者，长幼卑尊，皆非薛居州也，王谁与为善？一薛居州，独如宋王何？"②

朱子集注 ①与，平声。咻，音休。○戴不胜，宋臣也。齐语，齐人语也。傅，教也。咻，謷也。齐，齐语也。庄岳，齐街里名也。楚，楚语也。此先设譬以晓之也。

②长，上声。○居州，亦宋臣。言小人众而君子独，无以成正君之功。

公孙丑问曰:"不见诸侯,何义?"孟子曰:"古者不为臣不见。①段干木逾垣而辟之,泄柳闭门而不内,是皆已甚。迫,斯可以见矣。②阳货欲见孔子而恶无礼,大夫有赐于士,不得受于其家,则往拜其门。阳货瞰孔子之亡也,而馈孔子蒸豚;孔子亦瞰其亡也,而往拜之。当是时,阳货先,岂得不见?③曾子曰:'胁肩谄笑,病于夏畦。'子路曰:'未同而言,观其色赧赧然,非由之所知也。'由是观之,则君子之所养可知已矣。"④

朱子集注 ①不为臣,谓未仕于其国者也,此不见诸侯之义也。②辟,去声。内,与纳同。○段干木,魏文侯时人。泄柳,鲁缪公时人。文侯、缪公欲见此二人,而二人不肯见之,盖未为臣也。已甚,过甚也。迫,谓求见之切也。③欲见之见,音现。恶,去声。瞰,音勘。○此又引孔子之事,以明可见之节也。欲见孔子,欲召孔子来见己也。恶无礼,畏人以己为无礼也。受于其家,对使人拜受于家也。其门,大夫之门也。瞰,窥也。阳货于鲁为大夫,孔子为士,故以此物及其不在而馈之,欲其来拜而见之也。先,谓先来加礼也。

④胁,虚业反。赧,奴简反。○胁肩,竦体。谄笑,强笑。皆小人侧媚之态也。病,劳也。夏畦,夏月治畦之人也。言为此者,其劳过于夏畦之人也。未同而言,与人未合而强与之言也。赧赧,惭而面赤之貌。由,子路名。言非己所知,甚恶之之辞也。孟子言由此二言观之,则二子之所养可知,必不肯不俟其礼之至,而辄往见之也。○此章言圣人礼义之中正,过之者伤于迫切而不洪,不及者沦于污贱而可耻。

戴盈之曰:"什一,去关市之征,今兹未能。请轻之,以待来年,然后已,何如?"①孟子曰:"今有人日攘其邻之鸡者,或告之曰:'是非君子之

译文 公孙丑问道:"不去见诸侯是什么道理呢?"孟子说:"古时候,不是臣仆就不去见。段干木翻墙逃避魏文侯、泄柳关门不接待鲁穆公,都太过分,如求见迫切,就可以去见了。阳货想要孔子来见他,又厌恶别人认为他没有礼仪,大夫赠送东西给士人,士人如果不能在家亲自接受,就应去大夫门下拜谢。于是,阳货探知孔子不在家时送给他蒸乳猪,孔子也探知阳货不在家时前往拜谢,在那时,如果阳货先去拜访,孔子怎么会不见呢?曾子说:'耸肩做出毕恭毕敬的样子,强装出讨好的笑容,比夏天浇菜地还累。'子路说:'内心并不相投却要去交谈,看他那脸色羞惭的样子,我不懂这一套。'从这些话来看,就能明了君子应该保有的操行了。"

译文 戴盈之说:"田租十分取一,取消关卡、市场的税收,今年还办不到,我先减轻征收,等到明年再完全改正,怎

么样?"孟子说:"现在有个人每天偷他邻居的鸡,有人对他说:'这不是君子的行为。'那人说:'我先少偷些,每月偷一只,等到明年再完全改正。'如果知道这样做不符合正道,就赶快改正,为什么要等到明年?"

道。'曰:'请损之,月攘一鸡,以待来年,然后已。'② 如知其非义,斯速已矣,何待来年?"③

朱子集注 ①去,上声。○盈之,亦宋大夫也。什一,井田之法也。关市之征,商贾之税也。已,止也。
②攘,如羊反。○攘,物自来而取之也。损,减也。
③知义理之不可而不能速改,与月攘一鸡何以异哉?

译文 公都子说:"别人都说夫子喜好辩论,请问是为什么呢?"孟子说:"我难道喜好辩论吗?我是不得已啊!社会产生很久了,时而太平,时而动乱。在尧的时候,洪水横流,在中土泛滥,龙蛇在大地上居处,民众无处安身,低处的人筑巢、高处的人挖洞。《书》说'洚水告诫我们',洚水就是洪水。于是派禹去治理,禹掘地引水注入大海,把龙蛇驱赶到泽地,水沿着地上的沟道流动,这就是大江、淮水、黄河、汉水。水患既已解除,鸟兽不再危害人们,百姓们才得以在平原上居住。尧、舜去世以后,圣人之道逐渐衰微。暴君接连出现,毁坏了居室来做池沼,使民众无处安息;废弃了农田来做园苑,使民众不能谋生。邪说、暴行随之兴起,园苑、池沼、草泽增多并招来了禽兽。到了殷纣时,天下又大乱了。周公辅佐武王诛杀殷纣、讨伐奄国,与这些暴君征战了三年,把飞廉追逐到海边处死,灭掉的国家有五十个,将虎、豹、犀、象驱赶得远远的,天下的民众都非常

公都子曰:"外人皆称夫子好辩,敢问何也?"孟子曰:"予岂好辩哉?予不得已也。① 天下之生久矣,一治一乱。② 当尧之时,水逆行,泛滥于中国,蛇龙居之,民无所定。下者为巢,上者为营窟。《书》曰:'洚水警余。'洚水者,洪水也。③ 使禹治之。禹掘地而注之海,驱蛇龙而放之菹。水由地中行,江、淮、河、汉是也。险阻既远,鸟兽之害人者消,然后人得平土而居之。④ 尧、舜既没,圣人之道衰。暴君代作,坏宫室以为污池,民无所安息;弃田以为园囿,使民不得衣食。邪说暴行又作,园囿、污池、沛泽多而禽兽至。及纣之身,天下又大乱。⑤ 周公相武王,诛纣伐奄,三年讨其君,驱飞廉于海隅而戮之。灭国者五十,驱虎、豹、犀、象而远之。天下大悦。《书》曰:'丕显哉,文王谟!丕承哉,武王烈!佑启我后人,咸以正无缺。'⑥ 世衰道微,邪说暴行有作,臣弑其君者有之,子弑其父者有之。⑦ 孔子惧,作《春秋》。《春秋》,天子之事也。是故孔子曰:'知我者其惟《春秋》乎!罪我者其惟《春秋》乎!'⑧ 圣王不作,诸侯放恣,处士横议,杨朱、墨翟之言盈天下。天下之言,不归杨,则归墨。杨氏为我,是无君也;墨氏兼爱,是无父也。无父无君,是禽兽也。公明

仪曰:'庖有肥肉,厩有肥马,民有饥色,野有饿莩,此率禽兽而食人也。'杨、墨之道不息,孔子之道不著,是邪说诬民,充塞仁义也。仁义充塞,则率兽食人,人将相食⑨吾为此惧,闲先圣之道,距杨、墨,放淫辞,邪说者不得作。作于其心,害于其事;作于其事,害于其政。圣人复起,不易吾言矣。⑩昔者禹抑洪水而天下平,周公兼夷狄、驱猛兽而百姓宁,孔子成《春秋》而乱臣贼子惧。⑪《诗》云:'戎狄是膺,荆、舒是惩,则莫我敢承。'无父无君,是周公所膺也。⑫我亦欲正人心,息邪说,距诐行,放淫辞,以承三圣者。岂好辩哉?予不得已也。⑬能言距杨、墨者,圣人之徒也。"⑭

①好,去声,下同。

②治,去声。○生,谓生民也。一治一乱,气化盛衰,人事得失,反复相寻,理之常也。

③泽,音降,又胡贡、胡工二反。○水逆行,下流壅塞,故水倒流而旁溢也。下,下地。上,高地也。营窟,穴处也。《书》,《虞书·大禹谟》也。泽,泽洞无涯之水也。警,戒也。此一乱也。

④菹,侧鱼反。○掘地,掘去壅塞也。菹,泽生草者也。地中,两涯之间也。险阻,谓水之泛滥也。远,去也。消,除也。此一治也。

⑤坏,音怪。行,去声,下同。沛,蒲内反。○暴君,谓夏太康、孔甲、履癸、商武乙之类也。宫室,民居也。沛,草木之所生也。泽,水所钟也。自尧、舜没至此,治乱非一,及纣而又一大乱也。

⑥相,去声。奄,平声。○奄,东方之国,助纣为虐者也。飞廉,纣幸臣也。五十国,皆纣党虐民者也。《书》,《周书·君牙》之篇。丕,大也。显,明也。谟,谋也。承,继也。烈,光也。佑,助也。启,开也。缺,坏也。此一治也。

⑦有作之有,读为又,古字通用。○此周室东迁之后,又一乱也。

喜悦。《书》说:'多么英明伟大啊,文王的谋略;大大地继承发扬啊,武王的功业。帮助、启发我们后人的,都是正道而没丝毫缺陷。'周室衰微,正道荒废,邪说、暴行随之兴起,臣属杀害自己君主的事出现了,儿子杀害自己父亲的事出现了,孔子为之忧虑,写作了《春秋》。《春秋》所记述的是天子的事,因此孔子说:'将使世人了解我的恐怕只有《春秋》了,将使世人责怪我的恐怕只有《春秋》了。'圣王不出现,诸侯肆无忌惮,在野人士横加议论,杨朱、墨翟的言论充斥天下,世上的言论不属于杨朱一派便属于墨翟一派。杨家主张为我,是不要君王;墨家主张兼爱,是不要父母。不要父母、不要君王就是禽兽。公明仪说:'厨房里有肥肉,马厩里有肥马,而民众却脸带饥色,野外有饿死的人,这是放任野兽去吃人。'杨墨的学说不破除,孔子的学说不发扬,就是用邪说来欺罔民众、遏止仁义。仁义被遏止就是放任野兽去吃人,人们将会相互残杀。我为此感到忧虑,所以捍卫先圣的准则,抵制杨墨的学说,批驳错误的言论,这样主张邪说的人就无法兴起。邪说兴起在人们的心中,会危害他们所做的事情;兴起在所做的事情里,会危害他所施行的政务。即使圣人再度兴起,也不会改变我的结论。过去禹制服了洪水使天下太平,周公兼并夷狄、驱赶猛兽使百姓安定,孔子写作《春秋》使作乱的臣属、不孝的儿子害怕。《诗》说:'痛击戎狄,遏止荆舒,无人敢于抗拒我。'不要父母、不要君王,是周公所要痛击的。我也想去端正人心,破除邪说,抵制偏颇的行为,批驳错误的言论,来继承三位圣人。我难道喜好辩论吗?我是不得已啊!敢于抵制杨墨学说的人,就是圣人的门徒。"

⑧胡氏曰:"仲尼作《春秋》以寓王法。厚典、庸礼、命德、讨罪,其大要皆天子之事也。知孔子者,谓此书之作,遏人欲于横流,存天理于既灭,为后世虑,至深远也。罪孔子者,以谓无其位而托二百四十二年南面之权,使乱臣贼子禁其欲而不得肆,则戚矣。"愚谓孔子作《春秋》以讨乱贼,则致治之法垂于万世,是亦一治也。

⑨横、为,皆去声。莩,皮表反。○杨朱但知爱身,而不复知有致身之义,故无君。墨子爱无差等,而视其至亲无异众人,故无父。无父无君,则人道灭绝,是亦禽兽而已。公明仪之言,义见首篇。充塞仁义,谓邪说遍满,妨于仁义也。孟子引仪之言,以明杨、墨道行,则人皆无父无君,以陷于禽兽,而大乱将起,是亦率兽食人而人又相食也。此又一乱也。

⑩为,去声。复,扶又反。○闲,卫也。放,驱而远之也。作,起也。事,所行。政,大体也。孟子虽不得志于时,然杨、墨之害,自是灭息,而君臣父子之道,赖以不坠。是亦一治也。○程子曰:"杨、墨之害,甚于申、韩;佛氏之害,甚于杨、墨。盖杨氏为我疑于义,墨氏兼爱疑于仁,申、韩则浅陋易见。故孟子止辟杨、墨,为其惑世之甚也。佛氏之言近理,又非杨、墨之比,所以为害尤甚。"

⑪抑,止也。兼,并之也,总结上文也。

⑫说见上篇。承,当也。

⑬行、好,皆去声。○诐,淫,解见前篇。辞者,说之详也。承,继也。三圣,禹、周公、孔子也。盖邪说横流,坏人心术,甚于洪水猛兽之灾,惨于夷狄篡弑之祸,故孟子深惧而力救之。再言岂好辩哉,予不得已也,所以深致意焉。然非知道之君子,孰能真知其所以不得已之故哉?

⑭言苟有能为此距杨、墨之说者,则其所趋正矣,虽未必知道,是亦圣人之徒也。孟子既答公都子之问,而意有未尽,故复言此。盖邪说害正,人人得而攻之,不必圣贤;如《春秋》之法,乱臣贼子,人人得而讨之,不必士师也。圣人救世立法之意,其切如此。若以此意推之,则不能攻讨,而又唱为不必攻讨之说者,其为邪诐之徒、乱贼之党可知矣。○

尹氏曰："学者于是非之原，毫厘有差，则害流于生民，祸及于后世。故孟子辩邪说如是之严，而自以为承三圣之功也。当是时，方且以好辩目之，是以常人之心而度圣贤之心也。"

匡章曰："陈仲子岂不诚廉士哉？居於陵，三日不食，耳无闻，目无见也。井上有李，螬食实者过半矣，匍匐往将食之，三咽，然后耳有闻、目有见。"① 孟子曰："于齐国之士，吾必以仲子为巨擘焉。虽然，仲子恶能廉？充仲子之操，则蚓而后可者也。② 夫蚓，上食槁壤，下饮黄泉。仲子所居之室，伯夷之所筑与？抑亦盗跖之所筑与？所食之粟，伯夷之所树与？抑亦盗跖之所树与？是未可知也。"③ 曰："是何伤哉？彼身织屦，妻辟纑，以易之也。"④ 曰："仲子，齐之世家也。兄戴，盖禄万钟。以兄之禄为不义之禄而不食也，以兄之室为不义之室而不居也，辟兄离母，处于於陵。他日归，则有馈其兄生鹅者，己频顣曰：'恶用是鶃鶃者为哉？'他日，其母杀是鹅也，与之食之。其兄自外至，曰：'是鶃鶃之肉也。'出而哇之。⑤ 以母则不食，以妻则食之；以兄之室则弗居，以於陵则居之。是尚为能充其类也乎？若仲子者，蚓而后充其操者也。"⑥

朱子集注 ①於，音乌，下於陵同。螬，音曹。咽，音宴。○匡章、陈仲子，皆齐人。廉，有分辨，不苟取也。於陵，地名。螬，蛴螬虫也。匍匐，言无力不能行也。咽，吞也。②擘，薄厄反。恶，平声。蚓，音引。○巨擘，大指也。言齐人中有仲子，如众小指中有大指也。充，推而满之也。操，所守也。蚓，丘蚓也。言仲子未得为廉也，必若满其所守之志，则惟丘蚓之无求于世，然后可以为廉耳。

四书章句集注

译文 匡章说："陈仲子难道不确实是位廉士吗？居住在於陵，三天不吃东西，耳朵听不见、眼睛看不到。井边有颗李子，被金龟子吃去了大半，他摸索着爬过去取来吃，吞咽了三口，耳朵才能听、眼睛才能看。"孟子说："在齐国的人士中，我是必定把仲子看作最突出的。然而，仲子怎么能做到廉呢？完全符合仲子的品行，只有蚯蚓才能做到。蚯蚓吞食地面上的干土，饮用地下的泉水。仲子所居住的房屋，是伯夷所建造的，还是盗跖所建造的呢？他所吃的粟米，是伯夷所种植的，还是盗跖所种植的呢？这是无法得知的。"匡章说："这有什么关系呢？是他亲自编草鞋、妻子纺麻线，用以交换来的。"孟子说："仲子是齐国的世家大族，他的兄长陈戴在盖邑有万石粟米的俸禄。仲子认为兄长的俸禄是不义之禄而不吃，认为兄长的房屋是不义之室而不住，避开了兄长、离开了母亲，到於陵居住。有一天回家，有人送给他兄长活鹅，他皱着眉头说：'要这种嘎嘎叫的东西干吗？'另一天，他母亲杀了这只鹅给他吃，他的兄长从外面回来，说：'这是嘎嘎叫的肉啊！'

他跑到外面呕了出来。母亲的食物不吃,妻子的食物却吃;兄长的房屋不住,於陵的房屋却住,这还算是能完全做到自己的操守吗?像仲子那样,只有蚯蚓才能完全符合他的品行。"

③夫,音扶。与,平声。○槁壤,干土也。黄泉,浊水也。抑,发语辞也。言蚓无求于人而自足,而仲子未免居室食粟,若所从来或有非义,则是未能如蚓之廉也。

④辟,音壁。纑,音卢。○辟,绩也。纑,练麻也。

⑤盖,音阖。辟,音避。频与颦同。颣与蹙同,子六反。恶,平声。鶂,鱼一反。哇,音蛙。○世家,世卿之家。兄名戴,食采于盖,其入万钟也。归,自於陵归也。己,仲子也。鶂鶂,鹅声也。频颣而言,以其兄受馈为不义也。哇,吐之也。

⑥言仲子以母之食、兄之室为不义而不食不居,其操守如此。至于妻所易之粟、於陵所居之室,既未必伯夷之所为,则亦不义之类耳。今仲子于此则不食不居,于彼则食之居之,岂为能充满其操守之类者乎?必其无求自足如丘蚓然,乃为能满其志而得为廉耳,然岂人之所可为哉?○范氏曰:"天之所生,地之所养,惟人为大。人之所以为大者,以其有人伦也。仲子避兄离母,无亲戚、君臣、上下,是无人伦也。岂有无人伦而可以为廉哉?"

离娄章句上

凡二十八章。

孟子曰:"离娄之明,公输子之巧,不以规矩,不能成方员;师旷之聪,不以六律,不能正五音;尧、舜之道,不以仁政,不能平治天下。^①今有仁心仁闻而民不被其泽,不可法于后世者,不行先王之道也。^②故曰:徒善不足以为政,徒法不能以自行。^③《诗》云:'不愆不忘,率由旧章。'遵先王之法而过者,未之有也。^④圣人既竭目力焉,继之以规矩准绳,以为方员平直,不可胜用也;既竭耳力焉,继之以六律,正五音,不可胜用也;既竭心思焉,继之以不忍人之政,而仁覆天下矣。^⑤故曰:为高必因丘陵,为下必因川泽。为政不因先王之道,可谓智乎?^⑥是以惟仁者宜在高位。不仁而在

译文 孟子说:"离娄虽有视力,公输般虽有巧艺,不使用圆规曲尺不能画出方、圆;师旷虽有听力,不依据六律不能校正五音;尧舜虽有大道,不施行仁政不能安抚天下。现今有些国君虽有仁爱之心、仁爱之誉,但民众却不能受到他们的恩惠,不能被后世效法,就是因为不实行先王之道的缘故。所以说,仅有善心不足以用来治理国政,仅有法度不能使之自行实施。《诗》说:'不偏离、不遗忘,一切都按旧规章。'遵循先王的法度而犯过错的,还从来没有过。圣人

既已竭尽了视力,再加以圆规、曲尺、水准、墨线,画方、圆、平、直是用不胜用的;既已竭尽了听力,再加以六律,校正五音是用不胜用的;既已竭尽了心思,再加以怜恤民众的政措,仁爱足以遍惠天下。所以说,筑高的必定要依傍山丘,掘深的必定要依傍河泽,治理国政却不依傍先王之道能称得上智吗?因此,只有仁者才适宜处在领导地位,不仁的人处在领导地位就是把他的坏处播扬给众人。在上者没有行为准则,在下者没有法规遵循,官员不相信原则,工匠不相信尺度,君子触犯义理,小人触犯刑律,国家还能保存下来乃是侥幸。所以说,城垒不坚固、武器不充足不是国家的灾难,土地没有开垦、财物没有积蓄不是国家的危害,在上者没有礼义、在下者没有教育、作乱的小人兴起,国家的灭亡就在眼前了。《诗》说:'上天正在震怒,不要那样多嘴。'多嘴就是啰嗦。事奉国君没有道义,进退之间没有礼仪,言谈诋毁先王之道,就好像多嘴啰嗦一样。所以说,用高标准来要求国君叫做恭,陈说善德、抵制邪说叫做敬,认为国君办不到而不作努力叫做贼。"

高位,是播其恶于众也。⑦上无道揆也,下无法守也,朝不信道,工不信度,君子犯义,小人犯刑,国之所存者幸也。⑧故曰:城郭不完,兵甲不多,非国之灾也;田野不辟,货财不聚,非国之害也。上无礼,下无学,贼民兴,丧无日矣。⑨《诗》曰:'天之方蹶,无然泄泄。'⑩泄泄,犹沓沓也。⑪事君无义,进退无礼,言则非先王之道者,犹沓沓也。⑫故曰:责难于君谓之恭,陈善闭邪谓之敬,吾君不能谓之贼。"⑬

朱子集注

①离娄,古之明目者。公输子,名班,鲁之巧人也。规,所以为员之器也。矩,所以为方之器也。师旷,晋之乐师,知音者也。六律,截竹为筒,阴阳各六,以节五音之上下。黄钟、太蔟、姑洗、蕤宾、夷则、无射,为阳;大吕、夹钟、仲吕、林钟、南吕、应钟,为阴也。五音:宫、商、角、徵、羽也。范氏曰:"此言治天下不可无法度,仁政者,治天下之法度也。"

②闻,去声。○仁心,爱人之心也。仁闻者,有爱人之声闻于人也。先王之道,仁政是也。范氏曰:"齐宣王不忍一牛之死,以羊易之,可谓有仁心。梁武帝终日一食蔬素,宗庙以面为牺牲,断死刑必为之涕泣,天下知其慈仁,可谓有仁闻。然而宣王之时,齐国不治;武帝之末,江南大乱。其故何哉?有仁心仁闻而不行先王之道故也。"

③徒,犹空也。有其心,无其政,是谓徒善;有其政,无其心,是谓徒法。程子尝言:"为政须要有纲纪文章,谨权、审量、读法、平价,皆不可阙。"而又曰:"必有《关雎》、《麟趾》之意,然后可以行《周官》之法度。"正谓此也。

④《诗》,《大雅·假乐》之篇。愆,过也。率,循也。章,典法也。所行不过差、不遗忘者,以其循用旧典故也。

⑤胜,平声。○准,所以为平。绳,所以为直。覆,被也。此言古之圣人,既竭耳目心思之力,然犹以为未足以遍天下、及后世,故制为法度以继续之,则其用不穷而仁之所被广

矣。

⑥丘陵本高,川泽本下,为高下者因之,则用力少而成功多矣。邹氏曰:"自章首至此,论以仁心仁闻行先王之道。"

⑦仁者,有仁心仁闻而能扩而充之,以行先王之道者也。播恶于众,谓贻患于下也。

⑧朝,音潮。○此言不仁而在高位之祸也。道,义理也。揆,度也。法,制度也。道揆,谓以义理度量事物而制其宜。法守,谓以法度自守。工,官也。度,即法也。君子、小人,以位而言也。由上无道揆,故下无法守。无道揆,则朝不信道而君子犯义;无法守,则工不信度而小人犯刑。有此六者,其国必亡。其不亡者,侥幸而已。

⑨辟与闢同。丧,去声。○上不知礼,则无以教民;下不知学,则易与为乱。邹氏曰:"自是以惟仁者至此,所以责其君。"

⑩蹶,居卫反。泄,弋制反。○《诗》,《大雅·板》之篇。蹶,颠覆之意。泄泄,怠缓悦从之貌。言天欲颠覆周室,群臣无得泄泄然不急救正之。

⑪沓,徒合反。○沓沓,即泄泄之意。盖孟子时人语如此。

⑫非,诋毁也。

⑬范氏曰:"人臣以难事责于君,使其君为尧、舜之君者,尊君之大也。开陈善道以禁闭君之邪心,唯恐其君或陷于有过之地者,敬君之至也。谓其君不能行善道而不以告者,贼害其君之甚也。"邹氏曰:"自《诗》云'天之方蹶'至此,所以责其臣。"○邹氏曰:"此章言为治者,当有仁心仁闻以行先王之政,而君臣又当各任其责也。"

孟子曰:"规矩,方员之至也;圣人,人伦之至也。①欲为君尽君道,欲为臣尽臣道,二者皆法尧、舜而已矣。不以舜之所以事尧事君,不敬其君者也;不以尧之所以治民治民,贼其民者也。②孔子曰:'道二:仁与不仁而已矣。'③暴其民甚,则身弑

四书 章句集注

译文 孟子说:"圆规、曲尺是方、圆的最高境界,圣人是做人的最高境界。要做国君就应尽国君之道,要做臣属就应尽臣属之道,这两者都是效法尧、舜而已。不以舜事奉尧的做法来事奉君主,就是不敬奉

自己的君主；不以尧治理民众的做法来治理民众，就是虐害自己的民众。孔子说：'准则两条，仁与不仁而已。'残虐自己的民众过于厉害的，自身被杀、国家灭亡；不太厉害的，自身危险、国家削弱，死后被称为'幽'、'厉'，即使是孝顺仁慈的子孙，经百世之后也无法更改。《诗》说'殷商的鉴诫并不遥远，就在那夏朝统治的时代'，就是这个意思。"

国亡；不甚，则身危国削。名之曰'幽'、'厉'，虽孝子慈孙，百世不能改也。④《诗》云'殷鉴不远，在夏后之世'，此之谓也。"⑤

朱子集注 ①至，极也。人伦，说见前篇。规矩尽所以为方员之理，犹圣人尽所以为人之道。

②法尧、舜以尽君臣之道，犹用规矩以尽方员之极，此孟子所以道性善而称尧、舜也。

③法尧、舜，则尽君臣之道而仁矣；不法尧、舜，则慢君贼民而不仁矣。二端之外，更无他道。出乎此，则入乎彼矣，可不谨哉？

④幽，暗。厉，虐。皆恶谥也。苟得其实，则虽有孝子慈孙爱其祖考之甚者，亦不得废公义而改之。言不仁之祸必至于此，可惧之甚也。

⑤《诗》，《大雅·荡》之篇。言商纣之所当鉴者，近在夏桀之世。而孟子引之，又欲后人以幽、厉为鉴也。

译文 孟子说："夏、商、周三代得到天下是由于仁，他们失去天下是由于不仁，国家之所以兴盛或衰落、存续或灭亡也是如此。天子不仁不能保有天下，诸侯不仁不能保有国家，国卿、大夫不仁不能保有宗庙，士人、庶民不仁不能保有自身。如今憎恶死亡却乐于不仁，就好比憎恶醉酒却偏要去喝酒。"

孟子曰："三代之得天下也以仁，其失天下也以不仁。①国之所以废兴存亡者亦然。②天子不仁，不保四海；诸侯不仁，不保社稷；卿大夫不仁，不保宗庙；士庶人不仁，不保四体。③今恶死亡而乐不仁，是犹恶醉而强酒。"

朱子集注 ①三代，谓夏、商、周也。禹、汤、文、武以仁得之；桀、纣、幽、厉以不仁失之。

②国，谓诸侯之国。

③言必死亡。

④恶，去声。乐，音洛。强，上声。○此承上章之意而推言之也。

译文 孟子说："爱抚他人却

孟子曰："爱人不亲，反其仁；治人不治，反其智;礼人不答,反其敬。^①行有不得者,皆反求诸己,其身正而天下归之。^②《诗》云:'永言配命,自求多福。'"^③

朱子集注 ①治人之治,平声。不治之治,去声。〇我爱人而人不亲我,则反求诸己,恐我之仁未至也。智、敬放此。
②不得,谓不得其所欲,如不亲、不治、不答是也。反求诸己,谓反其仁、反其智、反其敬也。如此,则其自治益详,而身无不正矣。天下归之,极言其效也。
③解见前篇。〇亦承上章而言。

孟子曰:"人有恒言,皆曰'天下国家'。天下之本在国,国之本在家,家之本在身。"^①

朱子集注 ①恒,胡登反。〇恒,常也。虽常言之,而未必知其言之有序也。故推言之,而又以家本乎身也。此亦承上章而言之。《大学》所谓"自天子至于庶人,壹是皆以修身为本",为是故也。

孟子曰:"为政不难,不得罪于巨室。巨室之所慕,一国慕之;一国之所慕,天下慕之,故沛然德教溢乎四海。"^①

朱子集注 ①巨室,世臣大家也。得罪,谓身不正而取怨怒也。麦丘邑人祝齐威公曰:"愿主君无得罪于群臣百姓。"意盖如此。慕,向也,心悦诚服之谓也。沛然,盛大流行之貌。溢,充满也。盖巨室之心,难以力服,而国人素所取信;今既悦服,则国人皆服,而吾德教之所施,可以无远而不至矣。此亦承上章而言。盖君子不患人心之不服,而患吾身之不修。吾身既修,则人心之难服者先服,而无一人之不服矣。〇林氏曰:"战国之世,诸侯失德,巨室擅权,为患

得不到亲近,反问自己是否仁;治理民众却得不到治绩,反问自己是否智;礼待他人却得不到回应,反问自己是否敬。凡是所做的得不到应有的效果都返回来从自身寻求原因,自身端正了,天下就会归服。《诗》说:'行事一直与天命相符,靠自己寻求更多的幸福。'"

译文 孟子说:"人们有句常说的话,都说'天下国家'。天下的根本在于国,国的根本在于家,家的根本在于个人。"

译文 孟子说:"治理国政不困难,不要与世家大族结怨。世家大族所仰慕的,整个国家就会仰慕;整个国家所仰慕的,普天之下就会仰慕,因此德教就势不可挡地充满各个地方。"

甚矣。然或者不修其本而遽欲胜之,则未必能胜而适以取祸。故孟子推本而言,惟务修德以服其心。彼既悦服,则吾之德教无所留碍,可以及乎天下矣。裴度所谓'韩洪舆疾讨贼,承宗敛手削地,非朝廷之力能制其死命,特以处置得宜,能服其心故尔',政此类也。"

译文 孟子说:"天下得到治理时,小德被大德所役使,小贤被大贤所役使;天下得不到治理时,小的被大的所役使,弱的被强的所役使。这两种情况都是天意,须从天意者存在,违背天意者灭亡。齐景公说:'既不能号令他人,又不听命于他人,真是无路可走了。'淌着眼泪把女儿嫁往吴国。现今小国效法大国却耻于听命,就好比门徒耻于听命老师。如果感到羞耻,不如效法周文王。效法周文王,大国五年、小国七年,必定能统有整个天下。《诗》说:'殷商的后裔啊,何止万亿。上帝已授予天命,都向周室把头低。都向周室把头低啊,天命并非不变易。明智通变的殷裔,来到周都助祭。'孔子说:'仁德是不能用人数多少来衡量的。如果国君喜好仁,就天下无敌。'现今想要无敌于天下却又不凭借仁,就好比烫着了却不用凉水冲洗,《诗》说:'有谁能烫着了却不用凉水冲洗?'"

孟子曰:"天下有道,小德役大德,小贤役大贤。天下无道,小役大,弱役强。斯二者天也,顺天者存,逆天者亡。[1]齐景公曰:'既不能令,又不受命,是绝物也。'涕出而女于吴。[2]今也小国师大国而耻受命焉,是犹弟子而耻受命于先师也。[3]如耻之,莫若师文王。师文王,大国五年,小国七年,必为政于天下矣。[4]《诗》云:'商之孙子,其丽不亿。上帝既命,侯于周服。侯服于周,天命靡常。殷士肤敏,裸将于京。'孔子曰:'仁不可为众也。夫国君好仁,天下无敌。'[5]今也欲无敌于天下而不以仁,是犹执热而不以濯也。《诗》云:'谁能执热,逝不以濯?'"[6]

朱子集注 [1]有道之世,人皆修德,而位必称其德之大小。天下无道,人不修德,则但以力相役而已。天者,理势之当然也。

[2]女,去声。〇引此以言小役大、弱役强之事也。令,出令以使人也。受命,听命于人也。物,犹人也。女,以女与人也。吴,蛮夷之国也。景公羞与为昏而畏其强,故涕泣而以女与之。

[3]言小国不修德以自强,其般乐怠敖,皆若效大国之所为者,而独耻受其教命,不可得也。

[4]此因其愧耻之心而勉以修德也。文王之政,布在方策,举而行之,所谓师文王也。五年、七年,以其所乘之势不同为差。盖天下虽无道,然修德之至,则道自我行,而大国反为

吾役矣。○程子曰:"五年、七年,圣人度其时则可矣。然凡此类,学者皆当思其作为如何,乃有益耳。"

⑤裸,音灌。夫,音扶。好,去声。○《诗》,《大雅·文王》之篇。孟子引此诗及孔子之言,以言文王之事。丽,数也。十万曰亿。侯,维也。商士,商孙子之臣也。肤,大也。敏,达也。裸,宗庙之祭,以郁鬯之酒灌地而降神也。将,助也。言商之孙子众多,其数不但十万而已。上帝既命周以天下,则凡此商之孙子,皆臣服于周矣。所以然者,以天命不常,归于有德故也。是以商士之肤大而敏达者,皆执裸献之礼,助王祭事于周之京师也。孔子因读此诗,而言有仁者则虽有十万之众,不能当之。故国君好仁,则必无敌于天下也。不可为众,犹所谓难为兄,难为弟云尔。

⑥耻受命于大国,是欲无敌于天下也;乃师大国而不师文王,是不以仁也。《诗》,《大雅·桑柔》之篇。逝,语辞也。言谁能执持热物,而不以水自濯其手乎? ○此章言不能自强,则听天所命;修德行仁,则天命在我。

　　孟子曰:"不仁者可与言哉? 安其危而利其菑,乐其所以亡者。不仁而可与言,则何亡国败家之有?①有孺子歌曰:'沧浪之水清兮,可以濯我缨;沧浪之水浊兮,可以濯我足。'②孔子曰:'小子听之! 清斯濯缨,浊斯濯足矣,自取之也。'③夫人必自侮,然后人侮之;家必自毁,而后人毁之;国必自伐,而后人伐之。④《太甲》曰:'天作孽,犹可违;自作孽,不可活。'此之谓也。"⑤

朱子集注 ①菑与灾同。乐,音洛。○安其危、利其菑者,不知其为危菑而反以为安利也。所以亡者,谓荒淫暴虐,所以致亡之道也。不仁之人,私欲固蔽,失其本心,故其颠倒错乱至于如此,所以不可告以忠言,而卒至于败亡也。

②浪,音郎。○沧浪,水名。缨,冠系也。

③言水之清浊,有以自取之也。圣人声入心通,无非至理,

译文 孟子说:"不仁的人可以与他交谈吗? 他们苟安于自身的危险,贪利于自身的灾祸,耽乐于导致自身灭亡的事。不仁的人可以与之交谈,那怎么会有亡国败家的事呢? 有个孩子唱道:'清澈的沧浪水啊,能用来洗我的冠缨;浑浊的沧浪水啊,能用来洗我的双脚。'孔子说:'后生们听着! 清的水洗冠缨,浊的水洗双脚,都是水自身招致的。'人必定自辱了才有他人来侮辱,家必定自毁了才有他人来毁灭,国必定自伐了才有他人来讨伐。《太甲》说'上天降灾还可躲开,自己作孽无法逃避',就是这个意思。"

此类可见。

④夫，音扶。○所谓自取之者。

⑤解见前篇。○此章言心存则有以审夫得失之几，不存则无以辨于存亡之著。祸福之来，皆其自取。

孟子曰："桀、纣之失天下也，失其民也；失其民者，失其心也。得天下有道，得其民，斯得天下矣；得其民有道，得其心，斯得民矣；得其心有道，所欲与之聚之，所恶勿施尔也。①民之归仁也，犹水之就下、兽之走圹也。②故为渊驱鱼者，獭也；为丛驱爵者，鹯也；为汤、武驱民者，桀与纣也。③今天下之君有好仁者，则诸侯皆为之驱矣。虽欲无王，不可得已。④今之欲王者，犹七年之病求三年之艾也。苟为不畜，终身不得。苟不志于仁，终身忧辱，以陷于死亡。⑤《诗》云：'其何能淑，载胥及溺。'此之谓也。"⑥

朱子集注

①恶，去声。○民之所欲，皆为致之，如聚敛然。民之所恶，则勿施于民。晁错所谓"人情莫不欲寿，三王生之而不伤；人情莫不欲富，三王厚之而不困；人情莫不欲安，三王扶之而不危；人情莫不欲逸，三王节其力而不尽"，此类之谓也。

②走，音奏。○圹，广野也。言民之所以归乎此，以其所欲之在乎此也。

③为，去声。驱与驱同。獭，音闼。爵与雀同。鹯，诸延反。○渊，深水也。獭，食鱼者也。丛，茂林也。鹯，食雀者也。言民之所以去此，以其所欲在彼而所畏在此也。

④好、为、王，皆去声。

⑤王，去声。○艾，草名，所以灸者，乾久益善。夫病已深而欲求乾久之艾，固难卒办，然自今畜之，则犹或可及。不然，则病日益深，死日益迫，而艾终不可得矣。

译文 孟子说："夏桀、殷纣的丧失天下，由于失去了天下的民众；之所以失去了天下的民众，是因为失去了他们的心。取得天下是有途径的，得到了天下的民众就取得了天下；得到天下的民众是有途径的，获得了他们的心就得到了天下的民众；获得民众的心是有途径的，他们想要的让他们积蓄起来，他们憎恶的不强加给他们，如此而已。民众归附仁政，犹如水往低处流、兽往旷野跑一样。所以，为渊水把鱼儿驱赶来的是水獭，为丛林把鸟雀驱赶来的是鹯鹰，为成汤、武王把民众驱赶来的是夏桀和殷纣。现今天下若有喜好仁的国君，诸侯们都会为他驱赶民众，即使不想称王天下也是做不到的。现今那些要称王天下的人，好比患了七年的病要寻求三年的艾草来医治，假如不去栽培，是一辈子也找不到的。如果无意于仁政，就会一辈子忧患受辱，以至陷入死亡的境地。《诗》说'他们怎么能善处，牵扯着溺入水中'，就是这个意思。"

⑥《诗》,《大雅·桑柔》之篇。淑,善也。载,则也。胥,相也。言今之所为,其何能善,则相引以陷于乱亡而已。

孟子曰:"自暴者,不可与有言也;自弃者,不可与有为也。言非礼义,谓之自暴也;吾身不能居仁由义,谓之自弃也。①仁,人之安宅也;义,人之正路也。②旷安宅而弗居,舍正路而不由,哀哉!"③

朱子集注 ①暴,犹害也。非,犹毁也。自害其身者,不知礼义之为美而非毁之,虽与之言,必不见信也。自弃其身者,犹知仁义之为美,但溺于怠惰,自谓必不能行,与之有为必不能勉也。○程子曰:"人苟以善自治,则无不可移者,虽昏愚之至,皆可渐磨而进也。惟自暴者拒之以不信,自弃者绝之以不为,虽圣人与居,不能化而入也。此所谓下愚之不移也。"
②仁宅,已见前篇。义者,宜也,乃天理之当行,无人欲之邪曲,故曰正路。
③舍,上声。○旷,空也。由,行也。○此章言道本固有而人自绝之,是可哀已。此圣贤之深戒,学者所当猛省也。

孟子曰:"道在尔而求诸远,事在易而求诸难。人人亲其亲、长其长而天下平。"①

朱子集注 ①尔、迩,古字通用。易,去声。长,上声。○亲、长,在人为甚迩;亲之、长之,在人为甚易,而道初不外是也。舍此而它求,则远且难而反失之。但人人各亲其亲、各长其长,则天下自平矣。

孟子曰:"居下位而不获于上,民不可得而治

译文 孟子说:"自暴的人不能和他有所言谈,自弃的人不能和他有所作为。言谈诋毁礼义叫做自暴,自身不能依据仁、遵循义来行事叫做自弃。仁是人们安适的住宅,义是人们正当的道路。空着安适的住宅不去居住,丢开正当的道路不去行走,可悲啊!"

译文 孟子说:"道在近旁却到远处去寻求,事属容易却往难处去下手。人人都亲近自己的父母、敬重自己的长辈,天下就安定了。"

译文 孟子说:"身为臣属不

四书章句集注

也。获于上有道，不信于友，弗获于上矣；信于友有道，事亲弗悦，弗信于友矣；悦亲有道，反身不诚，不悦于亲矣；诚身有道，不明乎善，不诚其身矣。①是故诚者，天之道也；思诚者，人之道也。②至诚而不动者，未之有也；不诚，未有能动者也。"③

朱子集注 ①获于上，得其上之信任也。诚，实也。反身不诚，反求诸身而其所以为善之心有不实也。不明乎善，不能即事以穷理，无以真知善之所在也。○游氏曰："欲诚其意，先致其知，不明乎善，不诚乎身矣。学至于诚身，则安往而不致其极哉？以内则顺乎亲，以外则信乎友，以上则可以得君，以下则可以得民矣。"

②诚者，理之在我者皆实而无伪，天道之本然也。思诚者，欲此理之在我者皆实而无伪，人道之当然也。

③至，极也。○杨氏曰："动，便是验处，若获乎上、信乎友、悦于亲之类是也。"○此章述《中庸》孔子之言，见思诚为修身之本，而明善又为思诚之本。乃子思所闻于曾子，而孟子所受乎子思者，亦与《大学》相表里，学者宜潜心焉。

孟子曰："伯夷辟纣，居北海之滨，闻文王作，兴曰：'盍归乎来！吾闻西伯善养老者。'太公辟纣，居东海之滨，闻文王作，兴曰：'盍归乎来！吾闻西伯善养老者。'①二老者，天下之大老也，而归之，是天下之父归之也。天下之父归之，其子焉往？②诸侯有行文王之政者，七年之内，必为政于天下矣。"③

朱子集注 ①辟，去声。○作、兴，皆起也。盍，何不也。西伯，即文王也。纣命为西方诸侯之长，得专征伐，故称西伯。太公，姜姓，吕氏，名尚。文王发政，必先鳏寡孤独，庶人之老，皆无冻馁。故伯夷、太公来就其养，非求仕也。

译文 孟子说："伯夷躲避殷纣，居住在北海之滨，听说周文王兴起，感奋地说：'何不去归依啊！我听说西伯善于奉养长者。'姜太公躲避殷纣，居住在东海之滨，听说周文王兴起，感奋地说：'何不去归依啊！我听说西伯善于奉养长者。'他们两位是天下有声望的长者，他们去归依文王就是天下做父亲的归依了文王。天下做父亲的归依了文王，他们的儿子还会跑到哪儿去呢？诸侯中如有施行文王之政的，七年之内必定能统有整个天下。"

②焉,於虔反。〇二老,伯夷、太公也。大老,言非常人之老者。天下之父,言齿德皆尊,如众父然。既得其心,则天下之心不能外矣。萧何所谓"养民致贤,以图天下"者,暗与此合,但其意则有公私之辨,学者又不可以不察也。
③七年,以小国而言也。大国五年在其中矣。

　　孟子曰:"求也为季氏宰,无能改于其德,而赋粟倍他日。孔子曰:'求非我徒也,小子鸣鼓而攻之可也。'①由此观之,君不行仁政而富之,皆弃于孔子者也。况于为之强战? 争地以战,杀人盈野;争城以战,杀人盈城。此所谓率土地而食人肉,罪不容于死。②故善战者服上刑,连诸侯者次之,辟草莱、任土地者次之。"③

朱子集注 ①求,孔子弟子冉求。季氏,鲁卿。宰,家臣。赋,犹取也,取民之粟倍于他日也。小子,弟子也。鸣鼓而攻之,声其罪而责之也。
②为,去声。〇林氏曰:"富其君者,夺民之财耳,而夫子犹恶之。况为土地之故而杀人,使其肝脑涂地,则是率土地而食人之肉。其罪之大,虽至于死,犹不足以容之也。"
③辟与闢同。〇善战,如孙膑、吴起之徒。连结诸侯,如苏秦、张仪之类。辟,开垦也。任土地,谓分土授民,使任耕稼之责,如李悝尽地力、商鞅开阡陌之类也。

　　孟子曰:"存乎人者,莫良于眸子。眸子不能掩其恶。胸中正,则眸子瞭焉;胸中不正,则眸子眊焉。①听其言也,观其眸子,人焉廋哉?"②

朱子集注 ①眸,音牟。瞭,音了。眊,音耄。〇良,善也。眸子,目瞳子也。瞭,明也。眊者,蒙蒙目不明之貌。盖人与物接之时,其神在目,故胸中正则神精而明,不正则

译义 孟子说:"冉求做季氏的总管,没有能改变季氏的德行,而征收的粟米却比过去倍增。孔子说:'冉求不是我的门徒,后生们大张旗鼓地去声讨他好了。'由此看来,国君不施行仁政而使他富起来,都是被孔子所唾弃的,何况为他们使用强力去争战呢? 争地而战,杀死的人充满原野;争城而战,杀死的人充满城邑,这就是所谓的放任土地来吃人肉,其罪行连死都不足以宽恕。所以,好战的人应受最重的刑罚,连结诸侯的人次一等,开垦荒地、扰乱田制的人再次一等。"

译义 孟子说:"观察人,没有比眼睛更好的地方了,眼睛不能掩盖他的丑恶。心胸端正,眼睛就明亮;心胸不正,眼睛就昏暗。听他的谈吐时,看他的眼睛,他藏匿到哪里去呢?"

神散而昏。

②焉,於虔反。廋,音搜。○廋,匿也。言亦心之所发,故并此以观,则人之邪正不可匿矣。然言犹可以伪为,眸子则有不容伪者。

孟子曰:"恭者不侮人,俭者不夺人。侮夺人之君,惟恐不顺焉,恶得为恭俭? 恭俭岂可以声音笑貌为哉?"①

①恶,平声。○惟恐不顺,言恐人之不顺己。声音笑貌,伪为于外也。

淳于髡曰:"男女授受不亲,礼与?"孟子曰:"礼也。"曰:"嫂溺,则援之以手乎?"曰:"嫂溺不援,是豺狼也。男女授受不亲,礼也;嫂溺,援之以手者,权也。"①曰:"今天下溺矣,夫子之不援,何也?"②曰:"天下溺,援之以道;嫂溺,援之以手。子欲手援天下乎?"③

①与,平声。援,音爰。○淳于,姓;髡,名;齐之辩士。授,与也。受,取也。古礼,男女不亲授受,以远别也。援,救之也。权,称锤也,称物轻重而往来以取中者也。权而得中,是乃礼也。

②言今天下大乱,民遭陷溺,亦当从权以援之,不可守先王之正道也。

③言天下溺,惟道可以救之,非若嫂溺可手援也。今子欲援天下,乃欲使我枉道求合,则先失其所以援之之具矣。是欲使我以手援天下乎? ○此章言直己守道,所以济时;枉道徇人,徒为失己。

译文 孟子说:"谦恭者不欺侮他人,俭朴者不强取他人。欺侮、强取他人的国君,唯恐他人不顺从,怎么能做到谦恭俭朴呢? 谦恭俭朴难道能用声音和笑脸来做到吗?"

译文 淳于髡说:"男女间不亲手传递东西,是礼吗?"孟子说:"是礼。"淳于髡说:"嫂嫂淹入水中,要伸手去救援她吗?"孟子说:"嫂嫂淹入水中不救援,乃是豺狼。男女间不亲手传递东西,是礼;嫂嫂淹入水中伸手去救援,是变通。"淳于髡说:"现今整个天下淹入水中了,先生不去救援,为什么呢?"孟子说:"天下淹入水中用道来救援,嫂嫂淹入水中伸手去救援,你想用手去救援天下吗?"

公孙丑曰："君子之不教子,何也?"[1]孟子曰:"势不行也。教者必以正;以正不行,继之以怒;继之以怒,则反夷矣。'夫子教我以正,夫子未出于正也。'则是父子相夷也。父子相夷,则恶矣。[2]古者易子而教之。[3]父子之间不责善。责善则离,离则不祥莫大焉。"[4]

朱子集注 ①不亲教也。

②夷,伤也。教子者,本为爱其子也,继之以怒,则反伤其子矣。父既伤其子,子之心又责其父曰:"夫子教我以正道,而夫子之身未必自行正道。"则是子又伤其父也。

③易子而教,所以全父子之恩,而亦不失其为教。

④责善,朋友之道也。○王氏曰:"父有争子,何也? 所谓争者,非责善也,当不义则争之而已矣。父之于子也如何? 曰:当不义,则亦戒之而已矣。"

孟子曰:"事孰为大? 事亲为大;守孰为大? 守身为大。不失其身而能事其亲者,吾闻之矣;失其身而能事其亲者,吾未之闻也。[1]孰不为事? 事亲,事之本也;孰不为守? 守身,守之本也。[2]曾子养曾晳,必有酒肉。将彻,必请所与。问有余,必曰'有'。曾晳死,曾元养曾子,必有酒肉。将彻,不请所与。问有余,曰'亡矣',将以复进也。此所谓养口体者也。若曾子,则可谓养志也。[3]事亲若曾子者,可也。"[4]

朱子集注 ①守身,持守其身,使不陷于不义也。一失其身,则亏体辱亲,虽日用三牲之养,亦不足以为孝矣。

②事亲孝,则忠可移于君,顺可移于长。身正,则家齐国治而天下平。

③养,去声。复,扶又反。○此承上文事亲言之。曾晳,名

译文 公孙丑说:"君子不亲自教育儿子,为什么呢?"孟子说:"在情势上行不通。教育必定要用正道,用正道没有成效接着就会发怒。接着发怒便反而伤感情了,'老人家用正道教育我,可自己却不按正道来做',这样就是父子间相互伤感情了。父子间相互伤感情,关系就恶化了。古时候交换儿子来进行教育,父子之间不以善相责备。以善相责备就会隔膜,没有比隔膜更不好的了。"

译文 孟子说:"事奉,以谁最为重大? 以事奉父母最为重大。守护,以什么东西最为重大? 以守护自身的节操最为重大。不丧失自身的节操又能事奉自己父母的人,我听说过;丧失自身的节操又能事奉自己父母的人,我未曾听说过。谁不做事奉的事呢? 但事奉父母是事奉的根本。谁不做守护的事呢? 但守护自身的节操是守护的根本。曾子奉养曾晳,每餐必定有酒和肉,将要撤去时必定请示要把它们给谁,如果曾晳询问有没有多余,曾子必定说有。曾晳去世,曾元奉养曾子,每餐必定有酒和肉,将要撤去时不请示要把它们给谁,如果曾子询问

问有没有多余,曾元就说没有了,要把它们用来再次奉呈。这叫做奉养父母的口腹和身体,像曾子那样才可称为奉养父母的意愿。事奉父母像曾子那样,就好了。"

点,曾子父也。曾元,曾子子也。曾子养其父,每食必有酒肉。食毕将彻去,必请于父曰:"此余者与谁?"或父问:"此物尚有余否?"必曰:"有。"恐亲意更欲与人也。曾元不请所与,虽有言无。其意将以复进于亲,不欲其与人也。此但能养父母之口体而已。曾子则能承顺父母之志,而不忍伤之也。

④言当如曾子之养志,不可如曾元但养口体。○程子曰:"子之身所能为者,皆所当为,无过分之事也。故事亲若曾子可谓至矣,而孟子止曰可也,岂以曾子之孝为有余哉?"

孟子曰:"人不足与适也,政不足间也。惟大人为能格君心之非。君仁莫不仁,君义莫不义,君正莫不正。一正君而国定矣。"①

译义 孟子说:"人事不值得过于指责,政事不值得过于非议,只有君子才能够穷究国君内心的错误。国君仁没有人不仁,国君义没有人不义,国君正没有人不正,只要端正了国君,国家就安定了。"

朱子集注 ①适,音谪。间,去声。○赵氏曰:"适,过也。间,非也。格,正也。"徐氏曰:"格者,物之所取正也。《书》曰:'格其非心。'"愚谓"间"字上亦当有"与"字。言人君用人之非,不足过谪;行政之失,不足非间。惟有大人之德,则能格其君心之不正以归于正,而国无不治矣。大人者,大德之人,正己而物正者也。○程子曰:"天下之治乱,系乎人君之仁与不仁耳。心之非,即害于政,不待乎发之于外也。昔者孟子三见齐王而不言事,门人疑之,孟子曰:'我先攻其邪心,心既正,而后天下之事可从而理也。'夫政事之失,用人之非,知者能更之,直者能谏之。然非心存焉,则事事而更之,后复有其事,将不胜其更矣;人人而去之,后复用其人,将不胜其去矣。是以辅相之职,必在乎格君心之非,然后无所不正。而欲格君心之非者,非有大人之德,则亦莫之能也。"

译义 孟子说:"有意想不到的赞誉,有苛求完美的诽谤。"

孟子曰:"有不虞之誉,有求全之毁。"①

朱子集注 ①虞,度也。○吕氏曰:"行不足以致誉而偶得誉,是谓不虞之誉。求免于毁而反致毁,是谓求全之毁。言毁誉之言,未必皆实,修己者不可以是遽为忧喜,观人者不可以是轻为进退。"

孟子曰:"人之易其言也,无责耳矣。"①

译文 孟子说:"人们如此出言轻率,是因为没有责任心的缘故。"

朱子集注 ①易,去声。○人之所以轻易其言者,以其未遭失言之责故耳。盖常人之情,无所惩于前,则无所警于后。非以为君子之学,必俟有责而后不敢易其言也。然此岂亦有为而言之与?

孟子曰:"人之患在好为人师。"①

译文 孟子说:"人们的毛病在于喜好充当他人的老师。"

朱子集注 ①好,去声。○王勉曰:"学问有余,人资于己,不得已而应之可也。若好为人师,则自足而不复有进矣,此人之大患也。"

乐正子从于子敖之齐。①乐正子见孟子。孟子曰:"子亦来见我乎?"曰:"先生何为出此言也?"曰:"子来几日矣?"曰:"昔者。"曰:"昔者,则我出此言也,不亦宜乎?"曰:"舍馆未定。"曰:"子闻之也,舍馆定,然后求见长者乎?"②曰:"克有罪。"③

译文 乐正子跟随王子敖来到齐国。乐正子去见孟子,孟子说:"你也来见我吗?"乐正子说:"先生为什么说这样的话呢?"孟子说:"你来了有几天了?"乐正子说:"昨天到的。"孟子说:"既是昨天,那么我说这样的话不也得当么!"乐正子说:"因为住所没有确定。"孟子说:"你曾听说过,要住所确定后才去求见长者的吗?"乐正子说:"我有过错。"

朱子集注 ①子敖,王欢字。
②长,上声。○昔者,前日也。馆,客舍也。王欢,孟子所不与言者,则其人可知矣。乐正子乃从之行,其失身之罪大矣;又不早见长者,则其罪又有甚者焉。故孟子姑以此责之。
③陈氏曰:"乐正子固不能无罪矣。然其勇于受责如此,非

好善而笃信之,其能若是乎? 世有强辩饰非、闻谏愈甚者,又乐正子之罪人也。"

译义 孟子对乐正子说:"你这次跟随王子敖前来,只是吃吃喝喝。我没想到你学了古时候的道理却用来吃吃喝喝。"

孟子谓乐正子曰:"子之从于子敖来,徒铺啜也。我不意子学古之道,而以铺啜也!"

朱子集注 ①铺,博孤反。啜,昌悦反。○徒,但也。铺,食也。啜,饮也。言其不择所从,但求食耳。此乃正其罪而切责之。

译义 孟子说:"不孝顺的行为有三件,没有后裔最为重大。舜不禀告父母就娶妻,就因为没有后裔,君子认为这如同禀告了父母一样。"

孟子曰:"不孝有三,无后为大。①舜不告而娶,为无后也,君子以为犹告也。"②

朱子集注 ①赵氏曰:"于礼有不孝者三事,谓阿意曲从,陷亲不义,一也。家贫亲老,不为禄仕,二也。不娶无子,绝先祖祀,三也。三者之中,无后为大。"
②为无之为,去声。○舜告焉则不得娶,而终于无后矣。告者礼也,不告者权也。犹告,言与告同也。盖权而得中,则不离于正矣。○范氏曰:"天下之道,有正有权。正者万世之常,权者一时之用。常道人皆可守,权非体道者不能用也。盖权出于不得已者也。若父非瞽瞍,子非大舜,而欲不告而娶,则天下之罪人也。"

译义 孟子说:"仁的实质就是事奉父母,义的实质就是顺从兄长,智的实质就是明白这两者而不离开,礼的实质就是调节、修饰这两者,乐的实质是乐于这两者,欢乐就由此而生。欢乐萌生了就无法遏止,无法遏止就情不自禁地手舞足蹈起来。"

孟子曰:"仁之实,事亲是也;义之实,从兄是也;①智之实,知斯二者弗去是也;礼之实,节文斯二者是也;乐之实,乐斯二者,乐则生矣;生则恶可已也? 恶可已,则不知足之蹈之、手之舞之。"②

朱子集注 ①仁主于爱,而爱莫切于事亲;义主于敬,而敬莫先于从兄。故仁义之道,其用至广,而其实不越于事亲从兄之间。盖良心之发,最为切近而精实者。有子以孝弟为为仁之本,其意亦犹此也。

②乐斯、乐则之乐,音洛。恶,平声。○斯二者,指事亲、从兄而言。知而弗去,则见之明而守之固矣。节文,谓品节文章。乐则生矣,谓和顺从容,无所勉强,事亲、从兄之意油然自生,如草木之有生意也。既有生意,则其畅茂条达,自有不可遏者,所谓恶可已也。其又盛,则至于手舞足蹈而不自知矣。○此章言事亲、从兄,良心真切,天下之道,皆原于此。然必知之明而守之固,然后节之密而乐之深也。

孟子曰:"天下大悦而将归己。视天下悦而归己犹草芥也,惟舜为然。不得乎亲,不可以为人;不顺乎亲,不可以为子。①舜尽事亲之道而瞽瞍厎豫,瞽瞍厎豫而天下化,瞽瞍厎豫而天下之为父子者定,此之谓大孝。"②

朱子集注 ①言舜视天下之归己如草芥,而惟欲得其亲而顺之也。得者,曲为承顺以得其心之悦而已。顺则有以谕之于道,心与之一而未始有违,尤人所难也。为人盖泛言之,为子则愈密矣。

②厎,之尔反。○瞽瞍,舜父名。厎,致也。豫,悦乐也。瞽瞍至顽,尝欲杀舜,至是而厎豫焉。《书》所谓"不格奸,亦允若"是也。盖舜至此而有以顺乎亲矣。是以天下之为子者,知天下无不可事之亲,顾吾所以事之者未若舜耳。于是莫不勉而为孝,至于其亲亦厎豫焉,则天下之为父者,亦莫不慈,所谓化也。子孝父慈,各止其所,而无不安其位之意,所谓定也。为法于天下,可传于后世,非止一身一家之孝而已,此所以为大孝也。○李氏曰:"舜之所以能使瞽瞍厎豫者,尽事亲之道,共为子职,不见父母之非而已。昔罗仲素语此云:'只为天下无不是底父母。'了翁闻而善之曰:'惟如此而后,天下之为父子者定。彼臣弑其君、子弑其父者,常始于见其有不是处耳。'"

译文 孟子说:"整个天下都非常快乐地要来归顺自己,把整个天下快乐地归顺自己看得如同草芥一般,只有舜是如此。得不到父母的欢心不能够做人,不顺从父母不能够做儿子。舜竭尽事奉父母之道使父亲瞽瞍欢乐,使瞽瞍欢乐而感化了整个天下,使瞽瞍欢乐而安定了天下做父子的人,这就叫做大孝。"

离娄章句下

凡三十三章。

孟子曰:"舜生于诸冯,迁于负夏,卒于鸣条,东夷之人也。①文王生于岐周,卒于毕郢,西夷之人也。②地之相去也,千有余里;世之相后也,千有余岁。得志行乎中国,若合符节。③先圣后圣,其揆一也。"④

译文 孟子说:"舜出生在诸冯,迁居到负夏,逝世于鸣条,是东方边地的人;周文王出生在岐周,逝世于毕郢,是西方边地的人。地方相隔一千多里,时代相差一千余年,但他们的意愿得以在中土实施则如同符、节吻合那样一致。无论是在先的圣人还是在后的圣人,他们的准则是相同的。"

朱子集注 ①诸冯、负夏、鸣条,皆地名,在东方夷服之地。

②岐周,岐山下,周旧邑,近畎夷。毕郢,近丰、镐,今有文王墓。

③得志行乎中国,谓舜为天子,文王为方伯,得行其道于天下也。符节,以玉为之,篆刻文字而中分之,彼此各藏其半,有故则左右相合以为信也。若合符节,言其同也。

④揆,度也。其揆一者,言度之而其道无不同也。○范

氏曰:"言圣人之生,虽有先后远近之不同,然其道则一也。"

子产听郑国之政,以其乘舆济人于溱、洧。① 孟子曰:"惠而不知为政。②岁十一月徒杠成,十二月舆梁成,民未病涉也。③君子平其政,行辟人可也,焉得人人而济之?④故为政者,每人而悦之,日亦不足矣。"⑤

①乘,去声。溱,音臻。洧,荣美反。○子产,郑大夫公孙侨也。溱、洧,二水名也。子产见人有徒涉此水者,以其所乘之车载而度之。

②惠,谓私恩小利。政,则有公平正大之体,纲纪法度之施焉。

③杠,音江。○杠,方桥也。徒杠,可通徒行者。梁,亦桥也。舆梁,可通车舆者。周十一月,夏九月也。周十二月,夏十月也。《夏令》曰:"十月成梁。"盖农功已毕,可用民力,又时将寒沍,水有桥梁,则民不患于徒涉,亦王政之一事也。

④辟与闢同。焉,於虔反。○辟,辟除也,如《周礼》《阍人》为之辟之辟。言能平其政,则出行之际,辟除行人,使之避己,亦不为过。况国中之水,当涉者众,岂能悉以乘舆济之哉?

⑤言每人皆欲致私恩以悦其意,则人多日少,亦不足于用矣。诸葛武侯尝言"治世以大德,不以小惠",得孟子之意矣。

译文 子产主持郑国的政务,用自己的座车在溱水、洧水边载他人过渡。孟子说:"子产有恩惠,但却不懂得治理国政。十一月搭好走人的便桥,十二月搭好行车的梁桥,民众渡河就不会为难了。君子整治好自己的政务,外出使行人避道都没有关系,怎么能一个个地把人渡过河去呢?因此,治理国政的人去使每个人满意,连时间也不够了。"

孟子告齐宣王曰:"君之视臣如手足,则臣视君如腹心;君之视臣如犬马,则臣视君如国人;君之视臣如土芥,则臣视君如寇仇。"①王曰:"礼,为旧君有服,何如斯可为服矣?"②曰:"谏行言听,膏

译文 孟子告诉齐宣王说:"君主看待臣属如同手足,那臣属就看待君主如同腹心;君主看待臣属如同犬马,那臣属就看待君主如同常人;君主看

待臣属如同尘土、草芥,那臣属就看待君主如同强盗、仇敌。"宣王说:"礼制规定,要为以往事奉过的君主服丧,君主怎样做才能使人为之服丧呢?"孟子说:"劝谏被接纳、进言被听从,因此而恩惠下及民众;因故要离去,君主派人引导他离开国境,并派人先期前往他所要去的地方;离去了三年不回来,才收掉他的禄田和房屋:这叫做三有礼。这样,臣属就会为之服丧了。现今做臣属的,劝谏不被接纳、进言不被听从,因此而恩惠到不了民众;因故要离去,君主就扣押他,并派人到他所要去的地方为难他;离去的当天就收掉他的禄田和房屋:这叫做强盗、仇敌。对强盗、仇敌有什么丧可服呢?"

泽下于民;有故而去,则君使人导之出疆,又先于其所往;去三年不反,然后收其田里。此之谓三有礼焉。如此,则为之服矣。③今也为臣,谏则不行,言则不听,膏泽不下于民;有故而去,则君搏执之,又极之于其所往;去之日,遂收其田里。此之谓寇仇。寇仇何服之有?"④

朱子集注 ①孔氏曰:"宣王之遇臣下,恩礼衰薄,至于昔者所进,今日不知其亡,则其于群臣,可谓邈然无敬矣,故孟子告之以此。手足腹心,相待一体,恩义之至也。如犬马,则轻贱之,然犹有豢养之恩焉。国人,犹言路人,言无怨无德也。土芥,则践踏之而已矣,斩艾之而已矣,其贱恶之又甚矣。寇仇之报,不亦宜乎?"

②为,去声,下为之同。○《仪礼》曰:"以道去君而未绝者,服齐衰三月。"王疑孟子之言太甚,故以此礼为问。

③导之出疆,防剽掠也。先于其所往,称道其贤,欲其收用之也。三年而后收其田禄里居,前此犹望其归也。

④极,穷也。穷之于其所往之国,如晋锢栾盈也。○潘兴嗣曰:"孟子告齐王之言,犹孔子对定公之意也,而其言有迹,不若孔子之浑然也。盖圣贤之别如此。"○杨氏曰:"君臣以义合者也。故孟子为齐王深言报施之道,使知为君者不可不以礼遇其臣耳。若君子之自处,则岂处其薄乎?孟子曰:'王庶几改之,予日望之。'君子之言盖如此。"

译文 孟子说:"没有罪名而处死士人,大夫就可以离去;没有罪名而杀戮民众,士人就可以迁徙。"

孟子曰:"无罪而杀士,则大夫可以去;无罪而戮民,则士可以徙。"①

朱子集注 ①言君子当见几而作,祸已迫,则不能去矣。

译文 孟子说:"国君仁没有人不仁,国君义没有人不义。"

孟子曰:"君仁莫不仁,君义莫不义。"①

①张氏曰："此章重出。然上篇主言人臣当以正君为急,此章直戒人君,义亦小异耳。"

孟子曰："非礼之礼,非义之义,大人弗为。"①

①察理不精,故有二者之蔽。大人则随事而顺理,因时而处宜,岂为是哉?

译文 孟子说:"非礼的礼,非义的义,君子是不去做的。"

孟子曰："中也养不中,才也养不才,故人乐有贤父兄也。如中也弃不中,才也弃不才,则贤不肖之相去,其间不能以寸。"①

①乐,音洛。〇无过不及之谓中,足以有为之谓才。养,谓涵育薰陶,侯其自化也。贤,谓中而才者也。乐有贤父兄者,乐其终能成己也。为父兄者,若以子弟之不贤,遂遽绝之而不能教,则吾亦过中而不才矣,其相去之间,能几何哉?

译文 孟子说:"有德行的能影响、教育没有德行的,有才能的能影响、教育没有才能的,所以人们乐于有贤能的父兄。如果有德行的嫌弃没有德行的,有才能的嫌弃没有才能的,那么贤能与品行不好之间的差距比寸还小。"

孟子曰："人有不为也,而后可以有为。"①

①程子曰："有不为,知所择也。惟能有不为,是以可以有为。无所不为者,安能有所为邪?"

译文 孟子说:"人要有所不为,然后才能有所作为。"

孟子曰："言人之不善,当如后患何?"①

①此亦有为而言。

译文 孟子说:"谈论他人的不好,由此带来后患该怎么办呢?"

孟子曰："仲尼不为已甚者。"①

译文 孟子说:"孔子不做太过分的事。"

①已，犹太也。○杨氏曰："言圣人所为，本分之外，不加毫末。非孟子真知孔子，不能以是称之。"

译文 孟子说："作为君子，说话不拘泥于信守，行为不拘泥于果敢，只依据义的所在指导言行。"

孟子曰："大人者，言不必信，行不必果，惟义所在。"①

①行，去声。○必，犹期也。大人言行，不先期于信果，但义之所在，则必从之，卒亦未尝不信果也。○尹氏曰："主于义，则信果在其中矣；主于信果，则未必合义。"○王勉曰："若不合于义而不信不果，则妄人尔。"

译文 孟子说："所谓君子，就是不丧失那婴儿纯朴之心的人。"

孟子曰："大人者，不失其赤子之心者也。"①

①大人之心，通达万变。赤子之心，则纯一无伪而已。然大人之所以为大人，正以其不为物诱，而有以全其纯一无伪之本然。是以扩而充之，则无所不知，无所不能，而极其大也。

译文 孟子说："奉养健在的父母算不上大事，惟有安葬送终才算得上是大事。"

孟子曰："养生者不足以当大事，惟送死可以当大事。"①

①养，去声。○事生固当爱敬，然亦人道之常耳。至于送死，则人道之大变，孝子之事亲，舍是无以用其力矣。故尤以为大事，而必诚必信，不使少有后日之悔也。

译文 孟子说："君子用大道来加深造诣，是希望自己自然把握大道。自然把握了大道才能处之安然，处之安然才能

孟子曰："君子深造之以道，欲其自得之也。自得之，则居之安；居之安，则资之深；资之深，则取之左右逢其原，故君子欲其自得之也。"①

①造，七到反。○造，诣也。深造之者，进而不已之意。道，则其进为之方也。资，犹藉也。左右，身之两旁，言至近而非一处也。逢，犹值也。原，本也，水之来处也。言君子务于深造而必以其道者，欲其有所持循，以俟夫默识心通，自然而得之于己也。自得于己，则所以处之者安固而不摇；处之安固，则所藉者深远而无尽；所藉者深，则日用之间取之至近，无所往而不值其所资之本也。○程子曰："学不言而自得者，乃自得也。有安排布置者，皆非自得也。然必潜心积虑，优游厌饫于其间，然后可以有得。若急迫求之，则是私己而已，终不足以得之也。"

深入地借助它，深入地借助它才能取用起来左右逢源，所以君子希望自己自然把握大道。"

孟子曰："博学而详说之，将以反说约也。"①

①言所以博学于文，而详说其理者，非欲以夸多而斗靡也，欲其融会贯通，有以反而说到至约之地耳。盖承上章之意而言，学非欲其徒博，而亦不可以径约也。

译文 孟子说："广博地学习而详尽地加以阐述，是要以此回归到简约地阐述。"

孟子曰："以善服人者，未有能服人者也；以善养人，然后能服天下。天下不心服而王者，未之有也。"①

①王，去声。○服人者，欲以取胜于人；养人者，欲其同归于善。盖心之公私小异，而人之向背顿殊。学者于此不可以不审也。

译文 孟子说："用善来折服他人，未曾能使他人折服；用善来影响、教育他人，才能使整个天下折服。普天之下不心服就能称王天下的，还未曾有过。"

孟子曰："言无实不祥。不祥之实，蔽贤者当之。"①

①或曰："天下之言无有实不祥者，惟蔽贤为不祥之实。"或曰："言而无实者不祥，故蔽贤为不祥之实。"二说不同，未知孰是，疑或有阙文焉。

译文 孟子说："言谈不符合实际是不好的。这种不好的恶果，埋没贤才者要承当它。"

译文 徐子说:"孔子多次对水加以赞誉,说'水呀,水呀',水有哪一点可取呢?"孟子说:"从源头流出的水滚滚向前,昼夜不停,注满了低洼才继续向前,一直流入海洋。有本源的东西是这样,孔子所取的就是这一点。倘若没有本源,七八月间雨水多时沟渠都满了,而它们的干涸是立等可待的。所以,名声超过了实际,君子觉得可耻。"

徐子曰:"仲尼亟称于水,曰:'水哉,水哉!'何取于水也?"①孟子曰:"原泉混混,不舍昼夜,盈科而后进,放乎四海。有本者如是,是之取尔。②苟为无本,七八月之间雨集,沟浍皆盈;其涸也,可立而待也。故声闻过情,君子耻之。"③

朱子集注 ①亟,去吏反。○亟,数也。水哉水哉,叹美之辞。
②舍、放,皆上声。○原泉,有原之水也。混混,涌出之貌。不舍昼夜,言常出不竭也。盈,满也。科,坎也。言其进以渐也。放,至也。言水有原本,不已而渐进以至于海,如人有实行,则亦不已而渐进以至于极也。
③浍,古外反。涸,下各反。闻,去声。○集,聚也。浍,田间水道也。涸,干也。如人无实行,而暴得虚誉,不能长久也。声闻,名誉也。情,实也。耻者,耻其无实而将不继也。○林氏曰:"徐子之为人,必有躐等干誉之病,故孟子以是答之。"○邹氏曰:"孔子之称水,其旨微矣。孟子独取此者,自徐子之所急者言之也。孔子尝以闻达告子张矣,达者有本之谓也,闻则无本之谓也。然则学者其可以不务本乎?"

译文 孟子说:"人之所以不同于禽兽的地方很细小,普通人把它丢弃了,君子把它保留了。舜懂得万物的原理,明白做人的道理,依从仁义行事,不是去推行仁义。"

孟子曰:"人之所以异于禽兽者几希,庶民去之,君子存之。①舜明于庶物,察于人伦,由仁义行,非行仁义也。"②

朱子集注 ①几希,少也。庶,众也。人物之生,同得天地之理以为性,同得天地之气以为形。其不同者,独人于其间得形气之正,而能有以全其性,为少异耳。虽曰少异,然人物之所以分,实在于此。众人不知此而去之,则名虽为人,而实无以异于禽兽。君子知此而存之,是以战兢惕厉,而卒能有以全其所受之理也。
②物,事物也。明,则有以识其理也。人伦,说见前篇。察,则有以尽其理之详也。物理固非度外,而人伦尤切于身,故

其知之有详略之异。在舜则皆生而知之也。由仁义行,非行仁义,则仁义已根于心,而所行皆从此出。非以仁义为美,而后勉强行之,所谓安而行之也。此则圣人之事,不待存之而无不存矣。○尹氏曰:"存之者,君子也。存者,圣人也。君子所存,存天理也。由仁义行,存者能之。"

孟子曰:"禹恶旨酒而好善言。[1]汤执中,立贤无方。[2]文王视民如伤,望道而未之见。[3]武王不泄迩,不忘远。[4]周公思兼三王,以施四事,其有不合者,仰而思之,夜以继日,幸而得之,坐以待旦。"[5]

朱子集注 [1]恶、好,皆去声。○《战国策》曰:"仪狄作酒,禹饮而甘之,曰:'后世必有以酒亡其国者。'遂疏仪狄而绝旨酒。"《书》曰:"禹拜昌言。"

[2]执,谓守而不失。中者,无过不及之名。方,犹类也。立贤无方,惟贤则立之于位,不问其类也。

[3]而,读为如,古字通用。○民已安矣,而视之犹若有伤;道已至矣,而望之犹若未见。圣人之爱民深而求道切如此。不自满足,终日乾乾之心也。

[4]泄,狎也。迩者,人所易狎而不泄;远者,人所易忘而不忘。德之盛,仁之至也。

[5]三王,禹也,汤也,文、武也。四事,上四条之事也。时异势殊,故其事或有所不合。思而得之,则其理初不异矣。坐以待旦,急于行也。○此承上章言舜,因历叙群圣以继之,而各举其一事,以见其忧勤惕厉之意。盖天理之所以常存,而人心之所以不死也。○程子曰:"孟子所称,各因其一事而言,非谓武王不能执中立贤,汤却泄迩忘远也。人谓各举其盛,亦非也,圣人亦无不盛。"

孟子曰:"王者之迹熄而《诗》亡,《诗》亡然后《春秋》作。[1]晋之乘,楚之《梼杌》,鲁之《春

译文 孟子说:"禹嫌恶美酒而喜好善言。成汤坚持中和之道,起用贤人没有定规。周文王看待民众如同他们遭到了伤害,接近了大道仍然像还没见到它那样努力。周武王不轻慢亲近的人,不遗忘远离的人。周公想往兼有夏、商、周三朝贤王的长处,来实施禹、汤、文、武的功业,如果有不符合的地方,抬头思考,夜以继日,有幸想明白了,就坐待天明来实施。"

译文 孟子说:"王者的事迹泯没了,《诗》也就散失了,

秋》，一也。②其事则齐桓、晋文，其文则史。孔子曰：'其义则丘窃取之矣'。"③

朱子集注 ①王者之迹熄，谓平王东迁，而政教号令不及于天下也。《诗》亡，谓《黍离》降为《国风》而《雅》亡也。《春秋》，鲁史记之名，孔子因而笔削之，始于鲁隐公之元年，实平王之四十九年也。

②乘，去声。梼，音逃。杌，音兀。○《乘》，义未详，赵氏以为兴于田赋乘马之事。或曰："取记载当时行事而名之也。"《梼杌》，恶兽名，古者因以为凶人之号，取记恶垂戒之义也。《春秋》者，记事者必表年以首事。年有四时，故错举以为所记之名也。古者列国皆有史官，掌记时事。此三者皆其所记册书之名也。

③春秋之时，五霸迭兴，而桓、文为盛。史，史官也。窃取者，谦辞也。《公羊传》作"其辞则丘有罪焉尔"，意亦如此。盖言断之在己，所谓"笔则笔，削则削，游、夏不能赞一辞"者也。○尹氏曰："言孔子作《春秋》，亦以史之文载当时之事也，而其义则定天下之邪正，为百王之大法。"○此又承上章历叙群圣，因以孔子之事继之。而孔子之事莫大于《春秋》，故特言之。

孟子曰："君子之泽，五世而斩。小人之泽，五世而斩。①予未得为孔子徒也，予私淑诸人也。"②

朱子集注 ①泽，犹言流风余韵也。父子相继为一世，三十年亦为一世。斩，绝也。大约君子、小人之泽，五世而绝也。○杨氏曰："四世而缌，服之穷也；五世袒免，杀同姓也；六世亲属竭矣。服穷则遗泽寖微，故五世而斩。"

②私，犹窃也。淑，善也。李氏以为方言是也。人，谓子思之徒也。自孔子卒，至孟子游梁时，方百四十余年，而孟子已老。然则孟子之生，去孔子未百年也。故孟子言，予虽未

得亲受业于孔子之门，然圣人之泽尚存，犹有能传其学者。故我得闻孔子之道于人，而私窃以善其身，盖推尊孔子而自谦之辞也。〇此又承上三章，历叙舜、禹，至于周、孔，而以是终之。其词虽谦，然其所以自任之重，亦有不得而辞者矣。

孟子曰："可以取，可以无取，取伤廉；可以与，可以无与，与伤惠；可以死，可以无死，死伤勇。"①

译文 孟子说："可以取可以不取，取了会伤害廉；可以给可以不给，给了会伤害惠；可以死可以不死，死了会伤害勇。"

朱子集注 ①先言可以者，略见而自许之辞也。后言可以无者，深察而自疑之辞也。过取固害于廉，然过与亦反害其惠，过死亦反害其勇，盖过犹不及之意也。〇林氏曰："公西华受五秉之粟，是伤廉也。冉子与之，是伤惠也。子路之死于卫，是伤勇也。"

逄蒙学射于羿，尽羿之道，思天下惟羿为愈己，于是杀羿。孟子曰："是亦羿有罪焉。"公明仪曰："宜若无罪焉。"曰："薄乎云尔，恶得无罪？"①郑人使子濯孺子侵卫，卫使庾公之斯追之。子濯孺子曰：'今日我疾作，不可以执弓，吾死矣夫！'问其仆曰：'追我者谁也？'其仆曰：'庾公之斯也。'曰：'吾生矣。'其仆曰：'庾公之斯，卫之善射者也，夫子曰吾生，何谓也？'曰：'庾公之斯学射于尹公之他，尹公之他学射于我。夫尹公之他，端人也，其取友必端矣。'庾公之斯至，曰：'夫子何为不执弓？'曰：'今日我疾作，不可以执弓。'曰：'小人学射于尹公之他，尹公之他学射于夫子。我不忍以夫子之道反害夫子。虽然，今日之事，君事也，我不敢废。'抽矢扣轮，去其金，发乘矢而

译文 逄蒙向羿学习射技，完全学得了羿的技艺，觉得天下只有羿胜过自己，因此杀死了羿。孟子说："这件事羿也有过错。"公明仪说："似乎没有过错吧。"孟子说："不过轻一点罢了，怎么会没有过错呢？郑人派子濯孺子侵犯卫国，卫国派庾公之斯追击他。子濯孺子说：'今天我犯病，拿不了弓，我没命了！'便询问他的车手说：'追赶我的是谁？'他的车手说：'是庾公之斯。'子濯孺子说：'我有生路了。'他的车手说：'庾公之斯是卫国最优秀的射手，先生说有生路，是什么道理呢？'子濯孺子说：'庾公之斯向尹公之他学习射技，尹公之他向我学习射技。

尹公之他是正派人,他选取的朋友必定正派。'庚公之斯追上了,说:'先生为什么不拿弓?'子濯孺子说:'今天我犯病,拿不了弓。'庚公之斯说:'在下向尹公之他学习射技,尹公之他向先生学习射技,我不忍心用先生的技艺反过来伤害先生。虽然如此,今天的事情是国家公务,我不敢废弃。'就抽出箭来,在车轮上磕去箭头,射了四箭之后回去了。"

译义 孟子说:"西施蒙上了不洁,人们都会捂着鼻子走过去。即使是相貌丑陋的人,洁净了身心就能祭祀上帝。"

译义 孟子说:"普天之下所谈论的人性,不过是行为的本原罢了,本原的东西以顺乎自然为原则。之所以嫌恶聪明人是因为他们穿凿,如果聪明人像禹疏通水流那样就不会对聪明嫌恶了。禹的疏通水流,是让它们不违反自然地流行,如果聪明人也使自己不违反自然地行事,那么他就更聪明了。天如此之高,星辰如此之远,假如寻求他们运行的本

后反。"②

朱子集注 ①逢,薄江反。恶,平声。○羿,有穷后羿也。逢蒙,羿之家众也。羿善射,篡夏自立,后为家众所杀。愈,犹胜也。薄,言其罪差薄耳。
②他,徒河反。矣夫、夫君之夫,并音扶。去,上声。乘,去声。○之,语助也。仆,御也。尹公他,亦卫人也。端,正也。孺子以尹公正人,知其取友必正,故度庚公必不害己。小人,庚公自称也。金,镞也。扣轮出镞,令不害人,乃以射也。乘矢,四矢也。孟子言使羿如子濯孺子,得尹公他而教之,则必无逢蒙之祸。然夷羿篡弑之贼,蒙乃逆传;庚斯虽全私恩,亦废公义。其事皆无足论者,孟子盖特以取友而言耳。

孟子曰:"西子蒙不洁,则人皆掩鼻而过之。①虽有恶人,斋戒沐浴,则可以祀上帝。"②

朱子集注 ①西子,美妇人。蒙,犹冒也。不洁,污秽之物也。掩鼻,恶其臭也。
②斋,侧皆反。○恶人,丑貌者也。○尹氏曰:"此章戒人之丧善,而勉人以自新也。"

孟子曰:"天下之言性也,则故而已矣。故者以利为本。①所恶于智者,为其凿也。如智者若禹之行水也,则无恶于智矣。禹之行水也,行其所无事也。如智者亦行其所无事,则智亦大矣。②天之高也,星辰之远也,苟求其故,千岁之日至,可坐而致也。"③

朱子集注 ①性者,人物所得以生之理也。故者,其已然之迹,若所谓天下之故者也。利,犹顺也,语其自然之势

也。言事物之理，虽若无形而难知，然其发见之已然，则必有迹而易见。故天下之言性者，但言其故而理自明，犹所谓善言天者必有验于人也。然其所谓故者，又必本其自然之势，如人之善、水之下，非有所矫揉造作而然者也。若人之为恶、水之在山，则非自然之故矣。

②恶、为，皆去声。〇天下之理，本皆顺利，小智之人，务为穿凿，所以失之。禹之行水，则因其自然之势而导之，未尝以私智穿凿而有所事，是以水得其润下之性而不为害也。

③天虽高，星辰虽远，然求其已然之迹，则其运有常。虽千岁之久，其日至之度，可坐而得。况于事物之近，若因其故而求之，岂有不得其理者，而何以穿凿为哉？必言日至者，造历者以上古十一月甲子朔夜半冬至为历元也。〇程子曰："此章专为智而发。"愚谓事物之理，莫非自然。顺而循之，则为大智。若用小智而凿以自私，则害于性而反为不智。程子之言，可谓深得此章之旨矣。

公行子有子之丧。右师往吊，入门，有进而与右师言者，有就右师之位而与右师言者。①孟子不与右师言，右师不悦，曰："诸君子皆与欢言，孟子独不与欢言，是简欢也。"②孟子闻之，曰："礼，朝廷不历位而相与言，不逾阶而相揖也。我欲行礼，子敖以我为简，不亦异乎？"③

 ①公行子，齐大夫。右师，王欢也。

②简，略也。

③朝，音潮。〇是时齐卿大夫以君命吊，各有位次。若《周礼》，凡有爵者之丧礼，则职丧莅其禁令，序其事，故云朝廷也。历，更涉也。位，他人之位也。右师未就位而进与之言，则右师历己之位矣；右师已就位而就与之言，则己历右师之位矣。孟子、右师之位又不同阶，孟子不敢失此礼，故不与右师言也。

原，千年的日至都能坐着得知。"

译文 公行子的儿子死了，右师敖前往吊唁。走进大门，有走上前来与右师说话的人，有来到右师席位与右师说话的人。孟子不与右师说话，右师不高兴地说："各位君子都与我交谈，唯有孟子不与我交谈，这是简慢我。"孟子得知后说："礼仪规定，在朝堂上不越过位次相互交谈，不隔着阶梯相互作揖。我要想履行礼仪，子敖却认为我简慢，不也可怪吗？"

四书 章句集注

第三七七页

译文 孟子说:"君子之所以不同于常人,是由于他们所存的心。君子把仁存于心,把礼存于心。仁人爱护他人,有礼的人尊敬他人。爱护他人的人,人们常常爱护他;尊敬他人的人,人们常常尊敬他。在此有个人,他用蛮横的态度对待我,君子必定会反躬自省:一定是我不仁,一定是我无礼,否则怎么会遭到这样的事呢?反躬自省而仁了,反躬自省而有礼了,而蛮横的态度依然如故,君子必定会反躬自省:一定是我不忠。反躬自省而忠了,而蛮横的态度依然如故,君子会说:'这不过是个狂妄的人罢了。像这样,与禽兽有什么不同呢?对于禽兽又有什么可责备的呢?'因此,君子有终身的忧愁,没有一时的担心。至于忧愁的事是有的:舜是人,我也是人,舜被天下的人所效法,能传之后世,我仍不免是个乡里的普通人,这才是值得忧愁的,忧愁这些干什么呢?要像舜那样罢了。至于君子所担心的事就没有了。不合乎仁的事不去干,不合乎礼的事不去做,即使有一时的祸患,君子也不担心了。"

孟子曰:"君子所以异于人者,以其存心也。君子以仁存心,以礼存心。[1]仁者爱人,有礼者敬人。[2]爱人者人恒爱之,敬人者人恒敬之。[3]有人于此,其待我以横逆,则君子必自反也:我必不仁也,必无礼也,此物奚宜至哉?[4]其自反而仁矣,自反而有礼矣,其横逆由是也,君子必自反也:我必不忠。[5]自反而忠矣,其横逆由是也,君子曰:'此亦妄人也已矣。如此,则与禽兽奚择哉?于禽兽又何难焉?'[6]是故君子有终身之忧,无一朝之患也。乃若所忧则有之:舜人也,我亦人也。舜为法于天下,可传于后世,我由未免为乡人也,是则可忧也。忧之如何?如舜而已矣。若夫君子所患则亡矣。非仁无为也,非礼无行也。如有一朝之患,则君子不患矣。"[7]

朱子集注 [1]以仁礼存心,言以是存于心而不忘也。

[2]此仁礼之施。

[3]恒,胡登反。○此仁礼之验。

[4]横,去声,下同。○横逆,谓强暴不顺理也。物,事也。

[5]由,与犹同,下放此。○忠者,尽己之谓。我必不忠,恐所以爱敬人者,有所不尽其心也。

[6]难,去声。○奚择,何异也。又何难焉,言不足与之校也。

[7]夫,音扶。○乡人,乡里之常人也。君子存心不苟,故无后忧。

译文 禹、稷处于太平时代,三次经过自己家门却不进去,孔子称赞他们;颜回处于动乱时代,住在狭小的巷子里,用一个筐吃饭、一个瓢喝水,别人受不了这种清苦,颜回却不改变他的志趣,孔子称赞他。

禹、稷当平世,三过其门而不入,孔子贤之。[1]颜子当乱世,居于陋巷,一箪食,一瓢饮,人不堪其忧,颜子不改其乐,孔子贤之。[2]孟子曰:"禹、稷、颜回同道。[3]禹思天下有溺者,由己溺之也;稷思天下有饥者,由己饥之也,是以如是其急也。[4]

禹、稷、颜子,易地则皆然。⑤今有同室之人斗者,救之,虽被发缨冠而救之,可也。⑥乡邻有斗者,被发缨冠而往救之,则惑也,虽闭户可也。"⑦

朱子集注 ①事见前篇。

②食,音嗣。乐,音洛。

③圣贤之道,进则救民,退则修己,其心一而已矣。

④由与犹同。○禹、稷身任其职,故以为己责而救之急也。

⑤圣贤之心无所偏倚,随感而应,各尽其道。故使禹、稷居颜子之地,则亦能乐颜子之乐;使颜子居禹、稷之任,亦能忧禹、稷之忧也。

⑥不暇束发而结缨往救,言急也。以喻禹、稷。

⑦喻颜子也。○此章言圣贤心无不同,事则所遭或异,然处之各当其理,是乃所以为同也。○尹氏曰:"当其可之谓时,前圣后圣,其心一也,故所遇皆尽善。"

公都子曰:"匡章,通国皆称不孝焉。夫子与之游,又从而礼貌之,敢问何也?"①孟子曰:"世俗所谓不孝者五:惰其四支,不顾父母之养,一不孝也;博弈好饮酒,不顾父母之养,二不孝也;好货财,私妻子,不顾父母之养,三不孝也;从耳目之欲,以为父母戮,四不孝也;好勇斗很,以危父母,五不孝也。章子有一于是乎?②夫章子,子父责善而不相遇也。③责善,朋友之道也;父子责善,贼恩之大者。④夫章子,岂不欲有夫妻子母之属哉? 为得罪于父,不得近,出妻屏子,终身不养焉。其设心以为不若是,是则罪之大者。是则章子已矣。"⑤

朱子集注 ①匡章,齐人。通国,尽一国之人也。礼貌,敬之也。

②好、养、从,皆去声。很,胡恳反。○戮,羞辱也。很,忿戾也。

译文 孟子说:"禹、稷、颜回是一个道理。禹想到天下有淹入水中的人,如同是自己使他们淹入水中一样;稷想到天下有挨饿的人,如同是自己使他们挨饿一样,所以他们是如此的急迫。禹、稷、颜回互换了位置都一样。现今有同屋的人在争斗,就援救他们,即使披散着头发就戴上冠帽去援救他们都没有关系;乡里的邻居有人在争斗,披散着头发就戴上冠帽去援救他们就糊涂了,这时即使关起门来都没有关系。"

译文 公都子说:"匡章这个人,举国上下都说他不孝,夫子却和他来往,又因此礼待他,请问是什么道理呢?"孟子说:"一般所谓不孝的行为有五项:怠惰自己的四肢,不顾及父母的赡养,是一不孝;下棋、喜欢饮酒,不顾及父母的赡养,是二不孝;喜好钱财,偏爱妻子儿女,不顾及父母的赡养,是三不孝;放纵声色的欲望,因而给父母带来耻辱,是四不孝;逞强好斗,因而危及父母,是五不孝。章子有一种这样的行为吗? 章子是儿子、父亲互相责备而不相亲近。互相责备是朋友的准则,父亲、儿子互相责备是最伤感情的事。章子难道不想有丈夫妻子、儿子母亲的亲属关系

③夫,音扶。○遇,合也。相责以善而不相合,故为父所逐也。

④贼,害也。朋友当相责以善,父子行之,则害天性之恩也。

⑤夫章之夫,音扶。为,去声。屏,必井反。养,去声。○言章子非不欲身有夫妻之配、子有子母之属,但为身不得近于父,故不敢受妻子之养,以自责罚。其心以为不如此,则其罪益大也。○此章之旨,于众所恶而必察焉,可以见圣贤至公至仁之心矣。○杨氏曰:"章子之行,孟子非取之也,特哀其志而不与之绝耳。"

译文 曾子居住在武城,有越人入侵。有人说:"敌寇来了,何不离开这儿呢?"曾子说:"只是不要让他人住在我的屋子里,毁坏那些树木。"敌寇退去,曾子便说:"整修我的院墙和屋子,我就要回去了。"敌寇一退走,曾子就回去了。他身边的门徒们说:"他们对待先生是那样忠诚、恭敬,敌寇来了却为民众做了个带头离去的榜样,敌寇退走了就回去,恐怕不可以吧。"沈犹行说:"这不是你们所知道的。过去先生住在我那儿,有个叫负刍的作乱,跟随先生的七十个人没有一个介入这件事。"子思居住在卫国,有齐人入侵。有人说:"敌寇来了,何不离开这儿呢?"子思说:"连我都离开了,国君和谁一起防守呢?"孟子说:"曾子、子思是一个道理。曾子是老师,是武城人的父亲、兄长;子思是卫国的臣属,身份低微。曾子、子思互换了位置都会这样做。"

曾子居武城,有越寇。或曰:"寇至,盍去诸?"曰:"无寓人于我室,毁伤其薪木。"寇退,则曰:"修我墙屋,我将反。"寇退,曾子反。左右曰:"待先生如此其忠且敬也,寇至则先去以为民望,寇退则反,殆于不可。"沈犹行曰:"是非汝所知也。昔沈犹有负刍之祸,从先生者七十人,未有与焉。"①子思居于卫,有齐寇。或曰:"寇至,盍去诸?"子思曰:"如伋去,君谁与守?"②孟子曰:"曾子、子思同道。曾子,师也,父兄也;子思臣也,微也。曾子、子思易地则皆然。"③

朱子集注 ①与,去声。○武城,鲁邑名。盍,何不也。左右,曾子之门人也。忠敬,言武城之大夫事曾子忠诚恭敬也。为民望,言使民望而效之。沈犹行,弟子姓名也。言曾子尝舍于沈犹氏,时有负刍者作乱,来攻沈犹氏,曾子率其弟子去之,不与其难。言师宾不与臣同。

②言所以不去之意如此。

③微,犹贱也。○尹氏曰:"或远害,或死难,其事不同者,所处之地不同也。君子之心,不系于利害,惟其是而已,故易地则皆能为之。"○孔氏曰:"古之圣贤,言行不同,事业亦异,而其道未始不同也。学者知此,则因所遇而应之,若权衡之称物,低昂屡变,而不害其为同也。"

吗?因为得罪了父亲,不能亲近,就离弃了妻子、疏远了子女,终身不要他们奉养。他的用心认为,不这样做罪过更大,章子不过如此罢了。"

储子曰："王使人瞷夫子,果有以异于人乎?"孟子曰："何以异于人哉? 尧、舜与人同耳。"①

朱子集注 ①瞷,古苋反。○储子,齐人也。瞷,窃视也。圣人亦人耳,岂有异于人哉?

齐人有一妻一妾而处室者,其良人出,则必餍酒肉而后反。其妻问所与饮食者,则尽富贵也。其妻告其妾曰："良人出,则必餍酒肉而后反;问其与饮食者,尽富贵也,而未尝有显者来。吾将瞷良人之所之也。"蚤起,施从良人之所之,遍国中无与立谈者。卒之东郭墦间,之祭者,乞其余;不足,又顾而之他,此其为餍足之道也。其妻归,告其妾曰："良人者,所仰望而终身也。今若此!"与其妾讪其良人,而相泣于中庭。而良人未之知也,施施从外来,骄其妻妾。①由君子观之,则人之所以求富贵利达者,其妻妾不羞也,而不相泣者,几希矣。②

朱子集注 ①施,音迤,又音易。墦,音燔。施施,如字。○章首当有"孟子曰"字,阙文也。良人,夫也。餍,饱也。显者,富贵人也。施,邪施而行,不使良人知也。墦,冢也。顾,望也。讪,怨詈也。施施,喜悦自得之貌。
②孟子言自君子而观,今之求富贵者,皆若此人耳。使其妻妾见之,不羞而泣者少矣。言可羞之甚也。○赵氏曰:"言今之求富贵者,皆以枉曲之道,昏夜乞哀以求之,而以骄人于白日,与斯人何以异哉?"

四书 章句集注

译文 储子说:"大王派人观察夫子,是否真有不同于他人之处。"孟子说:"哪有不同于他人之处呢? 连尧、舜都与常人一样。"

译文 齐国人中有户一妻一妾住在一起的人家,她们的丈夫出去就必定吃饱了酒肉才回来。他妻子询问他一同吃喝的人,则说都是有钱有势的。他妻子告诉他的妾说:"丈夫出去就必定吃饱了酒肉才回来,询问他一同吃喝的人,都是有钱有势的,但从没有显赫的人来,我要暗中看看丈夫的行踪。"早上起来,她悄悄地跟着丈夫出去。满城中没有站下来和他交谈的,结果他去了东郊的墓地,向上坟祭奠的人乞讨剩余的供品,不够,又张望着向其他人乞讨,这就是他吃饱喝足的方法。他妻子回来告诉他的妾说:"丈夫是我们依靠着过一辈子的人,现在却做出这样的事来。"便与他的妾儿骂他们的丈夫,在厅堂相对哭泣。他们的丈夫还不知道,洋洋自得地从外面回来,向自己的妻妾炫耀。由君子看来,人们用来求取富贵腾达的手段,能使他们的妻妾不感到羞耻、不相对哭泣,是很少的。

万章章句上

凡九章。

译文 万章问道:"舜到农田去,向苍天哭诉,他为什么要哭诉呢?"孟子说:"因为怨恨、思慕。"万章说:"曾子说'父母喜爱,高兴而不忘怀;父母嫌恶,忧愁而不怨恨',既然如此,舜会怨恨吗?"孟子说:"长息问公明高说:'舜到农田去,我已经聆听了你的教诲;向苍天、向父母哭诉,我就不明白了。'公明高说:'这不是你所能明白的。'公明高认为,孝子之心是不会如此满不在乎的:我竭尽全力耕田,只是完成做儿子的职责罢了,父母不喜爱我,跟我有什么关系呢?帝尧

万章问曰:"舜往于田,号泣于旻天,何为其号泣也?"孟子曰:"怨慕也。"①万章曰:"父母爱之,喜而不忘;父母恶之,劳而不怨。然则舜怨乎?"曰:"长息问于公明高曰:'舜往于田,则吾既得闻命矣;号泣于旻天,于父母,则吾不知也。'公明高曰:'是非尔所知也。'夫公明高以孝子之心,为不若是恝,我竭力耕田,共为子职而已矣,父母之不我爱,于我何哉?②帝使其子九男二女,百官牛羊仓廪备,以事舜于畎亩之中。天下之士多就之者,帝将胥天下而迁之焉。为不顺于父母,如穷人无所归。③天下之士悦之,人之所欲也,而不足以解忧;好色,人之所欲,妻帝之二女,而不足

以解忧；富，人之所欲，富有天下，而不足以解忧；贵，人之所欲，贵为天子，而不足以解忧。人悦之、好色、富贵，无足以解忧者，惟顺于父母，可以解忧。④人少，则慕父母；知好色，则慕少艾；有妻子，则慕妻子；仕则慕君，不得于君则热中。大孝终身慕父母。五十而慕者，予于大舜见之矣。"⑤

朱子集注

①号，平声。○舜往于田，耕历山时也。仁覆闵下，谓之旻天。号泣于旻天，呼天而泣也。事见《虞书·大禹谟》篇。怨慕，怨己之不得其亲而思慕也。

②恶，去声。夫，音扶。愁，苦八反。共，平声。○长息，公明高弟子。公明高，曾子弟子。于父母，亦《书》辞，言呼父母而泣也。愁，无愁之貌。于我何哉，自责不知己有何罪耳，非怨父母也。○杨氏曰："非孟子深知舜之心，不能为此言。盖舜惟恐不顺于父母，未尝自以为孝也。若自以为孝，则非孝矣。"

③为，去声。○帝，尧也。《史记》云："二女妻之，以观其内；九男事之，以观其外。"又言："一年所居成聚，二年成邑，三年成都。"是天下之士就之也。胥，相视也。迁之，移以与之也。如穷人之无所归，言其怨慕迫切之甚也。

④孟子推舜之心如此，以解上文之意。极天下之欲，不足以解忧，而惟顺于父母，可以解忧。孟子真知舜之心哉！

⑤少、好，皆去声。○言常人之情，因物有迁，惟圣人为能不失其本心也。艾，美好也。《楚辞》《战国策》所谓幼艾，义与此同。不得，失意也。热中，躁急心热心。言五十者，舜摄政时年五十也。五十而慕，则其终身慕可知矣。○此章言舜不以得众人之所欲为己乐，而以不顺乎亲之心为己忧。非圣人之尽性，其孰能之？

万章问曰："《诗》云：'娶妻如之何？必告父母。'信斯言也，宜莫如舜。舜之不告而娶，何也？"孟子曰："告则不得娶。男女居室，人之大伦

四书 章句集注

派他的九个儿子、两个女儿，百官、牛羊、粮仓都齐备，到农田里去事奉舜，天下的士人有许多去归附他，帝尧就要把整个天下交付给他了。他由于没能得到父母的欢心，就如同贫困的人找不到归宿一般。被天下的士人所喜爱，是他人所追求的，却不足以解除他的忧愁；美貌的女子，是他人所追求的，娶了帝尧的两个女儿却不足以解除他的忧愁；富有，是他人所追求的，拥有整个天下的财富却不足以解除他的忧愁；显贵，是他人所追求的，身为天子那样的尊贵却不足以解除他的忧愁。为他人所喜爱、美貌的女子、富有尊贵，没有一项能解除忧愁，惟有得到父母的欢心才能解除忧愁。人们年幼时就思慕父母，知道了女子的美貌就思慕少女，有了妻室、子女就思慕妻室、子女，担任了官职就思慕君主，得不到君主信任就很急切的盼望。大孝的人一辈子思慕父母，到了五十岁仍在思慕的，我在大舜身上见到了。"

译文 万章问道："《诗》说：'娶妻该怎么办？必先禀告父母。'相信这道理的该没人比得上舜了，舜不禀告父母就娶

妻,是什么道理呢?"孟子说:"禀告就不能娶了。男女生活在一起,是人与人的重要伦常关系。如果禀告,就是把废弃这一重要的伦常关系归咎于父母,所以就不禀告了。"万章说:"舜不禀告父母就娶妻,我已经聆听了你的教诲,帝尧嫁女儿给舜却不告诉他父母,是什么道理呢?"孟子说:"帝尧也知道告诉了就不能把女儿嫁给他了。"万章说:"父母叫舜去整修谷仓,抽去了梯子,父亲瞽瞍放火焚烧谷仓;要他去淘井,等其他人出来后就堵塞了井口。弟弟象说:'设法除掉舜都是我的功劳。牛羊给父母,粮仓给父母,盾和戈归我,琴归我,雕漆的弓归我,两个嫂嫂让她们伺候我睡觉。'象走进舜的屋子,舜坐在床上弹琴。象说:'我想得你好苦啊!'神色羞愧。舜说:'我想着那些臣民,你替我来管理。'我不明白,舜难道不知道象要杀害自己吗?"孟子说:"怎么会不知道呢?象忧愁他也忧愁,象高兴他也高兴。"万章说:"那么,舜是假装高兴吗?"孟子说:"不。过去有人送了条活鱼给子产,子产叫校人把它养在水池里。校人把鱼煮了,回来报告说:'刚放掉它时还游得不太灵活,过了一会,就自在地甩着尾巴,悠然地游走了。'子产说:'得到合适的去处了,得到合适的去处了!'校人退了出来,说:'谁说子产聪明?我已经把鱼烹煮着吃了,他却说,得到合适

也。如告,则废人之大伦,以怼父母,是以不告也。"①万章曰:"舜之不告而娶,则吾既得闻命矣。帝之妻舜而不告,何也?"曰:"帝亦知告焉则不得妻也。"②万章曰:"父母使舜完廪,捐阶,瞽瞍焚廪。使浚井,出,从而掩之。象曰:'谟盖都君咸我绩。牛羊,父母;仓廪,父母。干戈,朕;琴,朕;弤,朕;二嫂,使治朕栖。'象往入舜宫,舜在床琴。象曰:'郁陶思君尔。'忸怩。舜曰:'惟兹臣庶,汝其于予治。'不识舜不知象之将杀己与?"曰:"奚而不知也?象忧亦忧,象喜亦喜。"③曰:"然则舜伪喜者与?"曰:"否。昔者有馈生鱼于郑子产,子产使校人畜之池。校人烹之,反命曰:'始舍之,圉圉焉,少则洋洋焉;攸然而逝。'子产曰:'得其所哉!得其所哉!'校人出,曰:'孰谓子产智?予既烹而食之,曰:得其所哉,得其所哉。'故君子可欺以其方,难罔以非其道。彼以爱兄之道来,故诚信而喜之,奚伪焉?"④

朱子集注 ①怼,直类反。○《诗》,《齐国风·南山》之篇也。信,诚也,诚如此诗之言也。怼,仇怨也。舜父顽母嚚,常欲害舜。告则不听其娶,是废人之大伦,以仇怨于父母也。

②妻,去声。○以女为人妻曰妻。○程子曰:"尧妻舜而不告者,以君治之而已,如今之官府治民之私者亦多。"

③弤,都礼反。忸,女六反。怩,音尼。与,平声。○完,治也。捐,去也。阶,梯也。掩,盖也。按《史记》曰:"使舜上涂廪,瞽瞍从下纵火焚廪,舜乃以两笠自捍而下,去,得不死。后又使舜穿井,舜穿井为匿空旁出。舜既入深,瞽瞍与象共下土实井,舜从匿空出,去。"即其事也。象,舜异母弟也。谟,谋也。盖,盖井也。舜所居三年成都,故谓之都君。咸,皆也。绩,功也。舜既入井,象不知舜已出,欲以杀舜为

己功也。干，盾也。戈，戟也。琴，舜所弹五弦琴也。张，瑁弓也。象欲以舜之牛羊、仓廪与父母，而自取此物也。二嫂，尧二女也。栖，床也，象欲使为己妻也。象往舜宫，欲分取所有，见舜生在床弹琴，盖既出即潜归其宫也。郁陶，思之甚而气不得伸也。象言己思君之甚，故来见尔。忸怩，惭色也。臣庶，谓其百官也。象素憎舜，不至其宫，故舜见其来而喜，使之治其臣庶。孟子言舜非不知其将杀己，但见其忧则忧，见其喜则喜，兄弟之情，自有所不能已耳。万章所言，其有无不可知，然舜之心，则孟子有以知之矣，它亦不足辨也。○程子曰："象忧亦忧，象喜亦喜，人情天理，于是为至。"

④与，平声。校，音效，又音教。畜，许六反。○校人，主池沼小吏也。圉圉，困而未纾之貌。洋洋，则稍纵矣。攸然而逝者，自得而远去也。方，亦道也。罔，蒙蔽也。欺以其方，谓诳之以理之所有。罔以非其道，谓昧之以理之所无。象以爱兄之道来，所谓欺之以其方也。舜本不知其伪，故实喜之，何伪之有？○此章又言舜遭人伦之变，而不失天理之常也。

万章问曰："象日以杀舜为事。立为天子，则放之，何也？"孟子曰："封之也，或曰放焉。"①万章曰："舜流共工于幽州，放欢兜于崇山，杀三苗于三危，殛鲧于羽山，四罪而天下咸服，诛不仁也。象至不仁，封之有庳。有庳之人奚罪焉？仁人固如是乎？在他人则诛之，在弟则封之。"曰："仁人之于弟也，不藏怒焉，不宿怨焉，亲爱之而已矣。亲之欲其贵也，爱之欲其富也。封之有庳，富贵之也。身为天子，弟为匹夫，可谓亲爱之乎？"②"敢问或曰放者，何谓也？"曰："象不得有为于其国，天子使吏治其国，而纳其贡税焉，故谓之放。岂得暴彼民哉？虽然，欲常常而见之，故

的去处了，得到合适的去处了。'因此，君子能用合乎情理的方法欺罔，却难以用违背常规的手段诓骗。象用喜爱兄长的做法作表示，所以舜真诚地相信而感到高兴，假装什么呢？"

译文 万章问道："象成天把杀害舜作为事务，舜即位做了天子只是放逐他，是什么道理呢？"孟子说："舜封了土地给他，有人说是放逐。"万章说："舜'把共工流迁到幽州，把欢兜放逐到崇山，把三苗驱赶到三危，把鲧诛杀在羽山，这四项惩罚整个天下都信服'，是除去了不仁的缘故。象极其不仁，却把他封在有庳，有庳的人有什么过错？仁人就应该是这样的吗？他人有罪就惩处，弟弟有罪就封给土地。"孟子说："仁人对于弟弟，不存忿怒，不留怨恨，只是亲近爱

源源而来。'不及贡，以政接于有庳'，此之谓也。"③

朱子集注　①放，犹置也，置之于此，使不得去也。万章疑舜何不诛之，孟子言舜实封之，而或者误以为放也。

②庳，音鼻。○流，徙也。共工，官名。欢兜，人名。二人比周，相与为党。三苗，国名，负固不服。杀，杀其君也。殛，诛也。鲧，禹父名，方命圮族，治水无功。皆不仁之人也。幽州、崇山、三危、羽山、有庳，皆地名也。或曰："今道州鼻亭，即有庳之地也。"未知是否？万章疑舜不当封象，使彼有庳之民无罪而遭象之虐，非仁人之心也。藏怒，谓藏匿其怒。宿怨，谓留蓄其怨。

③孟子言象虽封为有庳之君，然不得治其国，天子使吏代之治，而纳其所收之贡税于象。有似于放，故或者以为放也。盖象至不仁，处之如此，则既不失吾亲爱之心，而彼亦不得虐有庳之民也。源源，若水之相继也。来，谓来朝觐也。不及贡，以政接于有庳，谓不待及诸侯朝贡之期，而以政事接见有庳之君。盖古书之辞，而孟子引以证源源而来之意，见其亲爱之无已如此也。○吴氏曰："言圣人不以公义废私恩，亦不以私恩害公义。舜之于象，仁之至，义之尽也。"

　　咸丘蒙问曰："语云：'盛德之士，君不得而臣，父不得而子。'舜南面而立，尧帅诸侯北面而朝之，瞽瞍亦北面而朝之。舜见瞽瞍，其容有蹙。孔子曰：'于斯时也，天下殆哉，岌岌乎！'不识此语诚然乎哉？"孟子曰："否。此非君子之言，齐东野人之语也。尧老而舜摄也。《尧典》曰：'二十有八载，放勋乃徂落，百姓如丧考妣。三年，四海遏密八音。'孔子曰：'天无二日，民无二王。'舜既为天子矣，又帅天下诸侯以为尧三年丧，是二天子矣。"①咸丘蒙曰："舜之不臣尧，则吾既得闻命

译义　护他罢了。亲近他，是希望他显贵；爱护他，是希望他富有。把他封在有庳，是使他显贵富有。自己做了天子，弟弟是一介平民，能说是亲近爱护他吗？"万章说："请问，有人说放逐，指什么呢？"孟子说："象不能在他的封邑有所作为，天子派遣官吏治理他的封邑、缴纳他的贡税，所以称为放逐。象怎么能暴虐他的民众呢？即使如此，舜希望常常见到他，所以象不断地来朝见。记载说'不等到朝贡，就因政务接见有庳的君长'，就是指这件事。"

译义　咸丘蒙问道："语书说：'道德崇高的人，君主不能把他作为臣属，父亲不能把他作为儿子。'舜面南就天子之位，尧带领诸侯面北朝见他，他的父亲瞽瞍也面北朝见他。舜见到瞽瞍，神情局促不安。孔子说：'在那时，天下危险呀，要垮台了！'不知道这话确实如此吗？"孟子说："不，这不是君子的话，是齐国东郊乡巴佬的话。尧年老了由舜代理天下，《尧典》说：'过了二十八

矣。《诗》云：'普天之下，莫非王土；率土之滨，莫非王臣。'而舜既为天子矣，敢问瞽瞍之非臣，如何？"曰："是诗也，非是之谓也。劳于王事，而不得养父母也。曰：'此莫非王事，我独贤劳也。'故说诗者，不以文害辞，不以辞害志。以意逆志，是为得之。如以辞而已矣，《云汉》之诗曰：'周余黎民，靡有孑遗。'信斯言也，是周无遗民也。②孝子之至，莫大乎尊亲；尊亲之至，莫大乎以天下养。为天子父，尊之至也；以天下养，养之至也。《诗》曰：'永言孝思，孝思维则。'此之谓也。③《书》曰：'祗载见瞽瞍，夔夔齐栗，瞽瞍亦允若。'是为父不得而子也。"④

朱子集注

①朝，音潮。炎，鱼及反。〇咸丘蒙，孟子弟子。语者，古语也。蹙，颦蹙不自安也。炎炎，不安貌也。言人伦乖乱，天下将危也。齐东，齐国之东鄙也。孟子言尧但老不治事，而舜摄天子之事耳。尧在时，舜未尝即天子位，尧何由北面而朝乎？又引《书》及孔子之言以明之。《尧典》，《虞书》篇名。今此文乃见于《舜典》，盖古书二篇，或合为一耳。言舜摄位二十八年而尧死也。徂，升也。落，降也。人死则魂升而魄降，故古者谓死为徂落。遏，止也。密，静也。八音，金、石、丝、竹、匏、土、革、木，乐器之音也。

②不臣尧，不以尧为臣，使北面而朝也。《诗》，《小雅·北山》之篇也。普，遍也。率，循也。此诗今毛氏序云："役使不均，已劳于王事而不得养其父母焉。"其诗下文亦云："大夫不均，我从事独贤。"乃作诗者自言，天下皆王臣，何为独使我以贤才而劳苦乎？非谓天子可臣其父也。文，字也。辞，语也。逆，迎也。《云汉》，《大雅》篇名也。孑，独立之貌。遗，脱也。言说诗之法，不可以一字而害一句之义，不可以一句而害设辞之志，当以己意迎取作者之志，乃可得之。若但以其辞而已，则如《云汉》所言，是周之民真无遗

年，尧才去世，诸侯们如同死去了父母一样，整整三年，四海之内停止奏乐。'孔子说：'上天没有两个太阳，民众没有两位天子。'舜如果已经做了天子，又带领天下的诸侯为尧服丧三年，就是有两位天子了。"咸丘蒙说："舜不以尧为臣，我已经聆听了你的教诲。《诗》说：'整个苍天之下，没有一处不是天子的土地；全部土地之上，没有一个不是天子的臣民。'舜已经做了天子，请问瞽瞍却不是臣民是怎么回事？"孟子说："这首诗不是这样讲说的，乃是为天子的事务操劳而不能奉养父母，意思是说'这些没有一件不是天子的事务，只有我最操劳'。所以，解说《诗》的人，不因为文字而误解词句，不因为词句而误解诗意，要用自己的心去推求诗意，这才对了。如果只看词句，《云汉》的诗篇说'周室余下的庶民，没有一个存留'，确实如它所说，周室就没有存留的民众了。孝子的极致，没有比尊敬父母更重大的；尊敬父母的极致，没有比以整个天下来奉养更重大的。成为天子的父亲，是尊敬的极致；以整个天下来奉养，是奉养的极致。《诗》说'永远尽孝道，孝道是法则'，就是这个意思。《书》说'舜恭敬地去见瞽瞍，谨慎小心，瞽瞍也确实顺从了'，这就是父亲不能把天子作为儿子。"

种矣。惟以意逆之,则知作诗者之志在于忧旱,而非真无遗民也。

③养,去声。○言瞽瞍既为天子之父,则当享天下之养,此舜之所以为尊亲养亲之至也。岂有使之北面而朝之理乎?《诗》,《大雅·下武》之篇。言人能长言孝思而不忘,则可以为天下法则也。

④见,音现。齐,侧皆反。○《书》,《大禹谟》篇也。祗,敬也。载,事也。夔夔齐栗,敬谨恐惧之貌。允,信也。若,顺也。言舜敬事瞽瞍,往而见之,敬谨如此,瞽瞍亦信而顺之也。孟子引此而言瞽瞍不能以不善及其子,而反见化于其子,则是所谓父不得而子者,而非如咸丘蒙之说也。

译文 万章说:"尧把天下交给舜,有这回事吗?"孟子说:"不,天子不能把天下交给他人。"万章说:"那么舜拥有天下,是谁给他的呢?"孟子说:"上天给他的。"万章说:"上天给他,谆谆地告诫他吗?"孟子说:"不,上天不说话,只是用行为和事情来示意罢了。"万章说:"用行为和事情来示意是怎么回事呢?"孟子说:"天子能向上天推荐人,不能要上天把天下交给他;诸侯能向天子推荐人,不能要天子授给他诸侯的爵位;大夫能向诸侯推荐人,不能要诸侯授给他大夫的职务。过去尧向上天推荐人,上天接受了;向民众亮相,民众接受了,所以说,上天不说话,只是用行为和事情来示意罢了。"万章说:"请问,向上天推荐,上天接受了;向民众亮相,民众接受了,是怎么回事呢?"孟子说:"要舜主

万章曰:"尧以天下与舜,有诸?"孟子曰:"否。天子不能以天下与人。"①"然则舜有天下也,孰与之?"曰:"天与之。"②"天与之者,谆谆然命之乎?"③曰:"否。天不言,以行与事示之而已矣。"④曰:"以行与事示之者,如之何?"曰:"天子能荐人于天,不能使天与之天下;诸侯能荐人于天子,不能使天子与之诸侯;大夫能荐人于诸侯,不能使诸侯与之大夫。昔者尧荐舜于天而天受之,暴之于民而民受之,故曰:'天不言,以行与事示之而已矣。'"⑤曰:"敢问荐之于天而天受之,暴之于民而民受之,如何?"曰:"使之主祭而百神享之,是天受之;使之主事而事治,百姓安之,是民受之也。天与之,人与之,故曰:天子不能以天下与人。⑥舜相尧二十有八载,非人之所能为也,天也。尧崩,三年之丧毕,舜避尧之子于南河之南。天下诸侯朝觐者,不之尧之子而之舜;讼狱者,不之尧之子而之舜;讴歌者,不讴歌尧之子而讴歌舜,故曰:天也。夫然后之中国,践天子位焉。而

居尧之宫，逼尧之子，是篡也，非天与也。⑦《太誓》曰'天视自我民视，天听自我民听'，此之谓也。"⑧

朱子集注 ①天下者，天下之天下，非一人之私有故也。

②万章问而孟子答也。

③谆，之淳反。○万章问也。谆谆，详语之貌。

④行，去声，下同。○行之于身谓之行，措诸天下谓之事。言但因舜之行事，而示以与之之意耳。

⑤暴，步卜反，下同。○暴，显也。言下能荐人于上，不能令上必用之。舜为天人所受，是因舜之行与事，而示之以与之之意也。

⑥治，去声。

⑦相，去声。朝，音潮。夫，音扶。○南河，在冀州之南，其南即豫州也。讼狱，谓狱不决而讼之也。

⑧自，从也。天无形，其视听皆从于民之视听。民之归舜如此，则天与之可知矣。

万章问曰："人有言：'至于禹而德衰，不传于贤而传于子。'有诸？"孟子曰："否，不然也。天与贤，则与贤；天与子，则与子。昔者舜荐禹于天，十有七年，舜崩。三年之丧毕，禹避舜之子于阳城。天下之民从之，若尧崩之后，不从尧之子而从舜也。禹荐益于天，七年，禹崩。三年之丧毕，益避禹之子于箕山之阴。朝觐讼狱者不之益而之启，曰：'吾君之子也。'讴歌者不讴歌益而讴歌启，曰：'吾君之子也。'①丹朱之不肖，舜之子亦不肖。舜之相尧、禹之相舜也，历年多，施泽于民久。启贤，能敬承继禹之道。益之相禹也，历年少，施泽于民未久。舜、禹、益，相去久远。其子之贤不肖，皆天也，非人之所能为也。莫之为而

持祭祀，神明们享用了，就是上天接受了；要舜主持政务，政务治理、百姓满意，就是民众接受了。是上天把天下交给了舜，是民众把天下交给了舜，所以说，天子不能把天下交给他人。舜辅佐尧二十八年，不是人力所能左右的，是天意。尧去世了，三年服丧结束，舜到南河以南回避尧的儿子，天下的诸侯前来朝见的，不去见尧的儿子而去见舜；诉讼的人，不去见尧的儿子而去见舜；歌颂的人，不歌颂尧的儿子而去歌颂舜，所以说是天意。这样，舜才来到国都，登上了天子的座位。如果住在尧的宫室，逼迫尧的儿子，就是篡夺，不是上天给的了。《太誓》说'上天所见，依从我民众所见；上天所听，依从我民众所听'，就是这个意思。"

译文 万章问道："人们说到了禹时道德就衰败了，天下不传给贤人而传给儿子。有这回事吗？"孟子说："不对，不是这样的。上天把天下给贤人就给贤人，上天把天下给儿子就给儿子。过去舜向上天推荐禹，过了十七年，舜去世了，三年服丧结束，禹到阳城回避舜的儿子，天下的民众跟随他，如同尧去世后不跟随尧的儿子而跟随舜一样。禹向上天推荐益，过了七年，禹去世了，三年服丧结束，益到箕山之北回避禹的儿子，朝见、诉讼的人不去见益而去见启，说'是我们君主的儿子'；歌颂的

人不歌颂益而歌颂启，说'是我们君主的儿子'。尧的儿子丹朱品行不好，舜的儿子也品行不好，舜辅佐尧，禹辅佐舜经历年岁多，给予民众恩惠很长久；启很贤明，能虔诚地继承禹的德行，益辅佐禹经历年岁少，给予民众恩惠不长久。舜、禹、益相隔年岁的长短，他们儿子的贤明或品行不好，是天意，不是人力所能左右的。没有人叫他们做的却做到了是天意，没有人给予他们的却得到了是命运。一介平民得以拥有天下的人，德行必定如舜、禹一样，而且还要有天子推荐他，所以孔子没能拥有天下。继承祖先而拥有天下的，上天所废弃的必定是如同桀、纣那样的人，所以益、伊尹、周公没能拥有天下。伊尹辅佐成汤称王天下，成汤去世了，太丁还没继位就死了，外丙在位二年，仲壬在位四年。太甲破坏了成汤的法度，伊尹把他放逐到桐邑，过了三年，太甲悔悟了过错，怨恨自己、改正自己，在桐邑的三年，他安心于仁、以义来改变行为，听从伊尹训导自己，终于重新回到了亳都。周公没能拥有天下，犹如益在夏代、伊尹在殷代一样。孔子说：'陶唐氏、有虞氏禅让，夏、殷、周三代继位，他们的道理是一样的。'"

为者，天也；莫之致而至者，命也。②匹夫而有天下者，德必若舜、禹而又有天子荐之者，故仲尼不有天下。③继世以有天下，天之所废，必若桀、纣者也，故益、伊尹、周公不有天下。④伊尹相汤以王于天下。汤崩，太丁未立，外丙二年，仲壬四年。太甲颠覆汤之典刑，伊尹放之于桐。三年，太甲悔过，自怨自艾，于桐处仁迁义。三年，以听伊尹之训己也，复归于亳。⑤周公之不有天下，犹益之于夏，伊尹之于殷也。⑥孔子曰：'唐、虞禅，夏后、殷、周继，其义一也。'"⑦

朱子集注

①朝，音潮。○阳城，箕山之阴，皆嵩山下深谷中可藏处也。启，禹之子也。○杨氏曰："此语孟子必有所受，然不可考矣。但云天与贤则与贤，天与子则与子，可以见尧、舜、禹之心，皆无一毫私意也。"

②之相之相，去声。相去之相，如字。○尧、舜之子皆不肖，而舜、禹之为相久，此尧、舜之子所以不有天下，而舜、禹有天下也。禹之子贤，而益相不久，此启所以有天下而益不有天下也。然此皆非人力所为而自为，非人力所致而自至者。盖以理言之谓之天，自人言之谓之命，其实则一而已。

③孟子因禹、益之事，历举此下两条以推明之。言仲尼之德，虽无愧于舜、禹，而无天子荐之者，故不有天下。

④继世而有天下者，其先世皆有大功德于民，故必有大恶如桀、纣，则天乃废之。如启及太甲，成王虽不及益、伊尹、周公之贤圣，但能嗣守先业，则天亦不废之。故益、伊尹、周公，虽有舜、禹之德，而亦不有天下。

⑤相、王，皆去声。艾，音乂。○此承上文言伊尹不有天下之事。赵氏曰："太丁，汤之太子，未立而死。外丙立二年，仲壬立四年，皆太丁弟也。太甲，太丁子也。"程子曰："古人谓岁为年。汤崩时，外丙方二岁，仲壬方四岁，惟太甲差长，故立之也。"二说未知孰是。颠覆，坏乱也。典刑，常法也。桐，汤墓所在。艾，治也；《说文》云"乂草也"；盖斩绝

自新之意。亳，商所都也。

⑥此复言周公所以不有天下之意。

⑦禅，音擅。○禅，授也。或禅或继，皆天命也。圣人岂有
私意于其间哉？○尹氏曰："孔子曰：'唐、虞禅，夏后、商、
周继，其义一也。'孟子曰：'天与贤则与贤，天与子则与
子。'知前圣之心者，无如孔子。继孔子者，孟子而已矣。"

　　万章问曰："人有言'伊尹以割烹要汤'，有
诸？"①孟子曰："否，不然。伊尹耕于有莘之野，而
乐尧、舜之道焉。非其义也，非其道也，禄之以天
下，弗顾也；系马千驷，弗视也。非其义也，非其道
也，一介不以与人，一介不以取诸人。②汤使人以币
聘之，嚣嚣然曰：'我何以汤之聘币为哉？我岂若
处畎亩之中，由是以乐尧、舜之道哉？'③汤三使往
聘之，既而幡然改曰：'与我处畎亩之中，由是以乐
尧、舜之道，吾岂若使是君为尧、舜之君哉？吾岂
若使是民为尧、舜之民哉？吾岂若于吾身亲见之
哉？④天之生此民也，使先知觉后知，使先觉觉后觉
也。予，天民之先觉者也，予将以斯道觉斯民也。
非予觉之而谁也？'⑤思天下之民匹夫匹妇有不被
尧、舜之泽者，若己推而内之沟中。其自任以天下
之重如此，故就汤而说之以伐夏救民。⑥吾未闻枉
己而正人者也，况辱己以正天下者乎？圣人之行
不同也，或远或近，或去或不去，归洁其身而已
矣。⑦吾闻其以尧、舜之道要汤，未闻以割烹也。⑧
《伊训》曰：'天诛造攻自牧宫，朕载自亳。'"⑨

朱子
集注　①要，平声，下同。○要，求也。按《史记》，伊尹欲
行道以致君而无由，"乃为有莘氏之媵臣，负鼎俎，
以滋味说汤，致于王道"。盖战国时有为此说者。

译文　万章问道："人们说伊
尹用切割、烹饪来邀结成汤，
有这回事吗？"孟子说："不对，
不是这样的。伊尹在莘国的
郊野耕种，乐于尧舜之道。不
合乎大义，不合乎大道，用整
个天下作为俸禄他都不顾盼，
给他一千辆马车他都不看一
眼；不合乎大义，不合乎大道，
一点东西也不给他人，一点东
西也不从他人那儿拿取。成
汤派人用币帛礼聘他，他不在
乎地说：'我要成汤的聘礼干
什么呢？我何不栖身在这耕
田中间，由此乐于尧舜之道
呢？'成汤三次派人去礼聘他，
才完全改过来说：'与我栖身
在这耕田中间，由此乐于尧舜
之道，我何不使这位君主成为
尧舜那样的君主呢？我何不
使这些民众成为尧舜治下的
民众呢？我何不在我有生之
年亲眼见到这些呢？上天生
育这些民众，让先明理的人启
发后明理的人，让先觉悟的人
启发后觉悟的人。我是上天
所生民众中先觉悟的人，我要
用上天的大道来启发上天所
生的民众。不是我去启发他
们，又有谁呢？'他觉得，天下

的平民百姓如果有没受到尧舜之道恩惠的，就如同自己被推入到沟壑里一般，他自我把天下的责任承担得如此之重，所以到了成汤那儿就用讨伐夏桀、拯救民众来进说。我从未听说过自己不行正道而能匡正他人的，更何况以屈辱自己来匡正天下的呢？圣人的行为是不一样的，或疏远君主或接近君主，或离去或不离去，归根结底只是洁净自身罢了。我只听说伊尹用尧舜之道来邀结成汤，没听说过用切割、烹饪，《伊训》说：'上天的惩罚由夏桀自己造成，我从亳都开始着手。'"

②乐，音洛。〇莘，国名。乐尧、舜之道者，诵其诗，读其书，而欣慕爱乐之也。驷，四匹也。介，与草芥之芥同，言其辞受取与，无大无细，一以道义而不苟也。

③嚣，五高反，又户骄反。〇嚣嚣，无欲自得之貌。

④幡然，变动之貌。于吾身亲见之，言于我之身亲见其道之行，不徒诵说向慕之而已也。

⑤此亦伊尹之言也。知，谓识其事之当然。觉，谓悟其理之所以然。觉后知后觉，如呼寐者而使之寤也。言天使者，天理当然，若使之也。〇程子曰："予天民之先觉，谓我乃天生此民中，尽得民道而先觉者也。既为先觉之民，岂可不觉其未觉者？及彼之觉，亦非分我所有以予之也，皆彼自有此理，我但能觉之而已。"

⑥推，吐回反。内，音纳。说，音税。〇《书》曰："昔先正保衡，作我先王，曰：'予弗克俾厥后为尧、舜，其心愧耻，若挞于市。'一夫不获，则曰'时予之辜'。"孟子之言盖取诸此。是时夏桀无道，暴虐其民，故欲使汤伐夏以救之。〇徐氏曰："伊尹乐尧、舜之道。尧、舜揖逊，而伊尹说汤以伐夏者，时之不同，义则一也。"

⑦行，去声。〇辱己甚于枉己，正天下难于正人。若伊尹以割烹要汤，辱己甚矣，何以正天下乎？远，谓隐遁也。近，谓仕近君也。言圣人之行虽不必同，然其要归，在洁其身而已。伊尹岂肯以割烹要汤哉？

⑧林氏曰："以尧、舜之道要汤者，非实以是要之也，道在此而汤之聘自来耳。犹子贡言夫子之求之，异乎人之求之也。"愚谓此语亦犹前章所论父不得而子之意。

⑨《伊训》，《商书》篇名。孟子引以证伐夏救民之事也。今《书》牧官作鸣条。造、载，皆始也。伊尹言始攻桀无道，由我始其事于亳也。

译文 万章问道："有人说，孔子在卫国受宠臣痈疽接待，在齐国受近侍瘠环接待，有这回事吗？"孟子说："不对，不是这

万章问曰："或谓孔子于卫主痈疽，于齐主侍人瘠环，有诸乎？"孟子曰："否，不然也。好事者为之也。①于卫主颜雠由。弥子之妻与子路之妻，

兄弟也。弥子谓子路曰：‘孔子主我，卫卿可得也。’子路以告。孔子曰：‘有命。’孔子进以礼，退以义，得之不得曰‘有命’。而主痈疽与侍人瘠环，是无义无命也。②孔子不悦于鲁、卫。遭宋桓司马将要而杀之，微服而过宋。是时孔子当厄，主司城贞子，为陈侯周臣。③吾闻观近臣，以其所为主；观远臣，以其所主。若孔子主痈疽与侍人瘠环，何以为孔子？”④

朱子集注 ①痈，於容反。疽，七余反。好，去声。○主，谓舍于其家，以之为主人也。痈疽，疡医也。侍人，奄人也。瘠，姓；环，名。皆时君所近狎之人也。好事，谓喜造言生事之人也。

②雍，如字，又音雝。○颜雠由，卫之贤大夫也，《史记》作颜浊邹。弥子，卫灵公幸臣弥子瑕也。徐氏曰：“礼主于辞逊，故进以礼；义主于制断，故退以义。难进而易退者也。在我者，有礼义而已，得之不得，则有命存焉。”

③要，平声。○不悦，不乐居其国也。桓司马，宋大夫向魋也。司城正子，亦宋大夫之贤者也。陈侯，名周。按《史记》：“孔子为鲁司寇，齐人馈女乐以间之，孔子遂行。适卫月余，去卫适宋。司马魋欲杀孔子，孔子去至陈，主于司城正子。”孟子言孔子虽当厄难，然犹择所主，况在齐、卫无事之时，岂有主痈疽、侍人之事乎？

④近臣，在朝之臣。远臣，远方来仕者。君子小人，各从其类，故观其所为主，与其所主者，而其人可知。

万章问曰："或曰：‘百里奚自鬻于秦养牲者，五羊之皮，食牛，以要秦穆公。’信乎？"孟子曰："否，不然。好事者为之也。①百里奚，虞人也。晋人以垂棘之璧与屈产之乘，假道于虞以伐虢，宫之奇谏，百里奚不谏。②知虞公之不可谏而去之，

译文 万章问道："有人说，百里奚把自己卖给秦国养牲畜的人，代价是五张羊皮，通过养牛来邀结秦穆公，确实吗？"孟子说："不是，不是这样的，这是好事之徒编造的。百里奚是虞国人，晋人用垂棘的美

玉与屈地的良马向虞国借路讨伐虢国,宫之奇劝谏,百里奚不劝谏,他知道虞君不可劝谏而离去,来到秦国时年已七十了。他竟不懂得以养牛与秦穆公拉关系属于秽行,能说是智吗?知道不可劝谏而不劝谏,能说是不智吗?洞悉虞君将要覆亡而事先离开他,不能说是不智。当他被秦国举用时,知道秦穆公是能够与之有所作为的而辅佐他,能说是不智吗?做了秦的国相而使他的国君扬名天下,能流传于后世,不贤明能如此吗?以出卖自身来迁就国君,乡里中洁身自好的人都不干,反倒说贤者会这样做吗?"

秦,年已七十矣,曾不知以食牛干秦穆公之为污也,可谓智乎? 不可谏而不谏,可谓不智乎? 知虞公之将亡而先去之,不可谓不智也。时举于秦,知穆公之可与有行也而相之,可谓不智乎? 相秦而显其君于天下,可传于后世,不贤而能之乎? 自鬻以成其君,乡党自好者不为,而谓贤者为之乎?"③

①食,音嗣。好,去声,下同。○百里奚,虞之贤臣。人言其自卖于秦养牲者之家,得五羊之皮,而为之食牛,因以干秦穆公也。

②屈,求勿反。乘,去声。○虞、虢,皆国名。垂棘之璧,垂棘之地所出之璧也。屈产之乘,屈地所生之良马也。乘,四匹也。晋欲伐虢,道经于虞,故以此物借道,其实欲并取虞。宫之奇,亦虞之贤臣。谏虞公令勿许,虞公不用,遂为晋所灭。百里奚知其不可谏,故不谏而去,之秦。

③相,去声。○自好,自爱其身之人也。孟子言百里奚之智如此,必知食牛以干主之为污。其贤又如此,必不肯自鬻以成其君也。然此事当孟子时,已无所据。孟子直以事理反覆推之,而知其必不然耳。○范氏曰:"古之圣贤未遇之时,鄙贱之事,不耻为之。如百里奚为人养牛,无足怪也。惟是人君不致敬尽礼,则不可得而见,岂有先自污辱以要其君哉? 庄周曰:'百里奚爵禄不入于心,故饭牛而牛肥,使穆公忘其贱而与之政。'亦可谓知百里奚矣。伊尹、百里奚之事,皆圣贤出处之大节,故孟子不得不辩。"○尹氏曰:"当时好事者之论,大率类此。盖以其不正之心度圣贤也。"

万章章句下

凡九章。

孟子曰:"伯夷,目不视恶色,耳不听恶声。非其君不事,非其民不使。治则进,乱则退。横政之所出,横民之所止,不忍居也。思与乡人处,如以朝衣朝冠坐于涂炭也。当纣之时,居北海之滨,以待天下之清也。故闻伯夷之风者,顽夫廉,懦夫有立志。[①]伊尹曰:'何事非君?何使非民?'治亦进,乱亦进。曰:'天之生斯民也,使先知觉后知,使先觉觉后觉。予,天民之先觉者也,予将以此道觉此民也。'思天下之民匹夫匹妇有不与被尧、舜之泽者,若己推而内之沟中,其自任以天下之重也。[②]柳下惠,不羞污君,不辞小官。进不隐贤,必以其道。遗佚而不怨,厄穷而不悯。与

译文 孟子说:"伯夷,眼睛不看丑恶的景象,耳朵不听丑恶的声音,不够格的君主不事奉,不够格的民众不使唤,世道太平就做官,世道昏乱就退隐。暴政产生的地方,暴民栖息的地方,他不忍心居留。他认为,和横暴的人在一起,就好比穿戴着上朝的衣冠坐在污泥黑炭之中一样。当殷纣时,他居住在北海之滨来等待天下的清平。所以,听说伯夷之风范的,贪鄙者廉洁,懦弱者有自立的志向。伊尹说:'任何君主都可以事奉,任何民众都可以使唤。'他世道太

平也做官,世道昏乱也做官。他说:'上天生育这些民众,让先明理的人启发后明理的人,让先觉悟的人启发后觉悟的人。我是上天所生民众中先觉悟的人,我要用上天的大道来启发上天所生的民众。'他觉得,天下的平民百姓如果有没受到尧舜之道恩惠的,就如同自己被推入到沟壑里一般,他自己把天下的责任承担得如此之重。柳下惠不以事奉滥恶的君主为羞辱,不以自己官职卑微为低下;进身任职不隐蔽自己的才干,必定按照自己的原则办事;遭到抛弃而不怨恨,困于贫穷而不忧愁。他和乡里平民在一起,悠然自得而不忍心离去,说:'你是你,我是我,纵然赤身裸体站在我旁边,你怎么能玷污我呢?'所以,听说柳下惠之风范的,鄙吝者宽容,刻薄者敦厚。孔子离开齐国,捞起下锅的米漉着水上路;离开鲁国,说'慢慢地走我的路',这是离开祖国的做法。能短暂就短暂,能长久就长久,能退处就退处,能做官就做官,这就是孔子。"孟子说:"伯夷是圣贤中的清高者,伊尹是圣贤中的尽责者,柳下惠是圣贤中的随和者,孔子是圣贤中的合时宜者。孔子被称为集大成,所谓集大成,好比是敲钟起音、击磬收尾。敲钟起音是井然有序地发端,击磬收尾是井然有序地终结。井然有序地发端是智的做法,井然有序地终结是圣的做法。智就好比技艺,圣就好比臂

乡人处,由由然不忍去也。'尔为尔,我为我,虽袒裼裸裎于我侧,尔焉能浼我哉?'故闻柳下惠之风者,鄙夫宽,薄夫敦。③孔子之去齐,接淅而行;去鲁,曰:'迟迟吾行也,去父母国之道也。'可以速而速,可以久而久,可以处而处,可以仕而仕,孔子也。"④孟子曰:"伯夷,圣之清者也;伊尹,圣之任者也;柳下惠,圣之和者也;孔子,圣之时者也。⑤孔子之谓集大成。集大成也者,金声而玉振之也。金声也者,始条理也;玉振之也者,终条理也。始条理者,智之事也;终条理者,圣之事也。⑥智,譬则巧也;圣,譬则力也。由射于百步之外也,其至,尔力也;其中,非尔力也。"⑦

朱子集注 ①治,去声,下同。横,去声。朝,音潮。○横,谓不循法度。顽者,无知觉。廉者,有分辨。懦,柔弱也。余并见前篇。

②与,音预。○何事非君,言所事即君。何使非民,言所使即民。无不可事之君,无不可使之民也。余见前篇。

③鄙,狭陋也。敦,厚也。余见前篇。

④淅,先历反。○接,犹承也。淅,渍米水也。渍米将炊,而欲去之速,故以手承水取米而行,不及炊也。举此一端,以见其久、速、仕、止,各当其可也。○或曰:"孔子去鲁,不税冕而行,岂得为迟?"杨氏曰:"孔子欲去之意久矣,不欲苟去,故迟迟其行也。膰肉不至,则得以微罪行矣,故不税冕而行,非速也。"

⑤张子曰:"无所杂者清之极,无所异者和之极。勉而清,非圣人之清;勉而和,非圣人之和。所谓圣者,不勉不思而至焉者也。"孔氏曰:"任者,以天下为己责也。"愚谓孔子仕、止、久、速,各当其可,盖兼三子之所以圣者而时出之,非如三子之可以一德名也。○或疑伊尹出处,合乎孔子,而不得为圣之时,何也?程子曰:"终是任底意思在。"

⑥此言孔子集三圣之事,而为一大圣之事,犹作乐者,集众

音之小成,而为一大成也。成者,乐之一终,《书》所谓"箫《韶》九成"是也。金,钟属。声,宣也,如声罪致讨之声。玉,磬也。振,收也,如振河海而不泄之振。始,始之也。终,终之也。条理,犹言脉络,指众音而言也。智者,知之所及。圣者,德之所就也。盖乐有八音:金、石、丝、竹、匏、土、革、木。若独奏一音,则其一音自为始终,而为一小成。犹三子之所知偏于一,而其所就亦偏于一也。八音之中,金、石为重,故特为众音之纲纪。又金始震而玉终诎然也,故并奏八音,则于其未作,而先击镈钟以宣其声;俟其既阕,而后击特磬以收其韵。宣以始之,收以终之。二者之间,脉络通贯,无所不备,则合众小成而为一大成,犹孔子之知无不尽而德无不全也。"金声玉振,始终条理",疑古《乐经》之言。故儿宽云:"惟天子建中和之极,兼总条贯,金声而玉振之。"亦此意也。

⑦中,去声。〇此复以射之巧、力,发明智、圣二字之义。见孔子巧、力俱全,而圣、智兼备。三子则力有余而巧不足,是以一节虽至于圣,而知不足以及乎时中也。〇此章言三子之行,各极其一偏;孔子之道,兼全于众理。所以偏者,由其蔽于始,是以缺于终;所以全者,由其知之至,是以行之尽。三子犹春夏秋冬之各一其时,孔子则太和元气之流行于四时也。

力。犹如在百步之外射箭,射得到靠你的膂力,射得中就不是靠你的膂力了。"

北宫锜问曰:"周室班爵禄也,如之何?"① 孟子曰:"其详不可得闻也。诸侯恶其害己也,而皆去其籍。然而轲也,尝闻其略也。② 天子一位,公一位,侯一位,伯一位,子、男同一位,凡五等也。君一位,卿一位,大夫一位,上士一位,中士一位,下士一位,凡六等。③ 天子之制,地方千里,公、侯皆方百里,伯七十里,子、男五十里,凡四等。不能五十里,不达于天子,附于诸侯,曰附庸。④ 天子之卿受地视侯,大夫受地视伯,元士受地视子、

译文 北宫锜问道:"周王室排比爵位、俸禄,是怎样做的呢?"孟子说:"详情不能得知了,诸侯们嫌它妨碍自己都删除了有关的文献,不过我曾听说过大概。天子一级,公一级,侯一级,子和男同一级,总共五等。君一级,卿一级,大夫一级,上士一级,中士一级,下士一级,总共六等。天子所管辖的土地方圆千里,公、侯都是方圆百里,伯七十里,子、

男五十里，总共四等。土地方圆不足五十里的，不上达天子，附属于诸侯，叫做附庸。天子的卿所受的土地比照侯，天子的大夫所受的土地比照伯，天子的士所受的土地比照子、男。大国的土地方圆百里，国君的俸禄十倍于卿，卿的俸禄四倍于大夫，大夫倍于上士，上士倍于中士，中士倍于下士，下士与在官府服役的平民同样俸禄，俸禄足以代替他们耕种。中等国家的土地方圆七十里，国君的俸禄十倍于卿，卿的俸禄三倍于大夫，大夫倍于上士，上士倍于中士，中士倍于下士，下士与在官府服役的平民同样俸禄，俸禄足以代替他们耕种。小国的土地方圆五十里，国君的俸禄十倍于卿，卿的俸禄二倍于大夫，大夫倍于上士，上士倍于中士，中士倍于下士，下士与在官府服役的平民同样俸禄，俸禄足以代替他们耕种。耕种者的所得，农夫每户一百亩地，百亩地经上肥耕作，上等的农夫供养九人，次上供养八人，中等的供养七人，次中供养六人，下等的供养五人。在官府服役的平民，他们的俸禄按这个来分等。"

男。⑤大国地方百里，君十卿禄，卿禄四大夫，大夫倍上士，上士倍中士，中士倍下士，下士与庶人在官者同禄，禄足以代其耕也。⑥次国地方七十里，君十卿禄，卿禄三大夫，大夫倍上士，上士倍中士，中士倍下士，下士与庶人在官者同禄，禄足以代其耕也。⑦小国地方五十里，君十卿禄，卿禄二大夫，大夫倍上士，上士倍中士，中士倍下士，下士与庶人在官者同禄，禄足以代其耕也。⑧耕者之所获，一夫百亩。百亩之粪，上农夫食九人，上次食八人，中食七人，中次食六人，下食五人。庶人在官者，其禄以是为差。"⑨

朱子集注

①锜，鱼绮反。〇北宫，姓；锜，名；卫人。班，列也。

②恶，去声。去，上声。〇当时诸侯兼并僭窃，故恶周制妨害己之所为也。

③此班爵之制也。五等通于天下，六等施于国中。

④此以下，班禄之制也。不能，犹不足也。小国之地不足五十里者，不能自达于天子，因大国以姓名通，谓之附庸，若春秋邾仪父之类是也。

⑤视，比也。〇徐氏曰："王畿之内，亦制都鄙受地也。"元士，上士也。

⑥十，十倍之也。四，四倍之也。倍，加一倍也。〇徐氏曰："大国君田三万二千亩，其入可食二千八百八十人。卿田三千二百亩，可食二百八十八人。大夫田八百亩，可食七十二人。上士田四百亩，可食三十六人。中士田二百亩，可食十八人。下士与庶人在官者田百亩，可食九人至五人。庶人在官，府史胥徒也。"愚按：君以下所食之禄，皆助法之公田，借农夫之力以耕而收其租。士之无田与庶人在官者，则但受禄于官，如田之入而已。

⑦三，谓三倍之也。〇徐氏曰："次国君田二万四千亩，可食二千一百六十人。卿田二千四百亩，可食二百一十六人。"

⑧二，即倍也。〇徐氏曰："小国君田一万六千亩，可食千

四百四十人。卿田一千六百亩，可食百四十四人。"

⑨食，音嗣。○获，得也。一夫一妇，佃田百亩。加之以粪，粪多而力勤者为上农，其所收可供九人。其次用力不齐，故有此五等。庶人在官者，其受禄不同，亦有此五等也。○愚按：此章之说与《周礼》《王制》不同，盖不可考，阙之可也。○程子曰："孟子之时，去先王未远，载籍未经秦火，然而班爵禄之制已不闻其详。今之礼书，皆掇拾于煨烬之余，而多出于汉儒一时之傅会，奈何欲尽信而句为之解乎？然则其事固不可一二追复矣。"

万章问曰："敢问友。"孟子曰："不挟长，不挟贵，不挟兄弟而友。友也者，友其德也，不可以有挟也。①孟献子，百乘之家也，有友五人焉：乐正裘、牧仲，其三人，则予忘之矣。献子之与此五人者友也，无献子之家者也。此五人者，亦有献子之家，则不与之友矣。②非惟百乘之家为然也，虽小国之君亦有之。费惠公曰：'吾于子思，则师之矣；吾于颜般，则友之矣；王顺、长息则事我者也。'③非惟小国之君为然也，虽大国之君亦有之。晋平公之于亥唐也，入云则入，坐云则坐，食云则食。虽疏食菜羹，未尝不饱，盖不敢不饱也。然终于此而已矣。弗与共天位也，弗与治天职也，弗与食天禄也，士之尊贤者也，非王公之尊贤也。④舜尚见帝，帝馆甥于贰室，亦飨舜，迭为宾主，是天子而友匹夫也。⑤用下敬上，谓之贵贵；用上敬下，谓之尊贤。贵贵、尊贤，其义一也。"⑥

朱子集注

①挟者，兼有而恃之之称。
②乘，去声，下同。○孟献子，鲁之贤大夫仲孙蔑也。○张子曰："献子忘其势，五人者忘人之势。不资其势而利其有，然后能忘人之势。若五人者有献子之家，则反为献子

译文 万章问道："请问如何交友。"孟子说："不倚仗年长、不倚仗显贵、不倚仗兄弟的富贵来交友。交友，是结交他的道德，不能有所倚仗。孟献子是拥有百乘马车的世家，他有五位友人，乐正裘、牧仲，另外三位我忘记了。孟献子与这五个人相交，是因为他们并不看重献子的家世，这五个人如果也看重献子的家世，就不和献子结交了。不仅拥有百乘马车的世家如此，即使是小国的国君也有交友的。费惠公说：'我对于子思是待之以师礼，我对于颜般是与他交友，王顺、长息则是事奉我的人。'不仅小国的国君如此，即使是大国的国君也有交友的。晋平公到亥唐那儿去，亥唐说进去就进去、说坐下就坐下、说吃饭就吃饭，即使是糙米饭、蔬菜汤也不会不吃饱，因为不敢不吃饱。不过也仅此而已，他们不一起共有官位，不一起治理政务，不一起享受爵禄，这是士人般的尊敬贤者，不是

王公贵族式的尊敬贤者。舜去进见帝尧，帝尧让女婿住在自己备用的房间里，也受舜的宴请，互为宾主，这是天子结交平民。以在下者敬礼在上者，叫做敬重贵要；以在上者敬礼在下者，叫做尊重贤达。敬重贵要、尊重贤达，它们的意义是相同的。"

之所贱矣。"

③费，音祕。般，音班。○惠公，费邑之君也。师，所尊也。友，所敬也。事我者，所使也。

④疏食之食，音嗣。平公、王公下，诸本多无"之"字，疑阙文也。○亥唐，晋贤人也。平公造之，唐言入，公乃入；言坐，乃坐；言食，乃食也。疏食，粝饭也。不敢不饱，敬贤者之命也。○范氏曰："位曰天位，职曰天职，禄曰天禄，言天所以待贤人，使治天民，非人君所得专者也。"

⑤尚，上也。舜上而见于帝尧也。馆，舍也。礼，妻父曰外舅。谓我舅者，吾谓之甥。尧以女妻舜，故谓之甥。贰室，副宫也。尧舍舜于副宫，而就飨其食。

⑥贵贵、尊贤，皆事之宜者。然当时但知贵贵，而不知尊贤，故孟子曰"其义一也"。○此言朋友人伦之一，所以辅仁，故以天子友匹夫而不为诎，以匹夫友天子而不为僭。此尧、舜所以为人伦之至，而孟子言必称之也。

译文 万章问道："请问，交际应该怎样用心呢？"孟子说："恭敬。"万章说："拒绝馈赠是不恭敬的，为什么呢？"孟子说："尊者赐给礼物，如果考虑他得到这东西是义还是不义然后才接受，这是不恭敬的，所以不拒绝。"万章说："我不用言语来拒绝，而从内心来拒绝。如果这东西取自民众不合乎义，就以其他的借口不接受，不行吗？"孟子说："他的交往遵循准则，他的接待遵循礼仪，这样连孔子都会接受馈赠。"万章说："现今有个在都城郊外打劫他人的人，他的交往遵循准则，他的馈赠遵循礼仪，这样能接受他抢来的东西吗？"孟子说："不行。《康诰》说：'杀人、抢劫财物，蛮横不

万章问曰："敢问交际何心也？"孟子曰："恭也。"①曰："却之却之为不恭，何哉？"曰："尊者赐之，曰'其所取之者，义乎？不义乎？'而后受之，以是为不恭，故弗却也。"②曰："请无以辞却之，以心却之，曰'其取诸民之不义也'，而以他辞无受，不可乎？"曰："其交也以道，其接也以礼，斯孔子受之矣。"③万章曰："今有御人于国门之外者，其交也以道，其馈也以礼，斯可受御与？"曰："不可。《康诰》曰：'杀越人于货，闵不畏死，凡民罔不譈。'是不待教而诛者也。殷受夏，周受殷，所不辞也。于今为烈，如之何其受之？"④曰："今之诸侯取之于民也，犹御也。苟善其礼际矣，斯君子受之，敢问何说也？"曰："子以为有王者作，将比今之诸侯而诛之乎？其教之不改而后诛之乎？夫谓非其有而取之者盗也，充类至义之尽也。孔

子之仕于鲁也，鲁人猎较，孔子亦猎较。猎较犹可，而况受其赐乎？"⑤曰："然则孔子之仕也，非事道与？"曰："事道也。""事道奚猎较也？"曰："孔子先簿正祭器，不以四方之食供簿正。"曰："奚不去也？"曰："为之兆也。兆足以行矣，而不行，而后去，是以未尝有所终三年淹也。⑥孔子有见行可之仕，有际可之仕，有公养之仕。于季桓子，见行可之仕也；于卫灵公，际可之仕也；于卫孝公，公养之仕也。"⑦

朱子集注 ①际，接也。交际，谓人以礼仪币帛相交接也。

②却，不受而还之也。再言之，未详。万章疑交际之间有所却者，人便以为不恭，何哉？孟子言尊者之赐，而心窃计其所以得此物者，未知合义与否，必其合义，然后可受，不然则却之矣，所以却之为不恭也。

③万章以为彼既得之不义，则其馈不可受。但无以言语问而却之，直以心度其不义，而托于他辞以却之，如此可否耶？交以道，如馈赆、闻戒、周其饥饿之类。接以礼，谓辞命恭敬之节。孔子受之，如受阳货烝豚之类也。

④与，平声。谳，《书》作憨，徒对反。○御，止也。止人而杀之，且夺其货也。国门之外，无人之处也。万章以为苟不问其物之所从来，而但观其交接之礼，则设有御人者，用其御得之货以礼馈我，则可受之乎？《康诰》，《周书》篇名。越，颠越也。今《书》闵作憨，无凡民二字。谳，怨也。言杀人而颠越之，因取其货，闵然不知畏死，凡民无不怨之。孟子言此乃不待教戒而当即诛者也。如何而可受之乎？"商受"至"为烈"十四字，语意不伦。李氏以为此必有断简或阙文者，近之。而愚意其直为衍字耳。然不可考，姑阙之可也。

⑤比，去声。夫，音扶。较，音角。○比，连也。言今诸侯之取于民，固多不义，然有王者起，必不连合而尽诛之。必教之不改而后诛之，则其与御人之盗，不待教而诛者不同矣。

怕死，这种人没有人不憎恨的。'这是不必等待教育就该处罚的，殷代接受夏代的天下、周代接受殷代的天下就毫无借口，至今仍作为勋业。如此怎么能接受呢？"万章说："现在的诸侯取之于民，如同打劫。如果他们好好地以礼仪来接待，君子就接受，请问怎样解释呢？"孟子说："你认为若有称王天下者兴起，将会对现在的诸侯一律加以处罚呢，还是教诲他们如不改过才处罚他们呢？所谓不是自己所有的东西而去谋取的就是盗贼，乃是类推义到极点的说法。孔子在鲁国任官职，鲁人争夺猎物，孔子也争夺猎物。争夺猎物尚且可以，何况接受赐予呢？"万章说："那么，孔子任官职不是为了施行道义吗？"孟子说："是为了施行道义。"万章说："既是为了施行道义，为什么要争夺猎物呢？"孟子说："孔子先用文书规范祭器，不拿其他各地的食物供祭祀所用。"万章说："他为什么不离去呢？"孟子说："他要以此作为开端来施行道义。开端足以施行道义，但国君不肯施行，他才离去，所以未曾在一个地方停留过整整三年。孔子有见到道义能施行而任官职的，有因礼遇而任官职的，有因国君养贤而任官职的。对于季桓子，是见到道义能施行而任官职；对于卫灵公，是因礼遇而任官职；对于卫孝公，是因国君养贤而任官职。"

夫御人于国门之外,与非其有而取之,二者固皆不义之类,然必御人,乃为真盗。其谓非有而取为盗者,乃推其类,至于义之至精至密之处而极言之耳,非便以为真盗也。然则今之诸侯,虽曰取非其有,而岂可遽以同于御人之盗也哉?又引孔子之事,以明世俗所尚,犹或可从,况受其赐,何为不可乎?猎较,未详。赵氏以为田猎相较,夺禽兽以祭。孔子不违,所以小同于俗也。张氏以为猎而较所获之多少也。二说未知孰是。

⑥与,平声。○此因孔子事而反覆辩论也。事道者,以行道为事也。事道奚猎较也,万章问也。先簿正祭器,未详。徐氏曰:"先以簿书正其祭器,使有定数,不以四方难继之物实之。夫器有常数、实有常品,则其本正矣,彼猎较者,将久而自废矣。"未知是否也。兆,犹卜之兆,盖事之端也。孔子所以不去者,亦欲小试行道之端,以示于人,使知吾道之果可行也。若其端既可行,而人不能遂行之,然后不得已而必去之。盖其去虽不轻,而亦未尝不决,是以未尝终三年留于一国也。

⑦见行可,见其道之可行也。际可,接遇以礼也。公养,国君养贤之礼也。季桓子,鲁卿季孙斯也。卫灵公,卫侯元也。孝公,《春秋》、《史记》皆无之,疑出公辄也。因孔子仕鲁,而言其仕有此三者。故于鲁,则兆足以行矣,而不行,然后去。而于卫之事,则又受其交际问馈而不却之一验也。○尹氏曰:"不闻孟子之义,则自好者为于陵仲子而已。圣贤辞受进退,惟义所在。"愚按:此章文义多不可晓,不必强为之说。

译文 孟子说:"任官职不是因为贫困,但有时是因为贫困;娶妻不是为了奉养父母,但有时是为了奉养父母。因为贫困而任官职,推辞高位担任低职,推辞厚薪接受薄俸。推辞高位担任低职,推辞厚薪接受薄俸,什么职位适宜呢?

孟子曰:"仕非为贫也,而有时乎为贫;娶妻非为养也,而有时乎为养。①为贫者,辞尊居卑,辞富居贫。②辞尊居卑,辞富居贫,恶乎宜乎?抱关击柝。③孔子尝为委吏矣,曰'会计当而已矣'。尝为乘田矣,曰'牛羊茁壮,长而已矣'。④位卑而言高,罪也;立乎人之本朝,而道不行,耻也。"⑤

①为、养，并去声，下同。○仕本为行道，而亦有家贫亲老，或道与时违，而但为禄仕者。如娶妻本为继嗣，而亦有为不能亲操井臼，而欲资其馈养者。

②贫富，谓禄之厚薄。盖仕不为道，已非出处之正，故其所处但当如此。

③恶，平声。柝，音托。○柝，行夜所击木也。盖为贫者虽不主于行道，而亦不可以苟禄。故惟抱关击柝之吏，位卑禄薄，其职易称，为所宜居也。○李氏曰："道不行矣，为贫而仕者，此其律令也。若不能然，则是贪位慕禄而已矣。"

④委，乌伪反。会，工外反。当，丁浪反。乘，去声。苗，阻刮反。长，上声。○此孔子之为贫而仕者也。委吏，主委积之吏也。乘田，主苑囿刍牧之吏也。苗，肥貌。言以孔子大圣，而尝为贱官，不以为辱者，所谓为贫而仕，官卑禄薄，而职易称也。

⑤朝，音潮。○以出位为罪，则无行道之责；以废道为耻，则非窃禄之官，此为贫者之所以必辞尊富而宁处贫贱也。○尹氏曰："言为贫者不可以居尊，居尊者必欲以行道。"

守门、打更。孔子曾当过管仓库的小吏，只是说说核算得当而已；曾当过管畜牧的小吏，只是说说牛羊壮实大小而已。职位低而谈论高位的事务，是过错；在他人的朝堂上任职而大道得不到施行，是耻辱。"

万章曰："士之不托诸侯，何也？"孟子曰："不敢也。诸侯失国，而后托于诸侯，礼也；士之托于诸侯，非礼也。"①万章曰："君馈之粟，则受之乎？"曰："受之。""受之何义也？"曰："君之于氓也，固周之。"②曰："周之则受，赐之则不受，何也？"曰："不敢也。"曰："敢问其不敢何也？"曰："抱关击柝者，皆有常职以食于上。无常职而赐于上者，以为不恭也。"③曰："君馈之则受之，不识可常继乎？"曰："缪公之于子思也，亟问，亟馈鼎肉。子思不悦。于卒也，摽使者出诸大门之外，北面稽首再拜而不受。曰：'今而后知君之犬马畜伋。'

译文 万章说："士人不依附于诸侯，是为什么呢？"孟子说："是不敢。诸侯失去了国家，去依附于其他的诸侯，合乎礼仪；士人依附于诸侯，不合乎礼仪。"万章说："如果国君馈赠粟米，接受吗？"孟子说："接受。"万章说："接受是什么道理呢？"孟子说："国君对于外来的人，原本就该周济。"万章说："周济就接受，赐与就不接受，是什么道理呢？"孟子说："是不敢。"万章说："请问为什么不敢呢？"孟子说："守门、打更的人都有一定盖自是台无馈也。悦贤不能举，又不能养也，可谓悦贤乎？"④曰："敢问国君欲养君子，如何斯可谓养矣？"曰："以君命将之，再拜稽首而受。其后廪人继粟，庖人继肉，不以君命将之。子思以为鼎肉使己仆仆尔亟拜也，非养君子之道也。⑤尧之于舜也，使其子九男事之，二女女焉，百官牛羊仓廪备，以养舜于畎亩之中，后举而加诸上位，故曰：王公之尊贤者也。"⑥

朱子集注

①托，寄也，谓不仕而食其禄也。古者诸侯出奔他国，食其廪饩，谓之寄公。士无爵土，不得比诸侯。不仕而食禄，则非礼也。

②周，救也。视其空乏，则周恤之，无常数，君待民之礼也。

③赐，谓予之禄，有常数，君所以待臣之礼也。

④亟，去声，下同。摽，音杓。使，去声。○亟，数也。鼎肉，熟肉也。卒，末也。摽，麾也。数以君命来馈，当拜受之，非养贤之礼，故不悦。而于其末后复来馈时，麾使者出，拜而辞之。犬马畜伋，言不以人礼待己也。台，贱官，主使令者。盖缪公愧悟，自此不复令台来致馈也。举，用也。能养者未必能用也，况又不能养乎？

⑤初以君命来馈，则当拜受。其后有司各以其职继续所无，不以君命来馈，不使贤者有亟拜之劳也。仆仆，烦猥貌。

⑥女，下字去声。○能养能举，悦贤之至也。惟尧、舜为能尽之，而后世之所当法也。

万章曰："敢问不见诸侯，何义也？"孟子曰："在国曰市井之臣，在野曰草莽之臣，皆谓庶人。庶人不传质为臣，不敢见于诸侯，礼也。"①万章曰："庶人，召之役，则往役；君欲见之，召之，则不往见之，何也？"曰："往役，义也；往见，不义也。"②

译文 的职位来受到在上者的供养，没有一定的职位而受到在上者的赐与，被认为是不恭敬的。"万章说："国君馈赠就接受，不知道能经常不断吗？"孟子说："鲁缪公对待子思，屡次问候屡次馈赠肉食，子思很不高兴。最后一次，他把来人赶出大门，向北磕头作揖而不接受。他说：'现在我才知道国君把我当狗马那样蓄养，'从此缪公便不馈赠肉食了。喜好贤达却不能举用，又不能奉养，能说是喜好贤达吗？"万章说："请问，国君要奉养君子，怎样才能说得上是奉养呢？"孟子说："以国君的名义表示馈赠，君子磕头作揖而接受。以后廪人不断地送粟米来，庖人不断地送肉食来，就不再以国君的名义馈赠了。子思认为，馈赠肉食使自己不胜烦琐地屡次行礼，不是奉养君子的做法。尧对待舜，派自己的九个儿子去事奉他，两个女儿嫁给他，百官、牛羊、粮仓都齐备，在农田里奉养舜，后来举用他并提拔到高位。因此，王公贵族该如此尊敬贤者。'"

译文 万章说："请问，不去见诸侯是什么道理呢？"孟子说："在都市里叫做市井之臣，在郊野叫做草莽之臣，都称为庶人。庶人不经过一定的程序成为臣僚，不敢去见诸侯，是合乎礼仪的。"万章说："庶人，传且君之欲见之也，何为也哉？”曰："为其多闻也，为其贤也。”曰："为其多闻也，则天子不召师，而况诸侯乎？为其贤也，则吾未闻欲见贤而召之也。③缪公亟见于子思，曰：'古千乘之国以友士，何如？'子思不悦，曰：'古之人有言：曰事之云乎，岂曰友之云乎？'子思之不悦也，岂不曰：'以位，则子君也，我臣也，何敢与君友也？以德，则子事我者也，奚可以与我友？'千乘之君，求与之友而不可得也，而况可召与？④齐景公田，招虞人以旌，不至，将杀之。志士不忘在沟壑，勇士不忘丧其元。孔子奚取焉？取非其招不往也。”⑤曰："敢问招虞人何以？”曰："以皮冠。庶人以旃，士以旗，大夫以旌。⑥以大夫之招招虞人，虞人死不敢往。以士之招招庶人，庶人岂敢往哉？况乎以不贤人之招招贤人乎？⑦欲见贤人而不以其道，犹欲其入而闭之门也。夫义，路也；礼，门也。惟君子能由是路，出入是门也。《诗》云：'周道如底，其直如矢。君子所履，小人所视。'”⑧万章曰："孔子，君命召，不俟驾而行。然则孔子非与？”曰："孔子当仕有官职，而以其官召之也。”⑨

①质，与贽同。○传，通也。质者，士执雉，庶人执鹜，相见以自通者也。国内莫非君臣，但未仕者与执贽在位之臣不同，故不敢见也。

②往役者，庶人之职；不往见者，士之礼。

③为，并去声。

④亟、乘，皆去声。召与之与，平声。○孟子引子思之言而释之，以明不可召之意。

⑤丧，息浪反。○说见前篇。

⑥皮冠，田猎之冠也。事见《春秋传》。然则皮冠者，虞人之所有事也，故以是招之。庶人，未仕之臣。通帛曰旃。

唤他去服役就去服役；而国君要见他，传唤他却不去见，是为什么呢？"孟子说："去服役合乎义，去见国君不合乎义。而且，国君要见他是为什么呢？"万章说："因为他见闻广，因为他贤明。"孟子说："如果因为他见闻广，天子都不传唤老师，何况诸侯呢？如果因为他贤明，我从未听说过要见贤者是传唤他来的。鲁缪公屡次去见子思，说：'古代拥有千乘兵车的国君结交士人，是怎样做的？'子思不高兴地说：'古时候的人是说事奉他，哪会说结交他呢？'子思之所以不高兴，难道不是认为，论地位，那你是君主、我是臣仆，怎么敢和君主结交呢？论德行，那你是事奉我的人，怎么能和我结交呢？拥有千乘兵车的国君谋求与他结交都不能做到，何况传唤他呢？齐景公田猎，用旌去传唤管理山林的虞人，虞人不去，景公要处死他。孔子得知后说：'志士不怕弃尸山沟，勇士不怕丧失头颅。'孔子赞赏什么呢？是赞赏虞人不应承不符合礼仪的传唤。"万章说："请问，该用什么传唤虞人呢？"孟子说："用皮冠。传唤庶人用旃，士人用旗，大夫用旌。用传唤大夫的礼仪传唤虞人，虞人宁死不敢去，用传唤士人的礼仪传唤庶人，庶人难道敢去吗？何况是用传唤不贤之人的礼仪传唤贤人呢？要见贤人却不遵循见他的途径，犹如要他进来却关上了大门。义是途径，礼是士,谓已仕者。交龙为旂。析羽而注于旂干之首曰旌。

⑦欲见而召之,是不贤人之招也。以士之招招庶人,则不敢往。以不贤人之招招贤人,则不可往矣。

⑧夫,音扶。底,《诗》作砥,之履反。〇《诗》,《小雅·大东》之篇。底与砥同,砺石也,言其平也。矢,言其直也。视,视以为法也。引此以证上文能由是路之义。

⑨与,平声。〇孔子方仕而任职,君以其官名召之,故不俟驾而行。〇徐氏曰:"孔子、孟子,易地则皆然。"〇此章言不见诸侯之义,最为详悉,更合陈代、公孙丑所问者而观之,其说乃尽。

大门,惟有君子能沿着这途径进出这大门。《诗》说:'大道平如磨石,直得就像箭杆。君子在上行走,小人在旁观看。'"万章说:"孔子听说君命召唤,不等马车驾好就前去,那么孔子做得不对吗?"孟子说:"孔子正出仕而有职位在身,国君是以他的职务传唤他。"

译文 孟子对万章说:"一个乡的善士就结交一个乡的善士,一个国家的善士就结交一个国家的善士,天下的善士就结交天下的善士。认为结交天下的善士还不够,又上溯讨论古时候的人。吟诵他们的诗歌,研读他们的著作,不了解他们的为人,行吗?所以要讨论他们所处的时代。这是上与古人结交。"

孟子谓万章曰:"一乡之善士,斯友一乡之善士;一国之善士,斯友一国之善士;天下之善士,斯友天下之善士。①以友天下之善士为未足,又尚论古之人。颂其诗,读其书,不知其人,可乎?是以论其世也,是尚友也。"②

朱子集注 ①言己之善盖于一乡,然后能尽友一乡之善士。推而至于一国、天下皆然,随其高下以为广狭也。

②尚,上同。言进而上也。颂,诵通。论其世,论其当世行事之迹也。言既观其言,则不可以不知其为人之实,是以又考其行也。夫能友天下之善士,其所友众矣。犹以为未足,又进而取于古人,是能进其取友之道,而非止为一世之士矣。

译文 齐宣王询问卿,孟子说:"大王询问什么卿呢?"宣王说:"卿不一样吗?"孟子说:"不一样。有属于王室宗族的卿,有与王族不同姓的卿。"宣王说:"我问属于王室宗族的卿。"孟子说:"国君有重大过错就劝谏,反复劝谏而不听从

齐宣王问卿。孟子曰:"王何卿之问也?"王曰:"卿不同乎?"曰:"不同。有贵戚之卿,有异姓之卿。"王曰:"请问贵戚之卿。"曰:"君有大过则谏,反复之而不听,则易位。"①王勃然变乎色。②曰:"王勿异也。王问臣,臣不敢不以正对。"③王色定,然后请问异姓之卿。曰:"君有过则谏,反

复之而不听，则去。"④

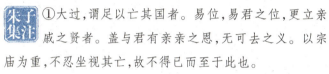①大过，谓足以亡其国者。易位，易君之位，更立亲
戚之贤者。盖与君有亲亲之恩，无可去之义。以宗
庙为重，不忍坐视其亡，故不得已而至于此也。

②勃然，变色貌。

③孟子言也。

④君臣义合，不合则去。○此章言大臣之义，亲疏不同，守
经行权，各有其分。贵戚之卿，小过非不谏也，但必大过而
不听，乃可易位。异姓之卿，大过非不谏也，虽小过而不听，
已可去矣。然三仁贵戚，不能行之于纣；而霍光异姓，乃能
行之于昌邑。此又委任权力之不同，不可以执一论也。

就更立国君。"宣王的神色一
下子变了，孟子说："大王不要
诧异。大王问我，我不敢不实
言答对。"宣王的神色安定了，
才询问与王族不同姓的卿，孟
子说："国君有重大过错就劝
谏，反复劝谏而不听从就离
去。"

告子章句上

凡二十章。

告子曰:"性,犹杞柳也;义,犹桮棬也。以人性为仁义,犹以杞柳为桮棬。"①孟子曰:"子能顺杞柳之性而以为桮棬乎?将戕贼杞柳而后以为桮棬也?如将戕贼杞柳而以为桮棬,则亦将戕贼人以为仁义与?率天下之人而祸仁义者,必子之言夫!"②

译文 告子说:"本性犹如杞柳,义理犹如杯盂,凭藉人的本性成就仁义,犹如用杞柳制作杯盂。"孟子说:"你是顺着杞柳的本性来制作杯盂呢,还是要毁伤杞柳的本性来制作杯盂?如果要毁伤杞柳的本性来制作杯盂,那也要毁伤人的本性来成就仁义啰?放任天下之人损害仁义的,必定是你的言论!"

朱子集注 ①桮,音杯。棬,丘圆反。○性者,人生所禀之天理也。杞柳,柜柳。桮棬,屈木所为,若卮匜之属。告子言人性本无仁义,必待矫揉而后成,如荀子性恶之说也。②戕,音墙。与,平声。夫,音扶。○言如此,则天下之人皆以仁义为害性而不肯为,是因子之言而为仁义之祸也。

告子曰："性犹湍水也，决诸东方则东流，决诸西方则西流。人性之无分于善不善也，犹水之无分于东西也。"① 孟子曰："水信无分于东西，无分于上下乎？人性之善也，犹水之就下也。人无有不善，水无有不下。② 今夫水，搏而跃之，可使过颡；激而行之，可使在山。是岂水之性哉？其势则然也。人之可使为不善，其性亦犹是也。"③

四书章句集注

朱子集注 ①湍，他端反。○湍，波流潆回之貌也。告子因前说而小变之，近于扬子善恶混之说。

②言水诚不分东西矣，然岂不分上下乎？性即天理，未有不善者也。

③夫，音扶。搏，补各反。○搏，击也。跃，跳也。颡，额也。水之过额、在山，皆不就下也。然其本性未尝不就下，但为搏激所使而逆其性耳。○此章言性本善，故顺之而无不善；本无恶，故反之而后为恶。非本无定体，而可以无所不为也。

译文 告子说："本性犹如急流，冲开东面就向东流，冲开西面就向西流。人的本性没有善、不善的分别，犹如水没有东、西流的分别。"孟子说："水确实没有东、西流的分别，但没有上、下流的分别吗？人的本性趋向善，犹如水趋向下流。人没有不善的，水没有不向下的。如果水受拍打而飞溅起来，能使它高过额头；堵住通道而让水倒行，能使它流上山岗。这难道是水的本性吗？乃是情势如此。人之所以能使他做出不善的行为，其本性也犹如这样受到了逼迫。"

告子曰："生之谓性。"① 孟子曰："生之谓性也，犹白之谓白与？"曰："然。""白羽之白也，犹白雪之白；白雪之白，犹白玉之白与？"曰："然。"② "然则犬之性犹牛之性，牛之性犹人之性与？"③

朱子集注 ①生，指人物之所以知觉运动者而言。告子论性，前后四章，语虽不同，然其大指不外乎此，与近世佛氏所谓作用是性者略相似。

②与，平声，下同。○白之谓白，犹言凡物之白者同谓之白，更无差别也。白羽以下，孟子再问，而告子曰然，则是谓凡有生者同是一性矣。

③孟子又言，若果如此，则犬牛与人皆有知觉，皆能运动，其性皆无以异矣。于是告子自知其说之非而不能对也。○愚

译文 告子说："天生的叫做本性。"孟子说："天生的叫做本性，犹如白的叫做白吗？"告子说："是的。"孟子说："白羽毛的白犹如白雪的白，白雪的白犹如白玉的白吗？"告子说："是的。"孟子说："那么，狗的本性犹如牛的本性，牛的本性犹如人的本性吗？"

按:性者,人之所得于天之理也;生者,人之所得于天之气也。性,形而上者也;气,形而下者也。人物之生,莫不有是性,亦莫不有是气。然以气言之,则知觉运动,人与物若不异也;以理言之,则仁义礼智之禀,岂物之所得而全哉?此人之性所以无不善,而为万物之灵也。告子不知性之为理,而以所谓气者当之,是以杞柳、湍水之喻,食色无善无不善之说,纵横缪戾,纷纭舛错,而此章之误乃其本根。所以然者,盖徒知知觉运动之蠢然者,人与物同;而不知仁义礼智之粹然者,人与物异也。孟子以是折之,其义精矣。

告子曰:"食色,性也。仁,内也,非外也;义,外也,非内也。"①孟子曰:"何以谓仁内义外也?"曰:"彼长而我长之,非有长于我也,犹彼白而我白之,从其白于外也,故谓之外也。"②曰:"异于白马之白也,无以异于白人之白也。不识长马之长也,无以异于长人之长与?且谓长者义乎?长之者义乎?"③曰:"吾弟则爱之,秦人之弟则不爱也,是以我为悦者也,故谓之内。长楚人之长,亦长吾之长,是以长为悦者也,故谓之外也。"④曰:"耆秦人之炙,无以异于耆吾炙。夫物则亦有然者也,然则耆炙亦有外与?"⑤

朱子集注 ①告子以人之知觉运动者为性,故言人之甘食悦色者即其性。故仁爱之心生于内,而事物之宜由乎外。学者但当用力于仁,而不必求合于义也。

②长,上声,下同。○我长之,我以彼为长也。我白之,我以彼为白也。

③与,平声,下同。○张氏曰:"上异于二字宜衍。"李氏曰:"或有阙文焉。"愚按:白马、白人,所谓彼白而我白之也。长马、长人,所谓彼长而我长之也。白马、白人不异,而长马、长人不同,是乃所谓义也。义不在彼之长,而在我长之

之心,则义之非外明矣。

④言爱主于我,故仁在内;敬主于长,故义在外。

⑤耆与嗜同。夫,音扶。○言长之耆之,皆出于心也。○林氏曰:"告子以食色为性,故因其所明者而通之。"○自篇首至此四章,告子之辩屡屈,而屡变其说以求胜,卒不闻其能自反而有所疑也。此正其所谓不得于言,勿求于心者,所以卒于卤莽而不得其正也。

孟季子问公都子曰:"何以谓义内也?"①曰:"行吾敬,故谓之内也。"②"乡人长于伯兄一岁,则谁敬?"曰:"敬兄。""酌则谁先?"曰:"先酌乡人。""所敬在此,所长在彼,果在外,非由内也。"③公都子不能答,以告孟子。孟子曰:"敬叔父乎?敬弟乎?彼将曰'敬叔父'。曰:'弟为尸,则谁敬?'彼将曰'敬弟。'子曰:'恶在其敬叔父也?'彼将曰'在位故也。'子亦曰:'在位故也。庸敬在兄,斯须之敬在乡人。'"④季子闻之曰:"敬叔父则敬,敬弟则敬,果在外,非由内也。"公都子曰:"冬日则饮汤,夏日则饮水,然则饮食亦在外也?"⑤

①孟季子,疑孟仲子之弟也。盖闻孟子之言而未达,故私论之。

②所敬之人虽在外,然知其当敬,而行吾心之敬以敬之,则不在外也。

③长,上声。○伯,长也。酌,酌酒也。此皆季子问、公都子答。而季子又言,如此则敬长之心,果不由中出也。

④恶,平声。○尸,祭祀所主以象神,虽子弟为之,然敬之当如祖考也。在位,弟在尸位,乡人在宾客之位也。庸,常也。斯须,暂时也。言因时制宜,皆由中出也。

⑤此亦上章耆炙之意。○范氏曰:"二章问答,大指略同,皆反覆譬喻以晓当世,使明仁义之在内,则知人之性善,而

译文 孟季子问公都子说:"为什么说义是内在的呢?"公都子说:"它施行我的敬意,所以说是内在的。"孟季子说:"乡里人比兄长大一岁,你敬谁?"公都子说:"敬重兄长。"孟季子说:"饮酒给谁先斟呢?"公都子说:"先斟乡里人。"孟季子说:"所敬的是兄长,所尊的是乡里人,可见义毕竟是外在的,不是由内发出的。"公都子不能应答,把这事告诉了孟子。孟子说:"敬叔父,还是敬弟弟呢?他会说'敬叔父'。你说'弟弟担任了受祭的尸,那敬谁呢',他会说'敬弟弟'。你说'那么叔父敬在哪儿呢',他会说'这是因为弟弟处在尸位的缘故'。你也说'因为所处地位的缘故,平常该敬兄长,那一会儿该敬乡里人'。"孟季子听了,说:"要敬重叔父的时候就敬重叔父,要敬重弟弟的时候就敬重弟弟,可见义毕竟是外在的,不是由内发出的。"公都子说:"冬天喝热水,夏天喝凉水,那么饮食也是外在的吗?"

皆可以为尧、舜矣。"

公都子曰:"告子曰:'性无善无不善也。'①或曰:'性可以为善,可以为不善。是故文、武兴,则民好善;幽、厉兴,则民好暴。'②或曰:'有性善,有性不善。是故以尧为君而有象;以瞽瞍为父而有舜;以纣为兄之子且以为君,而有微子启、王子比干。'③今曰'性善',然则彼皆非与?"④孟子曰:"乃若其情,则可以为善矣,乃所谓善也。⑤若夫为不善,非才之罪也。⑥恻隐之心,人皆有之;羞恶之心,人皆有之;恭敬之心,人皆有之;是非之心,人皆有之。恻隐之心,仁也;羞恶之心,义也;恭敬之心,礼也;是非之心,智也。仁义礼智,非由外铄我也,我固有之也,弗思耳矣。故曰:'求则得之,舍则失之。'或相倍蓰而无算者,不能尽其才者也。⑦《诗》曰:'天生蒸民,有物有则。民之秉夷,好是懿德。'孔子曰:'为此诗者,其知道乎!故有物必有则,民之秉夷也,故好是懿德。'"⑧

译文 公都子说:"告子说:'本性没有善,没有不善。'有人说:'本性可以成为善,可以成为不善。所以,文王、武王在位,民众就崇尚善;幽王、厉王在位,民众就崇尚暴。'有人说:'有的人本性善,有的人本性不善。所以,尧这样的君主却有象,瞽瞍这样的父亲却有舜,纣这样的侄儿、这样的君主却有微子启、王子比干。'如今老师认为性善,那么他们都错了吗?"孟子说:"按人们的性情是能够成为善的,这就是我所说的善。至于成为不善,不是资质的罪过。同情之心人人都有,羞耻之心人人都有,恭敬之心人人都有,是非之心人人都有。同情之心属仁,羞耻之心属义,恭敬之心属礼,是非之心属智。仁、义、礼、智不是从外面注入的,是我本来就有的,只是未曾去领悟罢了。所以说,求索就得到,放弃就失去,有的人相差一倍、五倍甚至无数倍的,就是没能充分发挥他们资质的缘故。《诗》说:'上天生育万民,事物都有法则。民众把握常规,崇尚美好品德。'孔子说:'作这篇诗的人,恐怕懂得大道呀!所以有事物必定有法则,民众把握了常规,故而崇尚那美好的德行。'"

朱子集注 ①此亦生之谓性、食色性也之意,近世苏氏、胡氏之说盖如此。

②好,去声。○此即湍水之说也。

③韩子性有三品之说盖如此。按此文,则微子、比干皆纣之叔父,而《书》称微子为商王元子,疑此或有误字。

④与,平声。

⑤乃若,发语辞。情者,性之动也。人之情,本但可以为善而不可以为恶,则性之本善可知矣。

⑥夫,音扶。○才,犹材质,人之能也。人有是性,则有是才,性既善则才亦善。人之为不善,乃物欲陷溺而然,非其才之罪也。

⑦恶,去声。舍,上声。蓰,音师。○恭者,敬之发于外者

也;敬者,恭之主于中者也。铄,以火消金之名,自外以至内也。算,数也。言四者之心人所固有,但人自不思而求之耳。所以善恶相去之远,由不思不求而不能扩充以尽其才也。前篇言是四者为仁义礼智之端,而此不言端者,彼欲其扩而充之,此直因用以著其本体,故言有不同耳。

⑧好,去声。○《诗》,《大雅·蒸民》之篇。蒸,《诗》作烝,众也。物,事也。则,法也。夷,《诗》作彝,常也。懿,美也。有物必有法,如有耳目则有聪明之德,有父子则有慈孝之心,是民所秉执之常性也,故人之情无不好此懿德者。以此观之,则人性之善可见,而公都子所问之三说,皆不辨而自明矣。○程子曰:"性即理也,理则尧、舜至于涂人一也。才禀于气,气有清浊,禀其清者为贤,禀其浊者为愚。学而知之,则气无清浊,皆可至于善而复性之本,汤、武身之是也。孔子所言下愚不移者,则自暴自弃之人也。"又曰:"论性不论气,不备;论气不论性,不明。二之则不是。"张子曰:"形而后有气质之性,善反之则天地之性存焉。故气质之性,君子有弗性者焉。"愚按:程子此说才字,与孟子本文小异。盖孟子专以其发于性者言之,故以为才无不善;程子兼指其禀于气者言之,则人之才固有昏明强弱之不同矣,张子所谓气质之性是也。二说虽殊,各有所当,然以事理考之,程子为密。盖气质所禀虽有不善,而不害性之本善;性虽本善,而不可以无省察矫揉之功。学者所当深玩也。

孟子曰:"富岁,子弟多赖;凶岁,子弟多暴。非天之降才尔殊也,其所以陷溺其心者然也。①今夫麰麦,播种而耰之,其地同,树之时又同,浡然而生,至于日至之时,皆熟矣。虽有不同,则地有肥硗,雨露之养,人事之不齐也。②故凡同类者,举相似也,何独至于人而疑之? 圣人与我同类者。③故龙子曰:'不知足而为屦,我知其不为蒉也。'屦之相似,天下之足同也。④口之于味,有同耆也。

译文 孟子说:"丰收年成,子弟大多懒惰;灾荒年成,子弟大多横暴,并非天生的资质如此不同,是由于他们的内心遭到损害、迷惑的缘故。例如大麦,播下种籽耰了地,如果土地相同,栽种的时节也相同,便蓬勃地生长,到了夏至时节都成熟了。即使有所不同,就是土地有肥有瘠,雨露滋养、所下功夫的不一致罢了。所易牙，先得我口之所耆者也。如使口之于味也，其性与人殊，若犬马之与我不同类也，则天下何耆皆从易牙之于味也？至于味，天下期于易牙，是天下之口相似也。⑤惟耳亦然。至于声，天下期于师旷，是天下之耳相似也。⑥惟目亦然。至于子都，天下莫不知其姣也。不知子都之姣者，无目者也。⑦故曰：口之于味也，有同耆焉；耳之于声也，有同听焉；目之于色也，有同美焉。至于心，独无所同然乎？心之所同然者何也？谓理也，义也。圣人先得我心之所同然耳。故理义之悦我心，犹刍豢之悦我口？"⑧

朱子集注

①富岁，丰年也。赖，藉也。丰年衣食饶足，故有所顾藉而为善；凶年衣食不足，故有以陷溺其心而为暴。

②夫，音扶。麰，音牟。耰，音忧。磽，苦交反。○麰，大麦也。耰，覆种也。日至之时，谓当成熟之期也。磽，瘠薄也。

③圣人亦人耳，其性之善，无不同也。

④屦，音匮。○屦，草器也。不知人足之大小而为之屦，虽未必适中，然必似足形，不至成蒉也。

⑤耆与嗜同，下同。○易牙，古之知味者。言易牙所调之味，则天下皆以为美也。

⑥师旷，能审音者也。言师旷所和之音，则大下皆以为美也。

⑦姣，古卯反。○子都，古之美人也。姣，好也。

⑧然，犹可也。草食曰刍，牛羊是也。谷食曰豢，犬豕是也。○程子曰："在物为理，处物为义，体用之谓也。孟子言人心无不悦理义者，但圣人则先知先觉乎此耳，非有以异于人也。"程子又曰："理义之悦我心，犹刍豢之悦我口。"此语亲切有味。须实体察得理义之悦心，真犹刍豢之悦口，始得。

以，凡是同类的东西大体相同，为何唯独对于人就疑惑了呢？圣人与吾辈是同类，所以龙子说："不知道脚的形状去编草鞋，我知道不会做成筐子。"草鞋相似，因为普天之下的脚形状相同。口对于滋味，有相同的嗜好，易牙先得知了我们口味的嗜好。假使口对于滋味，其特性依人相异，就如同狗马与我们不同类一样，那么，何以天下的嗜好都随从易牙的口味呢？讲到滋味，天下就期望于易牙，可见天下的口味是相似的。耳朵也是如此，讲到声音，天下就期望于师旷，可见天下的耳力是相似的。眼睛也是如此，讲到子都，天下没有人不知道他美丽的，不知道子都美丽的是没有眼睛的人。所以说，口对于滋味是相同的嗜好，耳对于声音有相同的听觉，眼对于容貌有相同的美感。讲到内心，唯独就没有相同之处吗？内心的相同之处是什么呢？是理，是义。圣人先得知了我们内心的相同之处，因此理义愉悦我们的内心犹如猪肉、牛肉愉悦我们的口味一样。"

孟子曰："牛山之木尝美矣，以其郊于大国也，斧斤伐之，可以为美乎？是其日夜之所息，雨露之所润，非无萌蘖之生焉，牛羊又从而牧之，是以若彼濯濯也。人见其濯濯也，以为未尝有材焉，此岂山之性也哉？①虽存乎人者，岂无仁义之心哉？其所以放其良心者，亦犹斧斤之于木也，旦旦而伐之，可以为美乎？其日夜之所息，平旦之气，其好恶与人相近也者几希，则其旦昼之所为，有梏亡之矣。梏之反覆，则其夜气不足以存；夜气不足以存，则其违禽兽不远矣。人见其禽兽也，而以为未尝有才焉者，是岂人之情也哉？②故苟得其养，无物不长；苟失其养，无物不消。③孔子曰：'操则存，舍则亡；出入无时，莫知其乡。'惟心之谓与？"④

朱子集注 ①蘖，五割反。○牛山，齐之东南山也。邑外谓之郊。言牛山之木，前此固尝美矣，今为大国之郊，伐之者众，故失其美耳。息，生长也。日夜之所息，谓气化流行未尝间断，故日夜之间，凡物皆有所生长也。萌，芽也。蘖，芽之旁出者也。濯濯，光洁之貌。材，材木也。言山木虽伐，犹有萌蘖，而牛羊又从而害之，是以至于光洁而无草木也。

②好、恶，并去声。○良心者，本然之善心，即所谓仁义之心也。平旦之气，谓未与物接之时清明之气也。好恶与人相近，言得人心之所同然也。几希，不多也。梏，械也。反覆，展转也。言人之良心虽已放失，然其日夜之间，亦必有所生长。故平旦未与物接，其气清明之际，良心必犹有发见者。但其发见至微，而旦昼所为之不善，又已随而梏亡之，如山木既伐，犹有萌蘖，而牛羊又牧之也。昼之所为，既有以害其夜之所息；夜之所息，又不能胜其昼之所为，是以展转相害。至于夜气之生，日以寖薄，而不足以存其仁义之良心，则平旦之气亦不能清，而所好恶遂与人远矣。

孟子说："牛山的树木曾经很茂盛，因为邻近大都市，被刀斧所砍伐，能茂盛吗？它日夜息养，为雨露所滋润，并非没有新条嫩芽长出来，但牛羊又随之放牧在上面，所以变成那样光秃秃了。人们见它光秃秃的，便以为不曾有过木材，这难道是山的本性吗？即使是人，难道没有仁义之心吗？他之所以丢失了他的善心，也好像刀斧对待树木一般，天天去砍伐它，能茂盛吗？他日夜息养，清晨的气，其好恶几乎人人差不多，可是白天的作为使它束缚泯灭了。反复遭到束缚，那么夜晚息养之气就不足以存留，夜晚息养之气不足以存留就和禽兽相差不远了。人们见他如同禽兽，便以为不曾有过好的资质，这难道是人的本来情状吗？因此，假如得到应有的养育，没有事物不生长；假如失去应有的养育，没有事物不消亡。孔子说'把握就存留，舍弃就失去，出入没有一定，无法知晓它的去向'，是指人心而言的吧！"

③长,上声。○山木人心,其理一也。

④舍,音舍。与,平声。○孔子言心,操之则在此,舍之则失去,其出入无定时,亦无定处如此。孟子引之,以明心之神明不测,得失之易,而保守之难,不可顷刻失其养。学者当无时而不用其力,使神清气定,常如平旦之时,则此心常存,无适而非仁义也。○程子曰:"心岂有出入? 亦以操舍而言耳。操之之道,敬以直内而已。"○愚闻之师曰:"人,理义之心未尝无,惟持守之即在尔。若于旦昼之间不至梏亡,则夜气愈清。夜气清,则平旦未与物接之时,湛然虚明气象自可见矣。"孟子发此夜气之说,于学者极有力,宜熟玩而深省之也。

译文 孟子说:"不要诧异大王不明智,即使有普天之下最容易生长的东西,一天曝晒、十天寒冻,没有能够成活的。我进见很少,我一退出来,寒冻他的人就到了,我即使对他有所触动又怎样呢? 例如,弈棋作为技能,是小技,不专心致志却学不好。弈秋,是全国最擅长弈棋的人。让弈秋教两个人弈棋,一个人专心致志,只听弈秋的讲授。另一个虽然听着,却一心觉得有天鹅就要飞来,想拿起弓箭去射它,虽然和前一个人一起学习,却比不上他。是因为这人的智力及不上吗? 并非如此。"

孟子曰:"无或乎王之不智也。①虽有天下易生之物也,一日暴之,十日寒之,未有能生者也。吾见亦罕矣,吾退而寒之者至矣,吾如有萌焉何哉?②今夫弈之为数,小数也;不专心致志,则不得也。弈秋,通国之善弈者也。使弈秋诲二人弈,其一人专心致志,惟弈秋之为听。一人虽听之,一心以为有鸿鹄将至,思援弓缴而射之。虽与之俱学,弗若之矣。为是其智弗若与? 曰:非然也。"③

朱子集注 ①或,与惑同,疑怪也。王,疑指齐王。

②易,去声。暴,步卜反。见,音现。○暴,温之也。我见王之时少,犹一日暴之也;我退则谄谀杂进之日多,是十日寒之也。虽有萌蘖之生,我亦安能如之何哉?

③夫,音扶。缴,音灼。射,食亦反。为是之为,去声。若与之与,平声。○弈,围棋也。数,技也。致,极也。弈秋,善弈者,名秋也。缴,以绳系矢而射也。○程子为讲官,言于上曰:"人主一日之间,接贤士大夫之时多,亲宦官宫妾之时少,则可以涵养气质而薰陶德性。"时不能用,识者恨之。○范氏曰:"人君之心,惟在所养。君子养之以善则智,小

人养之以恶则愚。然贤人易疏，小人易亲，是以寡不能胜众，正不能胜邪。自古国家治日常少，而乱日常多，盖以此也。"

孟子曰："鱼，我所欲也；熊掌，亦我所欲也。二者不可得兼，舍鱼而取熊掌者也。生，亦我所欲也；义，亦我所欲也。二者不可得兼，舍生而取义者也。① 生亦我所欲，所欲有甚于生者，故不为苟得也。死亦我所恶，所恶有甚于死者，故患有所不辟也。② 如使人之所欲莫甚于生，则凡可以得生者，何不用也？使人之所恶莫甚于死者，则凡可以辟患者，何不为也？③ 由是则生而有不用也，由是则可以辟患而有不为也。④ 是故所欲有甚于生者，所恶有甚于死者，非独贤者有是心也，人皆有之，贤者能勿丧耳。⑤ 一箪食，一豆羹，得之则生，弗得则死，嘑尔而与之，行道之人弗受；蹴尔而与之，乞人不屑也。⑥ 万钟则不辨礼义而受之。万钟于我何加焉？为宫室之美、妻妾之奉、所识穷乏者得我与？⑦ 乡为身死而不受，今为宫室之美为之；乡为身死而不受，今为妻妾之奉为之；乡为身死而不受，今为所识穷乏者得我而为之，是亦不可以已乎？此之谓失其本心。"⑧

朱子集注 ①舍，上声。〇鱼与熊掌皆美味，而熊掌尤美也。
②恶、辟，皆去声，下同。〇释所以舍生取义之意。得，得生也。欲生恶死者，虽众人利害之常情，而欲恶有甚于生死者，乃秉彝义理之良心，是以欲生而不为苟得，恶死而有所不避也。
③设使人无秉彝之良心，而但有利害之私情，则凡可以偷生免死者，皆将不顾礼义而为之矣。
④由其必有秉彝之良心，是以其能舍生取义如此。

译文 孟子说："鱼是我所想要的，熊掌也是我所想要的，如果两者不能兼有，就舍弃鱼而选取熊掌。生存是我所想要的，大义也是我所想要的，如果两者不能兼有，就舍弃生存而选取大义。生存也是我所想要的，但所想要有胜过生存的，所以不去随便得到它；死亡也是我所厌恶的，但所厌恶有胜过死亡的，所以有时不去躲避祸害。如果人们所想要的东西没有胜过生存的，那么凡是能得以生存的，为何不去用呢？如果人们所厌恶的东西没有胜过死亡的，那么凡是能躲避祸害的，为何不去做呢？从中得以生存却不去用，由此得以躲避祸害却不去做，是因为所想要有胜过生存的，所厌恶有胜过死亡的。不仅贤者有这样的心思，人人都有，不过贤者能不失去它罢了。一筐米饭、一盆羹汤，得到它就存活，得不到就死去。呵叱着去给予，路上的行人都不接受；践踏过再给予，乞丐都不屑接受。然而万钟粟米却不分清礼义就接受了，万钟粟米对我有什么好处呢？是为了使住宅漂亮、妻妾得到供养、相识的贫苦人受我的恩惠吗？以往宁肯身亡都不接受的，现今为了使住宅漂亮去接受了；以往宁肯身亡都不接受的,现今为了使妻妾得到供养去接受了;以往宁肯身亡都不接受的,现今为了使相识的贫苦人受我的恩惠去接受了,这也是不能罢手的吗?这就叫做失去了自己的本心。"

⑤丧,去声。○羞恶之心,人皆有之,但众人汨于利欲而忘之,惟贤者能存之而不丧耳。

⑥食,音嗣。嘑,呼故反。蹴,子六反。○豆,木器也。嘑,咄啐之貌。行道之人,路中凡人也。蹴,践踏也。乞人,丐乞之人也。不屑,不以为洁也。言虽欲食之急而犹恶无礼,有宁死而不食者。是其羞恶之本心,欲恶有甚于生死者,人皆有之也。

⑦为,去声。与,平声。○万钟于我何加,言于我身无所增益也。所识穷乏者得我,谓所知识之穷乏者感我之惠也。上言人皆有羞恶之心,此言众人所以丧之由此三者。盖理义之心虽曰固有,而物欲之蔽,亦人所易昏也。

⑧乡、为,并去声。为之之为,并如字。○言三者身外之物,其得失比生死为甚轻。乡为身死犹不肯受嘑蹴之食,今乃为此三者而受无礼义之万钟,是岂不可以止乎?本心,谓羞恶之心。○此章言羞恶之心,人所固有。或能决死生于危迫之际,而不免计丰约于宴安之时,是以君子不可顷刻而不省察于斯焉。

译义 孟子说:"仁是人的心,义是人的路。舍弃了路不去走,丢失了心不知道去找,可悲啊!人们有鸡狗丢失就知道去找,丢失了心却不知道去找。学问之道没有别的,只是找回丢失的心罢了。"

孟子曰:"仁,人心也;义,人路也。①舍其路而弗由,放其心而不知求,哀哉!②人有鸡犬放,则知求之;有放心,而不知求。③学问之道无他,求其放心而已矣。"④

朱子集注 ①仁者,心之德,程子所谓心如谷种,仁则其生之性是也。然但谓之仁,则人不知其切于己,故反而名之曰人心,则可以见其为此身酬酢万变之主,而不可须臾失矣。义者,行事之宜,谓之人路,则可以见其为出入往来必由之道,而不可须臾舍矣。

②舍,上声。○"哀哉"二字,最宜详味,令人惕然有深省处。

③程子曰:"心至重,鸡犬至轻。鸡犬放则知求之,心放则不知求,岂爱其至轻而忘其至重哉?弗思而已矣。"愚谓上

兼言仁义,而此下专论求放心者,能求放心,则不违于仁而义在其中矣。

④学问之事,固非一端,然其道则在于求其放心而已。盖能如是,则志气清明,义理昭著,而可以上达;不然,则昏昧放逸,虽曰从事于学,而终不能有所发明矣。故程子曰:"圣贤千言万语,只是欲人将已放之心约之,使反复入身来,自能寻向上去,下学而上达也。"此乃孟子开示要切之言,程子又发明之,曲尽其指,学者宜服膺而勿失也。

孟子曰:"今有无名之指,屈而不信,非疾痛害事也,如有能信之者,则不远秦、楚之路,为指之不若人也。①指不若人,则知恶之;心不若人,则不知恶,此之谓不知类也。"②

 ①信,与伸同。为,去声。○无名指,手之第四指也。
②恶,去声。○不知类,言其不知轻重之等也。

译文 孟子说:"现今有个无名指弯曲而伸不直,不是病痛也不妨碍做事,如果有能使它伸直的人,即使在秦国、楚国都不觉得远,这是因为无名指不如他人。无名指不如他人知道嫌恶,心不如他人却不知道嫌恶,这叫做不识轻重。"

孟子曰:"拱把之桐、梓,人苟欲生之,皆知所以养之者。至于身,而不知所以养之者,岂爱身不若桐梓哉? 弗思甚也!"①

 ①拱,两手所围也。把,一手所握也。桐、梓,二木名。

译文 孟子说:"细小的桐树、梓树,人们如果要它生长,都知道怎样去保养,对于自身却不知道怎样去保养,难道爱护自身还不如桐树、梓树吗? 太不思量了。"

孟子曰:"人之于身也,兼所爱。兼所爱,则兼所养也。无尺寸之肤不爱焉,则无尺寸之肤不养也。所以考其善不善者,岂有他哉? 于己取之而已矣。①体有贵贱,有小大。无以小害大,无以贱害贵。养其小者为小人,养其大者为大人。②今有场师,舍其梧槚,养其樲棘,则为

译文 孟子说:"人们对于自身,各个部分都爱护。各个部分都爱护就各个部分都保养,没有一块肌肤不爱护就没有一块肌肤不保养。用来考察他做得好不好,哪有别的呢? 只看他对自己注重的部分罢了。肢体有重要、有次要,有

小、有大。不要因为小的损害大的，不要因为次要的损害重要的。保养小的是小人，保养大的是君子。如果有位场师，舍弃了桐树、梓树去养殖酸枣、荆棘，就是劣等场师。保养一个指头而遗忘了肩头背脊，还不知道，就是糊涂透顶的人。吃吃喝喝的人为人们所轻视，因为他为了保养小的而遗忘了大的。吃吃喝喝的人如果没有遗忘什么，那么满足口腹难道仅仅只为了口、腹那一寸一尺的肌肤吗？"

贱场师焉。③养其一指而失其肩背，而不知也，则为狼疾人也。④饮食之人，则人贱之矣，为其养小以失大也。⑤饮食之人无有失也，则口腹岂适为尺寸之肤哉？"⑥

①人于一身，固当兼养，然欲考其所养之善否者，惟在反之于身，以审其轻重而已矣。

②贱而小者，口服也。贵而大者，心志也。

③舍，上声。槚，音贾。樲，音贰。○场师，治场圃者。梧，桐也。槚，梓也。皆美材也。樲棘，小枣，非美材也。

④狼善顾，疾则不能，故以为失肩背之喻。

⑤为，去声。○饮食之人，专养口腹者也。

⑥此言若使专养口腹，而能不失其大体，则口腹之养，躯命所关，不但为尺寸之肤而已。但养小之人，无不失其大者，故口腹虽所当养，而终不可以小害大、贱害贵也。

译文 公都子问道："同样是人，有的成为君子，有的成为小人，为什么呢？"孟子说："顺从大体的成为君子，顺从小体的成为小人。"公都子说："同样是人，有的顺从大体，有的顺从小体，为什么呢？"孟子说："耳朵、眼睛的官能是不思考的，所以为事物所蒙蔽，它们与事物相接触只是受到诱导罢了。心的官能是思考，思考便有所得，不思考便无所得。这是上天赋予我们的。先确立主要的东西，次要的东西就无法与它争夺了，之所以成为君子仅此而已。"

公都子问曰："钧是人也，或为大人，或为小人，何也？"孟子曰："从其大体为大人，从其小体为小人。"①曰："钧是人也，或从其大体，或从其小体，何也？"曰："耳目之官不思，而蔽于物，物交物，则引之而已矣。心之官则思，思则得之，不思则不得也。此天之所与我者，先立乎其大者，则其小者弗能夺也。此为大人而已矣。"②

①钧，同也。从，随也。大体，心也。小体，耳目之类也。

②官之为言司也。耳司听，目司视，各有所职而不能思，是以蔽于外物。既不能思而蔽于外物，则亦一物而已。又以外物交于此物，其引之而去不难矣。心则能思，而以思为职。凡事物之来，心得其职，则得其理，而物不能蔽；失其职，则不得其理，而物来蔽之。此三者，皆天之所以与我者，

而心为大。若能有以立之,则事无不思,而耳目之欲不能夺之矣。此所以为大人也。然此天之此,旧本多作比,而赵《注》亦以比方释之。今本既多作此,而注亦作此,乃未详孰是。但作比字,于义为短,故且从今本云。○范浚《心箴》曰:"茫茫堪舆,俯仰无垠。人于其间,眇然有身。是身之微,太仓稊米。参为三才,曰惟心耳。往古来今,孰无此心? 心为形役,乃兽乃禽。惟口耳目,手足动静。投间抵隙,为厥心病。一心之微,众欲攻之。其所存者,呜呼几希! 君子存诚,克念克敬。天君泰然,百体从令。"

孟子曰:"有天爵者,有人爵者。仁义忠信,乐善不倦,此天爵也。公卿大夫,此人爵也。①古之人修其天爵,而人爵从之。②今之人修其天爵,以要人爵;既得人爵,而弃其天爵,则惑之甚者也,终亦必亡而已矣。"③

译文 孟子说:"有上天的爵位,有人世的爵位。仁爱正义、忠诚守信,乐于善行不感到厌倦,这是上天的爵位;公、卿、大夫,这是人世的爵位。古时候的人修求上天的爵位;人世的爵位也随之有了。现今的人修求上天的爵位来牟取人世的爵位,得到了人世的爵位就抛弃了上天的爵位,真是糊涂之极,最终也一定会失去人世的爵位。"

朱子集注 ①乐,音洛。○天爵者,德义可尊,自然之贵也。
②修其天爵,以为吾分之所当然者耳。人爵从之,盖不待求之而自至也。
③要,音邀。○要,求也。修天爵以要人爵,其心固已惑矣;得人爵而弃天爵,则其惑又甚焉,终必并其所得之人爵而亡之也。

孟子曰:"欲贵者,人之同心也。人人有贵于己者,弗思耳。①人之所贵者,非良贵也。赵孟之所贵,赵孟能贱之。②《诗》云:'既醉以酒,既饱以德。'言饱乎仁义也,所以不愿人之膏粱之味也;令闻广誉施于身,所以不愿人之文绣也。"③

译文 孟子说:"希望显贵,是人们的共同心态。人人都有自己可贵的东西,只是不去思量罢了。他人所尊贵的,不是真正的尊贵。赵孟所尊贵的,赵孟能使之卑贱。《诗》说:'既喝醉了酒,又饱享恩惠。'这是说,饱享了仁义,因而不企美他人的肉食美味;众人的称誉施加在身上,因而不企美他人的锦衣绣裳。"

朱子集注 ①贵于己者,谓天爵也。
②人之所贵,谓人以爵位加己而后贵也。良者,本然

之善也。赵孟,晋卿也。能以爵禄与人而使之贵,则亦能夺之而使之贱矣。若良贵,则人安得而贱之哉?

③闻,去声。○《诗》,《大雅·既醉》之篇。饱,充足也。愿,欲也。膏,肥肉。粱,美谷。令,善也。闻,亦誉也。文绣,衣之美者也。仁义充足而闻誉彰著,皆所谓良贵也。○尹氏曰:"言在我者重,则外物轻。"

孟子曰:"仁之胜不仁也,犹水胜火。今之为仁者,犹以一杯水救一车薪之火也;不熄,则谓之水不胜火,此又与于不仁之甚者也。[①]亦终必亡而已矣。"[②]

朱子集注 ①与,犹助也。仁之能胜不仁,必然之理也。但为之不力,则无以胜不仁,而人遂以为真不能胜,是我之所为,有以深助于不仁者也。

②言此人之心,亦且自息于为仁,终必并与其所为而亡之。○赵氏曰:"言为仁不至,而不反诸己也。"

译文 孟子说:"仁胜过不仁犹如水胜过火一样。现今行使仁的人好比用一杯水来救一车柴的火,火灭不了就说水不能胜过火,这又相当厉害地助长了不仁,最终也必定会失去仁。"

孟子曰:"五谷者,种之美者也,苟为不熟,不如荑稗。夫仁,亦在乎熟之而已矣。"[①]

朱子集注 ①荑,音蹄。稗,蒲卖反。夫,音扶。○荑稗,草之似谷者,其实亦可食,然不能如五谷之美也。但五谷不熟,则反不如荑稗之熟;犹为仁而不熟,则反不如为他道之有成。是以为仁必贵乎熟,而不可徒恃其种之美,又不可以仁之难熟,而甘为他道之有成也。○尹氏曰:"日新而不已,则熟。"

译文 孟子说:"五谷是作物中的佼佼者,如果不成熟还及不上稗米、稗草。仁,也在于使之成熟而已。"

孟子曰:"羿之教人射,必志于彀;学者亦必志于彀。[①]大匠诲人,必以规矩;学者亦必以规

译文 孟子说:"羿教人射技,必定要求拉满弓,学习的人也

矩。"②

①彀,古候反。○羿,善射者也。志,犹期也。彀,弓
满也。满而后发,射之法也。学,谓学射。
②大匠,工师也。规矩,匠之法也。○此章言事必有法,然
后可成。师舍是则无以教,弟子舍是则无以学。曲艺且然,
况圣人之道乎?

必定致力于拉满弓。大匠教
人必定依据规矩,学习的人也
必定要依据规矩。"

四书 章句集注

孟子集注卷第十二

告子章句下

凡十六章。

译文 有个任国人问屋庐子说："礼仪与饮食哪个重要？"屋庐子说："礼仪重要。"任人说："性欲与礼仪哪个重要？"屋庐子说："礼仪重要。"任人说："依据礼仪谋食就饿死，不依据礼仪谋食就得食，一定要遵守礼仪吗？依礼迎亲不能娶妻，不依礼迎亲就能娶妻，一定要依礼迎亲吗？"屋庐子不能回答，第二天去邹国把这事告诉了孟子。孟子说："答复这个有什么难呢？不度量根基而比较末端，寸把厚的木块可以使之高过尖顶高楼。金子重于羽毛，难道是就一丁

任人有问屋庐子曰："礼与食孰重？"曰："礼重。"①"色与礼孰重？"②曰："礼重。"曰："以礼食，则饥而死；不以礼食，则得食，必以礼乎？亲迎，则不得妻；不亲迎，则得妻，必亲迎乎？"③屋庐子不能对，明日之邹，以告孟子。孟子曰："于答是也，何有？④不揣其本而齐其末，方寸之木可使高于岑楼。⑤金重于羽者，岂谓一钩金与一舆羽之谓哉？⑥取食之重者，与礼之轻者而比之，奚翅食重？取色之重者，与礼之轻者而比之，奚翅色重？⑦往应之曰：'紾兄之臂而夺之食，则得食；不紾，则不得食，则将紾之乎？逾东家墙而搂其处子，则得妻；不搂，则不得妻，则将搂之乎？'"⑧

①任,平声。○任,国名。屋庐子,名连,孟子弟子也。

②任人复问也。

③迎,去声。

④于,如字。○何有,不难也。

⑤揣,初委反。○本,谓下。末,谓上。方寸之木,至卑,喻食色。岑楼,楼之高锐似山者,至高,喻礼。若不取其下之平,而升寸木于岑楼之上,则寸木反高,岑楼反卑矣。

⑥钩,带钩也。金本重,而带钩小,故轻,喻礼有轻于食色者。羽本轻,而一舆多,故重,喻食色有重于礼者。

⑦翄,与啻同,古字通用,施智反。○礼食、亲迎,礼之轻者也。饥而死以灭其性,不得妻而废人伦,食色之重者也。奚翄,犹言何但。言其相去悬绝,不但有轻重之差而已。

⑧绋,音轸。搂,音娄。○绋,戾也。搂,牵也。处子,处女也。此二者,礼与食色皆其重者,而以之相较,则礼为尤重也。○此章言义理事物,其轻重固有大分,然于其中又各自有轻重之别。圣贤于此,错综斟酌,毫发不差,固不肯枉尺而直寻,亦未尝胶柱而调瑟,所以断之,一视于理之当然而已矣。

曹交问曰:"人皆可以为尧、舜,有诸?"孟子曰:"然。"①"交闻文王十尺,汤九尺,今交九尺四寸以长,食粟而已,如何则可?"②曰:"奚有于是?亦为之而已矣。有人于此,力不能胜一匹雏,则为无力人矣;今日举百钧,则为有力人矣。然则举乌获之任,是亦为乌获而已矣。夫人岂以不胜为患哉?弗为耳。③徐行后长者谓之弟,疾行先长者谓之不弟。夫徐行者,岂人所不能哉?所不为也。尧、舜之道,孝弟而已矣。④子服尧之服,诵尧之言,行尧之行,是尧而已矣。子服桀之服,诵桀之言,行桀之行,是桀而已矣。"⑤曰:"交得见于邹

点金子相对于一车子羽毛而言的吗?选取饮食的重要者与礼仪的轻微者相比较,何止是饮食重要?选取性欲的重要者与礼仪的轻微者相比较,何止是性欲重要?你去答复他说:'扭折兄长的胳膊去抢夺他的食物就得食,不扭就不得食,会去扭吗?翻越东邻的墙头去搂抱他家的少女就能娶妻,不搂抱就不能娶妻,会去搂抱吗?'"

译文 曹交问道:"人人都可以成为尧舜,是这样吗?"孟子说:"是的。"曹交说:"我听说周文王身高十尺、成汤身高九尺,如今我有九尺四寸多高,只会吃饭罢了,怎样才能成为尧舜呢?"孟子说:"这有什么关系,只要去做就行了。有个人,力不能提一只小鸡,就是没有力气的人了;如今他说举得起三千斤,就是有力气的人了。那么,举得起乌获胜任的重量,也就成为乌获了。这个人怎么会因为不能胜任而发愁呢?只是不做罢了。

缓慢地走在长者之后叫做悌，飞快地抢在长者之前叫做不悌。缓慢地走，难道人们不能做吗？是不做。尧舜之道，只是孝悌而已。你穿着尧的衣服，诵述尧的言谈，施行尧的作为，就是尧了；你穿着桀的衣服，诵述桀的言谈，施行桀的作为，就是桀了。"曹交说："我见到邹君就借个住处，愿意留下来在您的门下学习。"孟子说："道就像大路一样，难道难于了解吗？就怕人们不去寻求罢了。你回去自己寻求，能学习的东西多着呢。"

君，可以假馆，愿留而受业于门。"⑥曰："夫道，若大路然，岂难知哉？人病不求耳。子归而求之，有余师。"⑦

 ①赵氏曰："曹交，曹君之弟也。"人皆可以为尧、舜，疑古语，或孟子所尝言也。

②曹交问也。食粟而已，言无他材能也。

③胜，平声。○匹字本作鴄，鸭也，从省作匹。《礼记》说"匹为鹜"，是也。乌获，古之有力人也，能举移千钧。

④后，去声。长，上声。先，去声。夫，音扶。○陈氏曰："孝弟者，人之良知良能，自然之性也。尧、舜，人伦之至，亦率是性而已，岂能加毫末于是哉？"○杨氏曰："尧、舜之道大矣，而所以为之，乃在夫行止疾徐之间，非有甚高难行之事也。百姓盖日用而不知耳。"

⑤之行之行，并去声。○言为善为恶，皆在我而已。详曹交之问，浅陋粗率，必其进见之时，礼貌衣冠言动之间，多不循理，故孟子告之如此两节云。

⑥见，音现。○假馆而后受业，又可见其求道之不笃。

⑦夫，音扶。○言道不难知，若归而求之事亲敬长之间，则性分之内，万理皆备，随处发见，无不可师，不必留此而受业也。○曹交事长之礼既不至，求道之心又不笃，故孟子教以孝弟，而不容其受业。盖孔子余力学文之意，亦不屑之教诲也。

译文 公孙丑问道："高子说，《小弁》是小人所作的诗篇。"孟子说："为什么这样说呢？"公孙丑说："因为这首诗怨恨。"孟子说："真呆板啊，高老先生如此理解《诗》。有个人，越国人拉弓去射他，就谈笑着讲述这事，这没有别的原因，因为关系疏远；他的兄长拉

公孙丑问曰："高子曰：'《小弁》，小人之诗也。'"孟子曰："何以言之？"曰："怨。"①曰："固哉，高叟之为诗也！有人于此，越人关弓而射之，则己谈笑而道之，无他，疏之也。其兄关弓而射之，则己垂涕泣而道之，无他，戚之也。《小弁》之怨，亲亲也。亲亲，仁也。固矣夫，高叟之为诗也！"②曰："《凯风》何以不怨？"③曰："《凯风》，亲

之过小者也；《小弁》，亲之过大者也。亲之过大而不怨，是愈疏也；亲之过小而怨，是不可矶也。愈疏，不孝也；不可矶，亦不孝也。④孔子曰：'舜其至孝矣，五十而慕。'"⑤

朱子集注 ①弁，音盘。○高子，齐人也。《小弁》，《小雅》篇名。周幽王娶申后，生太子宜臼。又得褒姒，生伯服，而黜申后、废宜臼。于是宜臼之傅为作此诗，以叙其哀痛迫切之情也。

②关与弯同。射，食亦反。夫，音扶。○固，谓执滞不通也。为，犹治也。越，蛮夷国名。道，语也。亲亲之心，仁之发也。

③《凯风》，《邶风》篇名。卫有七子之母，不能安其室，七子作此以自责也。

④矶，音机。○矶，水激石也。不可矶，言微激之而遽怒也。

⑤言舜犹怨慕，《小弁》之怨，不为不孝也。○赵氏曰："生之膝下，一体而分，喘息呼吸，气通于亲。当亲而疏，怨慕号天。是以《小弁》之怨，未足为愆也。"

弓去射他，就哭泣着讲述这事，这没别的原因，因为关系亲密。《小弁》的怨恨，是亲近亲人。亲近亲人是仁。真呆板啊！高老先生如此理解《诗》。"公孙丑说："《凯风》为什么不怨恨呢？"孟子说："《凯风》是由于亲人的过错小，《小弁》是由于亲人的过错大。父母亲的过错大却不怨，是愈加疏远他们；父母亲的过错小却怨恨，是不应该的激怒。愈加疏远他们是不孝，不应该的激怒也是不孝。孔子说：'舜该是最孝了吧，五十岁还慕恋父母。'"

宋轻将之楚，孟子遇于石丘。①曰："先生将何之？"②曰："吾闻秦、楚构兵，我将见楚王说而罢之。楚王不悦，我将见秦王说而罢之。二王我将有所遇焉。"③曰："轲也请无问其详，愿闻其指。说之将何如？"曰："我将言其不利也。"曰："先生之志则大矣，先生之号则不可。④先生以利说秦、楚之王，秦、楚之王悦于利，以罢三军之师，是三军之士乐罢而悦于利也。为人臣者怀利以事其君，为人子者怀利以事其父，为人弟者怀利以事其兄，是君臣、父子、兄弟终去仁义，怀利以相接，然而不亡者，未之有也。⑤先生以仁义说秦、楚之王，秦、楚之王悦于仁义，而罢三军之师，是三军

译文 宋轻要去楚国，孟子在石丘遇见他，说："先生要到什么地方去？"宋轻说："我听说秦楚交战，我要去进见楚王劝说他罢兵，如果楚王说不服，我要去进见秦王劝说他罢兵，两个君王中我将会遇上听从的。"孟子的："我不想询问进说的详细内容，但希望聆知它的大要，你将怎样进说呢？"宋轻说："我将陈说交战是不利的。"孟子说："先生的志向是弘大的，先生的说法却不可以。先生用利来劝说秦、楚的君王，秦、楚的君王因为喜欢利而停止了三军的行动，

这样，三军官兵会由于乐于罢兵而喜欢利。做臣属的怀着利来事奉自己的国君，做儿子的怀着利来事奉自己的父亲，做弟弟的怀着利来事奉自己的兄长，这样，君臣、父子、兄弟之间完全去除了仁义，怀着利来相互对待，如此而不灭亡的还从未有过。先生用仁义来劝说秦、楚的君王，秦、楚的君王因为喜欢仁义而停止了三军的行动，这样，三军的官兵会由于乐于罢兵而喜欢仁义。做臣属的怀着仁义来事奉自己的国君，做儿子的怀着仁义来事奉自己的父亲，做弟弟的怀着仁义来事奉自己的兄长，这样，君臣、父子、兄弟之间都去除了利，怀着仁义来相互对待，如此而不称王天下的还从未有过。何必说利呢？"

译文 孟子住在邹国，季任代理任国的国政，送礼物来结交，孟子接受了礼物却不回报。孟子住在平陆，储子担任齐国的国相，送礼物来结交，孟子接受了礼物却不回报。过了些日子，孟子从邹国到任国，会见了季子；从平陆到齐国，不会见储子。屋庐子高兴地说："我悟到其中的道理了。"便问道："老师到任国会见了季子，到齐国不会见储子，是因为储子是国相吧？"孟子说："不是的。《书》说：'进献看重礼节，礼节够不上礼物的规格叫做不享，就是没有把心意用在进献上。'因为这样就不成其为进献。"屋庐子很

之士乐罢而悦于仁义也。为人臣者怀仁义以事其君，为人子者怀仁义以事其父，为人弟者怀仁义以事其兄，是君臣、父子、兄弟去利，怀仁义以相接也。然而不王者，未之有也。何必曰利？"⑥

朱子集注 ①轻，口茎反。○宋，姓；轻，名。石丘，地名。

②赵氏曰："学士年长者，故谓之先生。"

③说，音税。○时宋轻方欲见楚王，恐其不悦，则将见秦王也。遇，合也。按《庄子书》："有宋钘者，禁攻寝兵，救世之战。上说下教，强聒不舍。"《疏》云："齐宣王时人。"以事考之，疑即此人也。

④徐氏曰："能于战国扰攘之中，而以罢兵息民为说，其志可谓大矣。然以利为名，则不可也。"

⑤乐，音洛，下同。

⑥王，去声。○此章言休兵息民，为事则一，然其心有义利之殊，而其效有兴亡之异，学者所当深察而明辨之也。

孟子居邹，季任为任处守，以币交，受之而不报。处于平陆，储子为相，以币交，受之而不报。①他日由邹之任，见季子；由平陆之齐，不见储子。屋庐子喜曰："连得间矣。"②问曰："夫子之任见季子，之齐不见储子，为其为相与？"③曰："非也。《书》曰：'享多仪，仪不及物曰不享，惟不役志于享。'④为其不成享也。"⑤屋庐子悦。或问之，屋庐子曰："季子不得之邹，储子得之平陆。"⑥

朱子集注 ①任，平声。相，去声，下同。○赵氏曰："季任，任君之弟。任君朝会于邻国，季任为之居守其国也。储子，齐相也。不报者，来见则当报之，但以币交，则不必报也。"

②屋庐子知孟子之处此必有义理，故喜得其间隙而问之。

③为其之为，去声，下同。与，平声。○言储子但为齐相，不若季子摄守君位，故轻之耶？

④《书》，《周书》《洛诰》之篇。享，奉上也。仪，礼也。物，币也。役，用也。言虽享而礼意不及其币，则是不享矣，以其不用志于享故也。

⑤孟子释《书》意如此。

⑥徐氏曰："季子为君居守，不得往他国以见孟子，则以币交而礼意已备。储子为齐相，可以至齐之境内而不来见，则虽以币交，而礼意不及其物也。"

淳于髡曰："先名实者，为人也；后名实者，自为也。夫子在三卿之中，名实未加于上下而去之，仁者固如此乎？"①孟子曰："居下位，不以贤事不肖者，伯夷也；五就汤，五就桀者，伊尹也；不恶污君，不辞小官者，柳下惠也。三子者不同道，其趋一也。一者何也？曰：仁也。君子亦仁而已矣，何必同？"②曰："鲁缪公之时，公仪子为政，子柳、子思为臣，鲁之削也滋甚。若是乎贤者之无益于国也！"③曰："虞不用百里奚而亡，秦穆公用之而霸。不用贤则亡，削何可得与？"④曰："昔者王豹处于淇，而河西善讴。绵驹处于高唐，而齐右善歌。华周、杞梁之妻善哭其夫，而变国俗。有诸内，必形诸外。为其事而无其功者，髡未尝睹之也。是故无贤者也，有则髡必识之。"⑤曰："孔子为鲁司寇，不用，从而祭，燔肉不至，不税冕而行。不知者以为为肉也，其知者以为为无礼也。乃孔子则欲以微罪行，不欲为苟去。君子之所为，众人固不识也。"⑥

①先、后、为，皆去声。○名，声誉也。实，事功也。言以名实为先而为之者，是有志于救民也；以名实为

高兴。有人问他，屋庐子说："季子不能去邹国，而储子是能够到平陆去的。"

译文 淳于髡说："注重声誉功业的人是为了民众，舍弃声誉功业的人是为了自身。先生身处齐国三卿之中，上没有辅佐国君的声誉、下没有救济民众的功业就离去，仁人是原本如此的吗？"孟子说："处在低下的职位而不以才能事奉没出息者的是伯夷，五次投奔成汤、五次投奔夏桀的是伊尹，不嫌恶昏暴的国君、不推辞微贱官职的是柳下惠，三个人的做法不同，他们的趋向是一致的。一致什么呢？就是仁。君子也只是要求仁罢了，做法何必相同呢？"淳于髡说："鲁缪公时，公仪子主持国政，泄柳、子思当大臣，鲁国却削弱得更厉害。如此，贤者丝毫无益于国家呀！"孟子说："虞国不用百里奚而灭亡，秦穆公用了他而称霸。不用贤才就灭亡，哪里能只是削弱呢？"淳于髡说："从前王豹住在淇水边，河以西因而善于讴咏；绵驹住在高唐，齐国西部因而擅长歌唱；华周、杞梁的妻子很

第四二九页

会痛哭她们的丈夫,因而改变了国家习俗。孕含在内的必定会表现于外,而从事某件事却没有功效的,我还未曾见到过。因此是没有贤者,如果有,我一定会知晓。"孟子说:"孔子任鲁国的司寇而不被信用,随从祭祀时,祭肉没分送给他,于是不解下祭冕就走了。不了解孔子的人认为是由于祭肉的缘故,了解孔子的人认为是由于礼的缘故,而孔子实在是要找个微小的过错出走,不想随便离去。君子的作为,一般人原本是不理解的。"

后而不为者,是欲独善其身者也。名实未加于上下,言上未能正其君,下未能济其民也。

②恶、趋,并去声。○仁者,无私心而合天理之谓。○杨氏曰:"伊尹之就汤,以三聘之勤也。其就桀也,汤进之也。汤岂有伐桀之意哉?其进伊尹以事之也,欲其悔过迁善而已。伊尹既就汤,则以汤之心为心矣。及其终也,人归之,天命之,不得已而伐之耳。若汤初求伊尹,即有伐桀之心,而伊尹遂相之以伐桀,是以取天下为心也。以取天下为心,岂圣人之心哉?"

③公仪子,名休,为鲁相。子柳,泄柳也。削,地见侵夺也。髡讥孟子虽不去,亦未必能有为也。

④与,平声。○百里奚,事见前篇。

⑤华,去声。○王豹,卫人,善讴。淇,水名。绵驹,齐人,善歌。高唐,齐西邑。华周、杞梁,二人皆齐臣,战死于莒。其妻哭之哀,国俗化之,皆善哭。髡以此讥孟子仕齐无功,未足为贤也。

⑥税,音脱。为肉、为无之为,并去声。○按《史记》:"孔子为鲁司寇,摄行相事。齐人闻而惧,于是以女乐遗鲁君。季桓子与鲁君往观之,怠于政事。子路曰:'夫子可以行矣。'孔子曰:'鲁今且郊,如致膰于大夫,则吾犹可以止。'桓子卒受齐女乐,郊又不致膰俎于大夫,孔子遂行。"孟子言以为为肉者,固不足道;以为为无礼,则亦未为深知孔子者。盖圣人于父母之国,不欲显其君相之失,又不欲为无故而苟去,故不以女乐去,而以膰肉行。其见几明决,而用意忠厚,固非众人所能识也。然则孟子之所为,岂髡之所能识哉?○尹氏曰:"淳于髡未尝知仁,亦未尝识贤也,宜乎其言若是。"

译文 孟子说:"五霸是三王的罪人,现今的诸侯是五霸的罪人,现今的大夫是现今诸侯的罪人。天子巡行诸侯叫做巡狩,诸侯朝见天子叫做述

孟子曰:"五霸者,三王之罪人也;今之诸侯,五霸之罪人也;今之大夫,今之诸侯之罪人也。①天子适诸侯曰巡狩,诸侯朝于天子曰述职。春省耕而补不足,秋省敛而助不给。入其疆,土地辟,

田野治，养老尊贤，俊杰在位，则有庆，庆以地。入其疆，土地荒芜，遗老失贤，掊克在位，则有让。一不朝，则贬其爵；再不朝，则削其地；三不朝，则六师移之。是故天子讨而不伐，诸侯伐而不讨。五霸者，搂诸侯以伐诸侯者也，故曰：五霸者，三王之罪人也。②五霸，桓公为盛。葵丘之会诸侯，束牲载书而不歃血。初命曰：'诛不孝，无易树子，无以妾为妻。'再命曰：'尊贤育才，以彰有德。'三命曰：'敬老慈幼，无忘宾旅。'四命曰：'士无世官，官事无摄，取士必得，无专杀大夫。'五命曰：'无曲防，无遏籴，无有封而不告。'曰：'凡我同盟之人，既盟之后，言归于好。'今之诸侯，皆犯此五禁，故曰：今之诸侯，五霸之罪人也。③长君之恶其罪小，逢君之恶其罪大。今之大夫，皆逢君之恶，故曰：今之大夫，今之诸侯之罪人也。④"

朱子集注

①赵氏曰："五霸：齐威、晋文、秦穆、宋襄、楚庄也。三王：夏禹、商汤、周文武也。"丁氏曰："夏昆吾，商大彭、豕韦，周齐威、晋文，谓之五霸。"

②朝，音潮。辟与闢同。治，去声。〇庆，赏也，益其地以赏之也。掊克，聚敛也。让，责也。移之者，诛其人而变置之也。讨者，出命以讨其罪，而使方伯连帅帅诸侯以伐之也。伐者，奉天子之命，声其罪而伐之也。搂，牵也。五霸牵诸侯以伐诸侯，不用天子之命也。自入其疆至则有让，言巡狩之事；自一不朝至六师移之，言述职之事。

③歃，所洽反。籴，音狄。好，去声。〇按《春秋传》："僖公九年，葵丘之会，陈牲而不杀，读书加于牲上，壹明天子之禁。"树，立也。已立世子，不得擅易。初命三事，所以修身正家之要也。宾，宾客也。旅，行旅也。皆当有以待之，不可忽忘也。士世禄而不世官，恐其未必贤也。官事无摄，当广求贤才以充之，不可以阙人废事也。取士必得，必得其人也。无专杀大夫，有罪则请命于天子而后杀之也。无曲防，

职。春天视察耕种，补助贫困；秋天视察收获，周济歉收。收入诸侯的疆界，土地开垦，田野整治，赡养老人，尊重贤者，杰出的人担任官职，就给予赏赐，赏给土地。进入诸侯的疆界，土地荒废，遗弃老人，疏远贤者，搜刮钱财的人担任官职，就给予责罚。诸侯一次不来朝见就贬低他的爵位，两次不来朝见就削减他的土地，三次不来朝见就调动六军更换国君。所以，天子声讨而不征伐，诸侯征伐而不声讨。五霸是带领着诸侯来征伐诸侯的人，所以说五霸是三王的罪人。五霸，以齐桓公的功业最为卓著。在葵丘的盟会上，诸侯们备妥了牺牲、盟书而不歃血。第一条誓言说：'诛除不孝不改立太子，不立妾为妻。'第二条誓言说：'尊重贤者，养育人才，以此表彰德行。'第三条誓言说：'敬奉老人，爱护幼小，不怠慢宾客、旅人。'第四条誓言说：'士人不世袭官职，官职不兼任，选用士人定要得当，不擅自杀戮大夫。'第五条誓言说：'不遍筑堤防，不禁止邻国采购粮食，不要有封赏而不通报。'并约定：'凡是参与我们盟会的人，会盟以后言归于好。'现今的诸侯都触犯了这五条禁约，所以说现今的诸侯是五霸的罪人。助长国君的恶行，臣属的罪过轻；逢迎国君的恶行，臣属的罪过重。现今的大夫都逢迎国君的恶行，所以说现今的大夫是现今诸侯的罪人。"

不得曲为堤防,壅泉激水,以专小利,病邻国也。无遏籴,邻国凶荒,不得闭籴也。无有封而不告者,不得专封国邑而不告天子也。

④长,上声。○君有过不能谏,又顺之者,长君之恶也。君之过未萌,而先意导之者,逢君之恶也。○林氏曰:"邵子有言:'治《春秋》者,不先治五霸之功罪,则事无统理,而不得圣人之心。春秋之间,有功者未有大于五霸,有过者亦未有大于五霸。故五霸者,功之首、罪之魁也。'孟子此章之义,其亦若此也与?然五霸得罪于三王,今之诸侯得罪于五霸,皆出于异世,故得以逃其罪。至于今之大夫,宜得罪于今之诸侯,则同时矣。而诸侯非惟莫之罪也,乃反以为良臣而厚礼之。不以为罪,而反以为功,何其谬哉!"

鲁欲使慎子为将军。①孟子曰:"不教民而用之,谓之殃民。殃民者,不容于尧、舜之世。②一战胜齐,遂有南阳,然且不可?"③慎子勃然不悦,曰:"此则滑厘所不识也。"④曰:"吾明告子:天子之地方千里,不千里,不足以待诸侯。诸侯之地方百里,不百里,不足以守宗庙之典籍。⑤周公之封于鲁,为方百里也;地非不足,而俭于百里。太公之封于齐也,亦为方百里也;地非不足也,而俭于百里。⑥今鲁方百里者五,子以为有王者作,则鲁在所损乎?在所益乎?⑦徒取诸彼以与此,然且仁者不为,况于杀人以求之乎?⑧君子之事君也,务引其君以当道,志于仁而已。"⑨

译文 鲁国打算让慎子做将军,孟子说:"不教导民众就使用他们叫做殃民,殃民的人是尧舜的时世所不容的。即使一仗就战胜了齐国,据有了南阳,仍然不可以。"慎子顿时不高兴地说:"这是我所不明白的。"孟子说:"我明确地告诉你。天子的土地方圆千里,没有千里就不足以接待诸侯;诸侯的土地方圆百里,没有百里就不足以奉守宗庙的典册文书。周公分封在鲁是方圆百里,土地并非不够却仅有百里;太公分封在齐也是方圆百里,土地并非不够却仅有百里。现今鲁国方圆五倍于百里,你认为如有称王天下者兴起,鲁国的土地在削减之列,还是在增益之列。白白地取他处来给与此处,仁者尚且不干,何况杀人来求取呢?君子事奉君主,只是致力于引导自己的君主合乎大道,有志于仁罢了。"

朱子集注 ①慎子,鲁臣。

②教民者,教之礼义,使知入事父兄、出事长上也。用之,使之战也。

③是时鲁盖欲使慎子伐齐,取南阳也。故孟子言就使慎子善战有功如此,且犹不可。

④滑,音骨。○滑厘,慎子名。

⑤待诸侯,谓待其朝觐聘问之礼。宗庙典籍,祭祀会同之常制也。

⑥二公有大勋劳于天下,而其封国不过百里。俭,止而不过之意也。

⑦鲁地之大,皆并吞小国而得之。有王者作,则必在所损矣。

⑧徒,空也。言不杀人而取之也。

⑨当道,谓事合于理。志仁,谓心在于仁。

孟子曰:"今之事君者曰:'我能为君辟土地,充府库。'今之所谓良臣,古之所谓民贼也。君不乡道,不志于仁,而求富之,是富桀也。①'我能为君约与国,战必克。'今之所谓良臣,古之所谓民贼也。君不乡道,不志于仁,而求为之强战,是辅桀也。②由今之道,无变今之俗,虽与之天下,不能一朝居也。"③

①为,去声。辟与闢同。乡与向同,下皆同。○辟,开垦也。

②约,要结也。与国,和好相与之国也。

③言必争夺而至于危亡也。

白圭曰:"吾欲二十而取一,何如?"①孟子曰:"子之道,貉道也。②万室之国,一人陶,则可乎?"曰:"不可。器不足用也。"③曰:"夫貉,五谷不生,惟黍生之。无城郭、宫室、宗庙、祭祀之礼,无诸侯币帛饔飧,无百官有司,故二十取一而足也。④今居中国,去人伦,无君子,如之何其可也?⑤陶以寡,且不可以为国,况无君子乎?⑥欲轻之于尧、舜

译文 孟子说:"现今事奉君主的人都说'我能为国君开辟土地,充实国库',现今所谓的良臣乃是古代所谓的民贼。君主不向往大道、对仁没有志趣却谋求使他富有,这是使夏桀富有。他们说'我能为国君邀结盟国,作战必胜',现今所谓的良臣乃是古代所谓的民贼。君主不向往大道、对仁没有志趣却谋求为他的强大去作战,这是辅佐夏桀。沿着现今的途径,不改变现今的风气,即使把整个天下给他,连一天也不能安居。"

译文 白圭说:"我想二十取一来收税,怎么样?"孟子说:"你的办法是貉国的办法。万户居民的国家,一个人制陶器行吗?"白圭说:"不行,陶器不够用。"孟子说:"貉这个国家,不出产庄稼,只有黍子能生长,没有城邑、房屋、宗庙以及祭祀的礼仪,没有诸侯相互致

送礼物和宴请，没有官吏衙署，所以二十取一就够了。现今在中原国家，摒弃人伦，没有君子，这怎么行呢？陶器缺乏尚且不能立国，何况没有君子呢？要减轻尧舜的税率，是大貉小貉；要加重尧舜的税率，是大桀小桀。"

之道者，大貉、小貉也；欲重之于尧、舜之道者，大桀、小桀也。"⑦

朱子集注 ①白圭，名丹，周人也。欲更税法，二十分而取其一分。〇林氏曰："按《史记》：白圭能薄饮食，忍耆欲，与童仆同苦乐。乐观时变，人弃我取，人取我与，以此居积致富。其为此论，盖欲以其术施之国家也。"

②貉，音陌。〇貉，北方夷狄之国名也。

③孟子设喻以诘圭，而圭亦知其不可也。

④夫，音扶。〇北方地寒，不生五谷，黍早熟，故生之。饔飧，以饮食馈客之礼也。

⑤无君臣、祭祀、交际之礼，是去人伦；无百官有司，是无君子。

⑥因其辞以折之。

⑦什一而税，尧、舜之道也。多则桀，寡则貉。今欲轻重之，则是小貉、小桀而已。

译文 白圭说："我治水胜过禹。"孟子说："你错了。禹治水，是使水归于正道，所以禹把四海作为沟壑，如今你却把邻国作为沟壑。水逆流而行叫做洚水，洚水就是洪水，这是仁者所憎恶的，你错了。"

白圭曰："丹之治水也，愈于禹。"① 孟子曰："子过矣。禹之治水，水之道也。② 是故禹以四海为壑。今吾子以邻国为壑。③ 水逆行，谓之洚水。洚水者，洪水也，仁人之所恶也。吾子过矣。"④

朱子集注 ①赵氏曰："当时诸侯有小水，白圭为之筑堤，壅而注之他国。"

②顺水之性也。

③壑，受水处也。

④恶，去声。〇水逆行者，下流壅塞，故水逆流。今乃壅水以害人，则与洪水之灾无异矣。

译文 孟子说："君子不诚信，去把握什么呢？"

孟子曰："君子不亮，恶乎执？"①

①恶,平声。○亮,信也,与谅同。恶乎执,言凡事苟且,无所执持也。

鲁欲使乐正子为政。孟子曰:"吾闻之,喜而不寐。"①公孙丑曰:"乐正子强乎?"曰:"否。""有知虑乎?"曰:"否。""多闻识乎?"曰:"否。"②"然则奚为喜而不寐?"③"其为人也好善。"④"好善足乎?"⑤曰:"好善优于天下,而况鲁国乎?⑥夫苟好善,则四海之内,皆将轻千里而来告之以善。⑦夫苟不好善,则人将曰:'訑訑,予既已知之矣。'訑訑之声音颜色,距人于千里之外。士止于千里之外,则谗谄面谀之人至矣。与谗谄面谀之人居,国欲治,可得乎?"⑧

①喜其道之得行。

②知,去声。○此三者,皆当世之所尚,而乐正子之所短,故丑疑而历问之。

③丑问也。

④好,去声,下同。

⑤丑问也。

⑥优,有余裕也。言虽治天下,尚有余力也。

⑦夫,音扶,下同。○轻,易也。言不以千里为难也。

⑧訑,音移。治,去声。○訑訑,自足其智,不嗜善言之貌。君子小人,迭为消长。直谅多闻之士远,则谗谄面谀之人至,理势然也。○此章言为政,不在于用一己之长,而贵于有以来天下之善。

陈子曰:"古之君子何如则仕?"孟子曰:"所就三,所去三。①迎之致敬以有礼,言将行其言也,则就之;礼貌未衰,言弗行也,则去之。②其次,虽所进言就准备照他所说的去实行，便就职；如果礼仪、态度不差，所说的却不实行了，便离去。其次，虽然没有接纳他的进言，迎请时恭敬有礼，便就职；如果礼仪、态度差了，便离去。最下的，早上没有吃，晚上没有吃，饿得不能走出屋门，国君知道了说：'我作为君长不能实行他的主张，又不能听从他的进言，使他在我的国土上挨饿，我觉得差耻。'要是给予周济也可以接受，不过是免于死亡罢了。"

未行其言也，迎之致敬以有礼，则就之；礼貌衰，则去之。③其下，朝不食，夕不食，饥饿不能出门户。君闻之，曰：'吾大者不能行其道，又不能从其言也，使饥饿于我土地，吾耻之。'周之，亦可受也，免死而已矣。"④

朱子集注 ①其目在下。

②所谓见行可之仕，若孔子于季桓子是也。受女乐而不朝，则去之矣。

③所谓际可之仕，若孔子于卫灵公是也。故与公游于囿，公仰视蜚雁，而后去之。

④所谓公养之仕也。君之于民，固有周之之义，况此又有悔过之言，所以可受。然未至于饥饿不能出门户，则犹不受也。其曰免死而已，则其所受亦有节矣。

译文 孟子说："舜兴起于农田之中，傅说举用于夯土筑墙之中，胶鬲举用于贩卖鱼盐之中，管仲举用于狱中，孙叔敖举用于海滨，百里奚举用于集市。因此，上天将把重任降临给这些人，必定先磨砺他们的心志，劳累他们的筋骨，饥饿他们的肌体，空乏他们的身子，一有行动就阻挠扰乱他们的行为，以此来触动他们的内心、坚韧他们的性格，增加他们所不具备的能力。人们常常有了过错才去改正，内心困穷、思虑阻塞才有所愤发，显现于形貌、流露于谈吐才能领悟。内没有严明的世臣、诤谏的士人，外没有抗衡的国家、外在的忧患，国家常常会灭亡，由此可知，在忧患中生存而在安乐中死亡。"

孟子曰："舜发于畎亩之中，傅说举于版筑之间，胶鬲举于鱼盐之中，管夷吾举于士，孙叔敖举于海，百里奚举于市。①故天将降大任于是人也，必先苦其心志，劳其筋骨，饿其体肤，空乏其身，行拂乱其所为，所以动心忍性，曾益其所不能。②人恒过，然后能改；困于心，衡于虑，而后作；征于色，发于声，而后喻。③入则无法家拂士，出则无敌国外患者，国恒亡。④然后知生于忧患而死于安乐也。"⑤

朱子集注 ①说，音悦。○舜耕历山，三十登庸。说筑傅岩，武丁举之。胶鬲遭乱，鬻贩鱼盐，文王举之。管仲因于士官，威公举以相国。孙叔敖隐处海滨，楚庄王举之为令尹。百里奚事见前篇。

②曾与增同。○降大任，使之任大事也，若舜以下是也。空，穷也。乏，绝也。拂，戾也，言使之所为不遂，多背戾也。

动心忍性,谓竦动其心,坚忍其性也。然所谓性,亦指气禀食色而言耳。〇程子曰:"若要熟,也须从这里过。"

③衡与横同。〇恒,常也。犹言大率也。横,不顺也。作,奋起也。征,验也。喻,晓也。此又言中人之性,常必有过,然后能改。盖不能谨于平日,故必事势穷蹙,以至困于心、横于虑,然后能奋发而兴起;不能烛于几微,故必事理暴著,以至验于人之色,发于人之声,然后能警悟而通晓也。

④拂与弼同。〇此言国亦然也。法家,法度之世臣也。拂士,辅拂之贤士也。

⑤乐,音洛。〇以上文观之,则知人之生全,出于忧患,而死亡由于安乐矣。〇尹氏曰:"言困穷拂郁,能坚人之志,而熟人之仁,以安乐失之者多矣。"

孟子曰:"教亦多术矣。予不屑之教诲也者,是亦教诲之而已矣。"①

朱子集注 ①多术,言非一端。屑,洁也。不以其人为洁而拒绝之,所谓不屑之教诲也。其人若能感此,退自修省,则是亦我教诲之也。〇尹氏曰:"言或抑或扬,或与或不与,各因其才而笃之,无非教也。"

译文 孟子说:"教育也有多种方法,我不屑于去教诲,这也是在教诲啊!"

孟子集注卷第十三

尽心章句上

凡四十六章。

孟子曰:"尽其心者,知其性也。知其性,则知天矣。[1]存其心,养其性,所以事天也。[2]夭寿不贰,修身以俟之,所以立命也。"[3]

译文 孟子说:"竭尽了人的本心就知晓了人的本性,知晓了人的本性就知晓了上天。保持人的本心,养育人的本性,以此来事奉上天。短命长寿都不三心二意,修饬自身来等候上天的安排,以此来安身立命。"

朱子集注 [1]心者,人之神明,所以具众理而应万事者也。性则心之所具之理,而天又理之所从以出者也。人有是心,莫非全体,然不穷理,则有所蔽而无以尽乎此心之量。故能极其心之全体而无不尽者,必其能穷夫理而无不知者也。既知其理,则其所从出,亦不外是矣。以《大学》之序言之,知性则物格之谓,尽心则知至之谓也。

[2]存,谓操而不舍。养,谓顺而不害。事,则奉承而不违也。

[3]夭寿,命之短长也。贰,疑也。不贰者,知天之至,修身以俟死,则事天以终身也。立命,谓全其天之所付,不以人为

害之。○程子曰："心也，性也，天也，一理也。自理而言谓之天，自禀受而言谓之性，自存诸人而言谓之心。"张子曰："由太虚，有天之名；由气化，有道之名；合虚与气，有性之名；合性与知觉，有心之名。"愚谓尽心知性而知天，所以造其理也；存心养性以事天，所以履其事也。不知其理，固不能履其事，然徒造其理而不履其事，则亦无以有诸己矣。知天而不以夭寿贰其心，智之尽也；事天而能修身以俟死，仁之至也。智有不尽，固不知所以为仁，然智而不仁，则亦将流荡不法，而不足以为智矣。

孟子曰："莫非命也，顺受其正。^①是故知命者，不立乎岩墙之下。^②尽其道而死者，正命也。桎梏死者，非正命也。"^③

孟子曰："莫非命也，顺受其正。①是故知命者，不立乎岩墙之下。②尽其道而死者，正命也。桎梏死者，非正命也。"③

朱子集注 ①人物之生，吉凶祸福，皆天所命。然惟莫之致而至者，乃为正命。故君子修身以俟之，所以顺受乎此也。
②命，谓正命。岩墙，墙之将覆者。知正命，则不处危地以取覆压之祸。尽其道，则所值之吉凶，皆莫之致而至者矣。
③桎梏，所以拘罪人者。言犯罪而死，与立岩墙之下者同。皆人所取，非天所为也。○此章与上章盖一时之言，所以发其末句未尽之意。

孟子曰："求则得之，舍则失之，是求有益于得也，求在我者也。①求之有道，得之有命，是求无益于得也，求在外者也。"②

朱子集注 ①舍，上声。○在我者，谓仁义礼智，凡性之所有者。②有道，言不可妄求。有命，则不可必得。在外者，谓富贵利达，凡外物皆是。○赵氏曰："言为仁由己，富贵在天，如不可求，从吾所好。"

译文 孟子说："无一不是命运，顺应它就承受正常的命运，所以知晓命运的人不站在危墙之下。走完了人生道路而死的人是正常的命运，陷身于囹圄而死的人不是正常的命运。"

译文 孟子说："求索就获得，舍弃就失去，这种求索有益于获得，是求索我自身固有的东西；求索虽有途径，获得却有命运，这种求索无益于获得，是求索我自身以外的东西。"

孟子说:"万物都为我所具备。通过自身实践而觉得它们的正确,快乐没有比这更大了。勉力地推己及人去做,求仁没有比这更近的了。"

孟子曰:"万物皆备于我矣。①反身而诚,乐莫大焉。②强恕而行,求仁莫近焉。"③

朱子集注 ①此言理之本然也。大则君臣父子,小则事物细微,其当然之理,无一不具于性分之内也。

②乐,音洛。○诚,实也。言反诸身,而所备之理,皆如恶恶臭、好好色之实然,则其行之不待勉强而无不利矣。其为乐,孰大于是?

③强,上声。○强,勉强也。恕,推己以及人也。反身而诚则仁矣,其有未诚,则是犹有私意之隔,而理未纯也。故当凡事勉强,推己及人,庶几心公理得而仁不远也。○此章言万物之理具于吾身,体之而实,则道在我而乐有余;行之以恕,则私不容而仁可得。

 孟子说:"实行了却不明所以,习惯了却不察究竟,终生遵循却不知它的道理,这种人是多数。"

孟子曰:"行之而不著焉,习矣而不察焉,终身由之而不知其道者,众也。"①

朱子集注 ①著者,知之明。察者,识之精。言方行之而不能明其所当然,既习矣而犹不识其所以然,所以终身由之而不知其道者多也。

 孟子说:"人不可以无耻,对无耻感到羞耻,就没有耻辱了。"

孟子曰:"人不可以无耻。无耻之耻,无耻矣。"①

朱子集注 ①赵氏曰:"人能耻己之无所耻,是能改行从善之人,终身无复有耻辱之累矣。"

译文 孟子说:"羞耻对于人至关重要。玩弄机谋巧诈的

孟子曰:"耻之于人大矣。①为机变之巧者,无所用耻焉。②不耻不若人,何若人有?"③

①耻者，吾所固有羞恶之心也。存之则进于圣贤，失之则入于禽兽，故所系为甚大。

②为机械变诈之巧者，所为之事皆人所深耻，而彼方且自以为得计，故无所用其愧耻之心也。

③但无耻一事不如人，则事事不如人矣。或曰："不耻其不如人，则何能有如人之事？"其义亦通。○或问："人有耻不能之心，如何？"程子曰："耻其不能而为之，可也；耻其不能而掩藏之，不可也。"

人是没有地方用得到羞耻的，不耻于不如他人，怎么会赶上他人呢？"

孟子曰："古之贤王好善而忘势，古之贤士何独不然？乐其道而忘人之势。故王公不致敬尽礼，则不得亟见之。见且由不得亟，而况得而臣之乎？"①

①好，去声。乐，音洛。亟，去吏反。○言君当屈己以下贤，士不枉道而求利，二者势若相反，而实则相成，盖亦各尽其道而已。

译文 孟子说："古时候的贤君喜好善而忘记了权势，古时候的贤士何尝不是如此，乐于自己的大道而忘记了他人的权势，所以王公贵族不恭敬尽礼就不能多次见到他。相见尚且不能多得，何况要以他为臣呢？"

孟子谓宋句践曰："子好游乎？吾语子游。①人知之，亦嚣嚣；人不知，亦嚣嚣。"②曰："何如斯可以嚣嚣矣？"曰："尊德乐义，则可以嚣嚣矣。③故士穷不失义，达不离道。④穷不失义，故士得己焉。达不离道，故民不失望焉。⑤古之人，得志泽加于民，不得志修身见于世。穷则独善其身，达则兼善天下。"⑥

①句，音钩。好、语，皆去声。○宋，姓；句践，名。游，游说也。

②赵氏曰："嚣嚣，自得无欲之貌。"

③乐，音洛。○德，谓所得之善。尊之，则有以自重，而不慕乎人爵之荣。义，谓所守之正。乐之，则有以自安，而不徇

译文 孟子对宋句践说："你喜好游说吗？我对你说说游说。他人了解也安详自得，他人不了解也安详自得。"宋句践说："怎样才能安详自得呢？"孟子说："尊崇德、乐于义就能安详自得，因此，士人穷困不失去义，显达不离开道。穷困不失去义，所以士人自得；显达不离开道，所以民众不失望。古时候的人，得志就把恩惠施加给民众，不得志就修饬自身显现于世间；穷困就独善自身，显达就兼善天下。"

乎外物之诱也。

④离，力智反。○言不以贫贱而移，不以富贵而淫，此尊德乐义见于行事之实也。

⑤得己，言不失己也。民不失望，言人素望其兴道致治，而今果如所望也。

⑥见，音现。○见，谓名实之显著也。此又言士得己、民不失望之实。○此章言内重而外轻，则无往而不善。

译文 孟子说："有待于周文王才奋起的是普通民众，若是豪杰之士，即使没有周文王也会奋起。"

孟子曰："待文王而后兴者，凡民也。若夫豪杰之士，虽无文王犹兴。"①

朱子集注 ①夫，音扶。○兴者，感动奋发之意。凡民，庸常之人也。豪杰，有过人之才知者也。盖降衷秉彝，人所同得，惟上智之资无物欲之蔽，为能无待于教，而自能感发以有为也。

译文 孟子说："把晋国韩、魏世族的家产地位加给一个人，如果他并不自满，那就超过常人很远了。"

孟子曰："附之以韩、魏之家，如其自视欿然，则过人远矣。"①

朱子集注 ①欿，音坎。○附，益也。韩、魏，晋卿富家也。欿然，不自满之意。○尹氏曰："言有过人之识，则不以富贵为事。"

译文 孟子说："为谋求福利而役使民众，他们即使劳累也不会怨恨；为谋求生存而使民众被杀，他们即使死去也不会怨恨使他丧生的人。"

孟子曰："以佚道使民，虽劳不怨；以生道杀民，虽死不怨杀者。"①

朱子集注 ①程子曰："以佚道使民，谓本欲佚之也，播谷、乘屋之类是也。以生道杀民，谓本欲生之也，除害去恶之类是也。盖不得已而为其所当为，则虽咈民之欲而民不怨。其不然者反是。"

孟子曰："霸者之民，骥虞如也；王者之民，皞皞如也。①杀之而不怨，利之而不庸，民日迁善而不知为之者。②夫君子所过者化，所存者神，上下与天地同流，岂曰小补之哉？"③

朱子集注 ①皞，胡老反。○骥虞与欢娱同。皞皞，广大自得之貌。○程子曰："骥虞，有所造为而然，岂能久也？耕田凿井，帝力何有于我？如天之自然，乃王者之政。"○杨氏曰："所以致人骥虞，必有违道干誉之事。若王者，则如天，亦不令人喜，亦不令人怒。"

②此所谓皞皞如也。庸，功也。○丰氏曰："因民之所恶而去之，非有心于杀之也，何怨之有？因民之所利而利之，非有心于利之也，何庸之有？辅其性之自然，使自得之，故民日迁善而不知谁之所为也。"

③夫，音扶。○君子，圣人之通称也。所过者化，身所经历之处，即人无不化，如舜之耕历山而田者逊畔，陶河滨而器不苦窳也。所存者神，心所存主处，便神妙不测，如孔子之立斯立，道斯行，绥斯来，动斯和，莫知其所以然而然也。是其德业之盛，乃与天地之化同运并行，举一世而甄陶之，非如霸者，但小小补塞其罅漏而已。此则王道之所以为大，而学者所当尽心也。

孟子曰："仁言，不如仁声之入人深也。①善政，不如善教之得民也。②善政民畏之，善教民爱之；善政得民财，善教得民心。"③

朱子集注 ①程子曰："仁言，谓以仁厚之言加于民。仁声，谓仁闻，谓有仁之实而为众所称道也。此尤见仁德之昭著，故其感人尤深也。"

②政，谓法度禁令，所以制其外也。教，谓道德齐礼，所以格其心也。

③得民财者，百姓足而君无不足也；得民心者，不遗其亲，不

译文 孟子说："称霸诸侯者的民众欢喜快乐，称王天下者的民众怡然自得，使他们丧生不觉怨恨，加惠于他们不知酬谢，民众日益向善而不知道谁使他们这样的。君子所过之处都受到感化，所存的心思神妙深邃，上与天、下与地协调运行，这难道是小有补益吗？"

译文 孟子说："仁爱的话语不及仁爱的声望深入人心，良善的政措不及良善的教育赢得民众。良善的政措为民众所畏惧，良善的教育为民众所喜爱；良善的政措能赢得民财，良善的教育能赢得民心。"

后其君也。

孟子曰:"人之所不学而能者,其良能也;所不虑而知者,其良知也。①孩提之童,无不知爱其亲者;及其长也,无不知敬其兄也。②亲亲,仁也;敬长,义也。无他,达之天下也。"③

译文 孟子说:"人不经学习所有的能力,是他的良能;不经思虑所有的见识,是他的良知。孩童没有不知道亲爱自己父母的,等到长大没有不知道尊敬自己兄长的。亲爱父母是仁,尊敬兄长是义。这没有其他原因,因为它们是通达天下的。"

朱子集注 ①良者,本然之善也。程子曰:"良知良能,皆无所由,乃出于天,不系于人。"

②长,上声,下同。○孩提,二三岁之间,知孩笑、可提抱者也。爱亲敬长,所谓良知良能者也。

③言亲亲敬长,虽一人之私,然达之天下无不同者,所以为仁义也。

孟子曰:"舜之居深山之中,与木石居,与鹿豕游,其所以异于深山之野人者几希。及其闻一善言,见一善行,若决江河,沛然莫之能御也。"①

译文 孟子说:"舜居住在深山之中时,与树木、石头相处,与鹿儿、野猪来往,跟深山中的草野之人几乎没有什么不同。但当他听说一句善言、看见一件善行,就如同决开了江河,蓬勃地没有力量能阻挡。"

朱子集注 ①行,去声。○居深山,谓耕历山时也。盖圣人之心,至虚至明,浑然之中,万理毕具。一有感触,则其应甚速,而无所不通。非孟子造道之深,不能形容至此也。

孟子曰:"无为其所不为,无欲其所不欲,如此而已矣。"①

译文 孟子说:"不做不该做的,不想望不该想望的,如此而已。"

朱子集注 ①李氏曰:"有所不为不欲,人皆有是心也。至于私意一萌,而不能以礼义制之,则为所不为、欲所不欲者多矣。能反是心,则所谓扩充其羞恶之心者,而义不可胜用矣,故曰如此而已矣。"

孟子曰："人之有德慧术知者，恒存乎疢疾。①独孤臣孽子，其操心也危，其虑患也深，故达。"②

朱子集注 ①知，去声。疢，丑刃反。○德慧者，德之慧。术知者，术之知。疢疾，犹灾患也。言人必有疢疾，则能动心忍性，增益其所不能也。

②孤臣，远臣；孽子，庶子。皆不得于君亲，而常有疢疾者也。达，谓达于事理，即所谓德慧术知也。

孟子曰："有事君人者，事是君则为容悦者也。①有安社稷臣者，以安社稷为悦者也。有天民者，达可行于天下而后行之者也。②有大人者，正己而物正者也。"③

朱子集注 ①阿徇以为容，逢迎以为悦，此鄙夫之事、妾妇之道也。言大臣之计安社稷，如小人之务悦其君，眷眷于此而不忘也。

②民者，无位之称。以其全尽天理，乃天之民，故谓之天民。必其道可行于天下，然后行之。不然，则宁没世而不见知而不悔，不肯小用其道以徇于人也。张子曰："必功覆斯民然后出，如伊、吕之徒。"

③大人，德盛而上下化之，所谓见龙在田，天下文明者。○此章言人品不同，略有四等。容悦佞臣不足言。安社稷则忠矣，然犹一国之士也。天民，则非一国之士矣，然犹有意也。无意无必，惟其所在而物无不化，惟圣者能之。

译文 孟子说："有事奉君主的人，是事奉这个君主就以容色来博取欢心的人；有安定邦国之臣，是以安定邦国来博取欢心的人；有天民，是要显达后能把大道施行于天下时才去实行的人；有大人，是端正了自身而事物随之端正的人。"

孟子曰："君子有三乐，而王天下不与存焉。①父母俱存，兄弟无故，一乐也。②仰不愧于天，俯不怍于人，二乐也。③得天下英才而教育之，三乐也。④君子有三乐，而王天下不与存焉。"⑤

译文 孟子说："君子有三种乐趣，而称王天下不在其内。父母都在世，弟兄无变故，是第一种乐趣；上无愧于天，下不惭于人，是第二种乐趣；得

①乐,音洛。王、与,皆去声,下并同。

②此人所深愿而不可必得者,今既得之,其乐可知。

③程子曰:"人能克己,则仰不愧,俯不怍,心广体胖,其乐可知。有息则馁矣。"

④尽得一世明睿之才,而以所乐乎己者教而养之,则斯道之传得之者众,而天下后世将无不被其泽矣。圣人之心所愿欲者,莫大于此。今既得之,其乐为如何哉!

⑤林氏曰:"此三乐者,一系于天,一系于人。其可以自致者,惟不愧不怍而已,学者可不勉哉?"

译义 孟子说:"广大的土地、众多的民众,是君子所想望的,但乐趣不在于此;中居天下执政,安抚四海之内的民众,君子以此为乐,但本性不在于此。君子的本性,即使显贵通达不因而增益,即使穷困隐居不因而减损,因为本分确定的缘故。君子的本性是仁义礼智,根植于内心,显现于外表则温润和顺。它表现于颜面,充溢于肩背,施行于肢体,肢体的动作不必言说就能使人了解。"

孟子曰:"广土众民,君子欲之,所乐不存焉。①中天下而立,定四海之民,君子乐之,所性不存焉。②君子所性,虽大行不加焉,虽穷居不损焉,分定故也。③君子所性,仁、义、礼、智根于心。其生色也,睟然见于面,盎于背,施于四体。四体不言而喻。"④

①乐,音洛,下同。○地辟民众,泽可远施,故君子欲之,然未足以为乐也。

②其道大行,无一夫不被其泽,故君子乐之,然其所得于天者,则不在是也。

③分,去声。○分者,所得于天之全体,故不以穷达而有异。

④睟,音粹。见,音现。盎,乌浪反。○上言所性之分,与所欲所乐不同,此乃言其蕴也。仁、义、礼、智,性之四德也。根,本也。生,发见也。睟然,清和润泽之貌。盎,丰厚盈溢之意。施于四体,谓见于动作威仪之间也。喻,晓也。四体不言而喻,言四体不待吾言,而自能晓吾意也。盖气禀清明,无物欲之累,则性之四德根本于心。其积之盛,则发而著见于外者,不待言而无不顺也。程子曰:"睟面盎背,皆积盛致然。四体不言而喻,惟有德者能之。"○此章言君子固欲其道之大行,然其所得于天者,则不以是而有所加损也。

孟子曰:"伯夷辟纣,居北海之滨,闻文王作兴,曰:'盍归乎来!吾闻西伯善养老者。'大公辟纣,居东海之滨,闻文王作兴,曰:'盍归乎来!吾闻西伯善养老者。'天下有善养老,则仁人以为己归矣。①五亩之宅,树墙下以桑,匹妇蚕之,则老者足以衣帛矣。五母鸡,二母彘,无失其时,老者足以无失肉矣。百亩之田,匹夫耕之,八口之家足以无饥矣。②所谓西伯善养老者,制其田里,教之树畜,导其妻子,使养其老。五十非帛不暖,七十非肉不饱。不暖不饱,谓之冻馁。文王之民,无冻馁之老者,此之谓也。"③

①辟,去声,下同。大,他盖反。○己归,谓己之所归。余见前篇。

②衣,去声。○此文王之政也。一家养母鸡五、母彘二也。余见前篇。

③田,谓百亩之田。里,谓五亩之宅。树,谓耕桑。畜,谓鸡彘也。赵氏曰:"善养老者,教导之,使可以养其老耳,非家赐而人益之也。"

孟子曰:"易其田畴,薄其税敛,民可使富也。①食之以时,用之以礼,财不可胜用也。②民非水火不生活,昏暮叩人之门户,求水火,无弗与者,至足矣。圣人治天下,使有菽粟如水火。菽粟如水火,而民焉有不仁者乎?"③

①易、敛,皆去声。○易,治也。畴,耕治之田也。

②胜,音升。○教民节俭,则财用足也。

③焉,於虔反。○水火,民之所急,宜其爱之。而反不爱者,多故也。○尹氏曰:"言礼义生于富足,民无常产,则无常心矣。"

译文 孟子说:"伯夷躲避殷纣,居住在北海之滨,听说周文王兴起,感奋地说:'何不去归依啊!我听说西伯善于奉养长者。'姜太公躲避殷纣,居住在东海之滨,听说周文王兴起,感奋地说:'何不去归依啊!我听说西伯善于奉养长者。'天下有善于奉养长者的,那么仁人便以之作为自己的归依了。五亩宅田,在墙下种植桑树,妇女养蚕,那么老年人足以穿上丝绸了。五只母鸡、两头母猪不失时节地畜养,老年人足以不缺少肉食了。百亩耕地,男子去耕种,八口之家足以免于挨饿了。所谓西伯善于奉养长者,就是规定耕地居宅,教给他们种植畜养,引导妻室子女奉养他们的长者,到了五十岁没有丝绸就穿不暖,到了七十岁没有肉食就吃不饱,穿不暖、吃不饱叫做挨冻受饿。周文王的民众中没有挨冻受饿的老人,就是这个意思。"

译文 孟子说:"整治耕地,减轻税收,是能使民众富有的。依照时令饮食,按照礼仪化费,财物是不会用尽的。民众没有水、火无法生存过活,昏夜敲他人家门求觅水、火,没有不给的,因为相当充足。圣人治理天下,要使拥有豆、粟如同水、火那样充足。豆、粟如同水、火那样充足,民众哪有不仁爱的呢?"

孟子曰："孔子登东山而小鲁,登太山而小天下。故观于海者难为水,游于圣人之门者难为言。^①观水有术,必观其澜。日月有明,容光必照焉。^②流水之为物也,不盈科不行;君子之志于道也,不成章不达。"^③

译文 孟子说:"孔子登临东山觉得鲁国渺小,登临泰山觉得天下渺小。所以,看过大海的人难以注意一般的水流,在圣人门下游学的人难以注意一般的言论。观看水有方法,必须观看它的波澜。太阳月亮有光辉,光线能透过就一定照得到。水流这种东西,不流满洼地不再向前;君子所志向的大道,不到一定的程度不能通达。"

朱子集注 ①此言圣人之道大也。东山,盖鲁城东之高山,而太山则又高矣。此言所处益高,则其视下益小;所见既大,则其小者不足观也。难为水,难为言,犹仁不可为众之意。

②此言道之有本也。澜,水之湍急处也。明者,光之体;光者,明之用也。观水之澜,则知其源之有本矣。观日月于容光之隙无不照,则知其明之有本矣。

③言学当以渐,乃能至也。成章,所积者厚,而文章外见也。达者,足于此而通于彼也。○此章言圣人之道大而有本,学之者必以其渐,乃能至也。

孟子曰:"鸡鸣而起,孳孳为善者,舜之徒也。^①鸡鸣而起,孳孳为利者,跖之徒也。^②欲知舜与跖之分,无他,利与善之间也。"^③

译文 孟子说:"鸡叫起身,孜孜行善的人是舜的同类;鸡叫起身,孜孜营利的人是跖的同类。要了解舜和跖的区别,没有别的,只是利与善的不同。"

朱子集注 ①孳孳,勤勉之意。言虽未至于圣人,亦是圣人之徒也。

②跖,盗跖也。

③程子曰:"言间者,谓相去不远,所争毫末耳。善与利,公私而已矣。才出于善,便以利言也。"○杨氏曰:"舜、跖之相去远矣,而其分乃在利善之间而已,是岂可以不谨?然讲之不熟,见之不明,未有不以利为义者,又学者所当深察也。"或问:"鸡鸣而起,若未接物,如何为善?"程子曰:"只主于敬,便是为善。"

孟子曰："杨子取为我，拔一毛而利天下，不为也。①墨子兼爱，摩顶放踵利天下，为之。②子莫执中，执中为近之。执中无权，犹执一也。③所恶执一者，为其贼道也，举一而废百也。"④

朱子集注 ①为我之为，去声。○杨子，名朱。取者，仅足之意。取为我者，仅足于为我而已，不及为人也。列子称其言曰"伯成子高不以一毫利物"是也。

②放，上声。○墨子，名翟。兼爱，无所不爱也。摩顶，摩突其顶也。放，至也。

③子莫，鲁之贤人也。知杨、墨之失中也，故度于二者之间而执其中。近，近道也。权，称锤也，所以称物之轻重而取中也。执中而无权，则胶于一定之中而不知变，是亦执一而已矣。○程子曰："'中'字最难识，须是默识心通。且试言一厅，则中央为中；一家，则厅非中而堂为中；一国，则堂非中而国之中为中，推此类可见矣。"又曰："中不可执也。识得则事事物物皆有自然之中，不待安排，安排著则不中矣。"

④恶、为，皆去声。○贼，害也。为我害仁，兼爱害义，执中者害于时中，皆举一而废百者也。○此章言道之所贵者中，中之所贵者权。杨氏曰："禹、稷三过其门而不入，苟不当其可，则与墨子无异。颜子在陋巷，不改其乐，苟不当其可，则与杨氏无异。子莫执为我、兼爱之中而无权，乡邻有斗而不知闭户，同室有斗而不知救之，是亦犹执一耳，故孟子以为贼道。禹、稷、颜回，易地则皆然，以其有权也。不然，则是亦杨、墨而已矣。"

孟子曰："饥者甘食，渴者甘饮，是未得饮食之正也，饥渴害之也。岂惟口腹有饥渴之害？人心亦皆有害。①人能无以饥渴之害为心害，则不及人不为忧矣。"②

译文 孟子说："杨子主张为我，拔掉一根毛而对天下有利也不去做；墨子主张兼爱，从头到脚都摩掉而对天下有利也去做；子莫取两者之中。取两者之中比较恰当，但取两者之中如果缺乏变通，就和固执不变一样了。之所以嫌恶固执不变，是因为它损害了大道，抓住一点而废弃了其余的缘故。"

译文 孟子说："饥饿的人觉得食物美味，干渴的人觉得饮料美味，这是没有尝到饮料食物的正常滋味，是饥渴妨碍了他们的缘故。难道仅仅嘴巴肠胃受饥渴的妨碍吗？人心也都有妨碍。人们如能不使饥渴之类的妨碍来困扰心志，就不会因为及不上他人而忧虑了。"

 孟子说："柳下惠不因为高官而改易他的节操。"

①口腹为饥渴所害，故于饮食不暇择，而失其正味；人心为贫贱所害，故于富贵不暇择，而失其正理。②人能不以贫贱之故而动其心，则过人远矣。

孟子曰："柳下惠不以三公易其介。"①

①介，有分辨之意。柳下惠进不隐贤，必以其道，遗佚不怨，厄穷不悯，直道事人，至于三黜，是其介也。○此章言柳下惠和而不流，与孔子论夷、齐不念旧恶，意正相类，皆圣贤微显阐幽之意也。

 孟子说："有作为的人好比掘井，井掘得很深却不曾挖到泉水，就如同是一口废井一样。"

孟子曰："有为者辟若掘井，掘井九轫而不及泉，犹为弃井也。"①

①辟，读作譬。轫，音刃，与仞同。○八尺为仞。言凿井虽深，然不及泉而止，犹为自弃其井也。○吕侍讲曰："仁不如尧，孝不如舜，学不如孔子，终未入于圣人之域，终未至于天道，未免为半途而废、自弃前功也。"

孟子说："尧舜是本性使然，商汤、周武王是身体力行，五霸是假借利用。借久了不回归，哪知道他不是真有呢？"

孟子曰："尧、舜，性之也；汤、武，身之也；五霸，假之也。①久假而不归，恶知其非有也？"②

①尧、舜天性浑全，不假修习。汤、武修身体道，以复其性。五霸则假借仁义之名，以求济其贪欲之私耳。②恶，平声。○归，还也。有，实有也。言窃其名以终身，而不自知其非真有。或曰："盖叹世人莫觉其伪者。"亦通。旧说，久假不归，即为真有，则误矣。○尹氏曰："性之者，与道一也；身之者，履之也，及其成功，则一也；五霸则假之而已，是以功烈如彼其卑也。"

公孙丑曰：“伊尹曰：‘予不狎于不顺。’放太甲于桐，民大悦。太甲贤，又反之，民大悦。^①贤者之为人臣也，其君不贤，则固可放与？”^②孟子曰：“有伊尹之志，则可；无伊尹之志，则篡也。”^③

①予不狎于不顺，《商书·太甲》篇文。狎，习见也。不顺，言太甲所为不顺义理也。余见前篇。

②与，平声。

③伊尹之志，公天下以为心而无一毫之私者也。

译文 公孙丑说：“伊尹说：‘我不亲近不正派的人。’他把太甲放逐到桐邑，民众非常喜悦。太甲贤明了，又把他接回来，民众非常喜悦。贤者做了臣属，他的君主不贤明，一定可以放逐吗？”孟子说：“有伊尹的心志就可以，没有伊尹的心志就是篡位了。”

公孙丑曰：“《诗》曰‘不素餐兮’，君子之不耕而食，何也？”孟子曰：“君子居是国也，其君用之，则安富尊荣；其子弟从之，则孝弟忠信。‘不素餐兮’，孰大于是？”^①

朱子集注 ①餐，七丹反。〇《诗》，《魏国风·伐檀》之篇。素，空也。无功而食禄，谓之素餐。此与告陈相、彭更之意同。

译文 公孙丑说：“《诗》说：‘不白吃饭啊。’君子不耕种却能得食，为什么呢？”孟子说：“君子居住在这个国家，它的国君任用他，就安定富有、尊贵荣耀；少年子弟信从他，就孝顺友爱、忠诚守信。‘不白吃饭啊’，还有比这更重大的吗？”

王子垫问曰：“士何事？”^①孟子曰：“尚志。”^②曰：“何谓尚志？”曰：“仁义而已矣。杀一无罪，非仁也；非其有而取之，非义也。居恶在？仁是也；路恶在？义是也。居仁由义，大人之事备矣。”^③

朱子集注 ①垫，丁念反。〇垫，齐王之子也。上则公、卿、大夫，下则农、工、商、贾，皆有所事，而士居其间，独无所事，故王子问之也。

②尚，高尚也。志者，心之所之也。士既未得行公、卿、大夫之道，又不当为农、工、商、贾之业，则高尚其志而已。

③恶，平声。〇非仁非义之事，虽小不为。而所居所由，无不在于仁义，此士所以尚其志也。大人，谓公、卿、大夫。言

译文 王子垫问道：“士人从事什么？”孟子说：“使心志高尚。”王子垫说：“什么叫使心志高尚呢？”孟子说：“不过是仁义罢了。杀死一个无罪的人，不合乎仁；不是自己所有而去攫取，不合乎义。居处在哪里？就在于仁；路途在哪里？就在于义。居于仁而遵循义，君子的事务就齐备了。”

士虽未得大人之位,而其志如此,则大人之事体用已全。若小人之事,则固非所当为也。

译文 孟子说:"陈仲子这个人,不合乎道义地把齐国给予他是不会接受的,人们都相信这一点,这是舍弃一筐饭食、一碗羹汤的义。人没有比亡失亲属、君臣、尊卑更重大的事了,因为他的小节而相信他的大节,怎么行呢?"

孟子曰:"仲子,不义与之齐国而弗受,人皆信之,是舍箪食豆羹之义也。人莫大焉亡亲戚、君臣、上下。以其小者信其大者,奚可哉?"①

朱子集注 ①舍,音捨。食,音嗣。○仲子,陈仲子也。言仲子设若非义而与之齐国,必不肯受。齐人皆信其贤,然此但小廉耳。其辟兄离母,不食君禄,无人道之大伦,罪莫大焉。岂可以小廉信其大节,而遂以为贤哉?

译文 桃应问道:"舜当天子,皋陶当法官,舜的父亲瞽瞍杀了人,那怎么办呢?"孟子说:"抓起来就是了。"桃应说:"那么舜不阻止吗?"孟子说:"舜怎么能阻止呢?皋陶是承受了职责的。"桃应说:"那么舜怎么办呢?"孟子说:"舜把抛弃王位看得如同抛弃坏鞋子一样,私下背负着父亲离去,沿着海边住下,一辈子欣欣然快乐得忘记了天下。"

桃应问曰:"舜为天子,皋陶为士,瞽瞍杀人,则如之何?"①孟子曰:"执之而已矣。"②"然则舜不禁与?"③曰:"夫舜恶得而禁之?夫有所受之也。"④"然则舜如之何?"⑤曰:"舜视弃天下,犹弃敝蹝也。窃负而逃,遵海滨而处,终身䜣然,乐而忘天下。"⑥

朱子集注 ①桃应,孟子弟子也。其意以为舜虽爱父,而不可以私害公;皋陶虽执法,而不可以刑天子之父。故设此问,以观圣贤用心之所极,非以为真有此事也。
②言皋陶之心,知有法而已,不知有天子之父也。
③与,平声。○桃应问也。
④夫,音扶。恶,平声。○言皋陶之法,有所传受,非所敢私,虽天子之命亦不得而废之也。
⑤桃应问也。
⑥蹝,音徙。䜣与欣同。乐,音洛。○蹝,草履也。遵,循也。言舜之心,知有父而已,不知有天下也。孟子尝言,舜视天下犹草芥,而惟顺于父母可以解忧,与此意互相发。○此章言为士者,但知有法,而不知天子父之为尊;为子者,但

知有父,而不知天下之为大。盖其所以为心者,莫非天理之极、人伦之至。学者察此而有得焉,则不待较计论量,而天下无难处之事矣。

孟子自范之齐,望见齐王之子,喟然叹曰:"居移气,养移体,大哉居乎! 夫非尽人之子与?"① 孟子曰:②"王子宫室、车马、衣服多与人同,而王子若彼者,其居使之然也,况居天下之广居者乎?"③ 鲁君之宋,呼于垤泽之门。守者曰:'此非吾君也,何其声之似我君也?'此无他,居相似也。'④

①夫,音扶。与,平声。○范,齐邑。居,谓所处之位。养,奉养也。言人之居处,所系甚大,王子亦人子耳,特以所居不同,故所养不同,而其气体有异也。
②张、邹皆云:"羡文也。"
③广居,见前篇。尹氏曰:"睟然见于面,盎于背,居天下之广居者然也。"
④呼,去声。○垤泽,宋城门名也。孟子又引此事为证。

孟子曰:"食而弗爱,豕交之也;爱而不敬,兽畜之也。①恭敬者,币之未将者也。②恭敬而无实,君子不可虚拘。"③

①食,音嗣。畜,许六反。○交,接也。畜,养也。兽,谓犬马之属。
②将,犹奉也。《诗》曰:'承筐是将。'程子曰:"恭敬虽因威仪币帛而后发见,然币之未将时,已有此恭敬之心,非因币帛而后有也。"
③此言当时诸侯之待贤者,特以币帛为恭敬,而无其实也。拘,留也。

译文 孟子从范邑到齐都,远远地看见了齐王的儿子,喟然长叹道:"居处改变气度,奉养改变体质,居处是多么重要啊! 他不同样是人之子吗?"孟子说:"王子的住宅、车马、衣服大多与他人相同,然而王子所以像那样,是他的居处造成的,何况居住在普天之下最广大居所中的人呢? 鲁国的国君来到宋国,在垤泽门下呼喊,守门人说:'这不是我的国君,为什么他的声音像我的国君呢?'这没有别的原因,是居处相似的缘故。"

译文 孟子说:"养活而不爱护,是像猪那样来对待;爱护而不尊敬,是像禽兽那样来畜养。恭敬是礼物尚未致送就具备的,恭敬却没有实质,君子不可虚留。"

译文 孟子说:"身体容貌是天生的,只有圣人才能通过它们体现天性。"

孟子曰:"形色,天性也。惟圣人,然后可以践形。"①

朱子集注 ①人之有形有色,无不各有自然之理,所谓天性也。践,如践言之践。盖众人有是形,而不能尽其理,故无以践其形。惟圣人有是形,而又能尽其理,然后可以践其形而无歉也。○程子曰:"此言圣人尽得人道而能充其形也。盖人得天地之正气而生,与万物不同。既为人,须尽得人理,然后称其名。众人有之而不知,贤人践之而未尽,能充其形,惟圣人也。"杨氏曰:"天生烝民,有物有则。物者,形色也。则者,性也。各尽其则,则可以践形矣。"

译文 齐宣王想要缩短服丧时间。公孙丑说:"服丧一年还比不服丧强吗?"孟子说:"这好比有人在扭折他兄长的胳膊,你叫他姑且慢慢地扭,也是在教导他孝顺敬爱罢了。"有位王子死了生母,他的师傅替他请求服丧几个月的丧。公孙丑说:"像这样的事怎么样呢?"孟子说:"这是王子想服完丧而做不到。即使多服一天丧也比不服丧强,是针对没有什么禁止却不守丧的人而言的。"

齐宣王欲短丧。公孙丑曰:"为期之丧,犹愈于已乎?"①孟子曰:"是犹或紾其兄之臂,子谓之姑徐徐云尔,亦教之孝弟而已矣。"②王子有其母死者,其傅为之请数月之丧。公孙丑曰:"若此者,何如也?"③曰:"是欲终之而不可得也,虽加一日愈于已。谓夫莫之禁而弗为者也。"④

朱子集注 ①已,犹止也。

②紾,之忍反。○紾,戾也。教之以孝弟之道,则彼当自知兄之不可戾,而丧之不可短矣。孔子曰:"子生三年,然后免于父母之怀,予也有三年之爱于其父母乎?"所谓教之以孝弟者如此。盖示之以至情之不能已者,非强之也。

③为,去声。○陈氏曰:"王子所生之母死,厌于嫡母而不敢终丧。其傅为请于王,欲使得行数月之丧也。时又适有此事,丑问如此者,是非何如?"按《仪礼》:"公子为其母练冠、麻衣、縓缘,既葬除之。"疑当时此礼已废,或既葬而未忍即除,故请之也。

④夫,音扶。○言王子欲终丧而不可得,其傅为请,虽止得加一日,犹胜不加。我前所讥,乃谓夫莫之禁而自不为者

耳。○此章言三年通丧,天经地义,不容私意有所短长。示之至情,则不肖者有以企而及之矣。

孟子曰:"君子之所以教者五:[1]有如时雨化之者,[2]有成德者,有达财者,[3]有答问者,有私淑艾者。[4]此五者,君子之所以教也。"[5]

译义 孟子说:"君子用以教育的方式有五种:有像及时雨那样教育的,有成全德行的,有通达才能的,有解答疑问的,有以自身的善行来让他人学习的。这五种就是君子用以教育的方式。"

朱子集注 [1]下文五者,盖因人品高下,或相去远近先后之不同。

[2]时雨,及时之雨也。草木之生,播种封殖,人力已至而未能自化,所少者,雨露之滋耳。及此时而雨之,则其化速矣。教人之妙,亦由是也,若孔子之于颜、曾是已。

[3]财,与材同。此各因其所长而教之者也。成德,如孔子之于冉、闵;达财,如孔子之于由、赐。就所问而答之,若孔、孟之于樊迟、万章也。

[4]艾,音义。○私,窃也。淑,善也。艾,治也。人或不能及门受业,但闻君子之道于人,而窃以善治其身,是亦君子教诲之所及,若孔、孟之于陈亢、夷之是也。孟子亦曰:"予未得为孔子徒也,予私淑诸人也。"

[5]圣贤施教,各因其材,小以成小,大以成大,无弃人也。

公孙丑曰:"道则高矣,美矣,宜若登天然,似不可及也。何不使彼为可几及而日孳孳也?"[1]孟子曰:"大匠不为拙工改废绳墨,羿不为拙射变其彀率。[2]君子引而不发,跃如也。中道而立,能者从之。"[3]

译义 公孙丑说:"道是崇高的、完美的,几乎像登天一样,似乎不可企及,为什么不使它成为能够攀及而让人每天孜孜地去努力呢?"孟子说:"大匠不因为拙劣的徒工更改或废弃成规,羿不因为拙劣的射手改变开弓的标准。君子拉开弓却不发射,让箭在弦上跃动欲出,在道路中央站立,有能力的就跟随。"

朱子集注 [1]几,音机。

[2]为,去声。彀,古候反。率,音律。○彀率,弯弓之限也。言教人者,皆有不可易之法,不容自贬以徇学者之不能也。

③引，引弓也。发，发矢也。跃如，如踊跃而出也。因上文毂率而言君子教人，但授以学之之法，而不告以得之之妙，如射者之引弓而不发矢，然其所不告者，已如踊跃而见于前矣。中者，无过不及之谓。中道而立，言其非难非易。能者从之，言学者当自勉也。○此章言道有定体，教有成法；卑不可抗，高不可贬；语不能显，默不能藏。

 孟子说："天下清明，以道与自身相始终；天下黑暗，以自身与道相始终，从未听说过以道来迁就世人的。"

孟子曰："天下有道，以道殉身；天下无道，以身殉道。① 未闻以道殉乎人者也。"②

 ①殉，如殉葬之殉，以死随物之名也。身出则道在必行，道屈则身在必退，以死相从而不离也。

②以道从人，妾妇之道。

 公都子说："滕更在门下时，似属礼待之列，可您不回答他的询问，为什么呢？"孟子说："倚仗显贵而询问，倚仗能干而询问，倚仗年长而询问，倚仗有功劳而询问，倚仗老交情而询问，都是我所不回答的。其中，滕更就占了两条。"

公都子曰："滕更之在门也，若在所礼。而不答，何也？"① 孟子曰："挟贵而问，挟贤而问，挟长而问，挟有勋劳而问，挟故而问，皆所不答也。滕更有二焉。"②

 ①更，平声。○赵氏曰："滕更，滕君之弟，来学者也。

②长，上声。○赵氏曰："二，谓挟贵、挟贤也。"尹氏曰："有所挟，则受道之心不专，所以不答也。"○此言君子虽诲人不倦，又恶夫意之不诚者。

 孟子说："把不可抛弃的东西抛弃了，就没有什么东西不抛弃了；该厚待的却薄待，就没有什么不薄待了，前进猛烈的人后退也快。"

孟子曰："于不可已而已者，无所不已；于所厚者薄，无所不薄也。① 其进锐者，其退速。"②

 ①已，止也。不可止，谓所不得不为者也。所厚，所当厚者也。此言不及者之弊。

②进锐者,用心太过,其气易衰,故退速。○三者之弊,理势必然。虽过不及之不同,然卒同归于废弛。

孟子曰:"君子之于物也,爱之而弗仁;于民也,仁之而弗亲。亲亲而仁民,仁民而爱物。"①

朱子集注 ①物,谓禽兽草木。爱,谓取之有时,用之有节。○程子曰:"仁,推己及人,如老吾老,以及人之老,于民则可,于物则不可。统而言之则皆仁,分而言之则有序。"杨氏曰:"其分不同,故所施不能无差等,所谓理一而分殊者也。"尹氏曰:"何以有是差等? 一本故也,无伪也。"

译文 孟子说:"君子对于万物,爱惜却不仁爱;对于民众,仁爱却不亲近。由亲近亲人而仁爱民众,由仁爱民众而爱惜万物。"

孟子曰:"知者无不知也,当务之为急;仁者无不爱也,急亲贤之为务。尧、舜之知而不遍物,急先务也;尧、舜之仁不遍爱人,急亲贤也。①不能三年之丧,而缌小功之察;放饭流歠,而问无齿决,是之谓不知务。"②

朱子集注 ①知者之知,并去声。○知者固无不知,然常以所当务者为急,则事无不治,而其为知也大矣;仁者固无不爱,然常急于亲贤,则恩无不洽,而其为仁也博矣。
②饭,扶晚反。歠,昌悦反。○三年之丧,服之重者也。缌麻,三月;小功,五月,服之轻者也。察,致详也。放饭,大饭。流歠,长歠,不敬之大者也。齿决,啮断干肉,不敬之小者也。问,讲求之意。○此章言君子之于道,识其全体,则心不狭;知所先后,则事有序。○丰氏曰:"智不急于先务,虽遍知人之所知、遍能人之所能,徒弊精神,而无益于天下之治矣。仁不急于亲贤,虽有仁民爱物之心,小人在位,无由下达,聪明日蔽于上,而恶政日加于下,此孟子所谓不知务也。"

译文 孟子说:"智者无所不知,把当前的要务作为急切;仁者无所不爱,把急于亲近贤者作为要务。尧舜那样的知而不遍知一切,是急于首要的事务;尧舜那样的仁而不遍爱世人,是急于亲近贤者。不能服丧三年却去讲求缌麻、小功,放回剩饭、进食狼吞虎咽却去细究不用牙咬断干肉,这就叫不识大体。"

孟子集注卷第十四

尽心章句下

凡三十八章。

孟子曰:"不仁哉,梁惠王也! 仁者以其所爱及其所不爱,不仁者以其所不爱及其所爱。"① 公孙丑曰:"何谓也?""梁惠王以土地之故,糜烂其民而战之,大败;将复之,恐不能胜,故驱其所爱子弟以殉之,是之谓以其所不爱及其所爱也。"②

朱子集注 ①亲亲而仁民,仁民而爱物,所谓以其所爱及其所不爱也。

②梁惠王以下,孟子答辞也。糜烂其民,使之战斗,糜烂其血肉也。复之,复战也。子弟,谓太子申也。以土地之故及其民,以民之故及其子,皆以其所不爱及其所爱也。○此承前篇之末三章之意,言仁人之恩,自内及外;不仁之祸,由疏逮亲。

译文 孟子说:"梁惠王真是不仁啊! 仁者把他所喜爱的推及于所不喜爱的,不仁者把他所不喜爱的推及于所喜爱的。"公孙丑问道:"这是指什么呢?"孟子说:"梁惠王为了土地的缘故,不惜民众的血肉之躯去作战,大败,将要再战,恐怕不能取胜,所以驱使他所喜爱的子弟去献身,这就叫做把他所不喜爱的推及于所喜爱的。"

孟子曰："春秋无义战。彼善于此,则有之矣。^①征者,上伐下也,敌国不相征也。"^②

朱子集注 ①《春秋》每书诸侯战伐之事,必加讥贬,以著其擅兴之罪,无有以为合于义而许之者。但就中彼善于此者则有之,如召陵之师之类是也。
②征,所以正人也。诸侯有罪,则天子讨而正之,此春秋所以无义战也。

译文 孟子说:"《春秋》中没有合乎义的交战,那一方比这一方好一点则是有的。所谓征,是在上者讨伐在下者,对等的国家不相互征伐。"

孟子曰："尽信《书》,则不如无《书》。^①吾于《武成》,取二三策而已矣。^②仁人无敌于天下。以至仁伐至不仁,而何其血之流杵也?"^③

朱子集注 ①程子曰:"载事之辞,容有重称而过其实者,学者当识其义而已。苟执于辞,则时或有害于义,不如无《书》之愈也。"
②《武成》,《周书》篇名,武王伐纣归而记事之书也。策,竹简也。取其二三策之言,其余不可尽信。程子曰:"取其奉天伐暴之意,反政施仁之法而已。"
③杵,舂杵也。或作卤,楯也。《武成》言武王伐纣,纣之"前徒倒戈,攻于后以北,血流漂杵。"孟子言此则其不可信者。然《书》本意,乃谓商人自相杀,非谓武王杀之也。孟子之设是言,惧后世之惑,且长不仁之心耳。

译文 孟子说:"完全相信《书》不如没有《书》。我对于《武成》篇,不过取两三片竹简罢了。仁者无敌于天下,凭藉极端的仁来讨伐极端的不仁,怎么会血流得把武器都漂起来呢?"

孟子曰："有人曰:'我善为陈,我善为战。'大罪也。^①国君好仁,天下无敌焉。^②南面而征,北狄怨;东面而征,西夷怨。曰:'奚为后我?'^③武王之伐殷也,革车三百两,虎贲三千人。^④王曰:'无畏!宁尔也,非敌百姓也。'若崩厥角稽首。^⑤征之为言正也,各欲正己也,焉用战?"^⑥

译文 孟子说:"有人说'我善于布设战阵,我善于指挥作战',这是大罪恶。国君喜好仁,就天下无敌。南向征讨,北方的狄人便埋怨;东向征讨,西方的夷人便埋怨,说:'为什么丢下我们啊!'周武王讨伐殷商,兵车三百辆、勇士三千人,武王说:'不要害怕!我是来安定你们,不是与百姓为敌。'民众们如同山崩似地叩头。征是正的意思,各人都想望端正自身,哪用得到作战呢?"

①陈,去声。○制行伍曰陈,交兵曰战。

②好,去声。

③此引汤之事以明之,解见前篇。

④两,去声。贲,音奔。○又以武王之事明之也。两,车数,一车两轮也。千,《书序》作百。

⑤《书·泰誓》文与此小异。孟子之意当云:王谓商人曰:"无畏我也。我来伐纣,本为安宁汝,非敌商之百姓也。"于是,商人稽首至地,如角之崩也。

⑥焉,於虔反。○民为暴君所虐,皆欲仁者来正己之国也。

译文 孟子说:"制作车轮、车箱的木匠能把方法传授给他人,却不能使他人技艺巧妙。"

孟子曰:"梓匠轮舆能与人规矩,不能使人巧。"①

①尹氏曰:"规矩,法度可告者也。巧则在其人,虽大匠亦末如之何也已。盖下学可以言传,上达必由心悟,庄周所论斫轮之意盖如此。"

译文 孟子说:"舜在啃干粮、吞野菜时,似乎将要终身如此;到他做了天子,穿着珍贵的衣服,弹着琴,尧的两个女儿侍候,好像本来就拥有这些似的。"

孟子曰:"舜之饭糗茹草也,若将终身焉。及其为天子也,被袗衣,鼓琴,二女果,若固有之。"①

①饭,上声。糗,去久反。茹,音汝。袗,之忍反。果,《说文》作婐,乌果反。○饭,食也。糗,干糒也。茹,亦食也。袗,画衣也。二女,尧二女也。果,女侍也。言圣人之心,不以贫贱而有慕于外,不以富贵而有动于中,随遇而安,无预于己,所性分定故也。

译文 孟子说:"我从今以后才知道杀害他人亲人的严重:杀了别人的父亲,别人也会杀他的父亲;杀了别人的兄长,

孟子曰:"吾今而后知杀人亲之重也:杀人之父,人亦杀其父;杀人之兄,人亦杀其兄。然则非自杀之也,一间耳。"①

①间,去声。○言吾今然后知者,必有所为而感发也。一间者,我往彼来,间一人耳,其实与自害其亲无异也。○范氏曰:"知此则爱敬人之亲,人亦爱敬其亲矣。"

别人也会杀他的兄长。如此,虽不是自己杀了父兄,也只是相去一间罢了。"

孟子曰:"古之为关也,将以御暴。①今之为关也,将以为暴。"②

译文 孟子说:"古时候设立关卡是要借以抵御强暴,现今设立关卡是要借以实施强暴。"

①讥察非常。
②征税出入。○范氏曰:"古之耕者什一,后世或收太半之税,此以赋敛为暴也。文王之囿,与民同之;齐宣王之囿,为阱国中,此以园囿为暴也。后世为暴,不止于关。若使孟子用于诸侯,必行文王之政,凡此之类,皆不终日而改也。"

孟子曰:"身不行道,不行于妻子;使人不以道,不能行于妻子。"①

译文 孟子说:"自身不践行大道,对妻室、子女都推行不了;不依大道来使唤他人,连妻室、子女都不能差遣。"

①身不行道者,以行言之。不行者,道不行也。使人不以道者,以事言之。不能行者,令不行也。

孟子曰:"周于利者,凶年不能杀;周于德者,邪世不能乱。"①

译文 孟子说:"财富充足的人,荒年不能使之窘困;德行敦厚的人,乱世不能使之迷惑。"

①周,足也,言积之厚则用有余。

孟子曰:"好名之人,能让千乘之国;苟非其人,箪食豆羹见于色。"①

译文 孟子说:"喜好名声的人能够谦让千辆兵车的国家,

如果不是这种人，一筐饭食、一碗羹汤都会在神色上有所流露。"

子集注 ①好、乘、食，皆去声。见，音现。〇好名之人，矫情干誉，是以能逊千乘之国。然若本非能轻富贵之人，则于得失之小者，反不觉其真情之发见矣。盖观人不于其所勉，而于其所忽，然后可以见其所安之实也。

译文 孟子说："不相信仁、贤，国家就空虚；没有礼、义，上下关系就混乱；没有人施政办事，财物就不够使用。"

孟子曰："不信仁贤，则国空虚。①无礼义，则上下乱。②无政事，则财用不足。"③

朱子集注 ①空虚，言若无人然。

②礼义，所以辨上下，定民志。

③生之无道，取之无度，用之无节故也。〇尹氏曰："三者以仁贤为本。无仁贤，则礼义政事，处之皆不以其道矣。"

译文 孟子说："不仁而获得国家是有的，不仁而获得天下的从未有过。"

孟子曰："不仁而得国者，有之矣；不仁而得天下，未之有也。"①

朱子集注 ①言不仁之人，骋其私智，可以盗千乘之国，而不可以得丘民之心。〇邹氏曰："自秦以来，不仁而得天下者有矣，然皆一再传而失之，犹不得也。所谓得天下者，必如三代而后可。"

译文 孟子说："民众最重要，其次是土地神和谷神，国君最轻。因此，赢得了万民才能成为天子，赢得了天子就成为诸侯，赢得了诸侯就成为大夫。诸侯危及土地神和谷神，就另外改立；牺牲已经肥壮了，祭品已经洁净了，祭祀也不失时令，但仍有水旱灾害，就改立土地神和谷神。"

孟子曰："民为贵，社稷次之，君为轻。①是故得乎丘民而为天子，得乎天子为诸侯，得乎诸侯为大夫。②诸侯危社稷，则变置。③牺牲既成，粢盛既洁，祭祀以时，然而旱干水溢，则变置社稷。④

朱子集注 ①社，土神。稷，谷神。建国则立坛壝以祀之。盖国以民为本，社稷亦为民而立，而君之尊，又系于二者之存亡，故其轻重如此。

②丘民，田野之民，至微贱也。然得其心，则天下归之。天

子,至尊贵也,而得其心者,不过为诸侯耳。是民为重也。

③诸侯无道,将使社稷为人所灭,则当更立贤君,是君轻于社稷也。

④盛,音成。○祭祀不失礼,而土谷之神不能为民御灾捍患,则毁其坛墙而更置之,亦年不顺成、八蜡不通之意。是社稷虽重于君而轻于民也。

孟子曰:"圣人,百世之师也,伯夷、柳下惠是也。故闻伯夷之风者,顽夫廉,懦夫有立志;闻柳下惠之风者,薄夫敦,鄙夫宽,奋乎百世之上。百世之下,闻者莫不兴起也。非圣人而能若是乎?而况于亲炙之者乎?"①

①兴起,感动奋发也。亲炙,亲近而熏炙之也。余见前篇。

译文 孟子说:"圣人能为百世所效法,伯夷、柳下惠就是如此。所以,听说伯夷之风范的,贪鄙者廉洁,懦弱者有自立的志向;听说柳下惠之风范的,刻薄者敦厚,鄙吝者宽容。在百世以前奋发,百世以后听说的人没有不感动振作的,不是圣人能如此吗?更何况亲身受到熏陶的人呢?"

孟子曰:"仁也者,人也。合而言之,道也。"①

①仁者,人之所以为人之理也。然仁,理也;人,物也。以仁之理,合于人之身而言之,乃所谓道者也。○程子曰:"《中庸》所谓率性之谓道是也。"○或曰:"外国本'人也'之下,有'义也者宜也,礼也者履也,智也者知也,信也者实也'凡二十字。"今按:如此,则理极分明,然未详其是否也。

译文 孟子说:"仁就是人,合起来讲就是道。"

孟子曰:"孔子之去鲁,曰:'迟迟吾行也。'去父母国之道也。去齐,接淅而行,去他国之道也。"①

朱子集注 ①重出。

译文 孟子说:"孔子离开鲁国,说:'慢慢地走我的路!'这是离开祖国的态度;离开齐国时,捞起下锅的米漉着水上路,这是离开别国的态度。"

四书章句集注

孟子曰:"君子之戹于陈、蔡之间,无上下之交也。"①

 孟子说:"君子在陈国、蔡国间遭到困厄,与这些国家的君臣毫无交往。"

朱子集注 ①君子,孔子也。戹与厄同,君臣皆恶,无所与交也。

貉稽曰:"稽大不理于口。"①孟子曰:"无伤也。士憎兹多口。②《诗》云:'忧心悄悄,愠于群小。'孔子也。'肆不殄厥愠,亦不陨厥问。'文王也。"③

 貉稽说:"我的口碑很不好。"孟子说:"没有关系,士人憎恶多嘴多舌。《诗》说'愁思重重压在心,群小当我眼中钉',这是孔子;《诗》说'别人的怨恨虽未消,自己的声誉并不倒',这是周文王。"

朱子集注 ①貉,音陌。○赵氏曰:"貉,姓;稽,名。为众口所讪。"理,赖也。今按《汉书》无俚,《方言》亦训赖。
②赵氏曰:"为士者,益多为众口所讪。"按:此则憎当从土,今本皆从心,盖传写之误。
③《诗》,《邶风·柏舟》及《大雅·绵》之篇也。悄悄,忧貌。愠,怒也。本言卫之仁人见怒于群小。孟子以为孔子之事,可以当之。肆,发语辞。陨,坠也。问,声问也。本言太王事昆夷,虽不能殄绝其愠怒,亦不自坠其声问之美。孟子以为文王之事,可以当之。○尹氏曰:"言人顾自处如何,尽其在我者而已。"

孟子曰:"贤者以其昭昭,使人昭昭;今以其昏昏,使人昭昭。"①

 孟子说:"贤者以自己的清楚明白,使他人清楚明白;如今却以自己的模模糊糊,使他人清楚明白。"

朱子集注 ①昭昭,明也。昏昏,暗也。○尹氏曰:"《大学》之道,在自昭明德,而施于天下国家,其有不顺者寡矣。"

孟子谓高子曰:"山径之蹊间,介然用之而成路。为间不用,则茅塞之矣。今茅塞子之心

 孟子对高子说:"山上的小道很窄,一直去使用它就

矣。"①

四书
章句集注

朱子集注 ①介,音戛。〇径,小路也。蹊,人行处也。介然,倏然之顷也。用,由也。路,大路也。为间,少顷也。茅塞,茅草生而塞之也。言理义之心,不可少有间断也。

译文 成为路,隔些时候不用就会被茅草堵塞。现在茅草堵塞了你的心。"

高子曰:"禹之声,尚文王之声。"①孟子曰:"何以言之?"曰:"以追蠡。"②曰:"是奚足哉? 城门之轨,两马之力与?"③

译文 高子说:"夏禹的雅乐胜过周文王的雅乐。"孟子说:"为什么这样说呢?"高子说:"因为钟钮快磨断了。"孟子说:"这怎么足以说明呢? 城门内的车辙痕难道是一辆马车的力量所造成的吗?"

朱子集注 ①尚,加尚也。〇丰氏曰:"言禹之乐,过于文王之乐。"

②追,音堆。蠡,音礼。〇丰氏曰:"追,钟纽也。《周礼》所谓旋虫是也。蠡者,啮木虫也。言禹时钟在者,钟纽如虫啮而欲绝,盖用之者多,而文王之钟不然,是以知禹之乐过于文王之乐也。"

③与,平声。〇丰氏曰:"奚足,言此何足以知之也。轨,车辙迹也。两马,一车所驾也。城中之途容九轨,车可散行,故其辙迹浅。城门惟容一车,车皆由之,故其辙迹深。盖日久车多所致,非一车两马之力能使之然也。言禹在文王前千余年,故钟久而纽绝;文王之钟,则未久而纽全,不可以此而议优劣也。"〇此章文义本不可晓,旧说相承如此,而丰氏差明白,故今存之,亦未知其是否也。

齐饥。陈臻曰:"国人皆以夫子将复为发棠,殆不可复。"①孟子曰:"是为冯妇也。晋人有冯妇者,善搏虎,卒为善士。则之野,有众逐虎,虎负嵎,莫之敢撄。望见冯妇,趋而迎之。冯妇攘臂下车。众皆悦之,其为士者笑之。"②

译文 齐国饥荒,陈臻说:"国人都认为夫子将要再次请求打开棠地的仓库救灾,大概不能再去请求了。"孟子说:"这样就成为冯妇了。晋国有个叫冯妇的人,善于制服老虎,后来成为行善之人。一次去野外，有许多人在追逐老虎，老虎背依山险，没有人敢逼近。人们望见冯妇，就跑过去迎接。冯妇捋袖伸臂走下车来，众人都很喜悦，可他却为士人所讥笑。"

朱子集注 ①复，扶又反。○先时齐国尝饥，孟子劝王发棠邑之仓，以振贫穷。至此又饥，陈臻问言齐人望孟子复劝王发棠，而又自言恐其不可也。

②手执曰搏。卒为善士，后能改行为善也。之，适也。负，依也。山曲曰嶲。撄，触也。笑之，笑其不知止也。疑此时齐王已不能用孟子，而孟子亦将去矣，故其言如此。

译文 孟子说："口对于滋味，眼对于容貌，耳对于声音，鼻对于气味，肢体对于安乐舒服，是性，但有命，所以君子不称它们为性。仁对于父子，义对于君臣，礼对于宾主，智对于贤者，圣人对于天道，是命，但有性，所以君子不称它们为命。"

孟子曰："口之于味也，目之于色也，耳之于声也，鼻之于臭也，四肢之于安佚也，性也。有命焉，君子不谓性也。①仁之于父子也，义之于君臣也，礼之于宾主也，智之于贤者也，圣人之于天道也，命也。有性焉，君子不谓命也。"②

朱子集注 ①程子曰："五者之欲，性也。然有分，不能皆如其愿，则是命也。不可谓我性之所有，而求必得之也。"愚按：不能皆如其愿，不止为贫贱。盖虽富贵之极，亦有品节限制，则是亦有命也。

②程子曰："仁、义、礼、智、天道，在人则赋于命者，所禀有厚薄清浊。然而性善可学而尽，故不谓之命也。"张子曰："晏婴智矣，而不知仲尼。是非命耶？"愚按：所禀者厚而清，则其仁之于父子也至，义之于君臣也尽，礼之于宾主也恭，智之于贤否也哲，圣人之于天道也，无不吻合而纯亦不已焉。薄而浊，则反是。是皆所谓命也。○或曰：者当作否；人，衍字。更详之。○愚闻之师曰："此二条者，皆性之所有而命于天者也。然世之人以前五者为性，虽有不得，而必欲求之；以后五者为命，一有不至，则不复致力，故孟子各就其重处言之，以伸此而抑彼也。张子所谓养则付命于天，道则责成于己，其言约而尽矣。"

译文 浩生不害问道："乐正子是怎样的人呢？"孟子说：

浩生不害问曰："乐正子，何人也？"孟子曰："善人也，信人也。"①"何谓善？何谓信？"②曰：

"可欲之谓善，^③有诸己之谓信，^④充实之谓美，^⑤充实而有光辉之谓大，^⑥大而化之之谓圣，^⑦圣而不可知之之谓神。^⑧乐正子，二之中，四之下也。"^⑨

朱子集注 ①赵氏曰："浩生，姓；不害，名，齐人也。"
②不害问也。

③天下之理，其善者必可欲，其恶者必可恶。其为人也，可欲而不可恶，则可谓善人矣。

④凡所谓善，皆实有之，如恶恶臭，如好好色，是则可谓信人矣。○张子曰："志仁无恶之谓善，诚善于身之谓信。"

⑤力行其善，至于充满而积实，则美在其中而无待于外矣。

⑥和顺积中，而英华发外，美在其中，而畅于四支，发于事业，则德业至盛而不可加矣。

⑦大而能化，使其大者泯然无复可见之迹，则不思不勉，从容中道，而非人力之所能为矣。○张子曰："大可为也，化不可为也，在熟之而已矣。"

⑧程子曰："圣不可知，谓圣之至妙，人所不能测。非圣人之上，又有一等神人也。"

⑨盖在善、信之间，观其从于子敖，则其有诸己者或未实也。○张子曰："颜渊、乐正子皆知好仁矣。乐正子志仁无恶而不致于学，所以但为善人、信人而已。颜子好学不倦，合仁与智，具体圣人，独未至圣人之止耳。"○程子曰："士之所难者，在有诸己而已。能有诸己，则居之安、资之深，而美且大可以驯致矣。徒知可欲之善，而若存若亡而已，则能不受变于俗者鲜矣。"○尹氏曰："自可欲之善，至于圣而不可知之神，上下一理。扩充以至于神，则不可得而名矣。"

孟子曰："逃墨必归于杨，逃杨必归于儒。归，斯受之而已矣。^①今之与杨、墨辩者，如追放豚，既入其苙，又从而招之。"^②

"有善之人，有信之人。"浩生不害说："什么叫善，什么叫信？"孟子说："值得去想望的东西叫做善，善为自身所拥有叫做信，使之充盈实在叫做美，充盈实在进而去发扬叫做大，大而且融会贯通叫做圣，圣达到神妙不测叫做神。乐正子处在前两项中，在后四项之下。"

译文 孟子说："离开墨家必定归向杨家，离开杨家必定归向儒家。归向儒家，接纳他们就是了。现今与杨、墨两家辩

四书 章句集注

论的人,好像追逐走失的猪一样,已经关进了圈栏,还要从而缚住它的脚。"

 ①墨氏务外而不情,杨氏太简而近实,故其反正之渐,大略如此。归斯受之者,闵其陷溺之久,而取其悔悟之新也。

②放豚,放逸之豕豚也。苙,阑也。招,罥也,羁其足也。言彼既来归,而又追咎其既往之失也。○此章见圣贤之于异端,距之甚严,而于其来归,待之甚恕。距之严,故人知彼说之为邪;待之恕,故人知此道之可反,仁之至,义之尽也。

【译文】 孟子说:"赋税有以布和麻线来征收的,有以粟米来征收的,有以役使劳力来征收的。君子采用其中的一种,另两种暂时不用。采用两种民众就会有饿死的,如果同时采用三种父子就会离散。"

孟子曰:"有布缕之征,粟米之征,力役之征。君子用其一,缓其二。用其二,而民有殍。用其三,而父子离。"①

【朱子集注】 ①征赋之法,岁有常数,然布缕取之于夏,粟米取之于秋,力役取之于冬,当各以其时。若并取之,则民力有所不堪矣。今两税三限之法,亦此意也。○尹氏曰:"言民为邦本,取之无度,则其国危矣。"

【译文】 孟子说:"诸侯的珍宝有三件:土地、民众、政务。以珠玉为宝的人,必定殃及自身。"

孟子曰:"诸侯之宝三:土地,人民,政事。宝珠玉者,殃必及身。"①

【朱子集注】 ①尹氏曰:"言宝得其宝者安,宝失其宝者危。"

【译文】 盆成括在齐国做官,孟子说:"盆成括要丢掉性命了!"盆成括被杀,门徒问道:"夫子怎么知道他将会被杀?"孟子说:"盆成括为人小有才干,但未曾闻知君子的大道,这就足以招致杀身之祸了。"

盆成括仕于齐。孟子曰:"死矣盆成括!"盆成括见杀,门人问曰:"夫子何以知其将见杀?"曰:"其为人也小有才,未闻君子之大道也,则足以杀其躯而已矣。"①

 ①盆成,姓;括,名也。恃才妄作,所以取祸。○徐氏曰:"君子道其常而已。括有死之道焉,设使幸而获免,孟子之言犹信也。"

孟子之滕，馆于上宫。有业屦于牖上，馆人求之弗得。^①或问之曰："若是乎从者之廋也？"曰："子以是为窃屦来与？"曰："殆非也。夫子之设科也，往者不追，来者不距。苟以是心至，斯受之而已矣。"^②

孟子之滕，馆于上宫。有业屦于牖上，馆人求之弗得。[①]或问之曰："若是乎从者之廋也？"曰："子以是为窃屦来与？"曰："殆非也。夫子之设科也，往者不追，来者不距。苟以是心至，斯受之而已矣。"[②]

朱子集注 [①]馆，舍也。上宫，别宫名。业屦，织之有次业而未成者。盖馆人所作，置之牖上而失之也。
[②]从、为，并去声。与，平声。夫子，如字，旧读为扶余者，非。○或问之者，问于孟子也。廋，匿也。言子之从者，乃匿人之物如此乎？孟子答之，而或人自悟其失，因言此从者固不为窃屦而来，但夫子设置科条以待学者，苟以向道之心而来，则受之耳，虽夫子亦不能保其往也。门人取其言，有合于圣贤之指，故记之。

孟子曰："人皆有所不忍，达之于其所忍，仁也；人皆有所不为，达之于其所为，义也。[①]人能充无欲害人之心，而仁不可胜用也。人能充无穿踰之心，而义不可胜用也。[②]人能充无受尔汝之实，无所往而不为义也。[③]士未可以言而言，是以言餂之也；可以言而不言，是以不言餂之也，是皆穿踰之类也。"[④]

朱子集注 [①]恻隐羞恶之心，人皆有之，故莫不有所不忍、不为，此仁义之端也。然以气质之偏、物欲之蔽，则于他事或有不能者。但推所能，达之于所不能，则无非仁义矣。
[②]胜，平声。○充，满也。穿，穿穴；踰，踰墙，皆为盗之事也。能推所不忍，以达于所忍，则能满其无欲害人之心，而无不仁矣。能推其所不为，以达于所为，则能满其无穿踰之心，而无不义矣。
[③]此申说上文充无穿踰之心之意也。盖尔汝，人所轻贱之

译文 孟子来到滕国，住宿在上宫。有双未织完的草鞋放在窗台上，馆人找不到了，有人问孟子说："是不是随从您的人藏起来了呢？"

译文 孟子说："人都有不忍心之处，把它推及自己所忍心之处，就是仁；人都有不去做的事，把它推及自己所去做的事，就是义。人能够扩充不想害人之心，仁就用之不尽了；人能够扩充不挖洞跳墙之心，义就用之不尽了；人能够扩充不受人轻贱的行为，无论做什么都不会不合乎义了。士人不可以言谈的却与之言谈，是用言谈来诱取他；可以言谈的却不与之言谈，是用沉默不言来诱取他，这都是挖洞跳墙之类的行径。"

称,人虽或有所贪昧隐忍而甘受之者,然其中心必有惭忿而不肯受之之实。人能即此而推之,使其充满,无所亏缺,则无适而非义矣。

④餂,音忝。○餂,探取之也。今人以舌取物曰餂,即此意也。便佞隐默,皆有意探取于人,是亦穿踰之类。然其事隐微,人所易忽,故特举以见例。明必推无穿踰之心,以达于此而悉去之,然后为能充其无穿踰之心也。

孟子曰:"言近而指远者,善言也;守约而施博者,善道也。君子之言也,不下带而道存焉。①君子之守,修其身而天下平。②人病舍其田而芸人之田,所求于人者重,而所以自任者轻。"③

译文 孟子说:"言语浅近而含意深远的,是善言;所奉行的简约而施惠广博的,是善道。君子的言谈,内容常见却含有大道;君子所奉行的,修饬自身而使天下太平。人们的毛病在于放下自己的耕地而去锄他人的耕地,要求他人负重而自己承担轻的。"

朱子集注 ①施,去声。○古人视不下于带,则带之上乃目前常见至近之处也。举目前之近事,而至理存焉,所以为言近而指远也。

②此所谓守约而施博也。

③舍,音捨。○此言不守约而务博施之病。

孟子曰:"尧、舜,性者也;汤、武,反之也。①动容周旋中礼者,盛德之至也。哭死而哀,非为生者也。经德不回,非以干禄也;言语必信,非以正行也。②君子行法,以俟命而已矣。"③

译文 孟子说:"尧、舜是天性,成汤、周武王是返回了天性。举动、仪容无不合乎礼的,是德行深厚到了极点。哭泣死者而悲哀,不是为了活着的人;恪守德行而不违背,不是为了谋取爵禄;言语必须诚实,不是为了端正行为。君子依法度行事只是用以期待命运罢了。"

朱子集注 ①性者,得全于天,无所污坏,不假修为,圣之至也。反之者,修为以复其性,而至于圣人也。○程子曰:"性之、反之,古未有此语,盖自孟子发之。"○吕氏曰:"无意而安行,性者也;有意利行,而至于无意,复性者也。尧、舜不失其性,汤、武善反其性,及其成功则一也。"

②中、为、行,并去声。○细微曲折,无不中礼,乃其盛德之至。自然而中,而非有意于中也。经,常也。回,曲也。三

者亦皆自然而然,非有意而为之也,皆圣人之事,性之之德
也。

③法者,天理之当然者也。君子行之,而吉凶祸福有所不
计,盖虽未至于自然,而已非有所为而为矣。此反之之事,
董子所谓"正其义不谋其利,明其道不计其功",正此意也。
○程子曰:"动容周旋中礼者,盛德之至。行法以俟命者,
'朝闻道,夕死可矣'之意也。"○吕氏曰:"法由此立,命由
此出,圣人也。行法以俟命,君子也。圣人性之,君子所以
复其性也。"

孟子曰:"说大人,则藐之,勿视其巍巍然。①
堂高数仞,榱题数尺,我得志,弗为也。食前方
丈,侍妾数百人,我得志,弗为也。般乐饮酒,驱
骋田猎,后车千乘,我得志,弗为也。在彼者,皆
我所不为也;在我者,皆古之制也,吾何畏彼
哉?"②

朱子集注 ①说,音税。藐,音眇。○赵氏曰:"大人,当时尊贵
者也。藐,轻之也。巍巍,富贵高显之貌。藐焉而不
畏之,则志意舒展,言语得尽也。"
②榱,楚危及。般,音盘。乐,音洛。乘,去声。○榱,桷也。
题,头也。食前方丈,馔食列于前者,方一丈也。此皆其所
谓巍巍然者,我虽得志,有所不为,而所守者皆古圣贤之法,
则彼之巍巍者何足道哉!○杨氏曰:"《孟子》此章,以己之
长,方人之短,犹有此等气象,在孔子则无此矣。"

孟子曰:"养心莫善于寡欲。其为人也寡欲,
虽有不存焉者,寡矣;其为人也多欲,虽有存焉
者,寡矣。"①

译文 孟子说:"向显贵进言
就要藐视他们,不要顾及他们
高高在上的模样。殿基高数
丈,屋檐宽几尺,我得志是不
这样做的;面前的食物摆满一
丈见方的地方,侍奉的姬妾几
百个,我得志是不这样做的;
饮酒狂欢,奔驰射猎,随从的
车辆上千乘,我得志是不这样
做的。他所有的都是我所不
做的,我所有的都合乎古时候
的法度,我为什么怕他呢?"

译文 孟子说:"养心没有比
减少欲望更好了。为人减少
了欲望,即使有失去本心的
人,是少数;为人增多了欲望,

即使有保存本心的人,是少数。"

①欲,如口鼻耳目四支之欲,虽人之所不能无,然多而不节,未有不失其本心者,学者所当深戒也。○程子曰:"所欲不必沉溺,只有所向便是欲。"

译文 曾晳嗜好羊枣,曾子因而不忍心吃羊枣。公孙丑问道:"脍炙与羊枣哪样美味?"孟子说:"脍炙美味。"公孙丑说:"那么曾子为什么吃脍炙而不吃羊枣呢?"孟子说:"喜好脍炙是大家共同的,喜好羊枣是个人独有的。避尊长的名讳而不避讳姓,因为姓是大家共同的,名是个人独有的。"

曾晳嗜羊枣,而曾子不忍食羊枣。①公孙丑问曰:"脍炙与羊枣孰美?"孟子曰:"脍炙哉!"公孙丑曰:"然则曾子何为食脍炙而不食羊枣?"曰:"脍炙所同也,羊枣所独也。讳名不讳姓,姓所同也,名所独也。"②

①羊枣,实小黑而圆,又谓之羊矢枣。曾子以父嗜之,父没之后,食必思亲,故不忍食也。
②肉聂而切之为脍。炙,炙肉也。

译文 万章问道:"孔子在陈国说:'何不回去啊!我乡里的后辈们狂放而疏略、激进却不改旧貌。'孔子在陈国,为什么思念鲁国的狂士呢?"孟子说:"孔子曾说'得不到中庸的士人相结交,就必定是狂放者和狷介者了。狂放者激进,而狷介者有些事不去做',孔子难道不想望中庸之道吗?不能一定得到,所以就思念次一等的了。"万章说:"请问怎样才能叫做狂放呢?"孟子说:"像琴张、曾晳、牧皮这样的人,就是孔子所说的狂放。"万章说:"为什么说他们狂放呢?"孟子说:"他们立志阔大,说'古时候的人、古时候的人',可考察他们的行为却不能吻合。狂放者再不能够得到,便想望得到洁身自好的人

万章问曰:"孔子在陈,曰:'盍归乎来! 吾党之士狂简,进取,不忘其初。'孔子在陈,何思鲁之狂士?"①孟子曰:"孔子'不得中道而与之,必也狂狷乎! 狂者进取,狷者有所不为也'。孔子岂不欲中道哉? 不可必得,故思其次也。"②"敢问何如斯可谓狂矣?"③曰:"如琴张、曾晳、牧皮者,孔子之所谓狂矣。"④"何以谓之狂也?"⑤曰:"其志嘐嘐然,曰:'古之人,古之人。'夷考其行,而不掩焉者也。⑥狂者又不可得,欲得不屑不洁之士而与之,是狷也,是又其次也。⑦孔子曰:'过我门而不入我室,我不憾焉者,其惟乡原乎! 乡原,德之贼也。'"曰:"何如斯可谓之乡原矣?"⑧曰:"'何以是嘐嘐也? 言不顾行,行不顾言,则曰古之人,古之人。行何为踽踽凉凉? 生斯世也,为斯世也,善斯可矣。'阉然媚于世也者,是乡原也。"⑨万子曰:"一乡皆称原人焉,无所往而不为原人,孔子

以为德之贼，何哉？"⑩曰："非之无举也，刺之无刺也，同乎流俗，合乎污世，居之似忠信，行之似廉洁，众皆悦之，自以为是，而不可与入尧、舜之道，故曰德之贼也。⑪孔子曰：'恶似而非者：恶莠，恐其乱苗也；恶佞，恐其乱义也；恶利口，恐其乱信也；恶郑声，恐其乱乐也；恶紫，恐其乱朱也；恶乡原，恐其乱德也。'⑫君子反经而已矣。经正，则庶民兴；庶民兴，斯无邪慝矣。"⑬

朱子集注 ①盍，何不也。狂简，谓志大而略于事。进取，谓求望高远。不忘其初，谓不能改其旧也。此语与《论语》小异。

②狷，音绢。○不得中道至有所不为，据《论语》，亦孔子之言。然则"孔子"字下当有"曰"字。《论语》道作行，獧作狷。有所不为者，知耻自好，不为不善之人也。孔子岂不欲中道以下，孟子言也。

③万章问也。

④琴张，名牢，字子张。子桑户死，琴张临其丧而歌，事见《庄子》。虽未必尽然，要必有近似者。曾晳，见前篇。季武子死，曾晳倚其门而歌，事见《檀弓》。又，言志异乎三子者之撰，事见《论语》。牧皮，未详。

⑤万章问。

⑥嘐，火交反。行，去声。○嘐嘐，志大言大也。重言古之人，见其动辄称之，不一称而已也。夷，平也。掩，覆也。言平考其行，则不能覆其言也。○程子曰："曾晳言志，而夫子与之。盖与圣人之志同，便是尧、舜气象也。特行有不掩焉耳，此所谓狂也。"

⑦此因上文所引，遂解所以思得狷者之意。狂，有志者也；狷，有守者也。有志者能进于道，有守者不失其身。屑，洁也。

⑧乡人非有识者。原与愿同。《荀子》"原悫"，字皆读作愿，谓谨愿之人也。故乡里所谓愿人，谓之乡原。孔子以其

相结交，这就是狷介者，这又次了一等。孔子说：'经过我的门却不进入我的屋里，我对此不感到遗憾的，恐怕只有乡里的谨愿之人。乡里的谨愿之人，是德行的损害者。'"万章说："怎样才堪称为乡里的谨愿之人呢？"孟子说："这种人认为，'为什么这样志气阔大呢？言语不顾及行为，行为不顾及言语，就只说古时候的人、古时候的人。处事为什么落落寡合呢？生在这个世道，就迎合这个世道，过得去就行了'。低贱地献媚于世人，就是乡里的谨愿之人。"万章说："整个乡里都称说谨愿之人，无论到哪里都视为谨愿之人，孔子却认为是德行的损害者，为什么呢？"孟子说："指责他却举不出缺点，责骂他却找不到由头，混同于流俗，迎合于浊世；为人似乎忠诚守信，处事似乎方正清洁，大家都欢喜他，自己认为正确，但却不能与之深入尧舜之道，所以说是德行的损害者。孔子说：'憎恶似是而非的东西：憎恶莠草，是怕它混淆了禾苗；憎恶佞才，是怕它混淆了义；憎恶强辩，是怕它混淆了信；憎恶郑国的乐曲，是怕它混淆了雅乐；憎恶紫色，是怕它混淆了朱红色；憎恶乡里的谨愿之人，是怕它混淆了德行。'君子只是回归到正道罢了。途径正确，民众就振兴，民众振兴了，就没有邪恶了。"

似德而非德,故以为德之贼。过门不入而不恨之,以其不见亲就为幸,深恶而痛绝之也。万章又引孔子之言而问也。

⑨行,去声。踽,其禹反。阉,音奄。○踽踽,独行不进之貌。凉凉,薄也,不见亲厚于人也。乡原讥狂者曰:何用如此嘐嘐然,行不掩其言,而徒每事必称古人耶? 又讥狷者曰:何必如此踽踽凉凉,无所亲厚哉? 人既生于此世,则当但为此世之人,使当世之人皆以为善则可矣。此乡原之志也。阉,如奄人之奄,闭藏之意也。媚,求悦于人也。孟子言此深自闭藏,以求亲媚于世,是乡原之行也。

⑩原,亦谨厚之称,而孔子以为德之贼,故万章疑之。

⑪吕侍讲曰:"言此等之人,欲非之则无可举,欲刺之则无可刺也。"流俗者,风俗颓靡,如水之下流,众莫不然也。污,浊也。非忠信而似忠信,非廉洁而似廉洁。

⑫恶,去声。莠,音有。○孟子又引孔子之言以明之。莠,似苗之草也。佞,才智之称,其言似义而非义也。利口,多言而不实者也。郑声,淫乐也。乐,正乐也。紫,间色。朱,正色也。乡原,不狂不狷,人皆以为善,有似乎中道而实非也,故恐其乱德。

⑬反,复也。经,常也,万世不易之常道也。兴,兴起于善也。邪慝,如乡原之属是也。世衰道微,大经不正,故人人得为异说以济其私,而邪慝并起,不可胜正。君子于此,亦复其常道而已。常道既复,则民兴于善,而是非明白,无所回互,虽有邪慝,不足以惑之矣。○尹氏曰:"君子取夫狂狷者,盖以狂者志大而可与进道,狷者有所不为而可与有为也。所恶于乡原,而欲痛绝之者,为其似是而非,惑人之深也。绝之之术无他焉,亦曰反经而已矣。"

译文 孟子说:"从尧舜到汤有五百多年,像禹、皋陶是亲眼看见而了解的,像汤是听说了而了解的。从汤到周文王有五百多年,像伊尹、莱朱是亲眼看见而了解的,像周文王是听说了而了解的。从周文

孟子曰:"由尧、舜至于汤,五百有余岁,若禹、皋陶,则见而知之;若汤,则闻而知之。①**由汤至于文王,五百有余岁,若伊尹、莱朱,则见而知之;若文王,则闻而知之。**②**由文王至于孔子,五百有余岁,若太公望、散宜生,则见而知之;若孔子,**

则闻而知之。③由孔子而来至于今,百有余岁,去圣人之世,若此其未远也;近圣人之居,若此其甚也,然而无有乎尔,则亦无有乎尔。"④

![朱子集注]

①赵氏曰:"五百岁而圣人出,天道之常。然亦有迟速,不能正五百年,故言有余也。"尹氏曰:"知,谓知其道也。"

②赵氏曰:"莱朱,汤贤臣。"或曰:"即仲虺也,为汤左相。"

③散,素亶反。〇散,氏;宜生,名;文王贤臣也。子贡曰:"文、武之道,未坠于地,在人。贤者识其大者,不贤者识其小者,莫不有文、武之道焉。夫子焉不学?"此所谓闻而知之也。

④林氏曰:"孟子言孔子至今时未远,邹,鲁相去又近,然而已无有见而知之者矣;则五百余岁之后,又岂复有闻而知之者乎?"愚按:此言虽若不敢自谓已得其传,而忧后世遂失其传,然乃所以自见其有不得辞者,而又以见夫天理民彝不可泯灭,百世之下,必将有神会而心得之者耳。故于篇终,历序群圣之统,而终之以此,所以明其传之有在,而又以俟后圣于无穷也,其指深哉!〇有宋元丰八年,河南程颢伯淳卒。潞公文彦博题其墓曰:"明道先生。"而其弟颐正叔序之曰:"周公没,圣人之道不行;孟轲死,圣人之学不传。道不行,百世无善治;学不传,千载无真儒。无善治,士犹得以明夫善治之道,以淑诸人,以传诸后;无真儒,则天下贸贸焉莫知所之,人欲肆而天理灭矣。先生生乎千四百年之后,得不传之学于遗经,以兴起斯文为己任。辨异端,辟邪说,使圣人之道焕然复明于世。盖自孟子之后,一人而已。然学者于道不知所向,则孰知斯人之为功? 不知所至,则孰知斯名之称情也哉?"

王到孔子有五百多年,像太公望、散宜生是亲眼看见而了解的,像孔子是听说了而了解的。从孔子以来到如今有一百多年,离开圣人的时世如此不远隔,距离圣人的家乡如此接近,却没有了解道的人了,也就没有了解道的人了吗?

四书 章句集注

第四七五页

图书在版编目（CIP）数据

四书章句集注／(宋)朱熹撰；金良年今译. —上海：
上海古籍出版社，2006.8（2024.11重印）
ISBN 978-7-5325-4468-4

Ⅰ.四… Ⅱ.①朱…②金… Ⅲ.①儒家②四书–
注释 Ⅳ.B 222.12

中国版本图书馆 CIP 数据核字（2006）第 061946 号

四书章句集注

（全二册）

[宋] 朱　熹　撰
金良年　今译

上海世纪出版股份有限公司 出版、发行
上海古籍出版社

（上海瑞金二路272号　邮政编码200020）

（1）网址：www.guji.com.cn
（2）E-mail: gujil@guji.com.cn
（3）易文网网址：www.ewen.co

新华书店上海发行所发行经销　商务印书馆上海印刷有限公司印刷

开本 889×1194　1/20　印张 24.1　插页 6　字数 430,000
2006 年 8 月第 1 版　2024 年 11 月第 16 次印刷
印数：47.701–49,000
ISBN 978-7-5325-4468-4
B·565　定价：72.00元
如发生质量问题，读者可向工厂调换